KB125719

중국,
알아야 상생한다

중국,
알아야
상생한다

나상진 지음

學古房

프롤로그

　필자가 중국과의 직접적인 인연을 맺게 된 것은 회사의 인사발령 때문이었다. 1985년 LG화학 홍콩지사 주재를 시작으로 상해지사장, 천진 생산법인장, 북경 중국지주회사 중국지역 총괄 대표, LG패션 vs. 라푸마 한·불 합자 중국법인 대표로 근무하면서 근 30년 동안 많은 사업을 통해 중국을 보고, 듣고 경험했다. 경험 자체는 오랜 기간, 여러 지역에서 생산, 영업, 구매, 무역, 유통 특히 패션사업의 온·오프라인 도소매까지 다양한 사업의 가치 사슬을 접했으나, '중국'이라는 공통된 거대한 주제 앞에서는 개인적 경험은 편협하고 주관적일 수밖에 없음을 깨닫는 데는 오랜 시간이 필요하지 않았다. 나만의 편협된 경험을 잘못 전하게 되면 오히려 더 부정적인 영향을 미칠 수도 있겠다는 우려를 하게 된 것이다. 따라서 나만의 경험에서 보편적이고 객관화된 가치로 승화시키는 과정을 거쳐야 한다고 생각하게 되었으며 이를 위해 2015년 늦깎이로 서강대 '중국학 석사과정'에 입학하여 객관적 중국 공부 및 연구에 몰두하게 되었다. 운이 좋게도 재학 중 훌륭한 교수님과 교우들을 만나게 되어 학문의 진수를 깨닫게 되고 다양한 중국정치, 경제, 사회, 문화, 역사, 철학 관련 강의, 저서들과 논문들을 접하면서 개인적으로 겪은 경험을 새롭게 반추하는 계기가 되었으며, 결과적으로 중국에 대한 이해를 객관화하는데 큰 도움이 되었음을 고백한다. 중국정치, 경제 관련 각종 학술 세미나에 참석하여 부족한 것을 채우고, 놓칠 뻔한 것들을 업데이트

함으로써 중국에 대한 객관적 시각을 유지하려 노력했다. 동 세미나에서 한국, 중국, 일본 중국학계의 대표적 학자들의 주장과 중국관을 접하면서 나라마다 중국을 바라보는 관점에 미묘한 차이가 있음을 확인한 것은 적지 않은 수확이었다.

따라서 중국을 알기 위해 꼭 필요한 것들을 종합하고 정리하는 것이 혹시라도 중국에 뜻을 두고 있는 후학들이나 젊은이들에게 작은 도움이라도 될 수 있지 않을까 하는 염원과 필자가 사회생활 하면서 국가·사회·기업으로부터 받은 사랑과 혜택을 만분의 일이라도 환원할 수 있지 않을까 하는 바람에서 본서를 출간하게 되었음을 밝힌다. 배우고 익힌 것을 객관화시키면서 필자의 생각과 경험을 군데군데 삽입한 것은 독자들의 이해를 돕고자 하는 마음에서다. 중국어 사자성어 중 '抛磚引玉'라는 말이 있다. 값없는 벽돌자기 자신을 던져 귀한 옥상대방의 귀한 고견을 듣는다는 뜻이다. 졸저를 내놓으면서 필자의 마음을 가장 솔직하게 대변해 주는 말이다.

중국의 급부상으로 중국은 우리에게는 긍정, 부정 양면성을 가진 극복 대상이 되었으며 단순한 이웃 강대국이라는 지역연구의 대상이라는 패러다임에서 벗어나 세계를 바라보는 프리즘이 될 정도로 지대한 영향력을 가진 국가로 성장했다. 중국이라는 프리즘을 통해 잘못된 방향과 각도에서 세계를 바라보면 우리가 일군 '한강의 기적'을 물거품으로 날려 보내는 비극을 맞이할 수 있음을 우리는 깨달아야 한다. 우리의 역사를 제국 침략의 희생자가 되었던 100여 년 전으로 되돌린다면 과연 오늘날 우리나라가 OECD 국가이며 G20 설립을 제창하는 선도국가가 되어 있는 '한국몽'韩国梦을 비전으로 꿈꿀 수 있었을까? 꿈을 꾸지 않으면 꿈은 절대 이루어지지 않는다. 그 꿈을 구고 개혁·개방이라는 도전을 함으로써 세계무대로 나아가는 것이 야말로 전통과 봉건이라는 핑계로 자행되던 구습·악습과의 단절이며 진정한 근대화라고 할 수 있을 것이다. 우리가 자랑스러운 대한민국을 후손들에게 더욱 발전시켜 물려 주려면 선각자적인 혜안이 있어야 한다. 우리에게는 3분의 2가 산지로 구성되고 그것도 남북으로 분단된 강토밖에 없으며, 더구나 오랫동안 주변 강대국들에 둘러싸여 온갖 희롱을 당하며 살아온 아픈 역사가 있다. 그래서 우리를 지키기 위해서는 더욱 강력한 소프트파워를 가짐으로써 부족한 하드파워를 대체할 수 있을 뿐이다. 이런 맥락에서 우리는 원하든 원하지 않든 중국과의 공존과 상생을 위해 그들을 잘 이해함으로써 우리의 앞길을 모색하지 않으면 우리에게 우호적인 환경이 절대 제공되지 않을 것이다. 우리나라는 중국과 지리적으로 지척에 있어, 오랜 시간 핍박을 받아온 지정학적 약자였다. 오죽하면 사대事大하다 못해 스스로 '소중화'小中华라는 자기망상에 사로잡혔을까?

그러나, 그들이 스스로 치욕스러운 역사라고 여기는 1894년 청일전쟁 이후 개혁·개방 정책의 성공이 가시화되는 최근까지 약 100여 년 동안 우리는 그들의 영향권에서 멀어졌다. 특히 사회주의 체제 중화인민공화국이 성립되고, 구소련과 미국의 냉전기에는 '죽의 장막'으로 인해 중국이 중국 공산당의 약어인 '중공'中共 이라고 불릴 정도로 우리와 이념과 체제가 다른 머나먼 이웃이 되었다. 더구나 중국이 1950년 한국전쟁에 참전함으로써 우리에게는 민족 분단의 비극을 고착화한 적敵이 되고 말았다. 전쟁의 폐허를 딛고 일어나 우리는 압축적 근대화 과정과 비약적인 경제성장을 통해 국가발전을 이루었으며 그들이 개혁·개방을 했던 1978년에는 우리가 그들에게 선

망의 이웃이 되어 있었음을 우리는 기억한다. 필자가 1985년 홍콩 주재원으로 발령을 받고 근무하면서 당시 접촉했던 중국본토에서 나온 중국무역회사 근무자들과 1987년 처음으로 중국으로 출장을 가게 되면서 만났던 중국인들의 모습과 그들이 필자에게 보인 행동이 지금도 두 눈에 선하다. 1970년대 초 필자가 대학 시절 만났던 홍콩인들이 한국인들에게 보냈던 눈총과 필자가 십수 년 후 만났던 중국인들을 바라봤던 눈길이 비슷했던 것으로 기억한다. 심지어 1995년 상해지사장으로 발령받아 임지에 가족과 도착했을 때, 당시 초등학교 5학년 아들과 2학년이었던 딸이 왜 이런 지저분한 곳에 자기들을 데려왔냐며 투덜거리던 모습이 지금도 선하다. 당시의 상해 공항은 시골 버스 대합실 수준이었다.

1976년 마오쩌둥 사망 후 덩샤오핑이 1978년 개혁·개방을 선언한 지 어느덧 40년이라는 세월이 흘렀다. 중국은 개혁·개방 40년 이후 눈부신 발전을 거듭하여 상전벽해를 이루었다. 당시 중국은 사회주의라는 정치체제에도 불구하고 시장경제라는 자본주의 옷을 흔쾌히 입고 경천동지할 경제발전을 이뤄내 GDP 총량으로 세계 2위였던 일본을 제친 지 10년이 지났으며 지금은 미국과 어깨를 겨누는 경제대국으로 성장하였다. 지속적인 무역수지 흑자로 보유 외환이 한때는 4조 달러를 넘는 기염을 토하기도 했다. 막강해진 경제력을 배경으로 해외투자를 늘려 세계 M&A의 큰 손이 되었으며 일대일로一带一路라는 대외정책의 기치를 걸고 60여 개 연선국가들에 투자를 강화하고 있으며 이미 동남아, 중앙아, 아프리카, 남미 등에 투자를 집중함으로써 관련 국가들에 대한 영향력을 확보하였다. 국력 신장은 군사력 강화로 이어져 주변 국가들과의 영토분쟁으로 이어지고 있다.

자원확보와 원유수송로 확보를 위한 난사군도 주변에서의 미국과의 방공식별구역과 자유항행 분쟁은 갈수록 잦아지고 있으며 첨예화되고 있다. 최근 미국과의 무역전쟁이 패권 다툼의 성격을 농후하게 띠고 있는 것은, 바로 중국의 급부상으로 인한 국제사회의 힘의 균형이 위협을 받고 있다고 느낀 미국이 적극 방어에 나섰기 때문이라는 분석이 유력하다. '중국몽'을 내세워 자국민의 단결과 통합을 꾀하고 있는 중국 정부에 대해 민족주의에 의지하는 중국 공산당의 전략이라며 폄하하기도 하나, 중화주의에 입각한 중국 중심의 질서를 구축하고자 함이 그 근본 목적이 아닐까 생각된다. 현대 서구중심주의를 대표하는 미국과 중화주의를 표방하는 중국이라는 동서양의 양대 거대세력이 각자 기득권 수호와 과거의 영광 회복을 위해 격돌하고 있는 것이다.

중국은 1840년 아편전쟁 이전에는 수백 년 동안 사실상 세계의 G1이었다. 영국의 경제사학자 Angus Maddison에 의하면 아편전쟁 직전인 1800년경 중국 GDP는 세계 점유율이 30%를 넘었으며 미국의 GDP 중 최대의 세계 점유율을 보였던 1950년의 27%를 웃돌았다. 세계 최대 경제 대국이었던 중국은 아편전쟁 이후 긴 암흑기를 거쳐 개혁·개방을 선언한 1978년에는 세계 경제의 1.8%에 지나지 않는 미미한 경제 규모를 가졌었다. 그러나 40년이 흐른 2018년엔 세계 경제 GDP총량의 15.9%에 이르는 경제 대국으로 성장하였으며 세계 경제 성장 기여도는 30%가 넘었다. 1970년 이후 미국의 세계 GDP 점유율은 20% 초반대 수준으로, 최근인 2018년의 경우도 24%의 점유율을 보였다. 그러나 실질 구매력으로 환산할 경우 중국의 경제 규모가 이미 미국을 앞섰다고 하는 것이 정설이다.

중국의 긴 암흑기가 나타난 1840~1978년 중국은 반식민지, 반봉건, 청 왕조멸망, 중화민국이라는 공화국 성립, 군벌 난립, 국공대립, 공산주의 정권 수립, 죽의 장막이라는 냉전 시기를 거쳐 1978년 덩샤오핑 집권으로 새로운 시대를 열게 된다. 그 후 다시 40년이 흘렀으니 아편전쟁 이후 중국 근현대사 180년에 대한 이해가 전제되지 않고는 오늘의 중국을 이해할 수 없다. 과거의 영광을 회복하기 위한 중국의 짧지 않은 여정 속에서 중국을 올바로 인식하고 올바른 관계를 정립해야 우리나라의 안정적 미래를 후손들에게 물려 줄 수 있다는 절박함이 있어 이 글을 쓰게 된 것이다. 우리나라는 유사 이래 중국과는 지정학적으로 밀착된 바, 이는 곧 중국의 영광과 치욕스러운 역사를 잘 이해하는 것이 중국과의 발전적 관계의 전제조건이 됨을 의미한다. 국가와 국가 간의 관계뿐만 아니라 기업과 기업 간의 합리적 관계 정립, 상호 올바른 이해는 미래의 문을 여는 중요한 열쇠이자 양자 간의 관계를 굳건하게 발전시키는 주춧돌이 될 수 있는 것이다.

미국이 주도하는 세계 질서를 중국이 주도하게 되면 어떤 세계가 전개되며 그 가운데 우리나라의 운명이 어떻게 흘러갈지에 대해 진지하게 고민을 함으로써 우리의 앞길을 밝히는데 한 알의 밀알이 될 수 있다면 여한이 없겠다는 사명감 역시 글을 쓰게 된 이유다. 중국이 세계를 지배하게 되면 어떤 일들이 우리에게 일어날지에 대해 지속해서 고찰하고 중국을 심도 있게 연구하는 것은 우리나라의 안정적 미래를 위해 매우 중요한 일이다.

중국을 연구하는 과정에서 자연스럽게 중국의 근대성에 큰 영향을 미친 서구중심주의에 대해 알게 되었고 중국뿐만 아니라 우리나라와 일본이 포함된 동아시아를 되돌아보게 되는 계기가 되었다. 올바른 중국연구를 위해서는 미·중 관계, 중·일 관계, 미·일 관계에 대한 이해가 선행되어야 하며 이것은 동시에 한·중 관계, 한·미 관계, 한·일 관계 등 우리의 현안에 대한 이해도를 높이는 계기가 되었고 더욱더 이해를 깊게 하려고 관련 학술 논문과 전문 서적을 찾게 되는 계기가 되었다. 다양한 중국연구를 위해서는 문·사·철 등 인문학뿐만 아니라 분석과 이론 중심의 정치, 경제 등의 사회과학을 공부해야 했으며 결과적으로 분과학문과 지역학의 갈등을 이해하는 계기가 되었다. 서구중심주의와 중화주의가 아편전쟁 이후 180년 만에 재충돌하는 현실이 2차 세계대전 이후 미·소 간에 형성된 1차 냉전 기간에 이은 미·중 간의 2차 신냉전 시기로 진입하는 게 아닌지 우려가 되며, 동 상황이 한반도에 또 다른 영향을 줄 수밖에 없다는 운명론적 생각이 들었다. 미·소 간의 냉전이 한반도 분단의 한 원인이 되었으며 북한의 비핵화를 매개로 하여, 한반도 상황이 긴박하게 돌아가는 것은 또 다른 운명을 우리에게 강요하는 상황이 전개되지 않을까 우려된다. 우리의 자손들이 영구적으로 살아가야 하는 이 땅의 안정적 발전을 위해 기성세대인 우리가 올바른 의사결정을 해야 하는 사명감을 떨쳐버릴 수 없으며 이로 인해 잠을 이룰 수 없다는 지인들을 어렵지 않게 만나는 게 작금의 현실이다. 따라서 근현대를 지배하는 서구중심주의와 중화주의에 대한 개괄적인 이해는 우리를 현실적 문제를 이해하는 데 큰 도움을 줄 것이다.

최근 중국의 급속한 발전을 보면서 서구의 많은 학자나 언론인들은 부정적 견해를 견지하며 중국위협론, 중국위기론, 중국붕괴론, 중진국 함정, 체제이행의 함정 등 다양한 논문과 책을 써내고 있다. 이와는 전혀 달리 중국은 머지않아 미국을 대체하는 새로운 패자로 등장하여 세계 질서를 새로운 표준과 질서체계로 바꿀 것이며, 새로운 중국적 가치를 제정할 것이라는 의견을 내는 학자도 있다. 아직은 이들의 숫자가 많지는 않으나 중국의 발전모델이 기존의 국가발전론을 대체하리라 전망하며, 중국모델론을 주장한다. 양측의 견해를 경청하고 기존의 고정관념에서 벗어나 새로운 패러다임에서 패권 다툼을 이해할 때에야 중국을 좀 더 잘 이해할 수 있을 것이며, 우리의 갈 길이 좀 더 명확해질 것이다.

따라서 우리만의 중국관을 확립하는 연구가 좀 더 활성화되고 국가적 컨센서스의견일치를 이루어 흔들림 없는 국민적 합의 위에 대중 전략이나 대미 전략이 세워져야 할 것이다. 중국을 심도 있게 연구해야 하는 이유가 바로 여기에 있다. 중국의 급부상을 우리에게 긍정적인 방향으로 활용하기 위해서는 그들의 주변국 정책에 대해 예민하게 반응하고 강단 있게 대처해야 한다. 만일 그러하지 못하면 불행했던 과거로 회귀할 수 있음을 명심해야 한다. 이런 의미에서 중국을 알고 극복하는 길은 곧 우리를 지키며 우리를 세계사의 주역으로 만들어나가는 중요한 여정이 될 것이다. 사드 갈등으로 당사자인 미국을 직접 겨냥하지 못하고 미국의 동맹국인 우리에게 경제제재를 가하는 비이성적 중국을 우리는 이미 경험했고 미·중 무역전쟁을 통한 패권 경쟁은 좋은 실례가 되고 있다. 아울러 산업별 양국 간의 경쟁 및 갈등은 앞으로 생존의 문제까지 확대될 수 있는 엄중한 문제로 비화할 수 있다. 그러나 양국이 상호 간의 이해와 신뢰를 바탕으로 상생의 길을 만들어 간다면 오히려 양국의 발전에 기폭제로 작용할 것이다.

최근 미국이 자랑하는 GE에 140년 만에 자사 출신이 아닌 외부

CEO가 영입되어 GE 회생의 길을 모색하는 지휘봉을 잡았다고 한다. 잭 웰치가 20여 년간 CEO로 재직하면서 세계 최고의 경쟁력을 가졌던, 세계 모든 기업이 벤치마킹하고자 하는 1순위 기업이 바로 GE 아니었던가. 그런 기업이 미국의 다우지수 구성 종목에서 114년 만에 탈락하는 수모를 겪는 믿기지 않은 일들이 일어나는 것을 보면 그 어떤 기업도 파산할 수 있다는 것을 알 수 있다. 변화의 흐름을 놓치고, 혁신하지 않으면 어김없이 경쟁에서 낙오되며, 생사의 갈림길에 서게 되는 냉엄한 현실을 직시하게 만드는 사례다.

국가 역시 다르지 않다. 최근 4차 산업혁명 관련 세계 주요 경쟁국이 바삐 경쟁력 강화를 위해 온갖 규제철폐를 단행하고 적극적인 지원에 나서고 있음을 직시해야 한다. 독일을 위시하여 제조 강국에 불꽃처럼 번지고 있는 제조업 전열 정비 및 경쟁력 강화 관련 국가 전략들이 미국, 일본, 중국에서 연이어 발표되고 있다. 특히 중국의 '중국제조2025' 전략은 중국몽을 위한 구체 산업전략으로 미국 정부를 자극하여 최근의 미·중 무역전쟁의 빌미를 제공하고 있다. 우리나라 역시 이에 대한 전략을 발표했으나 실행력 측면에서 아직은 미흡하다. IT 강국이면서도 IT 기반의 4차 산업혁명에서 낙오자가 된다면 그동안 일군 우리의 경제적 성과를 폐기물 처리해야 하는 상황에 직면할지도 모른다.

WTO가 세계 자유무역의 근본이며, 한국과 중국은 자유무역을 기반으로 성장했다. 자유무역 질서 제정자인 미국이 지금 보이는 보호무역주의는 곧 자유무역 질서를 파괴하는 것임에도 이러한 현실이 도래할 것이라고 아무도 상상하지 못했다. 40여년 전까지 쇄국을 했고, 2001년에야 WTO에 가입했던 중국이 오히려 자유무역의 수호자가 되었으며, 자유무역의 최대 수혜국이었던 일본이 교역 제한을 무기화한 것이 오늘의 현실이다. 이러한 갈등의 원인 중 공통점은 상호 간 불신이며, 불신은 상대 국가에 대한 무지나 몰이해에서 비롯된다. 따라서 지역연구는 바로 이러한 상호 간의 이해 증진에 궁극적 해결 방안을 제공해줄 것이다. 졸저의 목적 또한 중국을 프리즘으로 한 세계 이해 및 우리 자신에 대한 이해에 일익을 담당하고 싶은 순수한 마음에 있다.

본서는 크게 4부로 구성하였다.

제1부 중국을 어떻게 연구할 것인가

로 왜 중국을 연구해야 하는지, 중국연구란 무엇인지, 남들은 중국연구를 어떻게 하고 있는지, 우리의 중국연구 현주소는 어디인지, 중국연구의 올바른 길은 무엇인지, 중국연구와 중국사업의 상관관계에 대해 고찰하였다. 이는 주로 중국을 학문으로 공부하고자 하는 독자들에게 도움이 되리라 믿는다.

제2부 올바른 중국 이해

로 중국이라는 나라에 대해 기본적인 소양을 갖추는데 필요한 개괄적 중국 총론, 역사, 정치경제, 사회문화 측면에서 알아야 할 내용을 관련 분야 연구결과물을 기본으로 해서 정리하였다. 중국역사에서는 고대 중국에서 1949년 중화인민공화국 성립, 마오쩌둥 통치 시기 및 덩샤오핑의 개혁·개방까지 기술하였으므로 현대중국을 이해하는 데 도움이 될 것이다. 역사는 정치경제·사회문화를 관통해서 이해하는 과거이며 오늘과 미래를 바라보는 통시적 안목을 길러주는 시금

석이기 때문이다.[1]

중국정치는 중국 공산당이 전부라고 해도 과언이 아니므로 중국 공산당과 리더십 체계 및 시기별 정치발전 현황에 관해 기술했다. 중국경제 관련하여 개혁·개방 이전마오시기과 이후덩샤오핑시기로 구분하여 기술했다. 마오시기의 대약진운동의 배경을 이해하는 것이 중국의 경제체제변화 과정을 이해하는 것이기 때문이다. 당시의 중공업 우선의 추월전략이 없었다면 덩샤오핑식의 개혁·개방이 불가했을 것이라는 의견도 있기 때문이다. 사회 분야에서는 중국 인터넷으로 인한 국가·사회 문제를 조망한 내용이 현재의 중국 사회를 이해하는 데 도움이 될 것이라 믿는다. 중국문화는 지면 관계상 중화주의와 유가사상만 다뤘다.

제3부 중국의 현안 이슈 이해

로 제2부에서 익힌 중국에 대한 기본 지식을 근간으로 해서 중국의 정치·외교·경제·금융 분야에서 벌어지고 있는 중대 사안들을 엄선하여 과거·현재를 분석함으로써 미래를 전망하는 방식으로 기술하였다. 가장 중요한 정치 이슈로 '중국 공산당의 집단 지도체제는 무너진 것인가'를 시진핑 신시대와 연관하여 기술하였으며 중국 지도부의 '중국모델', '중국몽', '일대일로', '중국제조2025' 등 일련의 '대국굴기'에 자극받은 미국의 반격이 '미·중 무역전쟁'이라는 일종의 패권 다툼으로 변질된 전후 상황에 대해 언급하였다. 특히 대국굴기

---

1 장윤미·이종화, 2017, 「대안적 중국연구를 위한 비판적 소고小考」『중국학연구』, 제82집 283.

의 직접적 동기가 된 중국경제의 기적적 성장이 지속될 것인지에 대한 여부와 이에 대한 불안감을 암시하는 '신창타이' 현상과 중국의 금융정책 현황을 살펴봄으로써 불확실성이 지배하는 미래에 대한 전망을 조심스럽게 시도하였다. 중국의 부동산 과열 이슈, 세계를 선도해 가는듯한 중국의 4차 산업혁명을 심도 있게 다뤘으며, 특히 중국 에너지 정책은 미국의 셰일가스 혁명과 연계하여 기술하였다. 최근에 이슈가 되고 있는 코로나 19 관련해서도 기술하였다.

제4부 한중관계의 바람직한 미래

로 결론 부분이다. 한중관계의 과거와 현재를 리뷰함으로써 바람직한 한중관계에 대한 제언까지를 기술하였다.

책을 마무리하면서 그 누구보다 고마운 사람은 필자가 현업 은퇴 후 중국 관련 공부 및 집필에 쏟은 지난 5년의 세월을 묵묵히 지원해 준 아내 김찬숙으로, 사랑을 담아 이 책을 정중히 증정한다. 아울러 지금은 세 살밖에 안된 어린아이지만 나중에 성장하여 세상에 대해 관심을 갖게 되면 이 책을 일독할 것을 권하는 의미로 손녀 나현서에게도 이 책을 증정한다.

독자 제현들의 많은 질책과 독려를 바라며,
여의도 연구실에서
나상진 드림
2020년 8월

CONTENTS

제
4
부

한중관계의
바람직한 미래

제 1 부

중국연구의 길

개요

한중관계를 상호 발전적 관계로 이끌기 위해서는 서로 상대국에 관해 깊은 연구를 해야 한다. 그래야 상호 간에 신뢰감이 생기며, 이를 기반으로 호혜적인 관계를 이뤄내는 것이 궁극적으로 양국이 발전하는 길이다. 반목은 불신을 낳으며 불신은 적대감으로 변질된다. 이렇게 형성된 적대감은 세계적으로 분업화되어 있는 산업의 가치사슬을 공유하지 못하는 우를 범함으로써 국가적인 경쟁력을 상실하는 길로 가게 만든다. 영국에 차를 수출해서 얻은 은을 보유하고만 있던 중국에 영국은 결국 아편을 공급하고 전쟁의 빌미를 잡아 중국을 강제로 개방시키지 않았는가. 우리 역시 흥선대원군의 통상수교 거부정책으로 같은 시기에 근대화의 길을 간 일본에 강제로 점령당하지 않았는가. 이 모든 역사적 사실은 우물 안 개구리가 되어서도 안 되며 주변국 또는 강대국들에 대한 깊이 있는 연구와 성찰이 있어야 국가적 재난을 피할 수 있을 뿐만 아니라 발전적 기회를 만들어 갈 수 있음을 깨닫게 해준다. 따라서 주변국에 관한 연구, 즉 지역학 연구의 중요성을 여기서 찾을 수 있다.

이번 장에서 본서의 주제인 '중국을 왜 연구해야 하는지'에 대한 당위성과 필요성에 대해 고찰할 것이며 올바른 중국연구에 대한 고민을 해볼 것이다. 이를 위해 중국연구를 가장 잘한 국가들 즉 미국,

일본, 유럽, 중국, 타이완 등의 중국연구 상황을 검토 후 우리의 중국연구의 현주소는 어딘지 살펴볼 것이다. 아울러 중국을 바라보는 다양한 시각에 대해서 검토 후 필자가 생각하는 중국관에 대해 함께 나눌 것이다.

1. 왜 중국을 연구해야 하나?

한국이 '중화인민공화국'中华人民共和国을 '중국'中国이라고 부른 건 그리 오래되지 않았다. 중국과 수교를 맺기 전 서울 올림픽이 열린 1988년까지는 중국 공산당中国共产党의 준말인 '중공'中共이라고 불렀으며 6.25 한국전쟁에서의 침략군인 중국군을 '중공군'이라고 표기했다. 중국이 공식화한 국호의 약어는 '중국'이며 중국 공산당의 약어는 '중공'으로 우리가 어떤 의미로 썼든 오용은 분명하다. 1992년 한중 수교 이후에는 자연스럽게 '중국'으로 호칭이 통일되었다. 냉전 시기에는 중화민국의 망명 정부가 있는 '타이완'을 자유중국이라고 불렀으나, 본토 중국과 수교 이후에는 일반적으로 '타이완'이라고 부른다.

중국과 우리는 과거 오랜 역사를 함께 했으며 앞으로도 반영구적으로 함께 갈 수밖에 없는 지정학적 공동운명체다. 따라서 오랜 시간 중국으로부터 종교와 문화가 전래되기도 했으나 동시에 항상 그들의 갖가지 위협 속에 살아왔으며 때로는 직접 침략에 맞서 그들과 싸웠으며 우리 조상들은 자위와 보국을 위해 오랜 세월 피와 땀을 흘렸다. 생존을 위해 한때 사대의 길을 택할 수밖에 없었던 편치 않은 역사도 있다. 결과적으로 '중화주의'의 조공 질서에서 불명예스럽게도 모범생일 수밖에 없었던 우리의 떳떳하지 못한 역사를 부정할 수는 없다. 물론 세계 초대형 국가와 국경을 맞대며 우리 영토를 지켜가며 우리 말과 문화를 지켜낸 선조들의 노고를 폄하하고 싶은 생각은 추호도 없다. 그것이 지정학적 운명이었다고 항변할 수도 있을 것이기 때문이다. 그러나 세계 유일의 분단국가로 남아있는 우리의 현실을 과연 운명적 결과라고 무책임하게 말할 수 있을까? 모든 것을 외세의 탓으로 돌리는 것이 최선은 아니며 자기 합리화일 수 있다. 어쨌든 우리는 어떤 상황에서도 중국과 떼려야 뗄 수 없는 밀접한 관계 속에서 살아왔고, 앞으로도 살아가야 한다는 것은 역사적 상수이며 우리의 생존 조건이다. 부끄럽지 않은 역사를 반복하지 않기 위해 민족이 깨어나야 하며 이를 위해 우리끼리의 반목은 절대 금물이다. 어떤 형태로든지 남북 분단, 남남 갈등의 상황을 종료시켜야 우리의 미래가 있다.

삼국시대와 통일신라시대를 거쳐 고려시대를 풍미했던 불교도 중국을 통해 전래되었으며, 우리 문화의 일부가 되어버린 유교 문화도 중국 송나라 주희가 유가사상을 집대성한 '성리학'의 형태로 고려시대 말기에 전해진 것이며, 마테오 리치에 의해 중국에 전래되었던 기독교 역시 중국의 주문모 신부를 통해 조선 시대에 전래되어 오늘에 이르렀다. 이 과정에서 중국 수나라로부터 시작된 과거제도가 고려시대에 우리에게 전래되어 지금도 관료사회의 뿌리가 되고 있음은 주지의 사실이다. 중국은 1900년대 초 신문화 운동, 5·4운동, 1966~1976년 문화대혁명, 1978년 개혁·개방 후에도 공자 사당과 공자상을 파괴함에 따라 유가사상에 기반을 둔 제반 의식 등이 사라졌지만, 우리나라에는 유교 문화가 상대적으로 잘 보존되어 있다는 역사의 아이러니 속에 있다. 중국은 최근 들어 국력이 대폭 신장되면서 향후 세계질서 재편에 대비하여 소프트파워를 재건해야 하는 국가적 당위성에 직면하게 되자, 후진타오 시기부터 유가사상 회복을 위한 국정 방향을 잡더니 시진핑 시기에 들어와서는 공자 제사에도 최고지도자가 직접 참석하는 등 이례적인 행보까지 이어지고 있다. 스스로 전통을 부정했지만, 세계를 호령하는 초강대국 반열에 오르자 자신들만의 차별성을 전통에서 찾는 것이다. 상황에 따라 정반대의 국가 방향을 잡는 뻔뻔함 속에는 국익을 최우선시하는 현실적인 유연성이 있음을 알 수 있다.

아편전쟁 이후 동아시아는 중화주의가 패퇴하고 산업혁명 성공을 토대로 제국주의를 앞세워 영토확장을 획책하는 서세동점西勢東漸의 소용돌이에 빠졌다. 서구세력 앞에 무기력했던 청나라와 조선은 1860년대 메이지유신을 통해 이미 서구화된 일본에게 농락당하는 지경에 이르렀다. 중국에서는 중체서용中体西用, 조선에서는 동도서기東道西器운동이 있었으나 모두 형식적인 개혁이라는 구조적인 문제 때문에 실패했다. 180년의 혼란기 가운데 1953년 우리는 남북 분단이라는 초유의 사태를 거쳤으며, 그럼에도 불구하고 '한강의 기적'으로 일컬어지는 눈부신 발전을 함으로써 우리는 1960년대 전후 복구와 1970년대의 중흥을 거쳤다. 그리고 마침내, 2017년 세계 제조업 7대 강국, 세계 GDP 11위의 경제 대국으로 성장하는 데 성공했다. 이를 바탕으로 중국과 수교한 1992년에는 교역 규모가 64억 달러에 지나지 않았으나 2018년에는 교역 규모가 2,687억 달러로 우리나라 전체 수출입의 24%에 달할 정도가 되어 중국은 우리의 최대 교역 파트너가 되었다. 거기에 홍콩, 타이완 포함 시 중화권 의존도가 33%에 달해 우리의 경제발전에 주도적인 역할을 했다. 이 때문에 무역불균형이 너무 심해져 중국이 우리에게 조금만 통상압력을 가해도 우리는 다른 대안을 찾을 수 없을 정도가 되었다. 최근 미·중 무역전쟁에서 보듯, 중국의 대미 교역이 일방적으로 3,700억 달러 흑자를 보임에 따라 양국의 무역전쟁은 점입가경으로 치닫고 있다. 그리고 이 때문에 피해를 보는 제3국 중에 실질적으로 우리나라의 규모가 제일 클 것이라는 전망이 우세하다.

앞서 서술한 것처럼 중국은 정치, 경제적으로 끈끈함이 그 어느 때보다 더 강한 상태로, 불가분의 관계가 되었다. 또 다른 큰 변수는 우리나라가 글로벌 상위 10위에 들어 있지만, 미국은 단극체제로 2위와의 비교 자체가 무의미한 비대칭 지위를 가지고 있다. 게다가 중국 역시 톱2에 들어 있는 형국이며, 일본은 톱3에 랭크되어 있다. 이 때문에 동아시아, 한반도에서의 미국, 중국, 일본, 한국의 교역 경쟁은 전쟁을 방불케 한다. 우리는 과거 일방적인 추종만 하던 전통시대의 약소국 조선이 아니라 강소국으로서의 대한민국이기 때문에 우리가 역사 무대의 주인공이 될 가능성도 충분하다. 다만 우리의 의식 수준을 과거 우리 선조들이 가지고 있던 수동적 자세에서 벗어나 능동적인 자세로 전환함으로써 세계사의 주인공이요 캐스팅보트를 행사할 수 있다는 자신감을 가져야 한다. 북핵을 중심으로 벌어지고 있는 한반도 비핵화 논쟁 역시 같은 맥락에서 봐도 무방할 것이다. 이러한 점들을 고려해보았을 때, 중국연구를 하는 것이 곧 강대국 사이에서 우리가 나아갈 전략적 대안을 강구하는 길임을 알 수 있다.

2. 중국연구란 무엇인가?

중국연구의 시작은 '지역연구'라는 학문이 어떤 성격의 학문인지
와 '지역학'과의 차이점을 먼저 이해해야 하며 더 나아가 중국연구와
중국학의 현실적인 차이를 알아야 한다. 이를 위해서는 인문학과 사
회과학에 대해, 아울러 분과학문과 통합학문에 대한 보편적 이해를
함양함으로써 가능하다.

(1) 인문학과 사회과학

인문학은 일반적으로 문학, 사학, 철학 등을 가리키는 것으로 '개
체로서의 인간'에 관심을 가지고 연구하는 학문이다. 사회과학은 '집
단으로서의 사회나 국가, 조직에 대한 관심'을 연구하는 학문으로
정치학, 경제학, 사회학 등을 예로 들 수 있으며, 정치학은 국가, 헌법
등 법률체계를 연구하며 경제학은 시장연구, 사회학은 시민사회에
대한 연구가 주류를 이룬다. 인문학과 사회과학을 한마디로 말하면
'인간과 세상'에 대한 연구라고 할 수 있을 것이다. 이런 면에서 역사
학의 경우 인문학으로 분류되나, 사회과학 속성이 가장 강한 학문이
라고 할 수 있다. 따라서 중국의 정치·경제를 이해하기 위해서 무엇
보다 선행해서 알아야 할 학문이 곧 '중국역사'임은 두말할 나위가
없다. 현대 중국을 깊게 이해하기 위해 중국의 근대사를 공부하는
것은 필수다.

(2) 분과학문과 통합학문

고대에는 플라톤의 국가론, 정치론 등과 같이 학문은 통합되었으

며, 중세까지는 종교적 관점이 우세했다. 근대에는 학문 간 경계를 두어 학문의 전문화를 지향했으며 이로 인해 분과학문이 대세를 이루었다. 중세에서 근대로 넘어오면서 객관적 관점에 따라 이성적으로 판단하기 시작했다. 이는 종교적 관점에서만 사유하지 않겠다는, 사유체계의 변화를 일으켜 점차 이성이 지식을 지배하는 세계가 되는 데 기여했다. 사람들은 인체를 해부하고 천체를 관찰하면서 새로운 사실을 발견하고 과학 법칙을 찾아냈으며, 삼라만상의 인과관계를 연구하면서 새로운 학문 분야를 무수히 만들어냈다. 우리가 상식적으로 알고 있는 병원의 분과를 봐도 상당한 세분화가 이루어졌음을 알 수 있다. 분과학문이 근현대에 들어와 무수히 세분화된 것도 같은 연유라고 할 수 있다.

최근 미·중 간 무역전쟁의 배경을 놓고도 수많은 의견이 존재한다. 미국의 대중 무역적자가 3,700억 달러를 넘어서자 이를 협상을 통해 조정하고자 하는 것은 하나의 사실이다. 그러나 그러한 미국의 행동과 중국의 대응 행동을 놓고 다양한 해석을 내놓는 것은 하나하나의 현상을 쪼개어 분석해서 미래에 일어날 상황을 예측해내는 활동이다. 정치학자와 경제학자가 자신의 전공에 국한해서 분석한다고 하면 정확한 예측을 하기는 쉽지 않을 것이다. 정치, 경제, 군사, 외교 등 모든 분야를 망라한, 소위 '대가'Master가 종합해서 꿰뚫어 보지 않으면 올바른 정책을 구사하지 못할 것이다. 여기에서 통합하고 종합해서 사안을 판단하는 것은 곧 '중국'이나 '미국'에 대해 상대방을 잘 분석해서 올바른 판단을 하는 국가가 최종적 승자가 될 것이 자명하다. '지역연구' 또는 '지역학'으로 명명하기도 하는 이 학문이 바로 이러한 판단을 하도록 크게 도움을 주기 위한 목적을 가지고 있다.

그러나 지역학 외에도 주제나 이슈에 따라 여성학, 환경학 등을 통합 연구해야 할 필요는 있다.

(3) 지역연구와 분과학문

오늘날과 같은 지역연구는 2차 세계대전 이후에 확립된 것으로 자국 외에는 모든 국가가 지역연구에 들어간다. 우리나라의 경우에는 북한도 지역연구에 포함할 수 있다. 북한학과가 있는 대학들이 다수 존재하는 것만 봐도 알 수 있다.

지역학은 16~18세기 유럽에서 시작되었으며 식민지 개척 및 제국주의 경영에서 비롯되었다. 당시의 지역연구는 훈련을 받은 전문가들에 의한 것이 아니고 제국주의 국가들에서 파견한 선교사, 외교관, 군인, 상인들이 현지 기록을 남겼다. 현대의 지역연구는 이로부터 유래되었으며 초기 형태의 지역연구라고 할 수 있다. 한국의 경우 네덜란드인 '하멜' 표류기1653~1668를 예로 들 수 있으며 이는 '참여 관찰'의 한 예라고 할 수 있다.

통합학문의 성격을 가진 지역연구는 두 가지 기능을 가지고 있다. 첫 번째는 이론과 방법론 추구라는 학문적 지향 기능이다. 두 번째는 실행을 위한 정책과제를 연구하는 기능이다. 이는 위정자들이 효과적인 정책 수립을 위해 지속적으로 특정 지역이나 국가에 관심을 두게 되기 때문이다. 정부가 특정 국가에 관심을 두게 되면 자연스럽게 국가의 재정적 지원을 받을 수 있으며, 사회적 관심과 이에 따른 민간 부문의 재정적 지원을 받을 수 있다. 따라서 관련 지역은 연구를 위한 재원 조달이 쉬워져 현장 조사를 빈번하게 할 수 있게 되고, 단기에 연구성과를 낼 수 있게 된다. 1950~1960년대에 미·소 냉전

시기에 미국이 구소련과 같은 공산권이었던 중국에 관해 집중적으로 지역연구를 강화했고, 포드재단이 당시로써는 천문학적인 재정적 지원을 한 것이 좋은 예일 것이다. 김영삼 정부의 세계화 전략과 맞물린 1990년대가 우리나라 지역연구의 전성기였음은 이를 실증적으로 보여준다.

지역연구는 통합학문으로 각 분과학문, 예를 들면, 중국정치, 중국경제, 중국사, 중국문화 연구자에게는 각 분과학문 즉 정치학, 경제학, 역사학, 중어중문학이 분과학문이 될 것이나 모두 중국연구를 하는 것으로 지역연구가 융합, 통합 학문임을 알 수 있다. 최근 자주 쓰이는 '학제 간 연구'는 분과학문의 칸막이를 넘어 하나의 주제에 대해 통합하고자 하는 것이 현대 학문의 대세라는 것을 보여준다.

사회과학 분과학문의 특징은 계량화로 설명될 수 있다. 사회과학의 목적은 '이론화' 또는 '이론의 정립'이다. 이론을 계량화함으로써 미래에 대비하는 것, 즉 더 나은 사회건설이 사회과학의 목적이기 때문이다. 이론이란 '일반 법칙'으로 데이터만 있으면 '일반 이론'화해서 말한다. 이와 관련해 대표성을 갖는 사회과학 분과학문은 '경제학'이다. 이 분야의 학자들은 분석을 위한 도구로 일반화된 법칙이나 이론이 존재한다고 믿는다. 그리고 중국, 미국, 인도, 한국 등을 통계를 통해서 분석할 수 있다고 생각한다. 따라서 미국의 노벨상 수상 경제학자들이 한국 경제에 훈수를 둘 수 있다고 생각하고 행동하는 것이다. 경제학자는 '모든 인간은 이익을 추구하는 경제적 동물'로 보며, 정치학자는 '모든 인간을 권력을 추구하는 정치적 동물'로 간주한다. 이러한 본능에 의해서 인간은 합리적 선택을 한다고 믿기 때문에 객관적 설명이 가능하다는 것이다. 그들은 보편화 및 이론화에는 개별적 특수성을 인정하지 않는다.

지역연구는 이와는 달리 개별적 국가의 특성을 중시하는 사회과학이다. 통계적이나 계량적 연구도 중요하지만, 해당 지역의 특수성에 중점을 두며 현지조사와 같은 '질적 연구방법'을 사용하는 것이 일반적이다. 경제학자는 인도에 직접 가지 않고 인도경제를 설명할 수 있으나 지역연구자는 현지조사를 하지 않으면 현지를 얘기할 수 없는 것이다. 따라서 지역연구가 새로운 패러다임인 것은 분명하나 데이터에 근거한 이론 정립이 되었다고 할 수는 없다. 이처럼 분과학문의 일반 이론자Generalist와 지역연구자Area Specialist는 서로 다른 시각을 가지고 있다. 지역연구가 거대한 분과학문 체계에 새롭게 도전하고는 있으나 아직은 분과학문으로 독립되었다고 하기에는 일반적 이론화와 연구방법론에 미흡한 측면이 있다.

지역전문가는 현지 출장을 통해 유무형 데이터를 수집하여 이를 분석해서 결론을 도출해 내어야 한다. 데이터 분석과 이론 정립 능력뿐만 아니라 현지 언어 구사력과 현지 문화 이해력이 중요한 이유다. 데이터 분석은 '설명'을 위한 것으로 설명에는 반드시 인과관계가 포함되어 있어야 한다. 사회과학자의 중요한 요건은 '설명'에 '간결함'을 추구해야 하며 이를 위해서는 '개념'을 도입해서 설명해야 한다. 개념과 개념으로 구성된 것이 바로 이론이다. '되'는 깎는 틀이다. 공통적인 것을 추출하여 한 곳에 모아 놓고 나머지는 버리는 것이다. 남미의 경우 거대담론인 '근대화'라는 개념이 맞지 않으므로 별도의 '종속이론'을 만든 것이다. 분석이란 복잡한 현상을 개념을 활용하여 간결하게 설명하는 것이다. 사회과학자들은 논리적이고 체계적이며 분석적이나 창의력이 없으며 상상력 또한 없다고 할 수 있다. 일종의

'산재'인 셈이다. 보편적인 주장을 해야 하는 과학자이기 때문이다. '설명'과 유사한 것으로 '서술'이 있으나 이것은 정보를 가공하지 않고 사실 그대로 나열한 것을 의미한다.

지역학은 사회과학적 분석과 해당 지역의 포괄적인 정보에 의한 특수성을 합쳐서 데이터를 처리해 내는 학문으로 정의할 수 있다. 인문학적인 것에 대해서는 설명이 불가하다. '중국인이 어떻다'는 일종의 서술이며 설명이 아니다. 예를 들어 '내가 저 여자를 사랑한다'면 다른 이유가 있을 수 없다. 설명이 안 되는 것이다. 단순히 내가 저 여자를 사랑한다고 서술하는 것이 최선이다.

거대담론이나 거대 프로젝트에는 융합적 사고와 융합적 리더십이 필요하며 시대는 이러한 대가의 출현을 요구한다. 필자는 '학자들이 자신의 박사학위 논문 연구 범위를 벗어난 다른 이슈에 대해 자기주장을 하기 쉽지 않겠다'는 생각을 한 적이 있다. 학자들이 연구를 거듭할수록 자신의 제한된 연구 범위에 머물러야 하는 학계의 '보이지 않는 손'에 의한 규범과 관례는 고대 플라톤이나 아리스토텔레스 같은 대가의 탄생을 불가능하게 할 거라는 비관적 생각에 암울한 미래가 보이는 듯했다. 우리나라에서는 후배 학자가 선배 학자를 학문적으로 비판하기가 그다지 쉽지 않다고 한다. 최근에는 이런 풍토를 개탄한 나머지, 일부러 실명을 언급하며 대선배 학자를 비판한 학자가 화제가 되었다고 한다. 선진국 학계에서는 정상적인 일이 우리에게는 불경한 사건으로 비치는 현실이 조속히 개선되지 않으면 안 될 것이다. 침묵은 곧 묵인을 의미하며 정체와 후퇴를 의미한다. 반면 건강한 학문적 비판은 발전을 의미한다. 지금처럼 홍수와 같은 지식이 범람하고 번개와 같은 속도로 변화할 때 혁신적 사고 없는 학계나 재계, 국가는 결과적으로 경쟁에서 낙오자가 될 것이 자명하다. 우리나라 분과학문에서 노벨상 수상자가 배출되지 못하는 이유가 여기에 있는지도 모른다.

결론적으로 자신만의 영역 즉 분과학문적 사고에서 벗어나 종합적 사고를 해야 한다. 이러한 사고를 하는 사람이 많아질수록 시행착오를 줄일 수 있으며 효율적인 사회로 발전해 나갈 것이다. 또한, 과거의 지역전문가는 해박한 지식과 경험을 가진 자로 이해되었으나 지금의 전문가는 고유한 기능을 가지고 어떤 상황에 대해 데이터를 분석해서 일반화할 수 있어야 한다. 사회과학적 교육이란 자료 분석을 할 수 있는 전문가를 훈련시키는 것이다.

(4) 중국연구와 중국학

지역연구로서의 '중국연구'라는 분야가 우리나라에 등장한 것은 1970년대 말부터 1980년대다. 즉 정치, 경제 등 사회과학이 지역연구의 주요 관심사로 떠오르면서 패러다임의 변화가 일었다. 사회과학 부문에서는 '중국학'Sinology보다는 '중국연구'China Studies라는 용어를 더 선호하는 것 같다. 그 이전까지 '중국학'이라 하면 문학, 사학, 철학을 중심으로 한 인문학 위주였다. 지금의 중국학 또는 중국연구 역시 인문학자와 사회과학자 간에 보이지 않는 학문의 벽과 개별 분과학문의 벽이 각 분야를 제한하고 있는 것이 한국의 현실이다. 필자가 읽은 논문의 저자들은, 인문학자들의 경우 '중국학'이라는 용어를 사용했으며, 사회과학자들은 '중국연구'라는 용어를 사용하고 있었다. 이는 관련 인문·사회과학 학계 안에서조차도 중국학에 대한 정체성 논란이 있음을 방증하기도 한다. 그러나 인문학, 사회과학을 불문하고 이구동성으로 학제 간 융복합 연구를 하자는 한목소리가 나오고 있는 것은 다행이나 30년 전의 목소리가 지금도 그대로인 점은 학계가 반성해야 할 대목이다. 인문·사회과학을 아우르는 '대가'Master의 부재가 하나의 이유일 수 있으며 비판적 학문연구 풍토가 정착하지 못한 것도 이유 중 하나일 것이다. 학제 간 융합연구가 혹시라도 꿰맞추듯 전시효과만을 노린 나열식·물리적 연구가 되어서는 안 될 것이며 화학적 결합을 통한 융·복합식 연구가 되어야 할 것이다.

중국정치는 정치학과에서, 중국경제는 경제학과에서, 중국문화는 중어중문학과에서, 중국역사는 동양사학과에서, 중국철학은 철학과에서 연구가 이루어지고 있다. 즉, 각 분과학문에서 분야별로 연구가 되고 있으며 이를 통합적으로 다루는 분과학문은 '중국연구'China Studies 또는 '중국학'Sinology이라고 하는 지역연구다. 사회과학으로서의 정체성을 가지려면 지역연구만의 '이론'과 '방법론'이 개발되어야 한다는 학계의 비판이 있는 것은 사실이다. 그러나 지역연구의 통합적인 특징을 고려하면 각 분과학문의 분석방법론이나 이론을 사용하는 데 문제가 없으며, 오히려 통합학문의 발전을 위해서 자연스럽다고 주장을 하는 학자들도 있다. 어쨌든 인문학과 사회과학을 '인간과 세상에 대한 연구'라고 정의한다면 중국학은 '중국인과 중국이라는 국가에 관한 연구'로 정의할 수 있다.

다만 지역연구는 해당 지역의 특성을 고려해서 연구해야 하므로, '중국연구' 역시 중국의 특수한 상황을 고려해서 자료 분석과 일반화를 위해 노력하여야 한다. 또한, 중국의 특성 중 다른 지역연구에도 일반화할 수 있는 것은 관련 연구방법론을 개발해내야 하며 중국

전체에는 통용이 되지 않는다고 해도 '중국이라는 정체성'을 고려한 중국연구방법의 일반화를 위해 중국연구자들은 혼신의 노력을 기울여야 할 것이다.

3. 남들은 중국연구를 어떻게 하고 있는가?

초기 지역연구는 선교사나 외교관 또는 무역상을 중심으로 진행될 수밖에 없었다. 따라서 그들의 지역연구에는 전문성이 없었으며, 이로 인해 사회과학자들이 주장하는 '분석을 통한 일반적 이론과 법칙의 정립'을 실천하지 못했다는 한계가 있었다. 중국연구 역시 마테오 리치 신부의 선교 활동 가운데 자연스럽게 이루어졌으며 점차 심화되는 과정을 거쳤다. 영국의 선교사 허드슨 테일러의 삶을 되돌아봐도, 그가 중국 내륙 선교를 위해 중국어 구사는 물론 당시 청나라 복장과 변발까지 서슴지 않으면서 현지 생활에 몰입함으로써 중국선교에 거대한 발자취를 남긴 것은 선교사로서만의 교훈을 넘어 지역연구자가 어느 정도까지 현지화와 상황화[2]에 몰입해야 하는지를 잘 보여주는 사례이다.

중국연구를 심도 있게 한 나라로 미국, 유럽 외에도 일본을 들 수 있다. 당초 이들의 연구 목적이 중국을 침략하기 위한 기초자료 확보 및 분석이었음은 물론이다. 일본인들의 데이터 수집과 기록이 그 어떤 나라 사람들보다 철저했기 때문에 그들의 중국연구에는 풍부한 데이터가 기본이 되었다. 그들의 연구는 주관적 설명보다는 객관적

---

2 선교학에서 쓰는 용어로 현지 문화와 관습에 맞춰 선교하는 것을 의미

서술에 가까웠으며, 이밖에 본토 대륙과 대척점에 서 있던 타이완의 중국연구 역시 그들이 같은 중국인이기 때문에 다른 나라에서 볼 수 없는 차별화된 관점이 존재한다. 특히 냉전 시기에 우리나라의 중국연구 자체가 어려움을 겪었을 때 타이완은 상당 기간 중국의 대안으로 기능했으며 우리나라의 대표적 중국연구자들 역시 타이완을 통해 배출되었다.

중국 자체의 중국연구도 거시적 관점에서 대부분 관변학자로 정부의 대변인이라고 할 수 있으나, 미시적인 부분에서는 중국을 읽어내는 '틀'을 찾아낼 수 있다.

우리나라 중국연구자들 역시 미·소 냉전의 궤적을 따라 변화의 길을 걸을 수밖에 없었으나, 중국연구에 있어 발전적이고 건설적인 비판이 결여되어 있는 것은 큰 문제점으로 지적하지 않을 수 없다. 미국이나 유럽, 일본 등에서는 중국위협론, 중국위기론뿐만 아니라 『중국이 세계를 지배하면』이라는 대표적 저서가 말하듯 미국 이후의 패권국으로 중국을 거론하는 중국연구자들도 있음은 우리가 유의해야 할 일이다. 우리의 학계 현실은 아직도 원론적인 '학제 간 융복합 연구의 당위성'을 주장하고 있으나 효과적으로 실행되지 못하고 있으며 실행되고 있는 경우도 전시적인 경우가 많다.

서방 학자들은 대부분 중국을 부정적 시각으로 보는 경우가 많으며 중국위협론이나 중국위기론, 중국붕괴론을 주장한다. 이와 달리, 영국의 마틴 자크는 2010년 출간 저서인 『중국이 세계를 지배하면』을 통해 중국의 미래를 긍정적으로 내다보고 있다. 그는 중국의 유교적 국가관, 중화사상을 중국 문명에서 비롯되는 문화적 우월 의식과 인종적 우월 의식이 결합된 것으로 평가하고 있다. 거기에 더해 서구에서는 중국에 서구식 민주주의 정치 제도가 없다는 사실을 많이 우려하고 있으나 중국의 정치는 지난 30년 동안 매우 투명했으며 책임 있는 지도자들에 의한 통치가 이루어졌다며 긍정적 평가를 하고 있다. 중국인들이 중국의 발전모델을 '중국모델'로 주장하며 객관화시키고 전파하려는 것에 대해서도 긍정적 시각을 가지고 있음은 물론이다.

같은 중국을 어떤 시각에서 보느냐에 따라 대중국 전략은 전혀 달라진다. 중국이 추구하는 꿈과 가치가 무엇인가에 따라 우리에 대한 그들의 속내가 다를 것이기 때문이다. 따라서 중국연구에 대한 역사가 깊고, 이해관계가 깊은 나라들의 중국연구를 관점에 따라 분류하고 참고하는 것이 우리의 중국연구에 큰 도움이 될 것은 자명할 것이다. 우리는 자유민주주의 정치체제와 자본주의 시장경제체제를 헌법적 가치로 수호하고 있는 나라이나, 중국은 우리와는 다른 중국특색 사회주의 정치체제와 아직은 국가의 통제를 많이 받는 시장경제체제임을 인식하고 양국관계를 객관적으로 바라봐야 한다. 어느 나라나 자국의 국익을 위해서는 전쟁도 불사하지 않으므로 그들이 추구하는 핵심 가치와 핵심 이익이 무엇인지를 이해할 수 있어야 한다. 그리고 우리 또한 우리의 가치와 국익을 지키는 데 철저한 원칙을 가지고 이를 실천해 나가야 궁극적으로 우리가 원하는 나라를 이뤄 나갈 수 있을 것이다.

(1) 미국의 중국연구

미국의 중국학은 1800년대 후반 유럽의 인문학 중심의 중국학을 받아들여 시작되었으며, 2차 세계 대전 이후 미국의 중국연구는 점차 실용적 목적으로 진화하였고, 사회과학적 특성까지 혼합되어 분석이론과 방법론까지 동원된 지역학이라는 학문적 발전도 어느 정도는 이뤄냄으로써 세계 중국연구에서 독보적인 존재감을 과시했다.

그러나 이런 미국도 신중국이 성립된 1949년 이후 1950년대 초반까지는 반공적 이데올로기로 인해 중국연구가 근본적으로 제한되었다. 즉, 국가 보안상의 이유로 중국연구가 제도적 제약을 받았던 매카시즘 시기가 있었다. 그럼에도 불구하고, 1957년 10월 구소련이 발사한 스푸트니크Sputnik 인공위성은 미국을 긴장시키기에 충분했다. 적국인 소련의 인공위성 기술이 미국을 추월했기 때문이었다. 스푸트니크 발사 성공은 매카시즘에 젖어 있던 미국이 공산주의 종주국인 소련과 추종국인 중국을 연구하게 만든 계기가 되었다. 또한, 미국은 1950년대 베이비붐 시대로 진입하자 대학에서는 '지역연구' 분야가 자연스럽게 많은 학생의 입학을 소화하는 계기가 되었다. 이로부터 시작하여 1960년대까지 지역연구의 활성화가 이루어졌다. 냉전시대의 유산이었던 지역연구는 국제·정치·외교·군사 환경에 따라 부침하는 행보를 보인 것이다.

한편, 1970년대 미국은 베트남전을 치르면서 지역연구를 전쟁에 이용함으로써 미국인들은 지역연구가 미국민이나 세계적인 가치를 위한 것이 아니라는 걸 깨닫는 계기가 되었으며, 지역연구에 대해 회의하게 되었다. 따라서 이때부터 미국의 지역연구는 침체의 길을 걷게 된다. 설상가상으로 미국은 소련 해체 이후 1990년대에 단극체제로 들어감에 따라 지역연구의 정책 수요는 더욱 감소하게 되었다.

그러나 중국이 개혁·개방 이후 급속한 경제발전을 기반으로 급부상하자 중국의 거센 도전을 의식하고 신냉전체제의 가능성이 대두되면서 미국의 중국연구는 새롭게 활기를 띠게 되었다. 무엇보다도 중국이 과거 40년 가까이 연평균 10% 가까운 경제성장을 함에 따라, 국제 정치·군사 등의 하드파워 측면에서 미국에 필적할 정도의 세력으로 부상한 것에 미국은 긴장하고 있는 듯하다. 이 점에 맞춰 중국이 지속해서 발전할 것인가, 권위주의 체제의 주체인 중국 공산당이 리더십을 지속적으로 유지할 것인가, 급속한 경제발전의 후유증에 따른 사회불안, 중진국 함정 등을 극복할 수 있을 것인가, 궁극적으로 중국은 민주화를 이룰 것인가 등에 대해 폭넓고 깊이 있는 연구를 하고 있다. 다만 미국은 중국의 지역적 특성을 고려하기보다는 사회과학적 분석방법론에 더 무게를 두고 있어 여전히 서구중심주의가 기반이라는 것을 고려해야 할 것이다. 서구의 중국 비판자들에게 쏟아지는 비난 중 하나가 그들이 중국을 너무 모른다는 것인데, 이는 곧 서구 학자들의 대표 격인 미국 중국연구자들의 연구방법론이 다른 것에서 기인한다.

'중국위협론'이 간헐적이지만 지속해서 대두되는 것 역시 상술한 미국의 중국연구 추세와 특징과 무관하지 않다. 중국의 급부상이 미국의 단극체제를 위협할 수 있으며 이념 체계가 다른 중국이 패권국이 되었을 때, 자신들이 제정해 놓은 세계 가치·질서·표준 등이 위협받을 수 있다는 두려움이 미국 중국연구자들의 뇌리에 깊이 박혀 있어 중국의 부상을 부정적인 시각으로 보게 만드는 것이다. 유럽의 예수회 선교사들의 적응전략이나 상황화 전략처럼 현지의 문화·역사·언어를 중시하여 중국인을 먼저 이해하려는 노력이 선행된다면, 보다 객관적이며 현실을 꿰뚫을 수 있는 대중국연구 결과물이 나올 것이다.

(2) 유럽의 중국연구

유럽 세계에서 동양은 오랜 시간 미지의 신비 세계로 머물러 있었다. 유럽의 선교사들이 16~17세기에 걸쳐 중국으로 파송되면서 중국 지역의 탐구가 시작되었으며, 이로써 유럽 중국학의 효시가 되었다. 유럽 전통의 중국학은 주로 고전문헌학을 일컫는다. 문헌학적 방법론을 중심으로 중국에 관한 연구가 이루어진 것이다. 따라서 유럽의 중국연구에서 가장 큰 특징은 인문학 중심의 전통적인 중국학 연구가 강하다. 17세기 당시 예수회 선교사들이 중국으로 파견되어 선교 활동을 하는 가운데 그들은 중국에 서양 학문소위 '서학'을 중국에 전했을 뿐만 아니라 중국의 실상을 서양 세계에 알리는 첨병 역할을 했다. 최초의 예수회 중국 선교사인 마테오 리치1552~1610는 이탈리아 예수회 선교사였으며 그는 서구의 지식을 습득한 최고의 학자이기도 했다. 천문·지리·기하·산술·역법·신학·철학 등 모든 면에 통달했던 그는 중국어, 중국문화 등에 익숙하여 중국의 문인들과도 자유롭게 대화를 나눌 정도였다고 한다. 마테오 리치는 적응주의 선교의 대표적인 인물이었다. 적응주의 선교는 전통에 대한 자부심이 강한 일본이나 중국에서의 선교를 위해서는 먼저 그 나라의 언어와 문자를 충분히 학습하여 그들의 사상과 문화를 구체적으로 익힌 다음 지배층이나 지식인들과의 학술적 교류를 통해 교리를 전파하는 전략을 말한다. 이러한 예수회 선교사들의 역할로 유럽의 중국연구는 인문학 중심의 경향을 띠게 된 것이다.

21세기에 아시아의 중요성을 잘 인식하고 있으면서도 최근에는 유럽통일, 독일 통일, 소련 해체 그리고 동구 사회주의권의 붕괴 등 유럽 자체 문제에 더욱 큰 관심을 가질 수밖에 없어 중국연구는 아시아연구의 한 부분으로 기능하고 있을 뿐이다.

(3) 일본의 중국연구

일본은 비교적 일찍 중국연구에 관심을 가졌으며 서구와는 다른 독특한 연구 경향을 지니고 이를 나름대로 독자적인 체계로 발전시키려는 강한 의욕을 보인다. 이미 메이지 시대 이후부터 현지 특성과 문화에 대한 이해를 일차적으로 강조한 소위 '현지주의'적 입장을 견지해왔다. 따라서 일본의 중국연구는 "현지 사정에 밝고 정보수집에 강하다"는 특징을 지니고 있다. 1972년 일·중 수교 이후에는 탈이데올로기적 경향이 두드러지게 나타나게 되었다. 일본의 중국연구는 비록 1980년 후 많은 경험적 연구가 제기되고 있으나 이를 이론적 분석 수준으로 끌어올리지는 못하고 있다.

(4) 홍콩, 타이완의 중국연구

해외의 중국연구 중 타이완의 경험을 과소평가할 수는 없다. 타이완의 중국연구는 한국의 중국연구자들에게 많은 영향을 끼쳤으며, 그간 적잖은 연구 결과와 성과를 제시하고 있다. 타이완의 경우, 중국연구는 분단국의 특수 상황에 국가통일이라는 목표를 수행하는 과정에서 이루어지는 특수분야의 연구로 간주되고 있다. 타이완의 중국연구자는 사회과학자라기보다는 중국전문가로서 이론과 논리적 설명력 및 경험적 근거에 의존하기보다는 연구자 개인의 체험이나 오랜 연구를 통해 얻은 직관으로써 중국을 설명하려는 경향을 보인다.

우리나라의 1세대 중국연구자들이 주로 미국 유학을 통해 중국연구를 했다면 2세대 연구자들은 타이완에 유학하여 중국연구를 했으며, 그들은 지금 중국학계의 원로들로 은퇴를 목전에 두고 있다. 3세대 중국연구자들은 한중 수교를 디딤돌로 중국에 직접 유학하여 중국연구를 했으며 현재 학계의 중추적 역할을 하고 있다.

(5) 중국의 중국연구

중국의 중국연구란 곧 중국 내부에서 이루어지는 자체 중국연구를 말한다. 중국은 공산당이 국가와 사회를 통치하는 체제이기 때문에 중국연구 또한 예외 없이 공산당 주도하에 일사불란하게 이루어진다. 대부분 연구소가 국가에 의해 운영되며 비용 또한 정부 예산으로 지급되기 때문에 관변단체라고 보는 것이 맞을 것이다. 시기에 따라 연구의 자율성 정도의 차이가 있을 수 있으나 정부가 좌경화 경향이 강할수록 자율성은 더욱 제한된다.

개혁·개방 이후 '사업단위' 형식으로 정책연구기관과 싱크탱크가 설립되었으며 대표적으로 국무원 경제연구중심, 중국사회과학원을 들 수 있으며 문화대혁명 이전의 마오쩌둥 시대와 비교 시 비교적 독립성과 자율성이 확대되었다고 할 수 있다. 연구영역도 정치보다는 경제개혁에 집중되었다. 1980년대 들어 자율성이 좀 더 확대되었으나 1989년 천안문 사건의 영향으로 중국 정부가 좌경화되자 독립성은 많이 축소되었다. 남순강화 이후 다시 활성화된 싱크탱크들이 90년대를 맞이하여 더욱 다양한 영역을 연구하기 시작했으며 이 시기에 미국 포드재단의 지원을 받아 베이징대학 경제연구중심이 설립되기도 했다. 1990~2000년대에 설립된 대표적 연구기관으로 베이징대 국제전략연구중심, 칭화대 중국국정연구중심, 지린대 동북아연구원이 있다. 최근 시진핑 주석의 '중국몽'을 설계한 것으로 알려진 칭화대 후안강 교수가 중국국정연구중심의 설립자이다. 그는 미·중 무역전쟁의 단초를 제공했다는 이유로 칭화대 동문으로부터 강력한 비판을 받고 있다.

민간 연구소로 톈쩌天則 경제연구소가 있으며 설립자 마오위스茅于軾 이사장은 류샤오보의 '08헌장'에 서명한 303명의 지식인 중 한 명이며 류샤오보의 노벨평화상 수상 소식을 듣고 공개적으로 축하한 중국 원로 지식인 7인 중 한 명이다. 톈쩌 연구소는 물론 중국 정부의 관변 연구소들과는 일정한 거리를 유지한 채 필요할 때 정부 정책에 대해 비판의 목소리를 내었다. 최근 톈쩌 연구소가 중국 정부의 정치적 탄압을 받고 베이징에 있는 연구소가 폐쇄되어 외곽으로 이전되었다는 소식은 중국 내 비판적 지식인들 탄압의 대표적 사례라고 할 수 있을 것이다.

4. 우리의 중국연구 현주소는 어디인가?

우리의 중국연구를 인문학적 중국학에만 국한하면 그 연원은 한문이 활발하게 사용되던 삼국시대까지 거슬러 올라간다. '한학'의 연원과 일치한다. 그러나 포괄적인 의미의 중국연구 연원은 연암 박지원의 '열하일기'가 비교적 객관성이 있으리라 생각된다.

조선 중기 사대부들은 명나라 중화주의에 영향을 받아 스스로 중화주의의 후계자를 자처함으로써 '소중화 사상'에 매몰되었다. 그렇기에 패망한 명나라를 그리워하고 심지어 청나라를 오랑캐로 무시했었고, 이로 인해 병자호란의 빌미를 제공하기도 했었다. 국제 정세를 제대로 읽지 못해 국난을 자초했음에도 이러한 기조는 열하일기기 쓰인 1780년대까지도 지속되었다. 결과적으로 이는 흥선대원군의 쇄국정책까지 이어지는 잘못의 연원이기도 한 것이다. 따라서 박지원이 청나라의 발전상을 소개한 열하일기를 보고도 당시 사대부들이 바깥세상에 대한 깨달음을 얻기보다는 저속한 문체라며 비난하기에 바빴던 것도 당연하다. 당시 정조도 문체를 거론하며 연암에게 반성문까지 쓰도록 했다고 전해진다. 만일 정조가 바깥세상에서 일어난 문물의 발전에 눈을 돌려 깊은 관심을 보이고, 이를 국정에 반영했더라면 우리의 역사가 바뀌었을 수도 있었을 것이다. 당시 교통수단으로서의 수레와 도로건설을 주장한 박지원의 혜안은 문물을 바라보는 시각의 중요성이 무엇인지 증명해준다고 할 수 있다.

일제 강점기를 거쳐 1948년 대한민국 정부 수립 이후 1953년, 한미동맹국으로 미국의 절대적 영향권 아래 놓여 있었던 우리로서는 1950년대 당시 냉전체제에서의 공산권과의 이데올로기 대치 상황에서 중국연구를 미국에 의존할 수밖에 없었다. 시기적으로 한국의 중국연구 경향을 보면 1970년대 초기에는 정치학을 중심으로 사회주의 체제와 이념에 관한 연구가 주류였으며 미국의 중국연구를 국내에 소개하는 형태를 띠었다. 1980년대에는 중국의 개혁·개방의 전개 과정과 주요 정책 내용 등을 중심으로 중국 사회주의의 변화와 진로를 규명하는데 연구의 초점이 모아졌으며, 1990년대에는 탈이데올로기적 경향이 두드러지게 보여 연구주제와 연구방법론에 있어 다양화 추세를 보였다. 민주화나 한중관계, 중국위협론 등도 중요 이슈로 대두되었고 노태우 정부의 한중 외교 관계 수립, 김영삼 정부의 세계화 정책과 맞물려 중국연구의 국가 사회적 수요가 많아져 활성화되는 계기가 마련되었다.

중국연구는 전술한 바와 같이 미국이 가장 활발했다. 소련과의 양극 냉전체제 하의 미국으로서는 공산화된 중국에 대해서도 국제정치·군사·외교·안보 측면에서 당시 '죽의 장막'이었던 중국을 문헌상으로나마 연구에 박차를 가했다. 여기에는 포드재단의 전폭적인 재정 지원의 힘이 절대적이었다. 1960년대 말 포드재단의 재정 지원이 급격히 축소된 결과로 미국의 중국연구는 쇠퇴의 길을 걷기 시작하였고, 1991년 소련의 해체로 국제질서가 양극 냉전체제의 종식과 동시에 미국 단극체제로의 변화는 미국의 지역 연구에 대한 유인을 잃게 했다. 동맹국이었던 우리나라는 그동안 공산권에 대해서는 미국으로부터 정보를 얻어왔으나 단극체제하에서 동맹국 간의 불필요한 갈등을 우려했던 미국으로서는 동맹국들에 양질의 공산권 정보 제공을 점차 축소해갔던 것이다. 아이러니하게도 미국의 중국연구는 쇠퇴의 길을 걷게 되고 우리나라는 독자적으로 중국을 연구하지 않을 수 없게 된 것이다. 1992년 8월 노태우 대통령 정부 시절 중국과의 외교 관계가 수립되고 1993년부터의 김영삼 대통령 정부에서는 세계화를 문민정부의 주요 정책으로 내세우면서 이의 일환책으로 OECD에도 가입함으로써 '세계화'라는 단어가 귀에 무척 익숙하게 되었다. 중국과의 외교 수립과 세계화 정책으로 중국연구에 박차를 가할 수 있었던 것이다. 중국과의 외교 관계 수립으로 그동안 대만으로 향했던 한국의 중국연구 학자나 유학생들은 중국으로 가서 현지에서 연구도 하고, 조사도 하는 중국연구 절정기를 맞이했다. 지금은 중국과의 관계가 선택이 아닌 '필연'적 관계로 발전해버렸음에도 불구하고 중국연구가 과거처럼 활기를 띠지 못하고 있다. 참으로 안타까울 뿐이다. 중국연구를 통해 중국과 중국인을 올바르게 이해하고 나서야 비로소 중국은 우리에게 위기나 위협이 아닌 기회의 나라로 다가올 것이다. 지정학적 리스크가 아닌 지정학적 기회로 바꾸는 지혜가 필요한 시기다.

필자가 2015년 봄 대학원 중국학과에 입학, 공부하는 과정에서 지역 관련 연구 논문이 1990년대에 왕성하게 씌었음을 알게 되었다. 1990년대 논문을 현대에도 교재로 사용하는 것에 대해 의아한 생각과 의문을 가졌던 필자는 나중에서야 과거 20년 동안 지역연구라는 학문의 근본적 문제점이 지금도 여전히 존재하기 때문에 당시 지역연구 관련 논문들이 지금도 유효함을 깨닫게 되었다.

1990년대 한국 학자들의 중국연구에 대한 특징을 요약하면[3]

첫째, 당시 냉전체제 하에서는 이데올로기 중심의 정치연구에 매몰되어 있었고 분야별, 시기별, 주제별로 특별한 경향이 없는 무정형적 연구에 머물러 해외의 중국연구와 단절되어 있었다.

둘째, 개혁·개방 이후 중국의 정치 변화에 편중되어, 변화 이전의 상황을 무시함으로써 분석 자체의 논리성이 결여되어 있었다는 비판점이 존재한다. 미국 연구자들이 가졌던 문제의식과 경험적 분석을 통한 논리적 설명도 없었으며, 일본 연구자들의 특기인 현지조사를 통한 사실 발견과 체계적 정리에도 실패했다는 것이다.

셋째, 바람직한 중국연구의 방향은 거시적 분석보다는 미시적 연구에 치중해야 하며, 현상에 대한 편면적 분석을 피하고 종합적이고 체계적인 이해를 위해 학제 간 연구를 보다 실질화하여 효과적인 중국연구를 위한 분석틀과 이론을 정립해야 한다는 것이다.

---

3 전성홍, 1996, 『중국 국내정치 분야에 관한 연구의 동향과 발전방향』

최근에 쓰인 학자들의 글과 주장 역시 1990년대와 크게 다른 점이 없다. 그중에서도 학제 간 융·복합적 연구는 지금도 형식적으로 치우치고 있어 이를 개선해야 한다는 목소리가 크다. 지금도 각 분야 전문가들의 활동이 중국연구자로서 복합적인 전문성을 띠지 않고, 파편화된 학문분과 안에서의 중국지역전문가로서 활동하고 있는 것이 오히려 맞는 표현이다. 실제로 정부 정책에 '전문가들의 의견이 제대로 반영되지 않는다'는 불만이 학계에 적지 않게 있는 것이 사실이지만, 이는 학계 스스로가 자초했다고도 할 수 있다. 물론 지역연구의 태생적 결함이라고도 할 수 있으나 이를 극복하고자 하는 실질적인 노력과 성과가 있었는지는 의문이다.

국내 중국연구의 가장 큰 문제는 중국과 수교한 지 30년 가까이 흐른 지금이나 냉전 종식 직후인 1990년대나 본질적인 변화가 없다는 점이다. 연구소 수나, 대학에서의 관련 학과의 수가 양적으로 증가한 것 외에 중국연구에 대한 구조적 변화나 질적인 변화가 없다. 이는 곧 앞으로 30년이 또 지난다고 해도 같은 탄식이 되풀이될 수 있다는 말과 같다. 이러한 상황은 현실에 대한 문제점이나 해결방안은 누구나 알고 있지만, 실천력이나 리더십 없이는 한 발도 전진할 수 없음을 깨우쳐준다.

5. 중국연구의 올바른 길

앞선 항목에서는 왜 중국을 연구해야 하는지의 필요성 또는 당위성에 대해 고민을 했으며 다른 나라의 중국연구 현황은 어떤지에 대해 개괄적이나마 돌아보았다. 아울러 한국의 현 상황은 어떤지에 대해 학문적 관점에서 돌아보았다. 그러나 본서의 목적은 학문을 논하고자 하는 것이 아니다. 필자가 대학원 중국학과에 진학했던 목적은 30여 년간의 필자 경험이 어떤 의미인지를 깨닫기 위함이었다. 학문이란 과거에 일어났던 일들에 대해 과학적인 분석틀을 이용하여, 일목요연하게 배경과 원인을 분석해서 합리적인 설명을 해주기 때문이다.

우리에게 중국은 선택이 아닌 필연적 존재로 운명공동체와 같은 존재임을 깨닫고 중국과 지혜롭게 윈윈할 수 있는 방법을 찾아야 할 것이다. 이것이 곧 극중克中의 길이라 믿기 때문이다. 이를 위해서는 어느 정도의 학문적 소양과 시각이 없이는 객관적 중국관을 피력할 수 없을 것이기 때문이기도 하다. 중국을 제대로 알아야 한다는 것은 중국을 객관적으로 바라보는 것이며 우리만의 전통적인 관습이나 배경을 가지고 중국을 바라보는 것은 편견에 지나지 않을 거라 판단했기 때문이기도 하다.

중국관이 올바르지 않으면 중국과 중국인을 제대로 이해하지 못해, 크게는 한중관계가 교착상태에 빠질 수 있으며 작게는 중국사업이 좌초될 수 있다. 일례로 사드 문제가 양국 간의 긴장을 일으켰고, 지금도 국민 간에는 감정의 앙금이 남아 있음을 부인할 수 없다. 중국 당국의 공식적 언급에도 불구하고 아직 중국 관광객이 여전히 적은 것은 그 후유증이라 할 수 있다. 따라서 중국에 대한 올바른 관점을 먼저 가진 후, 중국의 정치와 경제를 논하고 사업을 논해야 무엇을 하건 성공의 길이 보일 것이다. 이런 측면에서 중국관을 올바르게 정립함으로써 극중克中의 길을 찾고 사업 성공의 길을 가고자 하는 것이 본서의 목적임을 밝힌다. 중국사업 전략은 곧 투자전략이며 이는 곧 방향성을 의미한다. 본서가 이를 위한 길라잡이이자 등대 역할을 미력하게나마 할 수 있으면 하는 마음이 간절하다.

사업의 예를 들면, 성과를 잘 내는 경영자가 되기 위해서는 자신의 사업전략도 객관적인 자료나 과학적인 근거로 설명할 수 있어야 하며 가급적 주관적인 직관력을 최소화해야 한다. 차별화된 관점을 가지고 상황을 분석하여 올바른 해결방안을 제시하고 이를 실행했을 때에야 사업의 성공확률이 증가하는 것이다. 사업은 매월, 매시즌, 매년 반복되는 것으로 확실한 기준과 전제조건이 있는 사업전략에 따라 실행되어야 성공하든 실패하든 그 원인을 파악함으로써 사업의 성공확률을 올릴 수 있는 것이다. 바로 이러한 스킬이 점점 더 활용되어야만 경쟁기업과 비교 시 우월한 경영 성과를 낼 수 있을 것이다.

(1) 중국연구의 관점Perspective

우리에게 낯설지 않은 단어들이 있다. 친일親日, 친미親美, 친중親中, 친한親韓, 종북從北 등의 단어가 그것이다. 더더욱 익숙한 것은 사대事大라는 말일 것이다. 한편 지일知日, 지미知美, 지중知中도 낯설지 않다. 극일克日, 극미克美, 극중克中 이라는 말도 역시 우리의 입에 오르내리는 말이다. 지정학적으로 한반도를 둘러싸고 있는 미국, 중국, 일본, 북한과 관련된 것으로 우리의 생명인 안보와 밀접한 관계가 있으며 복잡한 셈법의 외교가 이들 국가 사이에서 하드파워인 군사력·경제력을 필두로 소프트파워인 추구가치·이념·문화 등과 복합적으로 어우러져 상황에 따라 우리의 선택을 강요하고 있다.

난세에도 우리가 지켜야 할 것은 우리의 정체성과 존엄성이다. 이를 위해 우리의 선조가 주변 강대국들 사이에서 생존을 위해 무엇을 했는지, 왜 그럴 수밖에 없었는지는 역사가 말해 주고 있다. 어느 나라든지 부끄럽고 되풀이하고 싶지 않은 역사가 있다. 그러나 생존을 위한 것이라면 한시적이나마 수치심을 버리고 감내를 택할 수도 있을 것이다. 우리의 선조들이 나라와 민족의 보전을 위해 수치를 인내할 수밖에 없었던 지정학적 환경을 어떻게 받아들여야 할지 고민을 해야 한다. 우스갯소리로 우리가 다른 대륙으로 이사하지 않는 한 우리의 지정학적 환경은 변화가 없을 가능성이 크기 때문이다. 지정학적 수치의 한 예를 들자면, 조선 시대의 사대부들이 오로지 급제를 위해 목을 맸던 과거제도의 시험과목이 유학의 사서오경이 주류를 이루었음은 우리가 모두 아는 사실로써 그들의 정신세계를 지배했던 중국의 가치체계인 '중화주의'中華主义가 결과적으로 '소중화주의'小中华主义로 까지 이어졌음은 참으로 부끄러운 일이다. 살아남기 위한 고육지책이었는지 여부는 거대담론으로 논쟁을 통해 활발하게 토론해야 하겠지만 말이다.

위와 같은 부끄러운 우리의 과거는 전통사회에서는 불가역적이었다 해도 그것이 '근대 이후 현재에도 적용될 수 있을 것인가?'라고 물으면 반드시 그렇지 않다. 지리적 면적이 작고 인구가 적어도, 강소국强小国으로 거듭날 수 있는 길이 우리에게도 있을 수 있기 때문이다. 근대에 세계를 쥐락펴락했던 영국, 네덜란드를 보면 이를 알 수 있다. 지금도 유럽에 강소국들이 많은 것이 그 증거라고 할 수 있다.

중국을 바라보는 관점은 시기마다 달랐다. 미국의 경우에 앞서 언급한 바와 같이 1950년대에는 매카시즘 만연으로 중국을 논하는 것조차 금기시되기도 했으며 우리도 중국과 수교하기 전에는 국호 대신 중국 공산당의 약칭인 '중공'으로 중국을 폄하한 시기도 있었다. 물론 조선 시대 유학자들은 조선이 명나라의 후계자라는 의미에서 조선을 '소중화'라고 하던 시절도 있었다. 중국이 개혁·개방 이후 무서운 속도로 성장하자, 중국의 급부상을 우려한 서방 학자들 사이에서 '중국위협론'이 대세였던 시절도 있었다. 트럼프 행정부가 미·중 무역전쟁을 일으킨 근본적 배경도 세계 패권 상실을 우려한 나머지 미국 우선주의라는 이름으로 신자유주의의 기수로서의 역할을 던져버렸다. 이러한 행동은 자신들만의 '단극체제'를 고수하겠다는 의지의 표현이기도 하다. 이처럼 관점은 상황에 따라 수시로 변하며 이는 '국익'을 앞세운 집권자의 '정권 재창출 및 권력 강화'와 깊은 상관관계를 맺고 있다. 따라서 우리는 그들 강대국보다 더욱 유연한 사고의 틀과 가치관이 있어야 생존권을 지켜낼 수 있을 것이다.

역사를 바라보는 관점인 '사관'이 있듯이 중국이라는 국가를 바라보는 관점에도 시기에 따라, 국가에 따라, 기업에 따라, 개인에 따라 다를 수 있다. 같은 사건이나 사물을 바라볼 때도 어디에서 어떻게 보느냐에 따라 별개의 사건이나 사물로 보인다. 그렇기에 중국에 대한 올바른 이해를 위한 전제조건이 올바른 관점이 되는 것이다. 올바른 관점을 갖기 위해서는 여러 가지 선결조건이 있을 것이다. 일본은 19세기 중엽 메이지 유신으로 아시아에서 최초로 자발적인 근대국가가 되었으나 조선의 경우 같은 시기에 흥선대원군은 쇄국정책을 펴 반대의 길을 걸었다. 개방 역시 1875년 일본 운요호 사건을 통해 타의에 의해 이뤄졌다. 역사적 귀결은 일본의 강점기 36년을 겪어야 했던 민족적 고난이었다. 일본은 자발적인 개방에 힘입어 근대국가로 변모함으로써 부국강병의 길을 걸어 서구 열강과 어깨를 나란히 했으며 막강한 하드파워를 이용 중국과 조선을 침략했다.

샤머니즘, 유물론적 사관, 민주주의, 공산주의, 힌두교, 불교, 성경적 세계관은 세상을 바라보는 기준이자 잣대로 관점이 다름에 대해 아무도 이의를 제기하거나 비난할 수 없다. 사상과 이념의 다름은 상호 존중해야 하기 때문이다. 이에 따른 사람들의 정신세계가 천차만별인 것은 자신의 세계관을 이루고 있는 원칙과 토대가 모두 다르기 때문이다. 각각의 세계관 신봉자들은 자신의 가치관에 따라 판단하고 결정하고 행동하기 때문에 그 결과는 전혀 다르다. 중국을 바라보는 관점 역시 같은 논리로 말할 수 있다. 지금은 많이 나아졌지만, 여전히 중국에 대한 편견이 있다. 일본인을 왜놈이라 하고 중국인을 '되놈'되놈 또는 '짱깨'掌柜라고 폄하하는 시각이 존재함을 우리는 부인하지 못한다. 더 나아가 중국을 비판하지 않고 중국에 대해 우호적인 말이나 글을 쓰면 좌익이라 편 가르기를 서슴지 않는 시각도 있다. 이에 따라 중국연구자가 불필요한 오해를 받고 의기소침해하기도 한다. 중국연구자들은 중국을 올바르게 이해하기 위해 각자의 분과학문에서 고군분투하며 연구성과를 내고자 노력하는 학자들로, 그들의 학문연구의 목적 역시 극중克中에 있다. 오랫동안 사대에 젖어 있던 우리의 과거 전통시대의 잘못을 되풀이하지 않기 위한 것이라 필자는 확신한다.

본서를 집필하는 필자의 목적 역시 다르지 않다. 중국에 오래 근무하면서 다양한 경험을 학문적 성찰을 통해 승화시키고 중국에 대한 보편적 이해를 증진시키는데 있다.

(2) 중국을 어떻게 봐야 할 것인가에 대한 제언

1) 왜 중국위협론, 중국붕괴론, 중국위기론, 중진국의 함정을 말하며 왜 중국기회론을 말하는가

같은 시기에 같은 중국을 보며 어떤 이들은 중국위기론과 중국붕괴론을 말하며 중국위협론을 주장한다. 또 다른 한편에서는 중국이 세계를 지배할 것으로 보는 중국패권론을 말한다. 근본 원인은 중국을 바라보는 관점이 다르기 때문이다. 부정적 시각을 가진 학자나 저널리스트들은 대부분 미국을 중심으로 한 서방 학자들과 일본 학자들이다. 중국패권론을 주장하는 마틴 자크 같은 학자도 있으나 많지는 않다. 중국이 개혁·개방 40년 동안 급속한 성장에 따른 불가피한 후유증을 '성장통'으로 보기 때문에 중국은 일사불란한 권위주의 체제의 리더십으로 잘 극복해낼 것으로 보는 시각이 있는가 하면, 그 후유증으로 인해 중국이 계층 간, 지역 간, 민족 간 분열이 될 것이며 국유기업과 지방정부의 부채 폭증, 부동산 과열로 인한 버블 붕괴로 궁극적으로 금융위기로 내몰릴 것으로 보는 시각이 있는 것이다. 중국모델론까지 거론하며 개발도상국에게 발전모델이라고 주장하고 있는 중국이지만, 지금은 중진국 함정을 벗어나지 못하고 침몰하는 것 아닌가 하는 부정적 의견이 대두되고 있다. 2008년 미국 금융위기 당시 중국 정부가 4조 위안을 풀어 세계 경제를 구했던 때의 금융 부담이 부메랑이 되어 중국경제를 더욱 어렵게 하고 있다는 보도도 나오고 있다. 더구나 최근 미·중 무역전쟁이 가져올 부정적 영향을 우려하여 중국의 위기를 더욱 확신하는 학자나 저널리스트들이 늘어나고 있다. 자신의 중국관이 뚜렷하게 정립되어 있지 않으면, 같은 시기에 같은 중국을 바라보더라도 전략적인 판단을 스스로 할 수 없다.

2) 중국의 근대성과 동아시아의 근대성

근대성Modernity은 전통Tradition과 대립하는 개념으로, 전통은 과거로부터 계속 이어져 온 문화를 존중하는 데 반해 근대성은 전통과 대립해 새로운 세계를 열려고 했다. 이런 충동은 계속되어 '새로움'이 근대성의 가장 두드러진 징표로 자리 잡는다. 시대적으로는 대체로 17세기가 분기점이 된다. 유럽에서는 절대 왕정의 등장과 상업 자본주의의 형성, 신흥 시민 세력의 등장, 새로운 과학과 기술의 등장, 종교개혁, 인간적인 문화에의 긍정 등의 변화가 이어졌다.

중국에 대한 관점을 논할 때 1840년 아편전쟁과 중국이 근대에 겪은 고난을 거론하지 않을 수 없다. 1800년대 초만 해도 세계 GDP의 30% 이상을 점하고 있던 중국이 유럽의 작은 나라인 영국과의 전쟁에서 힘 한번 제대로 써보지 못하고 무너져 내린 사건을 보면서 그 원인이 무엇인지 깊이 성찰해야 한다. 영국의 강점은 도대체 무엇이기에 거대 청나라를 상대로 전쟁을 해서 손쉽게 승리했는지 그 원인을 파악해야 한다. 아편전쟁을 자세히 들여다 보면, 여기에 중국의 근대성 문제가 녹아 있음을 발견할 수 있다. 일본은 중국에 앞서 개방을 하고 자체 전통보다는 서구의 근대성을 이식하고, 메이지 유신을 통한 획기적 발전을 함으로써 동아시아의 '영국'다운 면모를 보였다. 새로운 것을 추구하고 개혁·개방을 통해 국가발전을 이룬 일본이 동아시아에서는 추종을 불허하는 근대성의 전범이라고 할 수 있다. 한때는 청나라 사람을 '청국인'淸国人으로 존경의 대상으로 봤던 그들이 근대화 이후에는 오히려 그들을 '지나인'支那人으로 부르며 깎아내린 것은 중국 문인들의 기록을 통해서 확인할 수 있다.

중국의 근대 계몽운동은 전통을 총체적으로 부정함과 동시에 시작되었다. 1915년에서 1921년까지 계속되었던 중국의 신문화 운동은 반 전통주의와 민족주의가 결합한 대표적 계몽운동으로 서구 근대의 전면적 수용에서 중국 위기의 해법을 찾은 것이라고 볼 수 있다. 신문화 운동의 대표적 문인들은 천두슈陳独秀, 루쉰鲁迅, 궈모뤄郭沫若를 들 수 있다. 신문화 운동의 주역들은 대부분 총체적 반 전통으로 공자와 유가사상을 부정했으나, 궈모뤄만은 서구 근대사상 수용과 동시 유가사상이라는 전통 사상의 재발견을 시도한 이단아였다. 신문화 운동의 서구사상 수용에서 '서구의 과학과 민주'에 열광하고 적극적으로 수용하면서 당시 서구의 '진화론'에 중국 지식인들이 심취했던 것은 이런 맥락에서 당연한 귀결이었다.

마오쩌둥이 나중에 집권하여 '신민주주의'를 주창하고 영국과 미국을 추월해야 한다는 강박관념을 가지고 '대약진운동'을 전개한 것도 어떻게 보면 바로 신문화 운동과 5·4 운동의 대표적 문인들로부터 많은 영향을 받았던 사상적 배경이 있었기 때문이기도 하다.

우리나라에는 앞서 언급한 의미의 '근대성'이라고 할 수 있는 자발적 국가적 움직임은 일제의 강점기와 6·25전쟁 등 혼란기를 지나 박정희 시대 이후에 이루어졌다고 할 수 있다. 조선 시대 후기 흥선대원군의 쇄국정책으로 근대화의 길이 원천 봉쇄되었으며, 일본과 청나라 및 구미 열강들이 국정을 좌지우지했던 구한말 봉건 전통 시기는 무늬만 근대성이 있어 보였지 사실상 우리의 옷은 아니었음을 부인할 수 없다. 바로 이런 역사적 사실을 통해 우리는 항상 깨어 있어야 하며, 시기마다 주변의 강대국에 대한 정확한 이해와 의사결정이 우리

민족과 국가의 미래를 좌지우지한다는 것을 잊어서는 안 된다.

3) 중국의 백년대계

시진핑 주석은 2012년 집권하면서 '중국몽'을 주창했다. 또한, 두 개의 100년을 언급했다. 그 후 기회 있을 때마다 백년대계를 언급하며 중국인들의 자부심을 고취함으로써 민족주의를 자극했다. 여기에 구체적 실행방안으로 중국제조 2025를 발표하고 4차 산업혁명에 대한 본격적 진군나팔을 불며 자신의 장기집권을 위한 헌법개정까지도 서슴지 않는 과감성을 과시했다. 세계 언론은 중국에 진시황을 본떠 '시황제'가 탄생했음을 대서특필하기 시작했고, 시진핑 주석은 중국의 급속한 군사 대국화와 주변 영토확장을 위한 행보 및 세계 경제 주도권을 장악하기 위한 '일대일로' 정책과 '위안화의 국제화'에 시동을 걸었다.

이러한 중국의 대변신은 바로 1840년 아편전쟁을 아프게 기억하고 그 이전의 '중화주의와 조공질서'의 중심 국가로서의 위용을 기억하고 있기 때문이다. 40년의 경제발전을 토대로 이제는 중국 굴기의 때가 되었다고 스스로 판단하고 덩샤오핑이 강조했던 '도광양회'韜光養晦의 외교적 은둔 정책을 방기하고 새로운 질서체제를 구축해 나가겠다는 출사표를 던진 것이라고 해석할 수 있다.

그러나, 미국의 트럼프 행정부는 종전 오바마 정부와 달리 '미국우선주의'를 표방하면서 '신고립주의'를 선언, 자신들이 만든 국제질서인 '신자유주의 체제'를 파괴하고 본격적인 보호무역 행보에 들어가 중국과의 무역전쟁을 선언하고 관세보복을 하고 있다. 중국이 대국으로서 조기 커밍아웃이 미국의 경계심을 자극했고, 이것이 '신냉전'의 기폭제가 되어 세계를 긴장시키고 있다. 미·중 무역전쟁뿐만 아니라 최근에는 북핵 문제로도 주변 강대국이 북·중·러, 한·미·일로 그룹화되고, 미·일 무역 규제가 동시에 진행되자 중·일이 경제 협력을 강화하는 모습까지 보이면서 신경제지도를 그리고 있다. 지정학적으로 불안한 환경에 처해 있는 우리는 주변 강대국에 대한 올바른 이해와 분석에 의한 의사결정으로 위기에서 벗어나야 하며 위기를 오히려 기회로 만드는 지혜를 모아야 한다. 미국이 중국 반도체 산업을 규제함으로써 반도체 장비의 대중 수출을 축소하자 우리나라 반도체 산업이 '고래 싸움에 등 터진다'에서 '어부지리'를 얻고 있는 상황으로 반전되었다. 이처럼 우리나라의 반도체 산업 경쟁력이 중국과 격차를 벌릴 수 있는 기회를 맞이하고 있는 것이 좋은 예라고 할 수 있다.

6. 중국연구와 중국사업

중국연구는 지역학으로 정책연구를 위해 김영삼 정부 당시 세계화를 선언한 이후부터 본격 추진된 학문이다. 태생적으로 분과학문이 모여서 이루어질 수밖에 없으며, 대가의 손을 거쳐 학문의 융복합이 이루어져서 최종적으로 거시적인 판단을 해야 하는 학문이다. 지역학은 해당 지역의 종합적이고 통합적인 분석 결과를 근간으로 정책적 판단을 하는 학문이며 실제로 정부 정책에 사용돼야 하는 학문이다. 물론 많은 학자가 아직 학제 간 통합연구나 정부 정책에의 영향력 면에서는 여전히 부정적 견해를 견지하고 있으나 궁극적인 중국연구의 발전을 위해서는 실질적 통합에 대한 노력을 기울여야 함을 인정하고 있다.

정부의 대중국 정책 수립뿐만 아니라 민간기업들의 대중국 투자에도 중국연구의 결과물들이 적극적으로 사용되어야 하나, 현실에서는 기업이 중국연구 결과물에 대한 신뢰를 보여주지 않고 있다. 학계의 중국연구가 거시적 연구에 치우쳐 있으며 실제 사업과는 거리가 멀기 때문이다. 다양한 미시적 연구 결과물이 적기에 정부나 기업에 제공되어 실제 사업 상황에 맞게 중장기 시장전망과 매출 및 손익을 추정하고 투자액 회수에 대해 논할 수 있어야 한다. 따라서 학문의 거시적이고 포괄적인 시각과 미시적이고 세밀한 사업이 융·복합적으로 상호작용했을 때에야 비로소 신뢰할 수 있는 연구 결과물이 생산될 것이다.

중국사업 vs 중국학

중국사업과 중국연구의 특징

중국사업 역시 중국연구의 결과물에 의존해서 할 수 있다면 시간적, 인적, 물적 비용이 크게 줄 것으로 기대된다. 그러나 현실은 녹록지 않다. 투자 결정을 하는 기업마저도 외부 대학 중국연구소나 정부투자 중국연구기관보다는 자체 경제연구소의 중국연구를 더 신뢰하기 때문이다. 심지어는 자체 경제연구소의 제안마저도 참고만 하는 경우가 많다. 대기업 집단의 경우 일반적 사안은 자체 연구소에 용역을 주나, 중대 투자 사안에 대해서는 외부 용역기관에 막대한 컨설팅 비용을 들여가며 의사결정을 하고 있다. 이유는 연구소의 사업적 현실감각이 떨어지고, 기업이 알고자 하는 분석 결과와 미래예측을 보여주지 못하기 때문이다. 물론 중소기업의 경우는 자체 인력 부족으로 정부투자 기관의 자료에 의존할 수밖에 없으므로 이들에 대한 적극적 지원은 필요하다. 다만 연구기관의 처지에서 보면 제한된 인력과 비용으로 다양한 결과물을 내놓기 어려운 현실적 문제가 있다.

그러한 점에서 기업의 사회적 책임 중 공공성에 관한 부분을 언급하고 싶다. 국내 모 그룹에서는 세계적 석학을 초청해 정기적으로 강연을 할 뿐만 아니라 상하이, 베이징에서 포럼을 정기적으로 열어 사회적으로 기여하고 있다. 이 중에는 중국 관련 주제도 적지 않아 중국 전문가들에게도 상당한 도움이 되고 있다.

재단을 세워 사회적으로 이바지하는 것도 중요하지만, 중국연구 기관에 대한 기업들의 자발적인 재무적 지원 활동 역시 기대된다. 성균중국연구소가 중국연구에 중추적 역할을 하는 배경에는 연구소 자체의 열정적 연구 외에도 든든한 학교재단의 지원이 근본적 동력으로 사료된다. 미국의 포드재단이 미국 중국학 연구에 큰 역할을 한 것처럼 경제적으로 대외 의존도가 높으며 군사·외교·안보적으로도 대외 관계가 중요한 우리의 지정학적 요소도 중국연구를 위해 기업의 재정적 지원을 필요로 한다.

또한, 기업들은 실질적인 중국사업가 육성을 위해 산학협력에 전시적 참여보다는 주도적이고 실질적인 참여가 절실하다. 사업가는 대학이나 연구소가 양성하거나 배출하는 것이 아닌 바로 기업의 몫이요 책임이기도 하다. 기업 자체적인 교육 훈련 프로그램 중 중국사업가를 지속해서 양성해 내는 전문가 과정을 운영하고 이에 맞는 교육 프로그램을 개발해야 할 것이다. 단순하게 중국어 훈련만 하는 어학 코스를 의미하는 게 아니다. 해외사업은 국내사업보다 훨씬 더 복잡하고 난도가 높아서 장기 육성된 전문가들이 아니면 사업에 실패하기 쉽다. 중국사업을 해온 많은 한국기업이 결국 투자에 실패하는 이유 중 큰 것이 바로 이런 사업 전문가를 중장기적으로 육성하지 못하고 어학 중심의 지역전문가를 육성해왔기 때문이다. 더구나 중국 역시 지금은 신창타이를 내세우고 미·중 무역전쟁의 교훈으로 내수시장을 적극적으로 육성해야 함을 직시하고 이에 대한 노력을 기울이고 있다. 우리 관점에서 단순 수출을 넘어 중국 현지 시장 공략을 하려면 그에 상응하는 인재육성과 경쟁력을 갖춰야 할 것이다. 아울러 중국 시장에서 잘 훈련된 고급 인재들의 지속적 활용이 요망된다.

제2부
올바른 중국 이해

- 중국개괄 이해
- 중국역사 이해
- 중국정치 이해
- 중국경제 이해

개요

올바른 중국 이해의 최종 목표는 올바른 한중관계를 상호발전적 관계로 구축하고자 함이다. 올바른 한중관계는 국가 대 국가로서 국가의 자존감을 지키면서 우리의 강점을 중국에게, 중국의 강점을 우리에게 적용하는 것이다. 이 과정을 통해 중국사업을 하는 기업인들은 꽌시关系의 중국어 발음에 의존하기보다는 정상적인 경쟁력 우위의 사업을 전개하고자 함이다. 중국도 꽌시 등의 인치人治보다는 법제화를 통한 법치法治에 방점을 찍고 노력하고 있어 머지않은 미래에 중국에서도 꽌시라는 말이 갖는 의미가 퇴색할 것으로 보인다. 물론 기본적인 인적 네트워크를 말하는 정도의 꽌시는 어느 나라에도 다 있듯이 지금보다는 훨씬 더 안정된 법치가 될 것이라는 의미다. 법은 해석하고 적용하기에 따라 전혀 다른 결과를 가져올 수 있으나 최소한 누적된 판례에 따라 보편적으로 해석되고 집행되는 법치를 추구하는 것이 법치국가의 모습이다.

중국에서 규모가 큰 사업을 하는데 맨 먼저 부딪치는 것이 사업 형태가 합자合资냐, 독자独资냐이다. 투자 형태에 따라 장단점이 다 있는데, 파트너사가 국유기업인가 아니면 민영기업인가에 따라 고려해야 할 포인트가 달라진다. 파트너사가 얼마나 믿을만한지가 최대의 관건으로, 결국 해당 기업의 CEO에 대한 신뢰가 결정적 요소가 될 것이다. 중국기업의 경우 신용조사라는 것이 그다지 객관적이지 않기 때문에 법인의 신뢰도는 곧 CEO의 신뢰도와 직결된다. 국유기업의 경우 대부분 CEO는 공산당원이므로 중국 공산당에 대한 이해는 아무리 강조해도 지나치지 않는다. 민간기업도 자본주의 하의 민간기업과는 다른 부분이 많고, 객관적인 재무제표에 대한 절대적 신뢰보다는 역시 민간기업 CEO에 대한 신뢰가 최우선일 수밖에 없다. 민간기업의 경우 과거 국유기업을 수탁 경영을 하다 지분을 인수하여 민영화하거나 경영에 실패한 국유기업을 헐값에 인수해 소유한 경우가 많다. 민간기업 경영자 역시 국유기업과 불가분의 관계를 맺고 있다는 의미다. 따라서 중국기업 대표에 대한 신뢰 및 신용은 그들의 리더십에 대한 신뢰를 의미한다. 중국사업의 경우 중국 정부의 각종 인허가 문제로 중국 관리들과의 접촉이 불가피하다. 중국사업의 성공을 위해서 중국 공산당과 지도자의 리더십을 이해해야 하는 이유가 여기에 있다.

중국의 개혁·개방 40년을 이해하기 위한 길은 곧 중국 거시경제를 결정하는 중국 정부의 리더십과 그 상위 개념인 중국 공산당에 대한 이해가 전제조건이다. 중국정치가 곧 중국경제를 결정한다는 의미다. 물론 대부분의 자유민주주의 체제의 자본주의 시장경제하에서도 정부, 기업, 가계 중 정부의 입김과 영향력 역시 지대하다. 하물며 권위주의적 사회주의 국가에서 정부의 리더십이 거의 절대적이라는 점에 대해 이의를 제기할 사람은 없을 것이다. 소위 중국 특색 사회주의가 시장에 깊게 간섭하는 국가자본주의인 점을 부인할 수 없으며 이는 중국경제의 의사결정권자가 궁극적으로 시장이 아니라 중국 공산당임을 말해 주고 있다.

중국경제를 끌고 가고 있는 리더십은 시장인 것으로 보일 수 있으나 기실 중국정치임을 부인할 수 없다. 중국정치에 대해 이해하기 위해서는 중국의 근현대사를 알아야 한다. 그리고 중국의 근현대사를 알고 나서야 중국정치 지도자들의 정책과 언행을 이해할 수 있다. 이것은 곧 중국의 미래에 어떤 상황이 전개될 것인지에 대한 예견을 가능케 하며 이에 기반하여 우리는 중국 관련 모든 사안에 대해 비교적 객관적이고 실효성 있는 대응책을 준비할 수 있는 것이다. 최근 한·중 관계에서의 사드 문제나, 미·중 관계에서 일대일로 이슈, 남중국해 군사 대립과 일련의 무역분쟁까지 상호 솔루션을 찾아가는 과정이 좋은 예가 될 것이다. 중국인들이 목숨을 걸고 지키려는 소중한 가치가 무엇인지 알아야 국가의 핵심이익을 이해할 수 있으며 그들의 핵심이익에 반하는 일에 대해서는 신중히 대안을 찾는 지혜가 필요한 것이다. 따라서 매년 열리는 주요 정치·경제 행사에서 그들의 변화를 읽어내는 능력이 있어야 한다. 중국사업에 중국 전문가가 필요한 이유이며 중국전문가 양성을 위한 백년대계가 국가 차원에서 필요한 이유이기도하다.

제2부 올바른 중국 이해와 제3부 중국의 현안 이슈 이해의 상관관계를 설명하자면 제2부는 중국에 대한 개괄적 이해와 정치, 경제를 원론에 해당하는 근본적 문제를 다룸으로써 중국에 대한 기본적인 이해를 증진하는 데 주력했다. 일종의 중국이해의 기초 편인 셈이다. 지면 관계로 중국 사회·문화에 대해 일부만 기술한 것은 강한 유감으로 남는다. 제3부에서는 2부에서의 기본 이해를 바탕으로 현안 이슈들을 정치·경제 중심으로 적용함으로써 중국의 오늘을 분석하고 이해함으로써 미래를 조망해보았다. 현안 이슈들에 대한 이해를 심화함

으로써 거시적으로 한중관계를 바르게 설정하고 미시적으로는 중국 사업의 성공확률을 높이는 데 그 목적이 있다. 왜 중국의 정치·경제 문제가 중국사업에 중요한지 자연스럽게 이해될 것으로 믿는다.

중국개괄이해

1. 중국은 개괄적으로 어떤 나라인가?

중국 개황 중국에 대한 소고

· 많다! 크다! 무한하다!

"사람이 많다/인해전술"
"땅이 크다"
"무한한 잠재력의 나라"
"세계의 공장"
"공산국가"

2004년 초 한국경영자총협회 주관 세미나에 중국 전문가로 강연 초청을 받아 임원들에게 중국사업 관련 강연을 한 적이 있다. 이때 준비한 PPT 중 한 장이 위와 같다. 즉 '중국' 하면 떠오르는 생각을 적어 보면 우선, 많다! 크다! 무한하다! 라는 느낌이 가장 먼저 떠올랐으며 이것은 지금도 유효한 표현이다. 동시에 '중국 공산당'과 '마오쩌둥, 덩샤오핑'이 바로 떠오른다. 중국의 근대를 생각하면 맨 먼저 '아편전쟁'이 떠오르며 '동아시아의 병자'라는 중국의 당시 닉네임이 떠오르기도 한다. 황하 문명의 터전 위에 세워졌으며 하·은·주 3대를 포함하여 5000년 역사를 가지며 A.D.1800년까지만 해도 세계 최대의 경제 대국이었던 중국을 이해하기 위해서는 먼저 중국에 대한 개괄적, 지리적, 역사적 환경을 이해해야 한다. 아울러 1978년 개혁·개방 이후 40년을 숨가쁘게 달려온 중국의 급속한 변화를 읽어낼 수 있어야 중국의 미래를 예견할 수 있을 것이다.

호주의 중국연구자인 Kerry Brown의 '현대중국의 이해'를 번역한 김흥규 교수는 역자 서문에서 자신의 은사인 Ellis Joffe 교수가 첫 수업에서는 항상 중국의 특징을 한 단어로 압축해 보라는 질문을 수강생들에게 하곤 했는데 그 답은 '크다'였다고 한다. 아울러 중국을 공부하는 학생들에게 항상 겸손한 태도를 유지하라고 가르쳤다고 한다. '크다'는 것은 작은 나라가 가지고 있지 않은 것을 '모두' 가지고 있다는 말과도 일맥상통하기 때문이다. 이는 곧 다양성과 다원성을 의미하므로, 중국인의 사고의 범위와 깊이는 작은 나라로서는 이해하기 쉽지 않을 뿐만 아니라 이해할 수 없는 부분이 많다는 것을 의미한다. 사람은 누구나 자기의 경험과 인식의 범위 내에서 판단하고 예측하는 존재이나 그렇지 않은 경우도 얼마든지 있음을 중국연구를 하는 사람들은 기억해야 한다는 의미다. 중국인들의 상식적인 '개념' 자체가 다른 나라 사람들과의 '개념'과 근본적으로 다를 수 있다는 말이다.

　　'중국은 어떤 나라인가?"라는 질문은 개인적으로 '중국인은 누구인가?'라는 질문과 같다. 곧 정체성Identity을 묻는 것이라 할 수 있다. 중국의 정체성을 말하려면 사실 광범위한 질문으로 본서 전체의 주제와도 일맥상통해 필자가 본서에서 말하고자 하는 내용을 간략하게 서술하는 것과도 같다. 즉, 중국의 정체성에 관해서 외적인 부분과 내적인 부분을 나눠서 서술하는 것이 좋다. 중국의 외적인 프레임에 관해서는 중국이라는 나라가 소재한 지리적 환경과 영토, 내적으로는 그 안에 사는 사람들 곧 중국인이 누구인지에 대해 알아보고 그들이 그 땅에서 어떻게 살아왔는지에 대한 스토리, 곧 역사를 알아야 중국의 정체성에 대해 정의할 수 있을 것이다. 따라서 그들이 살아온 정치, 경제, 사회, 문화를 간략히 기술함으로써 중국의 정체성에 대한 기본적인 식견을 갖추고자 한다.

(1) 지리적 환경

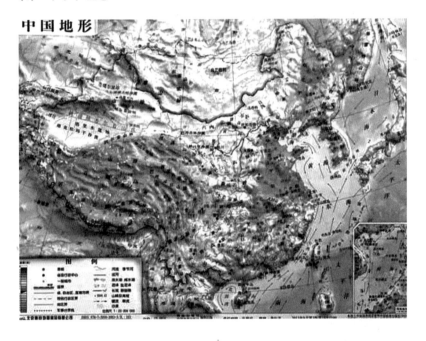

중국은 유라시아 대륙 동부에 있으며, 면적은 960만km²이어서 미국의 면적인 983만km²와 유사하다. 국경은 총 22,117km로, 세계에서 가장 긴 국경을 가진 국가이다. 북동쪽으로 러시아, 북한, 북쪽으로 러시아, 몽골, 서쪽으로는 중앙아시아의 카자흐스탄, 키르기스스탄, 타지키스탄, 남서쪽으로는 히말라야산맥을 경계로 남아시아의 네팔, 부탄, 아프가니스탄, 인도, 파키스탄과 접하며, 남쪽으로는 동남아시아의 라오스, 미얀마, 베트남과 접한다. 해상으로는 서해를 사이에

두고 한국, 동중국해를 사이에 두고 타이완과 접한다. 중국이 많은 국가와 국경을 맞대고 있는 것은 64개 연선 국가를 연결하는 일대일로一帶一路 대형 프로젝트를 추진하고 있는 원동력이 될 것으로 보인다. 지금의 중국 영토는 A.D.1800년 이전인 청나라 강희제, 건륭제 때 확장된 것으로 중국역사상 몽골제국의 원나라 영토를 제외하곤 가장 넓은 영토이며 중국의 과거 왕조들의 황제나 심지어 근대 중화민국의 쑨원, 장제스와 지금의 공산당 최고 지도자들까지도 진시황 이후 소위 '대일통大一统' 의식이 강해 영토 보존은 그들이 국민으로부터 정통성 인정을 받는 핵심 가치가 되었다.

중국은 넓은 영토를 가지고 있으므로, 지방마다 기후 등의 지리적 특색이 다르게 나타난다. 지형은 서고동저西高东低로 동쪽에는 화베이 평원华北平原, 화북평원과 동베이평원东北平原, 동북평원 등의 평지가 있고, 서쪽에는 티베트 고원青藏高原, 청장고원, 톈산산맥天山山脉, 천산산맥 등의 험준한 산지가 많다. 중국에서 가장 높은 곳은 티베트 자치구에 위치한 에베레스트산珠穆朗瑪峰, 주무랑마봉으로 높이는 8,850m이다.

가장 낮은 곳은 신장 위구르 자치구에 위치한 투루판 분지吐鲁番盆地로 높이는 -154m이다. 가장 긴 강은 6,380km 길이의 장강长江으로, 서고동저 지형이고 상류 발원지는 서쪽인 티베트 고원 동부이며 중국 서남, 중부, 동부 지역 내륙을 거쳐 상하이에서 중국의 동해로 흘러나간다. 또 다른 긴 강인 황하黄河는 5,464km로 상류 발원지는 칭하이성이며 쓰촨성, 간쑤성, 네이멍구, 산둥성 등 9개 성을 거쳐 산둥성 둥잉시에서 보하이만으로 유입된다. 황하의 수자원이 부족해 수량이 풍부한 장강의 물줄기를 화북지역으로 바꿔주는 남수북조 프로젝트南水北调项目가 실행되고 있다.

(2) 중국인

1) 인구와 주민

중국 전체의 인구는 2019년 말에 14억 명을 넘어섰다. 인구의 59.6%^{2018년}가 도시에 거주하고 있다. 인구증가율은 0.52%^{2010년~2015}년이며 1995년 이후 1% 미만의 낮은 증가율을 지속하고 있다. 유엔 추계에 의하면 2050년에 최고점인 약 16억 명에 도달하고 이후에는 점진적으로 감소할 것으로 보인다. 1979년부터 인구 억제책으로서 한 가정에 한 자녀 정책을 실시하고 있다. 한 자녀 가정에는 장려금, 학교 우선 입학 등의 혜택이 주어지나, 위반한 자에게는 반대로 벌금이 부과된다. 2018년, 65세 이상 노인 인구 비율이 11.9%로 고령화사회 기준 7%를 뛰어넘어 머지않아 초고령사회 기준인 15%에 도달할 것으로 보인다. 이것을 반영한 것인지, 정부는 점진적으로 한 가정 한 자녀 정책을 폐지하였으며 2015년 5월부터는 한 가정 두 자녀 정책을 전면 시행하였으며 지금은 조건을 완화하여 세 명의 자녀까지 낳을 수 있다.

2) 민족

중국은 56개 민족이 거주하는 다多민족 국가이다. 한족汉族이 전체 인구의 92%를 차지하고 있으며 그 외 55개 소수민족들이 8%를 차지하고 있다. 소수민족 중 인구가 100만 명 이상인 민족은 쫭족壯族, 몽골족蒙古族, 조선족朝鮮族, 티베트족藏族, 위구르족维吾尔族, 만주족满洲族,满族, 회족回族 등 18개 민족이다. 반대로 뤄바족珞巴族 등 인구가 3천 명 이하인 민족이나, 민족을 구별할 수 없는 73만 명^{2000년 시점의} 사람들도 있다. 어뤄스족도 있는데, 이들은 러시아계의 후손이다.

소수민족은 주로 동북東北, 서북西北, 서남西南, 각 자치구의 스텝[4]이나 산악 지대, 고원에 살고 있으며, 이들의 거주지는 중국 전 국토의 60% 이상이다. 중국내에서 가장 다양한 민족이 거주하는 성省은 서남부의 윈난성云南省으로, 35개 민족이 거주하고 있다. 다만, 오늘날에는 1970년대 말부터 시행된 개혁·개방 정책과 1997년, 1999년의 홍콩, 마카오 반환 등으로 말미암아 56개 민족 이외의 민족도 상당수 거주한다.

전통적으로는 부계 중심의 가족, 대 가족이며 조상 숭배를 강조한다. 아들의 출산을 통해 가족의 혈통을 계승하려 한다. 효도를 중시하며, 결혼은 가문의 관심사이자 대代를 잇는 것이라고 생각한다. 현재는 핵가족화 추세이나 농촌은 대가족 제도를 계속 유지한다. 연애결혼과 중매결혼이 공존하며, 가족 중심적이고 이혼율은 증가 추세에 있다. 그러나 다른 나라들보다는 낮은 편이다.

3) 중국인의 가치관

중국인의 가치관은 시대별로 처한 사회 환경에 따라 많은 변화의 과정을 겪어 왔다. 그들이 가졌던 의식은 중국 근대의 큰 상처였던 1840년 아편전쟁을 거치면서 자신들이 종이호랑이에 불과하다는 사실을 깨달음에 따라 변화의 연속이었으며 이는 곧 중국 사회의 혼란으로 이어졌음은 물론이다. 처한 대내외적 역사적 환경에 따라 사회 변천이 불가피하듯이 상황에 대한 의식과 인식이 가치관에 결정적 역할을 하는 것은 자명하다. 아편전쟁과 같은 서구 세력의 침탈을

---

4 지리학에서 강과 호수와 멀리 떨어져 있고, 나무가 없는 평야를 의미.

계기로 그들이 이룬 산업혁명과 발전을 배우고자 양무운동, 변법자
강운동, 신해혁명 등을 일으켰고 봉건 왕조의 해체, 군벌 난립, 국공
대립을 거쳐 중국 공산당이 중화인민공화국을 세움으로써 100여 년
의 혼란을 끝냈다. 그러나 다시 공산당 정권의 대약진운동, 문화대혁
명 등의 실정을 거쳐 마오쩌둥 사후 덩샤오핑이 1978년 개혁·개방
한 지 이미 40년이 흐르는 동안 중국은 사회주의 정치체제와 자본주
의 시장경제 체제를 가진 소위 중국 특색 사회주의 국가가 되었다.
이 기간에 중국인들의 가치관은 변화를 거듭했으며 지금은 적어도
경제체제만은 그 어느 자본주의 국가보다 더 자본주의적인 나라가
되었다.

(3) 언어

공용어는 표준중국어普通话로, 중국 국내에서 가장 많이 사용하는
언어다. 표준중국어는 중국뿐만 아니라 타이완이나 국외에서 거주하
는 화인华人들도 사용하고 있으며, 이로 인해 세계에서 가장 사용자
가 많은 언어가 되었다. 중국어는 여러 가지 방언으로 구성되어 있으
며 이는 북방방언北方方言, 오어吴语, 상하이어 등, 광둥어广东语, 푸젠어福
建语, 객가어客家语의 5개로 크게 나뉘며 그 방언들 간에는 서로 의사
소통이 이뤄지지 않는다. 중국 전 지역에서 통용되는 표준중국어는
베이징어北京话의 발음을 표준음으로 하고 북방어를 기초로 하여 현
대백화现代白话, 구어의 문장을 문법 규범으로 하고 있다. 중국어를 표
기하는 한자는 총 6만 자가량으로, 그중 2,500자가 상용한자로 선정
되어 있다. 한자 간략화 정책 때문에 중국에서는 한국의 한국어 한자
정자; 正字와 다른 간자체简体字가 사용되고 있다.

소수민족은 대부분 각 민족 언어와 표준중국어를 병용한다. 소수민족 언어로는 쫭어, 티베트어, 위구르어 등이 널리 쓰인다. 또 55개의 소수민족 중에서 21개 민족은 자신의 문자를 가지고 있으며, 그중에는 나시족纳西族의 동파문자东巴文와 같은 표의문자도 있다. 다만 회족回族, 만주족满洲族 등 3개 민족은 민족 문화가 한족화汉族化된 영향으로 일상적으로 표준중국어를 사용하고 있다. 또 키르기스족, 먀오족苗族 등의 34개 민족은 자신들의 문자를 보유하고 있지 않다. 외국어로는 영어, 러시아어, 한국어, 일본어 등이 널리 사용되며, 1990년대 말에 반환된 홍콩, 마카오에서는 중국의 공용어인 표준중국어뿐만 아니라 광둥어와 영어홍콩, 포르투갈어마카오도 공용어로 지정되어 사용되고 있다.

(4) 사회체제

1) 정치체제

1949년 10월 중화인민공화국 수립 당시에는 정당·정파·인민해방군·기타 개인 등으로 구성된 인민정치협상회의가 중화인민공화국 정권을 탄생시킨 모체로써 국가 권력기관의 핵심을 이루었으나 사실상 공산당의 절대 우위가 인정되었다. 국가 헌법이 정식 통과된 1954년 이후에는 공산당이 정치 권력의 전면에 등장하였다. 1949년 '공동강령'임시 헌법의 채택 이래 1982년까지 4차의 개정을 거치는 동안 국가 권력기관·인민해방군에 대한 권력 구조 조정작업이 수반되었다. 헌법상 중화인민공화국의 국가원수는 '국가주석'이고, 현재 국가주석은 시진핑이다. 최고 권력기관은 '전국인민대표대회'全国人代이나 국가주석은 군 통수권도 없고 요직을 겸할 수도 없는 의전상의 지위에 지나지 않으며 전국인대 역시 공산당이 우위에 있으므로 실질적으로는 중국 공산당 중앙위원회총서기·정치국·군사위원회 주석에 정치권력이 집중되어 있다.

홍콩과 마카오의 일국양제

1997년 영국에서 반환받은 홍콩과 1999년 포르투갈에서 반환받은 마카오는 고도의 자치권을 가진다. 입법부의 일부 의원은 직접 선거로 선출된다. 이 자치권은 일국양제라 불리는데 홍콩인들과 마카오인들은 리보 실종사건 등의 발생을 보며 지켜지지 않는 일국양제에 대해 비판하고 있다. 최근의 홍콩 시위 사태에서 보듯이 중국 당국이 선전에서 시위 진압 훈련을 하는 등, 내전촉발 직전까지 가는 위기의 순간이 이어지고 있는 것은 일국양제 체제에 위협을 느낀 홍콩인들의 정치적 의사 표현이다.

2) 행정구역

중화인민공화국의 행정 구역은 22개의 성省, 5개의 자치구自治区, 4개의 직할시直辖市, 2개의 특별행정구特別行政区로 구성된다. 이 중에서 홍콩, 마카오를 제외한 지역을 중국 대륙中国大陆; 중국 본토으로 칭한다. 타이완도 대륙의 22개 성에는 포함되지 않지만, 별도의 독립된 성으로 간주하고 있다. 31개의 지방정부가 있어 중앙과 지방 간의 갈등이 역사 이래 지속되고 있다. 따라서 중앙과 지방의 관계를 잘 이해하는 것도 중국을 이해하는 데 필수적이다. 심지어 중앙정부의 모법이 제정되어 있어도 지방의 관련 하위법이 개정되어 있지 않아 기업들이 중앙의 모법보다는 지방정부의 법과 규정을 준수해야 하는 촌극이 자주 벌어지고 있는 것이 현실이다. 미국처럼 중국도 United States of China라는 어휘가 의미심장하게 느껴지는 것도 바로 이러한 연유이다. 과거 중국의 역사에서 중앙정부의 천자가 아무리 명령해도 지방의 제후들이 꼼짝하지 않으면 천자의 명령이 허공의 메아리가 되는 것처럼 지금의 중국과 지방 간의 관계도 어느 정도는 일맥상통하는 역사성이 있음을 알아야 한다. 지금도 중국의 지방자치는 상당 부분 보장되어 있어 중앙정부도 지방정부의 의견을 존중한다.

3) 중국 경제체제의 특징과 발전 방향

1949년 사회주의 정권의 수립으로 중국은 공산주의 경제 이론에 기반을 둔 계획경제를 실시하였다. 그러나 정치적 이데올로기에 치우쳤던 계획경제는 대약진운동, 문화대혁명을 거치면서 실패로 돌아가고 만다. 계획경제의 실패와 이에 대한 경제정책 수정의 결과로 1978년 이후 개혁·개방 정책이 등장하였다. 개혁·개방 이후 40여 년 동안 중국은 유례없는 고도의 경제성장을 이루었고, 2010년 GDP에서 일본을 제치고 세계 2위 경제 대국으로 부상했다. 2018년의 중국 명목 GDP는 이미 13조 달러로 미국의 65%가 넘는 수준으로 성장했으며 세계GDP의 16% 정도의 비중을 가지는 경제 대국으로 부상했다. 중국의 실질 GDP가 이미 미국을 넘어설 정도로 미국에게 위협적인 존재로 굴기한 것이다. 중화인민공화국이 마오쩌둥에 의해 건립된 1949년부터 덩샤오핑이 실권을 장악한 1978년 개혁·개방 직전까지를 지칭하며 이 기간에 대약진운동, 문화대혁명 등이 일어났음에도 불구하고 마오쩌둥 30여 년 동안 '중공업 추월전략'을 전개함으로써 자본 축적의 초석을 깔았다고 주장하는 학자들도 있다. 개혁

· 개방을 중심으로 전후로 구분하여 시기별로 중국경제의 발전 현황에 대해 '중국경제 이해'에서 다룰 것이다.

(5) 중국의 전통 사상

중국은 근 2500년 동안 공자의 유교에 의해 지대한 영향을 받았다. 그러나 1840년 아편전쟁 이후, 중화주의에 매몰되어 있던 중국의 지식인들은 서구중심주의에 대한 연구를 하지 않을 수 없었다. 그들은 1915년부터 바람이 분 신문화 운동에 의해 서구중심주의의 핵심 가치인 자유, 과학, 민주, 이성에 대해 눈을 뜨게 되었으며 거의 무비판적으로 수용했다. 중국이 무너진 근본적 배경이 바로 중국의 전통 사상인 유교에 있다고 생각하여 유교와 공자를 스스로 무너뜨리는 행동을 하였다. 중국에 공산주의 정권이 들어선 1949년 이후에도 문화대혁명 당시에도 이와 같은 공자의 수난은 지속한다.

그러나 중국 지식계는 1978년 개혁·개방으로 중국이 경제 대국으로 부상하면서 점차 세계 패권을 염두에 둔 행보를 하게 되었으며 자신들이 헌신짝처럼 버렸던 공자의 유가사상에 주목하여 중요한 소프트파워로 육성하기에 이르렀다. 최근에 전 세계에 공자학원이 우후죽순으로 근 500여 군데 세워지고 중국의 전통문화를 강조하면서 중국모델이라는 국가발전론과 더불어 중국에 국학 열, 곧 유학儒學 열풍이 분 것은 결코 우연이 아니었다. 유가사상의 부활과 더불어 공자와 유사한 시기의 사상가인 노자가 부활하고 유가사상의 근간인 사서오경 연구가 활기를 띠고 있음은 유의할 만하다.

중국인들의 가치관 형성에 가장 큰 영향을 준 인물이 "공자"임은 자명하다. 기원전 5세기 인물이니 서양의 아리스토텔레스나 소크라

테스와 동시대 인물이라고 할 수 있을 것이다. 그들은 철학자였기 때문에 사유방식이나 언어선택의 달인으로서 당대 자국민들의 사고방식이나 도덕률에 큰 영향을 끼쳤다. 중국의 공자 역시 중국인들의 사유방식과 전통에 심대한 영향을 끼쳤다. 오히려 중국의 가치관과 중국의 꿈 실현에 있어 문화적 자산이 되고 있다. 전 세계로 공자아카데미를 개설하고 인위적으로 유교 문화, 즉 소프트파워를 수출하려는 중국 정부의 노력이 바로 이를 대변한다고 할 수 있다.

儒学治国 道学治身 佛学治心이라고 했다. 공자의 가르침뿐만 아니라 도가사상이나 불교 역시 오랫동안 중국인들에게 영향을 끼쳐 그들에게 문화적, 역사적 자부심을 품게 했다.

(6) 중국의 표면적 종교 정책

중국의 종교 관련 법률에는 공식적으로 종교를 인정하고 있다. 그러나 자국민들에 대한 것이며 외국인들이 선교 활동하는 것을 불법으로 간주하며 외국인들만의 종교활동도 일정한 장소에 제한하는 등 사실상 종교의 자유가 보장되어 있지 않다. 시진핑 시기에 들어서 사회통제가 더욱 강화되어 종교에 대한 관리 감독도 과거보다 훨씬 더 엄격해지고 있어 중국에서 추방되는 선교사들이 점차 많아지고 있다.

(7) 심각한 환경 문제

중국 각지에서 대기오염, 수질오염, 고형 폐기물, 소음, 사막화, 산성비, 물 부족 등의 환경 문제가 심각하게 대두되었다. 1973년에 제1회 전국환경보호회의가 개최된 이래, 환경보전에 대한 조직적 대응이 시작되어, 1979년의 환경보호법 채택을 계기로 본격화되었다. 1983년에는 환경보전을 기본 국책으로 위상을 높였다. 1988년에 환경보호법이 수정되어 오염물질을 배출하는 기업에 대한 벌칙이 강화된 이외에, 1997년의 형법 개정으로 자원환경파괴죄가 신설되었다. 또한, 1998년의 국무원 개혁으로 1984년에 설치되었던 국가환경보호국이 국가환경보호총국으로 격상되었고, 2008년 3월에는 환경보호부로 승격되었다. 2018년에는 생태환경부로 변경되었다. 이러한 정부 부서의 확대 개편에도 불구하고, 환경 문제는 악화일로에 있다. 이것은 환경개선에의 기술적, 자금적인 문제도 있으나, 환경보호단체를 비영리단체로서 조직하는 것이 규제되고 있는 등, 일반 시민에게 환경보전의식이 침투하기 어렵기 때문이기도 하다. 중국의 시민사회가 공산당 일당체제에 의해 통제되고 있음을 유의해야 하며 환경단체 자체도 정부의 관변단체라는 한계성을 벗어날 수 없음을 알아야 한다. 아울러 많은 경우 외국인 독자 기업이나 중외 합자 기업에게 자국 기업보다 훨씬 가혹한 조건의 환경규제를 하고 있을 정도로 외국기업들이 역차별당하고 있으므로, 중국 투자 시에는 환경 문제에 대해 철저한 사전 연구가 있어야 한다.

(8) 중국의 정체성

중국이 중국스럽게 또는 중국인이 중국인답게 느껴지는 것을 보편화할 수 있다면 이 또한 중국의 정체성을 객관화할 수 있는 길이 될 것이다. 다만 이러한 중국의 모습은 표면적 중국의 모습이며 중국의 진짜 내면의 모습은 중국의 역사 안에 있을 것이다. 우리나라는 과거 5,000년의 역사를 중국과 같이 살아온 지정학적 운명공동체이다. 1950년대 미소 냉전 시기에 우리가 중국과 거의 무관하게 산 것은 극히 예외적이고 짧은 일회성의 해프닝이었을 정도로 그들은 항상 우리 곁에서 다양한 영향력을 행사했다.

현대중국 지식인들의 인식변화가 전통 부정에서 전통 긍정으로 전환되고 있음은 최근의 유학열로 입증되고 있으며, 이는 과거 봉건왕조에 의한 제국 경영의 경험과 중화문화에 대한 긍정적 시각으로의 전환에 뿌리를 두고 있기 때문이다. 과거를 모델로 미래를 기획하는 중국의 문화사적 관성을 생각할 때 제국의 유산은 새로운 제국의 소프트파워 확충에 활용될 것임은 쉽게 예견할 수 있는 것이다. 여기서 중국의 과거와 현재 그리고 미래를 통합적으로 조망회통, 會通할 수 있는 학문적 탐색의 필요성이 있는 것이다. 따라서 중국역사를 고대에서 근대를 거쳐 현대까지 조망해보는 것은 중국이 어떤 나라인지, 아울러 중국인이 누구인지 객관적으로 알 수 있는 지름길이 될 것이다.

중국역사 이해

중국역사탐구

개요	• 중국사를 왜 알아야 하나? • 근대와 현대의 올바른 이해
고대 중국사	• 하은주, 춘추전국시대, 고대통일국가(진, 한~원, 명, 청) • 중국 고대사에 대한 단상
근대 중국사	• 근대 중국 개요 • 아편전쟁에서 군벌시대, 국공내전, 신중국성립
한중일 근대화	• 한중일의 근대화는 서양 세력에 의해 강제된 것 • 왜 일본만 근대화에 성공했는지에 대한 이해
현대 중국	• 마오쩌둥의 신중국 초기에 대한 이해 • 덩샤오핑의 개혁·개방 정책에 대한 이해

개요

중국사를 왜 알아야 하나?

중국의 역사학자 리칸李侃[5]은 그의 저서 '중국 근대사 1840~1919'
에서 중국의 급속한 발전으로 인해 중국의 과거를 이해하지 못하면
오늘의 중국을 제대로 이해한다는 것은 매우 어렵다고 했다. 그는
현대 사회주의 '신新중국'은 반식민지半殖民地적, 반봉건半封建적 '구舊
중국'을 벗어남으로써 탄생한 것이라고 했다. 중국 근대사를 연구하
는 것은 곧 근대 중국을 깊게 이해하는 것이며 오늘날 중국의 현실을
더욱 깊게 인식하는 것이라고 했다. 역사에서 깨달음과 지혜를 얻을
수 있으며 격려와 고무에 힘입어 나라를 사랑하는 마음이 커질 것이
라고 했다.

그의 말처럼 어제는 오늘의 거울이며 오늘은 다시 어제처럼 역사
가 되어 내일을 안내할 것이다. 이처럼 역사를 공부하는 목적은 과거
일어났던 일들과 현재 일어나고 있는 일들을 분석하고 해석함으로써
미래에 발생할 수 있는 일을 예측하고 설명하기 위함에 있다. 즉 올

---

5 리칸: 중국 근대사 연구자(1922~2010)로 『중국 근대사』『신해혁명회고록』『근대사
자료』『중화민국사』 등의 저서가 있다.

바른 길로 가기 위한 노력이다. 역사가 단순히 과거 발생한 사건에 관한 서술에 그친다면 그것은 생명력이 없다. 역사는 생명력이 있어 어제도 오늘도 살아서 숨 쉬고 후손들에게 내일의 지향점을 웅변적으로 말하기도 하고 암시하기도 한다. 지나간 역사에서 우리의 미래를 투영해보며 지혜롭게 대처하는 것이 역사적 교훈과 가르침일 것이다. 그것도 임기응변식으로 조급하게 단기 대응하는 것이 아니라 중장기적으로 대처함으로써 국가와 민족의 재앙과 분열을 예방하고 슬기로운 국민적 통합을 위해 나아가기 위함일 것이다.

따라서 현대 중국을 이해하기 위해서는 과거 중국의 모습, 즉 고대 중국, 근대 중국에 대한 이해가 선행되어야 한다. 고대 중국에서 근대 중국을 거쳐 현대 중국까지 통시적으로 관통하는 역사적 교훈과 인식이 무엇인지 이해함으로써 현대 중국이 추구하는 지향점이 무엇이며 이를 위한 구체적 정책이 무엇인지를 깨달을 수 있을 것이다. 우리의 지식과 잣대로 예단하기보다는 중국인들의 관점에서 먼저 이해하고 그 결과를 바탕으로 우리의 이해관계로 재단함이 올바른 순서이며 현명한 의사결정의 토대가 될 것이다. 중국 근대사의 종단면을 이해하게 되면 역사의 연속성에 기반을 둔 현대 중국의 횡단면을 더욱 잘 이해하게 될 것이다. 그리고 근대 중국의 정치·경제·사회·문화의 정곡을 이해함으로써 현대중국에 대한 이해도를 높일 수 있을 것이다.

노파심에서 사족을 하나 덧붙인다. 중국인들이 사용하는 '근대'와 '현대'가 혼용되고 있다는 사실을 인지하고 그들의 글을 읽는 것이 필요하다. 예를 들면 '近代中国的现代性'이라는 말은 이를 잘 나타내주고 있다. '现代性'을 영어로 번역하면 'modernity'로 우리말의 '근대성'을 의미한다. 중국에서 '近現代'라는 용어는 역사를 표현할 때 자주 쓰이는데, 여기에서 '現代'는 'contemporary'를 의미한다. 시대적인 의미에서는 '近代'는 1840년 아편전쟁으로부터 중화인민공화국이 성립되는 1949년 10월 이전을 의미하며 순수한 의미의 '現代'는 그 이후를 가리킨다.

중국 공산당이 애용하는 '4대 현대화'라고 할 때 쓰는 개념은 우리에게 익숙한 '조국 근대화'라는 말에서 의미하는 것과 같다. 즉 '전통'과의 결별을 의미하며 '새로운 변혁의 길'을 의미한다. 중국에서 전통이란, 유가사상에 의한 중국만의 오랜 역사를 의미하며, 근대화를 향한 지향점 변화는 곧 중국만의 길이 아닌 '서구중심주의'를 통한 국가발전을 도모해보겠다는 결단이기도 하다. 중국 공산당의 1세대 지도자인 마오쩌둥이 이끈 시대정신은 그가 '신청년'이라는 잡지의 애독자였던 것만 봐도 분명 중국 근대성의 표상 중의 한 명이라 해도 지나침이 없으나 그가 1949년 이후 집권한 중국 공산당 초기 체제에서의 중국의 모습은 적어도 경제적 측면에서는 과거 전통 중국의 모습과 크게 다른 게 없다. 특히 집권 초기의 '신민주주의'의 포기, 이어서 영국을 7년 내, 미국을 15년 내 추월超英赶美하기 위해 '대약진운동'을 전개했으며 심지어 권력 공고화를 위해 '문화대혁명'까지 주저하지 않았던 그의 어리석음에 대해서는 덩샤오핑의 집권 이후 '마오쩌둥의 치적과 과오를 7 : 3七叁开로 평가한다'는 공산당 차원의 공식적 평가가 있었음에도 중국의 현실에서 자유로운 비판적 평가는 기대하기 어렵다. 중국 베이징 천안문 광장에 그의 사진이 건재하고 있는 것은 곧 이를 웅변적으로 말하고 있다고 볼 수 있다.

중국의 역사를 되짚어 보고 특히 근대 중국의 처참한 역사를 반추해보며 아편전쟁 이전만 해도 중국 GDP가 전 세계의 30%를 넘게 차지했음에도 덩샤오핑의 1978년 개혁·개방할 당시의 중국 GDP는 전 세계의 2%에도 못 미치는 결과를 가져오게 된 결정적인 이유를 밝혀야 할 것이다. 아편전쟁 이후 170년이 지난 2010년이 되어서야 중국의 GDP가 일본을 추월하면서 미국에 이은 G2의 위용을 갖춤으로써 중국의 자존심을 세울 수 있었던 일은 역사적 대사건이라고 할 수 있을 것이다.

중국 내부의 관변학자들은 심지어 마오쩌둥의 통치 30년이 없었다면 덩샤오핑의 개혁·개방도 성공할 수 없었을 것이며 마오쩌둥식 개혁이 토대를 마련하는 데 크게 기여하였음을 공공연하게 주장하고 있다. 이에 대한 반론 역시 아직 뚜렷하지 않으므로 관심을 가지고 연구해야 할 부분이다. 감추고 싶은 역사가 있을 수는 있으나 그렇다고 해서 비합리적이고 비이성적인 민족주의에 호소함으로써 역사적 사실을 호도하는 것은 국가발전의 정도正道가 아니기 때문이다.

중국의 근현대를 이해하기 위해 고대 중국의 역사를 되돌아보는 것은 중국역사의 연속성을 이해하기 위함이며 근현대 중국의 종단면과 횡단면을 살펴봄으로써 중국의 역사적 유산이 현대 중국에 어떤 영향을 주고 있는지를 개괄하기 위함이다. 이는 오늘의 중국을 이해하는데 중요한 길라잡이가 될 것으로 보기 때문이다.

다만 중국역사를 충분한 지면을 할애하여 기술하지 못한 아쉬움이 크다. 요점만 추려서 필자의 생각을 개괄적으로 기술하였는바 중국역사에 대해 좀 더 자세하게 일독하시길 추천한다.

1. 중국 고대사에 대한 소고

고대 중국이 2000년이 넘는 오랜 세월 동안 전제군주제에 의한 중앙집권제도의 형식으로 통치될 수 있었던 배경에는 유교의 영향이 절대적이었다. 공자가 배출한 제자들이 스승의 가르침을 집대성해서 후세에 전했을 뿐만 아니라 사상적 분화를 통해 다양한 철학 체계와 가치체계를 위정자들에게 제시해 통치의 근간으로 삼았기 때문이다.

유교의 주류는 전국시대에는 맹자로 대표되는 내성파의 학문과 순자로 대표되는 숭례파의 학문, 한나라와 당나라 시대의 훈고학과 경학, 송나라 시대의 성리학, 명나라 시대의 양명학, 청나라 시대의 고증학 등으로 발전 또는 변천되었다.

전통적인 봉건사회가 장기간 지속될 수 있었던 것은 한나라 이후 유가사상에 기반한 통치가 이루어졌고 유가사상을 근간으로 하는 과거제도가 수나라 이후 제도화됨으로써 엘리트 중심의 탄탄한 관료사회가 형성되었기 때문이다. 출발의 평등과 계층이동의 유동성이 거의 불가한 계급제 사회와 달리 양인이라면 누구나 과거시험에 도전할 수 있었으며, 이 등용문을 통해서 능력 있는 사람이 선발되고 존경받는 현능사회라는 점이 당시 전통사회의 특징이었다. 현능주의 사회란 현인에 의해 지배받는 사회이며, 현인이란 유교적 보편 가치로 무장한 유능한 사람이며 문화적 연속성의 확보와 천하일통을 자신의 본질적 사명, 존재 근거로 인식하는 사람을 말한다. 현능주의는 춘추전국시대 이래 불변의 진리였으며 공자, 맹자 등 제자백가는 능력 있는 자를 선발해서 국가를 운영해야 한다고 주장했다. 현능주의 사회에서의 큰 특징은 학문과 정치가 분리되지 않는 중국의 경세전통을 들 수 있다. 이 점이 중국과 서구가 다른 특징이기도 하다. 고대 중국인은 학문을 위한 학문을 하지 않는 전통을 가지고 있다. 물론 근대에 이르러 근대학문은 현실과 어느 정도 분리되고 있는 것은 사실이나, 중국의 경우 비록 서양에서 학문을 배워 왔더라도 자신의 방식대로 사유하고 고유의 학문체계를 만들어 간다. 경세적 사유방식이 근대 중국에도 관통하고 있음은 부인할 수 없다.

엘리트 즉 관료와 과거시험은 분리해서 생각할 수 없다. 중국인들의 고유 사유방식은 '노력한 자', '노력해서 성취한 것'에 대해서는 인정을 해야 하고 따라서 그러한 사람을 존경해야 한다고 생각한다. 엘리트의 충실성에 대해 기본적으로 인정하며 과거시험을 통과한 엘리트는 도덕적 수양도 어느 정도 했고 실력도 갖췄기 때문에 그 과정에 대한 성실성을 인정해야 한다는 것이다.

조선 시대의 과거시험에 응시할 수 있었던 계층이 몇 개 되지 않는 명문 귀족 양반들에 의해 독점되었던 것과는 중국의 과거제도는 근본적으로 차별화된다. 우리나라 현대사에서 '한강의 기적'이 일어났던 큰 이유 중 하나는 적절한 농지개혁으로 지주계급이 몰락하고 출발의 평등과 계층이동의 유동성이 확보된 사회로 진화했기 때문이다.

중국 정부는 1996~2000년까지 진행된 중국 고대사 재해석 프로젝트인 하상주단대공정夏商周斷代工程을 통해 대규모 발굴을 진행하여 하나라의 역사 연대를 확정하였으며 상나라와 주나라의 건국 시점을 각각 확정하고 하·상·주의 역사 발전단계에 대한 보다 많은 사실을 밝혀냈다. 하상주단대공정과 마찬가지로 역사학자뿐만 아니라 고고학자, 천문학자 등 자연과학자들과 공동으로 '중국고대문명탐원공정'中国古代文明探源工程을 진행하고 있으며 처음에는 5년 계획이었으나 연구 기간이 다소 늘어났다. 중국 정부는 이들 프로젝트를 통해 신화의 세계를 역사의 세계로 끌어들임으로써 중국 문명을 세계 최고의 문명으로 자리매김하여 민족적 자긍심을 높이기 위한 것이다. 특히 국가청사찬수공정国家清史纂修工程은 청나라 정사를 대대적으로 편찬하고 있는 것으로, 중화민족의 유구한 역사와 찬란한 문화를 전면적으로 이해하고 역사의 경험과 교훈을 흡수할 뿐만 아니라 사회주의 선진 문화건설을 강화하고 민족의 응집력을 높이며 개혁 개방과 사회주의 현대화 건설을 위한 것이다.

중국의 역사를 관통해서 보면 사실 한족이 통일된 중국을 지배했던 기간은 그리 길지 않다. 진시황의 진나라, 한 무제의 한나라, 조광윤의 송나라, 주원장의 명나라 정도에 불과하다. 한족이 오랑캐라고 했던 북방민족, 몽골족, 만주족의 역사가 훨씬 길며, 영토 역시 몽골족의 원나라, 만주족의 청나라 때 한족 통일 왕조들과 비교가 되지 않을 정도로 광활했다. 지금 중화인민공화국이 가지고 있는 영토 역시 청나라 강희제, 건륭제 때 확장한 영토다. 지금의 중국을 지배했던 모든 민족을 '중화민족'으로 통칭하며 중화주의에 집착하고 대일통 사상을 정체성의 본류로 여기는 것 역시 위에 언급한 역사공정에 공을 들이는 근본적 배경이다. 중국의 정통성과 정체성을 강화하기 위해 엄청난 국가재정을 들여 진행하고 있는 청사공정은 동북공정처럼 자신들의 역사를 확장해 나가기 위한 전략의 구체적 표현이라고 할 수 있다. 다른 민족의 역사마저도 자신의 역사로 빨아들이는 블랙홀 전략을 구사하고 있는바, 우리나라 역사에 대해 어떤 주장을 하게 될지 경계해야 한다. 우리의 역사 중 고구려와 발해는 지금 중국 영토에 편입되어 있어 자유로운 접근이 금지된 것이나 다름없으므로 황당무계한 주장이 나올 수도 있음을 예의 주시하고 면밀한 대응책을 강구해야 할 것이다.

2. 근대 중국의 시발점

선진先秦시대를 거쳐 진秦나라가 중국을 최초 통일 이후 근대 중국 청나라까지 왕조의 분열과 통일이 반복되는 역사를 가지고 있다. 이에 따라 진관타오金观涛 라는 학자는 중국의 2000년 왕조 역사를 사회구조가 거의 변화하지 않은 초안정적 봉건사회라고 정의하였으며, 대동란과 왕조의 교체가 200~300년을 주기로 일어난 사실에 주목하고 중국 사회를 주기적인 붕괴를 통해 안정을 유지하는 시스템으로 봤다. 2000년 동안 중국 봉건적 사회구조가 초안정적으로, 근대성을 가진 사회로의 발전이 없는 전통사회라고 비판한 것이다. 진관타오에 의하면 근대성이란 근대와 전통을 본질적으로 구별하는 특징으로 근대사회의 가치체계는 '개인의 권리', '도구적 이성', '개인의 민족 정체성'이라는 관념 위에 세워졌다.

근대에 이르러 치욕적인 아편전쟁의 패배1840년로 불평등조약의 대명사인 남경조약을 맺어 홍콩을 내주고 상하이 등 5개 항구를 강제 개방 당했던 뼈아픈 대청국의 역사, 심지어 청일전쟁까지 패배 1894~ 1895년함으로써 시모노세키 조약을 맺고 일본에 요동반도와 타이완을 내줘야 했던 중국, 제국들의 중국 침략 및 점령으로 반半식민지, 반半봉건상태에 들어간 중국의 근대사는 우리가 익히 알고 있는 바와 같다. 따라서 우리가 특히 유념해야 하고 연구해야 할 중국사는 근대사로, 이 기간 중국에서 일어났던 사건들과 이에 대한 중국인들

의 저항 및 노력의 맥락을 이해하지 못하면 현대 중국을 이해하는
데 한계에 부딪힐 수밖에 없다.

중국의 근대·현대가 연속선 상에 있음을 이해하게 되면 오늘날
중국의 공산당 지도자들의 대외정책과 국내정치를 이해할 수 있다.
그리고 이는 곧 중국과의 미래관계를 올바르게 정립해나갈 수 있는
지름길이라 할 수 있을 것이다. 더구나 강희제, 건륭제 재위 시기에
주변국 정벌로 중국 영토가 대부분 확장되어 중국 공산당의 대일통
정통성과 연결되고 있음은 매우 중요한 사실이다. 중국 근대사를 편
년체 방식에 의거 기술해 나감으로써 현재의 중국 형성 과정을 이해
하고 중국 지도부의 리더십을 이해함으로써 중국인들의 미래 행동을
예측할 수 있는 것이며 이에 따라 우리의 대중국정치·군사·외교·
경제·무역통상 등의 실효성 있는 정책을 수립, 집행해 나갈 수 있을
것이다.

근대 중국에서 특히 눈여겨봐야 할 부분은 신문화 운동과 5·4운
동이다. 1915년부터 시작된 신문화 운동은 천두슈가 창간한 '신청년'
을 중심으로 당시 청년 지식인들 중심으로 전개되었다. 천두슈, 후스,
루쉰 등을 필두로 잡지발간, 사상운동, 구어체 문학 등을 통하여 기
존의 사상을 비판하고 개혁을 모색한 것이다. 신문화 운동은 5·4운
동이 일어날 수 있는 기반을 조성하였고 또 5·4운동을 통해 신문화
운동이 확대 발전될 수 있는 대중적 기반이 마련됐다는 점에서 양자
는 상호 유기적인 관계를 맺고 있다.

3. 한·중·일의 근대화 비교

신광영은 근대성에 대해 그의 논문 '근대성, 근대주의, 근대화와 민족주의'에서 다음과 같이 정의하고 있다.

"근대성은 근대적인 사회변화에서 나타난 새로운 체제적 속성이다. 근대성은 단순히 문자적 의미로는 현대사회의 속성quality of contemporaneity이지만, 일반적으로 근대성은 전통과의 단절을 함의하고 있다. 전통사회가 반복적이고 변화가 없는 사회라면, 근대사회는 지속해서 변화하는 사회라고 인식되었으며, 이러한 변화는 지향점이 있는 변화진보나 진화로 인식되었다. 근대성이 체제적 속성이라는 것은 근대적인 변화가 일부 집단의 사고나 사상의 차원이 아니라 전체 사회의 문화나 생활양식 그리고 사회제도에 내재된 원리라는 것을 의미한다."

따라서 근대사회로 진입하는 것은 사회 전체의 변혁을 의미하는 것이기 때문에 총체적인 국가 혁신이 전제되지 않으면 성공할 수 없으며 변화에 성공하지 못하고 과거 체제를 답습했을 때는 결과적으로 성공한 국가와의 경쟁에서 낙오될 수밖에 없는 것이다. 이런 관점에서 중국의 근대사에서 근대성을 반추해보면, 1840년 아편전쟁으로 청나라는 천하질서가 중화 중심이 아님을 깨닫는 계기가 되었다. 청 왕조 말기에 나름대로 변혁을 위한 몸부림을 쳤으나 이미 실기했으며 방향이 잘못되어 반식민지·반봉건의 늪에 빠질 수밖에 없었다. 1911년 신해혁명이 시발점이 되어 왕조체제가 붕괴하고 최초의 공화국체제가 들어서기도 했다. 그러나 결국 과거 춘추전국시대와 같은 혼란기를 거쳐 1949년 중국 공산당에 의해 그들이 주장하는

'신중국'이 건설됨으로써 명실공히 국민국가로서 일관되게 근대화를 추진할 수 있는 사회주의 체제가 확립된 것이다. 그러나 중국 공산당은 1978년 덩샤오핑이 집권에 성공, 진정한 개혁·개방을 하기 전까지는 소위 '죽의 장막'으로 서구 자본주의 국가들과 단절된 채 과거 청나라가 저질렀던 쇄국정책을 다시 고수하고 내부적으로는 토지국유화, 인민공사, 국유기업을 통한 무리한 경제건설에 대한 조급증으로 재앙을 몰고 온 '대약진운동'과 그 실패로 권좌에서 밀려난 마오쩌둥의 권좌 재탈환을 위한 '문화대혁명'으로 점철된 시행착오의 30년을 거쳐 1976년 마오쩌둥 사후 1978년, 시장주의자 덩샤오핑에게 중국의 개혁·개방 즉 '근대화'를 향한 대권이 넘어간 것이다. 따라서 중국의 근대화는 1978년 시작된 이래 40년이 지난 지금까지도 진행되고 있으며 2018년에 들어와서는 미국의 '신고립주의'를 만나 미국, 중국의 국운이 걸린 한판 대결인 미·중 무역전쟁이 진행 중이다. 중국 근대사를 살펴보면서 1868년에야 메이지 유신으로 근대화 과정을 거친 일본이 당시 이미 양무운동1863~1881을 시작했던 청나라를 어떻게 반식민지화했는지 또한 1894~1895년 청일전쟁으로 조선에 대한 패권 경쟁을 승리로 이끈 일본이 사실상 조선에 대한 강력한 발언권을 가지면서 1905년 을사보호조약 1910년 조선반도 강점을 감행하기까지 일련의 과정에서 그들의 국력이 짧은 기간 안에 제국의 반열에 들 정도로 급신장했는지 의구심이 들 수밖에 없었다. 동아시아에서 대외개방시기가 비슷했던 일본이 왜, 어떻게 동아시아의 지역 강자가 되었으며, 서유럽과 함께 제국경영에 어깨를 나란히 했을까, 한편 중국은 동아시아의 병자반식민지로 전락하고 조선은 식민지화되는 굴욕을 당할 수밖에 없었을까 하는 강한 의문이 뇌리를 스친다. 이 문제에 대한 나름의 답을 찾지 않고서는 한·중·일 관계를 이해한다는 것은 불가하다.

전통과 근대로 크게 나뉘는 역사의 갈림길에서 당시 근대성을 누구보다 먼저 경험했던 서구 열강의 대외개방 압력을 거의 동시에 받았던 중국, 일본, 조선의 국제적 상황에 대한 인식과 대처가 전혀 달랐음을 알 수 있다. 산업화로 인한 생산성 제고로 유럽 시장이 포화되자, 신시장이 필요했던 영국은 1840년 대외개방을 요구했으나 당시 서구의 대변혁을 눈치채지 못하고 과거 건륭제 시기의 자아도취에 빠져있던 청나라 황실 및 조정은 개방을 거부하고 쇄국 일변도로 나가자 급기야 아편전쟁이 터졌고, 처참한 패배로 중화주의의 환상에서 깨어난 청나라는 뒤늦게 1863년부터 소위 양무운동을 시작했으나 이는 철저한 자기혁신이 아닌 단순한 서구에 대한 과학기술 벤치마킹에 지나지 않았다. 뒤이어 중체서용론이 등장하고 캉유웨이를 중심으로 한 변법자강운동을 통해 자기혁신을 하려고 했으나 때는 이미 1898년으로 실기한 상태로 100일 천하로 끝나고 말았다. 민두기는 자신의 저서 '현대중국과 중국 근대사'에서 일본의 메이지유신은 성공한 개혁이었으나 중국의 양무운동 및 변법자강운동의 실패가 주는 교훈은 양국의 근대국가형성 운명을 갈라놓았다고 평가했다. 청나라는 쇄국에 이은 강제적 대외개방으로 양무운동, 변법자강운동을 전개했음에도 실기함으로 반식민지가 되었다.

조선의 경우엔 흥선대원군 이하응의 집권으로 위정척사 운동에 매몰되어 쇄국정책을 견지한 결과 1866년_{고종3년} 천주교인 박해인 병인사옥을 일으켜 프랑스 선교사 9명과 가톨릭 신자 8,000명을 죽였다. 이로 인해 격분한 프랑스가 침입, 병인양요를 일으켰으며, 같은 해

제너럴셔먼호를 불태웠으며 1871년 이를 이유로 미국과 전쟁을 벌였는데 곧 신미양요이다. 1868년 일본의 메이지유신 정부를 서양 오랑캐와 같은 부류로 보고 일본과의 전통적인 교린관계마저 거부해버렸다. 당시 병인양요1866와 신미양요1871로 프랑스와 미국을 패퇴시킨 것은 서구열강의 침략에 맞서 민족적 위기를 극복하려는 조선 민중의 반침략 의지 때문이었다. 그러나 메이지유신으로 이미 제국 반열에 오른 일본이 1873년 흥선대원군이 권좌에서 물러나자 이를 기회로 1875년 운요호 사건을 일부러 일으켜 1876년 2월 강화도조약을 강행했다. 동 조약에 의거 조선을 강제로 개항함으로써 조선의 쇄국정책은 멈추게 되었다. 이는 그들이 22년 전 미국에 당한 것을 그대로 사용한 것이다. 일본은 1854년 미국의 포함외교포함을 앞세운 무력시위로 상대국을 압박하여 목적을 달성하는 강제적 외교 수단에 바로 굴복하고 개항한 바 있다. 조선의 경우도 국력이 약한 결과, 불법침입자에 대한 정당한 방어적 공격을 했음에도 불구하고 일본이 그 책임을 조선에 묻고 강제로 수교하였다. 이것은 일본 제국주의 대륙침략의 단초였으며 신호탄이었다.

한중일의 근대화의 시발점을 비교해볼 수 있는 강제 개항 시점은 다음과 같다.

중국 1842년 아편전쟁 난징조약

일본 1854년 미일화친조약

조선 1876년 운요호사건 강화도조약

공통점은 서구열강이던 영국, 미국, 일본이 강제로 상대국을 개항시킨 것이다. 특기할 만한 것은, 일본이 강제 개항된 지 22년 만에 조선을 강제 개항시킬 정도의 국력을 갖게 된 것이다. 그 이유는 1868

년 메이지유신에 의해 일본은 국가·사회 전체가 전면적으로 근대화의 길을 감으로써 전통사회와 결별하고 근대 산업사회로 진입했기 때문이다. 메이지 유신 정부는 서양의 기술과 제도를 적극적으로 받아들였다. 신분제도를 없애고 토지제도를 개혁했으며 근대식 군대를 만들고 산업을 발달시켰다. 이로써 일본은 아시아에서 가장 먼저 근대화에 성공한 나라가 되었다. 메이지 유신은 서구의 민주주의와는 달리 천황이 최고 권력자로서 통치권을 행사하는 국가였다. 메이지 유신 이후 천황은 국가라는 커다란 가정의 아버지와 같은 존재가 되었다.

이러한 국가관은 일본이 점차 군국주의 국가로 나아가게 만들었다. 그 결과 일본은 청일전쟁과 러일전쟁을 일으켰고 우리나라를 강제로 병합해 식민지로 만들었다. 일본의 저명한 메이지유신 연구자인 미타니 히로시에 의하면 동아시아에서 일본이 유일하게 메이지유신에 성공할 수 있었던 것은 당시 일본의 지배구조가 천황과 막부의 쇼군 쌍두 체제였기 때문에 강력한 1인 황제 또는 왕의 통치 아래에 있었던 중국이나 조선에 비해 쉽게 국가의 체제를 개혁하기가 쉬웠으며 지방 영주인 다이묘와 사무라이는 대부분 자기 토지를 가지고 있지 않아 개혁이 상대적으로 쉬웠다고 한다.

일본과 조선은 동시에 존왕양이론尊王攘夷论을 사상적 기반으로 하고 있었는데 조선 흥선대원군의 존왕양이의 '양이攘夷'는 위정척사론에 의한 '진짜' 양이였으나 일본의 '양이'는 진짜 '양이'가 아니었다고 한다. 즉 일본 지도부의 생각은 '서양과 한번은 전쟁해야 한다. 전쟁을 안 하면 200년 이상 평화가 이어져 온 현재의 일본이 얼마나 위험한지 모른다. 전쟁으로 현실에 눈을 떠야 한다. 그래야 개혁이 가능하다'는 의미의 '양이'였다는 것이다. 양이론자들은 언젠가는 개방을 하리라 이미 마음먹고 있었다는 것이다.

그러한 점에서 조선과는 달랐으며, 서양인들이 상대적으로 일본을 먼저 찾게 되며 위기의식이 높아졌다. 그래서 일본은 서양의 기술에 큰 관심을 두게 되었다는 것이다. 그래서 일본은 1871년 중앙집권체제로 전환하는 '폐번치현'廢藩置县 조처를 했다는 것이다. 일본은 서양의 과학 문명과 기술이 자신들과 차원이 다름을 일찌감치 인식하고, 미국이 개방압력을 넣었을 때 기다렸다는 듯이 개방을 해버렸다. 이어서 다른 서구열강들에도 문호를 개방해버림으로써 시간의 낭비와 물리적 희생 없이 조기에 제도개혁과 산업화를 단행함으로써 조기에 서구열강의 반열에 동참할 수 있었다는 얘기이다.

중국의 양무운동洋务运动, 변법자강운동变法自强运动이나 조선의 동도서기东道西器 등은 진정한 개혁이 아니라 겉모습만 개혁인 허울 좋은 시늉으로 일종의 '쇼'에 불과했던 것으로 이해될 수 있을 것이다. 진정한 개혁은 말 그대로 자신의 피부를 벗겨내는 듯한 고통을 각오하는 자세가 되어 있지 않으면 안 된다는 것, 즉 기득권을 모두 포기하는 것이 진짜 개혁임을 역사는 우리에게 말하고 있다.

4. 현대 중국

(1) 중국의 현대 정치는 곧 중국 공산당사

현대 중국 하면 머릿속에 떠오르는 것이 곧 중국 공산당이다. 일당 독재체제인데 무슨 정치가 있나 하는 의구심을 먼저 가질 수 있다. 자유민주주의 국가에서처럼 다당제를 채택하고 국민이 자유롭게 공정한 선거를 통해 지지하는 정당이나 후보자를 선택하는 과정을 통해서 정권을 창출하고 정부를 구성하면 곧 정당하게 국민으로부터 국가권력을 위임받았다고 할 수 있을 것이다. 그러나 중국 공산당은 정치협상회의 등 형식적으로는 다당제의 모습을 취하고 있으나 공산당 일당독재체제임을 부인할 수 없다. 정치협상회의를 실제 이끌고 의사결정을 하는 리더들도 모두 공산당의 당적을 가지고 있는 공산당 리더들이기 때문이다. 우리의 국회에 해당하는 전국인민대표대회를 통해 입법 활동을 하나 중국 공산당이 정책을 결정하면 이를 전국인민대표대회에서 법제화해서 국무원이 정책 집행을 한다. 사법부가 있으나 역시 중국 공산당의 지휘를 받고 있어 3권분립이 전혀 되어 있지 않다.

일당독재 역시 정치의 한 형태이기 때문에 어떤 과정을 거쳐 중국 공산당이 중국을 통치해 왔는지를 이해해야 미래 중국이 어떤 모습이 될지 예측해볼 수 있다. 서방 지식인들은 자주 중국위협론이나 중국위기론, 심지어 중국붕괴론까지 주장하는 논거로서 중국의 정치형태와 이로 인한 중국경제의 한계성을 자주 언급해왔지만, 아직도 중국은 건재하다. 미·중 간에 심각한 무역전쟁을 치르고 있는 지금도 중국위기론이 신문지면과 인터넷에 자주 등장할 정도로 중국을 전면적으로 비판하고 있는 사람들이 적지 않다. 중국이 1840년 아편전쟁 이후 반식민지와 반봉건의 굴레 속에서 서구 제국들의 먹이가 되었으며 소극적 개방의 지속적 실패, 신해혁명 이후 군벌들의 춘추전국시대, 2차에 걸친 국공내전, 대약진운동의 실패, 문화대혁명의 참혹함을 기억하는 사람들에 의해 중국의 오늘이 부정적으로 각인되어 있기 때문일 것이다. 중국이 5000년의 찬란한 역사와 문명을 가진 대국으로 과거 40년의 개혁·개방을 성공적으로 완수하고 세계 제2의 경제 대국으로 부상하고 있다. 게다가 4차 산업혁명에서도 선진국들을 위협하고 있을 정도로 신성장 동력을 발굴하고 있음을 고려한다면, 서방 학자들의 중국위기론은 중국에 대한 이해 부족에서 비롯된 것으로 보인다. 다만, 최근 미·중 무역전쟁의 장기화로 중국경제의 순항에 제동이 걸리면서 불안한 미래에 대한 염려가 늘고 있음은 예의 주시해야 할 것이다.

일당독재를 완화해서 표현하면 권위주의 체제라고 할 수 있는데 이는 과거 박정희 정부하의 한국과 과거 국민당 장기 집권 하의 타이완, 리콴유 총리가 장기 집권했던 싱가포르 정부가 권위체제 아래에서 오히려 탄탄한 경제발전을 이룩했음을 기억한다면 중국의 발전을 위해서는 오히려 공산당 지배체제가 일사불란하게 리더십을 발휘하는 데 효율적일 수 있음을 부정하지는 못한다. 그러나 견제 세력이 없기에 관련 정부 정책이나 프로젝트들이 자의적으로 해석되고, 부정부패 세력이 개입되어 정책이 산으로 갈 수도 있음을 우리는 오랜 경험을 통해서 잘 알고 있다.

베네수엘라나 브라질 같은 남미 좌파 정권 국가들이 이러한 점에서 우리에게 교훈을 주고 있음은 누구도 부인하지 못한다. 더구나 남미의 두 국가는 지하자원과 석유매장량이 풍부했음에도, 퍼주기식 포퓰리즘 정책의 남발로 경제적 파탄에 직면해 있다. 자원이 없는 국가가 퍼주기식 포퓰리즘으로 일관한다면 경제적 파탄 속도가 훨씬 빠를 수밖에 없는 것은 자명할 것이다.

중국이 40년 개혁·개방으로 사회주의 시장경제에 깊숙이 매몰되어 있어 지속적인 발전을 위해서는 시장경제에 의존할 수밖에 없음을 공산당 지도자들은 익히 잘 알고 있다. 1990년대 아시아 외환위기와 2008년 미국 금융위기 사태를 훌륭하게 극복해냈을 뿐만 아니라, 세계 경제위기 완화에 일정 부분 기여했음은 모두가 잘 아는 사실이다. 따라서 중국의 시장경제를 주축으로 하는 경제 운용은 이미 고착화 되었다고 할 수 있다.

(2) 신중국 초기 중국 공산당의 조급증

마오가 이끄는 중국 공산당은 70년 전 중화인민공화국 정부의 수립을 선포하면서 자신들이 수립한 나라를 '신중국新中国'이라고 했다. 중국역사상 최초의 왕조인 진秦이 건국된 B.C. 221년부터 20여 개 왕조가 부침浮沈을 거듭한 뒤 2170년이 흐른 1949년 10월 1일 중화인민공화국이 수립되기 이전의 중국을 '구舊중국'이라고 한마디로 정리한 것이다. 관영 통신사의 이름도 '신화新华, 华는 중국을 높여서 부르는 말통신'이라고 붙이고, 자금성紫禁城·지금의 故宮 바로 옆 중국 공산당 최고지도급 인물들의 집단 거주지인 중난하이中南海 입구 정문도 '신화문新华门'이라고 이름 붙였다.

지금도 중국 사람들은 "마오쩌둥은 세 번의 큰 싸움을 해서 승리했다"고 말한다. 첫 번째는 국민당과의 내전, 두 번째는 소련 공산당과의 싸움, 세 번째는 한반도에서 미국과 싸워 승리했다고 말하는 것이다. 그만큼 중국 국민은 마오쩌둥에 대해 절대적 신뢰와 지지를 보냈으며, 그 과정에서 마오쩌둥은 점차 신격화되어 갔다.

그러나 마오쩌둥이 생각한 국가발전은 이상과 현실의 괴리가 컸으며 당시 중국을 둘러싼 강대국, 특히 소련, 미국, 영국과의 관계 설정에 있어 점차 경직되어 감에 따라 조급성에 매몰되는 대과오를 저질렀다. 소련 사회주의를 수정주의라고 맹비난하면서 흐루쇼프와 관계가 나빠지고 미국과는 냉전 관계가 악화일로에 있어 자력갱생하지 않으면 안 되기 때문에 신민주주의를 조기에 종료하고 사회주의 체제를 급속히 갖춰 대약진운동을 추진할 수밖에 없었다.

(3) 신민주주의론新民主主义论

마오쩌둥이 1940년 1월 제창한 공산혁명의 지도이론으로 마오이즘의 과도기적 이념이기도 하다. 마오쩌둥은 논문에서 "중국혁명의 역사적 과정은 민주주의 혁명과 사회주의 혁명의 두 단계로 나누어야 한다"고 주장하였다. 그리고 민주주의 혁명은 부르주아지들이 지도하는 낡은 부르주아 민주주의 혁명이 아니라, 프롤레타리아트에 의하여 지도되는 새로운 신민주주의 혁명이어야 한다고 주장하였다. 마오쩌둥은 태평천국太平天国의 난, 청·불전쟁, 청·일전쟁, 변법자강운동变法自强运动, 신해혁명辛亥革命을 낡은 민주주의 혁명으로 보았다. 하지만 1917년 러시아 10월 혁명과 중국의 공산혁명은 이전의 낡은 민주주의 혁명과 다른 양상을 띠기 시작했다고 하며, 그 효시가 바로 5·4운동이라고 주장한다. 1911년 신해혁명, 즉 중국국민혁명의 유형은 자산계급 민주혁명이었지만, 1919년 5·4운동을 기점으로 혁명의 최종 목표가 자산계급 주도 사회에서 새로운 무산계급 주도 사회로 바뀌었다는 것이다. 그는 결론적으로 중국 공산당이 주도하는 투쟁만이 신민주주의 혁명이 된다고 말하였다. 이 신민주주의 이론은 중국 공산당이 중국 대륙을 점령한 초기에 중국인민정치협상회의 공동강령의 정신으로 표현되어, 노동계급·농민계급·소小부르주아지·민족부르주아지 및 기타 애국적 민주분자들을 망라했다는 인민민주통일전선으로 나타났다.

마오쩌둥은 신중국 건립 이후 신민주주의라는 과도기적 단계를 10~15년에 걸쳐 진정한 의미의 사회주의 체제로 진행할 수 있다고 주장했었다. 그러나 마오쩌둥은 1952년 9월 "앞으로 10~15년 사이에 사회주의 건설을 끝낸다. 10년 후에 사회주의로의 전환이 시작되는 것이 아니다."라며 신민주주의 단계를 부정하는 태도로 돌아섰다. 그리고 1954년 9월 중국 공산당이 정식으로 헌법을 채택하였을 때에는 소부르주아지와 민족 부르주아지를 포섭대상에서 제외하고, 투쟁대상으로 전환한 '인민민주주의 국가'를 제기함으로써, 신민주주의 단계가 끝났음을 선포하였다. 이어서 농업, 수공업, 자본주의 공·상업 영역에서 생산수단의 사적 소유를 소멸시키는 사회주의 개조에 나섰다. 결국, 신민주주의는 중국 공산당의 힘이 부족해지자 중립적인 인사들을 포섭하여 중국국민당에 대항하기 위한 전략에 불과했음을 드러낸 것이다. 즉 신민주주의는 중국 공산당 지도부의 당초 약속과 달리 요절한 것이다. 불과 3년도 지나지 않은 1956년 9월 중공 제7차 전국대표대회의 정치보고는 사회주의 개조사업이 결정적으로 승리했음을 선언했다.

마오쩌둥이 이러한 정치 일정을 급진적으로 전환한 것은 소련과의 관계 악화에서 비롯되었다. 1차 5개년 계획을 소련의 적극적 지원으로 1953~1957년 성공적으로 마무리한 중국은 2차 5개년 계획 기간에는 소련의 지원을 기대할 수 없는 상황에 부딪혔다. 즉 1953년 스탈린의 사망으로 흐루쇼프가 소련 공산당 서기장이 되면서 핵 경쟁의 중단과 평화공존을 들고나온 것이다. 이는 군비를 줄이면서 경제를 발전시키고자 했던 것으로 중국의 마오쩌둥이 가장 격렬하게 반발했다. 즉 마오쩌둥은 소련이 마르크스·레닌주의를 버리고 사회주의를 수정했다고 비난하였고 흐루쇼프는 중국을 원칙만을 따르는 교조주의라고 비난하면서 양국 간의 관계에 금이 가기 시작했다. 이후 양국 간의 관계는 점차 비우호적으로 변화하면서 마오쩌둥은 '미래에 소련이 중국의 적이 될 수도 있겠다'라는 생각을 하기 시작했고, 이런 생각이 근시일 내에 자력갱생해야만 한다는 조급주의에 빠지는 원인이 된 것이다.

신민주주의를 조기에 끝내고 사회주의 혁명을 완성하는 것이 미국과 영국을 근시일 내에 추월할 수 있다는 강박관념으로 작용했다고 볼 수 있다. 어쨌든 신중국 지도부의 강력한 의지가 반영된 것으로 철강과 에너지 생산량에 있어 영국을 7년 안에 미국을 15년 안에 추월하겠다는 것이 마오쩌둥의 절박함이었으니 지금 생각하면 한 편의 코미디극일 수 있겠으나 당시엔 '대약진운동'을 진행하기 위한 이론적 근거였고 당시 국제 정세에 근거한 지도부의 의지였다. 그러나 결과적으로 실패하고 만 독선적 오판은 수천만 명을 아사로 몰아넣음으로써 현대사에서 비극적이고 충격적인 참사로 기록될 것이다.

(4) 대약진운동

덩샤오핑의 1978년 개혁·개방 이전인 1949년 신중국 건립 이후 30년의 중국경제를 이해하는 것은 곧 중국의 개혁·개방의 배경과 당위성을 이해하는 데 도움이 된다.

마오쩌둥은 신중국 초기에 신민주주의론에 입각하여 지주, 자본가들의 자유로운 경제활동을 허용하였으며 국민당 및 외국인 소유기업에 대해서는 국유화를 단행하였다. 이 시기에 수행된 혁명적 조치로는 농촌 토지개혁을 들 수 있으며, "耕者有田" 원칙농사짓는 사람이 그 땅을 소유한다에 의거 지주 및 부농의 토지를 몰수하여 빈농 및 고농雇農약 3억명에 달함에게 무상분배하였다. 이로 인하여 가족농자영농, 소농 체제가 형성되었다.

1953~1957년은 제1차 5개년 계획 기간으로, 소련경제를 모방함으로써 사회주의 경제건설을 추진하였다. 소련은 중앙계획경제체제로, 정교한 중앙계획을 위해 많은 관료를 필요로 했다. 중공업 발전을 위해 소비를 억제함으로써 투자를 급속도로 증가시켜 자본 축적을 꾀하였다. 1차 5개년 계획은 성공적으로 목표 달성하였으나 2차 5개년 계획의 시발점인 1958년부터는 다른 시도를 하게 되었다. 1차 5개년 계획 기간 동안 소련식 모델과 중국 현실의 부조화를 경험했으며 소련과의 관계 역시 악화함에 따라 중국 특색의 경제발전 방식을 모색하는 계기가 마련된 것이다.

신민주주의를 포기하고 급속한 사회주의 체제를 거쳐 공산주의로 가기 위해 마오쩌둥은 토지개혁 후 집단농장을 건립함으로써 생산조직의 사회주의 개조를 서둘렀다. 자영농 체제와 계획체제의 모순을 인식하고 점진적 집단화를 추진하였다. 10가구 미만을 호조조互助组, 30~40가구를 초급합작사初级合作社라고 하였으며 두 조직 모두 생산수단토지, 농기구, 역축 소유관계는 불변이었다. 가구 규모가 150~200가구인 경우는 고급합작사高级合作社라고 하였으며, 여기서는 생산수단을 집단적 소유로 하여 통합 경영하였다. 사회주의적 분배원칙인 노동 기여에 따른 분배를 하였다. 당초에는 집단화를 점진적으로 추진 계획이었으나, 1955년 8월 이후 급속 진전시켜 1956년 말 고급합작사로 생산조직 개편을 완료하였다. 한편 도시 상공업의 국유화 역시

1949~1952년까지는 사영기업을 허용함으로써 전후 복구, 물자 및 고용 확대에 기여하였다. 그러나 1955년 이후 국유화가 급속히 진전되어 1956년 말까지는 사영기업이 실질적으로 소멸하였다. 사실상 모든 기업이 국유화되었으며 소위 단위^{單位}조직이 들어선 것이다. 이로써 마오쩌둥이 사회주의 체제로 발전하기 전 10~15년간의 신민주주의 과도기 설정은 완전히 종료되었으며 본격적인 사회주의 체제로 진입하는 조급함을 보였다.

한편, 제2차 경제계획에 대한 준비가 필요한 시점인 1956년부터 중국 공산당 내에서 사회주의 건설을 위한 정책 노선에 대해 현격한 입장의 차이를 보이는 논쟁이 시작되었다. 즉 사회주의 건설과 경제 발전의 속도와 방식을 놓고 주로 두 가지 시각에서 논쟁을 벌이기 시작한 것이다. 하나는 1차 경제계획을 주도한 세력들이 주장하는 것으로서, 사회주의 건설은 하부구조를 튼튼하게 구축하면 상부구조도 자연히 건실해진다는 전제하에 실사구시實事求是의 입장에서 현실 여건과 인간 능력의 한계를 고려하여 객관적, 안정적 그리고 점진적으로 발전을 추구하자는 입장이다.

다른 하나는 1차 경제계획이 계급 불평등을 야기하며, 군중노선을 약화시켰다고 비판하는 세력들이 주장하는 것으로 정치 우선의 논리에 의거하여 인간의 노력과 의지, 그리고 능동성 여하에 따라 얼마든지 생산성을 높일 수 있다는 것을 전제로 혁명에 의해 '더 빨리 약진하는 발전을 해야 한다'는 입장이다. 전자의 입장을 반모진론反冒進論(점진론)이라고 하고 후자의 입장을 모진론冒進論 (약진론)이라고 한다. 모진론자들은 상부구조사상개조 등를 통한 생산력 증대를 모색함으로써 경제발전을 도모하고자 했다.

소련식 발전은 계획을 잘 세워야 하기에 관료체제가 강해져 중앙집권화가 불가피했으나, 마오쩌둥은 이에 반대하여 지방분권화를 추진하였으며 관료주의에 반대함으로써 사회주의 단계를 건너뛰고 급속한 공산주의화를 추구하고자 했다. 이것이 곧 '대약진운동'1958~1960으로 나타난 것이며 제2차 5개년 개발 계획 시기와 겹친다. '대약진'은 곧 영국을 7년 안에, 미국을 15년 안에 뛰어넘자는 슬로건에서 나온 것이며 이를 위해 공업생산증가율을 연평균 25% 이상으로 설정하였다. 따라서 대규모 투자는 불가피했으며 이를 위해 소비를 억제할 수밖에 없었다. 비현실적인 목표로 인해 생산량 허위보고가 빈발했으나 이를 체크할 수 있는 시스템 자체가 미비했으며 허위생산량 보고에 기초해 농촌 노동력천만 이상을 도시로 이주시켰다. 이로 인해 농촌은 노동력 부족 현상이 심화되었으며, 철강 및 식량 생산 증대에 초점을 맞췄다.

결과적으로 농촌에서는 5,000가구나 되는 엄청난 대규모 집체 조직인 인민공사가 건립되었으며 전민소유국유조직을 향한 과도기에 돌입하게 된 것이다. 신중국의 제2차 계획경제는 1차와는 전혀 다른 대약진운동 전개라는 환경하에서 수립되었고 실행되었다. 그러나 그 결과는 참혹했다. 대약진운동의 실패에 의한 농업생산량의 부족, 연이은 자연재해로 인한 흉작, 소련과의 관계 악화로 인한 경제원조 중단의 지속으로 인하여 3천만 명의 아사자餓死者가 발생하였다. 전쟁 없이 단기간 내에 최악의 아사자를 내는 등 중국 인민들과 국가에 엄청난 재난을 안겨 준 것이다. 그 결과 마오쩌둥은 대약진운동 실패의 책임을 지고 국가주석의 자리에서 사임하였다. 3년여 동안의 대약진운동은 중국을 발전시키기보다는 농·경공업의 퇴보와 중화학

공업의 과다발전이라는 기형적 결과를 낳으며 중국의 경제적·문화적 수준을 20년 이상 퇴보시켰다는 비판을 받다. 대약진운동의 실패는 중국 공산당 스스로도 '국가와 인민에게 건국 이래 가장 엄중한 좌절과 손실을 가져다준 중대한 과오'라고 평가한 문화대혁명의 직접적인 원인 중의 하나가 된 것이다.

(5) 문화대혁명(1966~1969, 1기와 1970~1976, 2기로 구분)

대약진운동의 실패로 마오쩌둥은 1962년 국가주석직을 내려놓고 2선으로 물러났으며 권력의 실세로 급부상한 인물은 류사오치刘少奇와 덩샤오핑邓小平이었다. 그들은 대약진운동의 결과로 국가적 재난 수준으로 추락한 민생경제를 회복하기 위해 자본주의 정책의 일부를 채용했으며 이 정책이 실효를 거두면서 당시 중국 중앙정부의 중요 인물이 되었다. 그러나 권좌 복귀를 위해 호시탐탐 기회를 노리던 마오쩌둥은 급부상한 주자파走资派들의 사회주의에서 자본주의로의 수정에 대해 맹공격을 퍼부으며 이데올로기 논쟁에 불을 지폈다.

① 시대적 배경

마오쩌둥毛泽东은 주자파走资派들이 지나치게 자본주의에 경도되었음을 맹비난했다. 당시 농업 국가인 중국에서 과도한 중공업 정책을 펼쳐 대약진운동이 좌절된 이후 중국 공산당 내부에 사회주의 건설을 둘러싼 노선대립이 생겨났다. 최고지도자였던 마오쩌둥은 대중노선군중노선을 주장하였으나, 류사오치, 덩샤오핑 등의 실용주의자들은 공업 및 분야별 전문가 양성을 우선시할 것을 주장하였다. 군중노선은 마오쩌둥의 사상으로 당의 정책이 옳고 좋게 되려면 반드시 군중

농민, 노동자으로부터 나와야 하며, 인민의 요구와 이익이 내포돼 있어야 한다는 것을 말한다. 주자파와의 노선대립으로 전근대적인 문화와 자본주의를 타파하고 사회주의를 실천하자고 주장하며 문화대혁명을 일으킨 것이다. 이에 따라 전통적인 중국의 유교 문화를 붕괴시켰고 계급투쟁을 강조하는 대중운동으로 확산시켰다. 마오쩌둥은 문화대혁명으로 중국 공산당 내부의 정치적 입지를 회복하고 반대파들을 제거하기 위한 방편으로 활용하였으며, 혁명은 공산당 권력투쟁으로 전개되었다.

마오쩌둥은 부르주아 세력의 타파와 자본주의 타도를 외치면서 이를 위해 청소년이 나서야 한다고 주장했다. 1962년 9월 중앙위원회 전체회의에서 마오쩌둥은 계급투쟁을 강조하고, 수정주의를 비판함으로써 반대파들을 공격하기 시작하였다. 전국 각지마다 청소년으로 구성된 홍위병이 조직되었고 마오쩌둥의 지시에 따라 전국을 휩쓸었고, 중국은 일시에 경직된 사회로 전락하게 되었다. 결과적으로 마오쩌둥에 반대하는 세력은 모두 실각하거나 숙청되었다. 류샤오치는 국가주석직에 있었음에도 주자파의 우두머리, 반혁명분자로 몰려 문혁이 일어난 지 2년만인 1968년에 실각한 후 홍위병의 습격을 받고 가택연금 중 변변한 치료도 못 받고 1969년에 사망하였다. 덩샤오핑 역시 1966년 문혁이 시작되자 실각하였고, 심지어 장남이 문혁 박해로 하반신 불구가 되는 고난까지 겪어야 했다. 이후 우여곡절을 겪었으나 마오쩌둥 사망 후, 화려하게 정계에 복귀하여 중국 개혁·개방의 아버지가 되었다.

② 발단

1965년 상하이시 당 위원회 서기였던 야오원위안姚文元은 베이징시 부시장 우한吳晗이 쓴 역사극 해서파관海瑞罷官을 비판하였다. 이것은 마오쩌둥의 대약진운동을 비판하다가 실각한 국방부장 펑더화이彭德怀를 옹호하려는 것이라는 이유에서다. 이를 계기로 실권파주자파의 권력 기반이었던 베이징시 당 위원회와 삼가촌三家村그룹은 마오쩌둥 추종자들의 집중적인 비판의 표적이 되었다. 결국, 1966년 4월 베이징 시장 펑전彭眞이 해임되고, 8월 8일 중국 공산당 중앙위원회에서 마오쩌둥이 '프롤레타리아 문화대혁명에 관한 결정 16개조'를 발표함으로써 본격적인 문화대혁명이 시작되었다.

③ 전개 과정

1966년 8월 톈안먼天安门광장에서 백만인 집회가 열렸고, 이곳에 모인 홍위병红卫兵들은 전국의 주요 도시에 진출하였다. 그래서 마오쩌둥 사상을 찬양하고 낡은 문화를 일소하기 위하여 대대적인 시위를 전개했다. 학교를 폐쇄하고 모든 전통적인 가치와 부르주아적인 것을 공격하였다. 또한, 당의 관료들을 공개적으로 비판하고, 전국 각지에서 실권파주자파들이 장악한 권력을 무력으로 탈취하였다.

그러나 실권파가 완강히 저항하고 홍위병에 내분이 발생하자, 1967년 1월 마오쩌둥은 린뱌오林彪 휘하의 인민해방군이 문화대혁명에 전면적으로 개입할 것을 지시하였다. 인민해방군은 각지의 학교·공장·정부 기관을 접수하였을 뿐 아니라, 초기에 문화대혁명을 주도하였던 수백만 명의 홍위병들을 깊숙한 산골로 추방하였다. 혼미를 거듭하던 정국은 1968년 9월 전국 각지에 인민군대표, 홍위군대표, 당 간부의 3자 결합으로 '혁명위원회'가 수립됨으로써 진정국면으로 들어섰다.

문화대혁명은 1969년 4월 제9기 전국인민대표대회에서 마오쩌둥의 절대적 권위가 확립되고, 국방장관 린뱌오가 후계자로 옹립됨으로써 절정에 달하였다. 그러나 1971년 린뱌오가 의문의 비행기 추락사를 당하고, 마오쩌둥에게 충성을 바쳤던 군부 지도자들이 대거 숙청되었다. 그러자 사람들은 문화대혁명이 마오쩌둥의 개인적 권력욕에서 비롯된 것이 아닌가 하는 의구심을 품게 되었다.

1973년 저우언라이周恩來의 추천으로 덩샤오핑이 권력에 복귀한 후부터, 문화대혁명의 정신은 여러 측면에서 공격받기 시작하였다. 마오쩌둥을 지지하는 세력은 이데올로기·계급투쟁·평등주의·배외주의를 강조한 데 반해, 저우언라이와 덩샤오핑을 지지하는 세력은 경제성장·교육개혁·실용주의 외교 노선을 주장하였다.

말년에 마오쩌둥은 두 노선을 절충한 후계자를 물색하였으나 실패하였다. 결국, 문화대혁명은 1976년 9월 마오쩌둥이 사망하고, 화궈펑华国锋에 의해 마오쩌둥의 추종자인 4인방四人帮: 王洪文·张春桥·江青·姚文元 세력이 축출됨으로써 실질적으로 종결되었다. 공식적으로는 1977년 8월 제11기 전국인민대표대회에서 그 종결이 선포되었다.

④ 평가

문화대혁명은 한때 만민평등과 조직타파를 부르짖은 인류역사상 위대한 실험이라고 극찬을 받았으나, 결국 실패로 끝났다. 이 운동으로 약 300만 명의 당원이 숙청되었고, 경제는 피폐해지고 혼란과 부정부패가 만연하였다. 1981년 6월, 중국 공산당은 '건국 이래 역사적 문제에 관한 당의 결의'에서 문화대혁명은 당·국가·인민에게 가장 심한 좌절과 손실을 가져다준 마오쩌둥의 극좌적 오류며, 그의 책임이라고 규정하였다.

(6) 덩샤오핑의 개혁·개방(1978년)[6]

개혁·개방이라는 어휘는 중국경제를 논할 때, '개혁'과 '개방'을 따로 떼어서 말하는 것이 부자연스러울 정도로 '한 단어'나 다름없다. 그러나 이를 굳이 구분해 보면 '개혁'은 중국 내에서의 다양한 변혁, 곧 중국 국내정치를 말하며, '개방'이라 함은 고립된 상태에서 다른 나라들과의 교역과 외자 유치 등을 통해 경제발전을 추구해 나가겠다는 대외개방 정책을 의미한다.

중국은 역사상 세계 총생산량의 25% 이상을 꾸준히 점유해왔고 최고 전성기였던 1820년, 청나라 때의 세계 경제 점유율은 비록 산업혁명 이전의 농업 국가 기준이기는 하나 전체 중 33% 정도 규모의 경제 대국이었다. 당시 유럽은 23% 미국은 1.8%에 지나지 않았다. 그러던 중국이 1900년에는 11%였으며, 100여 년 동안 서방 제국의 침탈과 강점의 치욕적 역사를 겪고 난 후인 1949년 중국경제 규모는 1% 수준까지 추락함으로써 세계 경제에 있어서 이미 존재감을 잃어버린 보잘것없는 존재로 변했다. 신중국 지도부에게는 당시 최강국이었던 영국이나 미국을 7~15년 이내에 추월하겠다는 조급증에 몰입되고 있었다. 100여 년의 반식민지·반봉건 상태로 모든 인프라가

---

6 덩샤오핑은 자본주의를 거치지 않았기 때문에 과도기체제 사회주의 초급단계 100년이 필요하다고 주장.

파괴되고 심지어 체제까지 사회주의로 변경된 상태에서 자유민주주의와 자본주의 시장경제로 유기적인 관계 속에서 발전을 거듭한 서방 경제를 고작 10여 년의 와신상담으로 뛰어넘겠다는 것은 계란으로 바위 치기 식 전략으로, 전혀 가당치 않았다. 마오쩌둥이 즐겨 인용했다는 우공이산愚公移山식 바람이 실현될 것으로 믿으며 대약진 운동을 전개했던 역사의 대과오는 이렇게 시작된 것이며, 도탄에 빠진 국가 경제와 자연재해가 겹쳐 3000 만명 이상의 아사자를 낸 정책 과오에 책임을 지고 권좌에서 내려올 수밖에 없었던 마오쩌둥은 자신의 권력을 회복할 목적으로 또 다른 현대 중국의 대재앙인 '문화대혁명'을 일으킴으로써 중국을 총체적 난국으로 몰아갔다. 마오쩌둥이 1976년 사망하자 주자파로 몰려 실각했던 덩샤오핑이 화려하게 중국 정계에 복귀함으로써 마오쩌둥이 저지른 정책 과오를 시정하고 총체적 난국에서 탈출하기 위하여, 마오쩌둥과는 180도로 다른 국내 정치개혁과 대외개방을 추진하게 된 것은 당시로서는 너무나 당연한 귀결이었다. 덩샤오핑이 개혁·개방을 추진할 수밖에 없었던 배경과 정치적 당위성을 살펴보면 아래와 같다.

① 마오쩌둥의 신중국 초기 국가 전략 실패

마오쩌둥은 과거 중국의 영광을 회복하기 위해 중공업 중심의 추월전략을 경제정책의 골간으로 하여 서방 세계와 단절된 채 중국 자체 자급자족 중심으로 철저한 사회주의식 계획경제 정책을 실행하였다. 중공업 우선 발전 전략은 상대적으로 비교우위에 있는 경공업을 소홀히 하는 모순을 가진 전략이다. 시장 메커니즘의 기능을 전면적으로 무시하고 인위적으로 생산요소와 생산물의 상대가격을 왜곡시켰다. 이를 위해 소유제가 다양하게 인정되던 호조조, 초급합작사, 고급합작사 조직 정비가 1956년 말에는 96% 이상 마무리되어 집단화된 '인민공사'人民公社로 돌입할 수 있는 사회주의 기본체제를 완성하였으며 이 무렵 기업도 국유화를 단행함으로써 사유제를 인정하지 않고 모든 도시 근로자를 '단위'單位라는 기업 조직에 집단화시키는 사회주의 체제를 구체화했다. 토지제도 개혁을 통해 토지의 국유화 및 집체 소유화를 단행했으며 대약진운동의 추진과 1950년대 말 농업생산 급감으로 대기근과 재난을 초래했다. 추월전략과 대약진운동의 실패는 마오쩌둥의 정치적 권위를 실추시켜 2선으로 물러날 수밖에 없었으며, 그 후로 문화대혁명을 통해 정치적 복권을 시도하나 경제는 더욱 악화 일로를 걷게 된다.

② 덩샤오핑의 개혁·개방 추진의 배경

마오쩌둥 사후 덩샤오핑이 1978년 권좌에 오르면서 개혁·개방을 추진한 배경은 다음과 같다.

첫째, 장기간에 걸쳐 중공업 우선 성장전략을 실시한 결과 추월목표와 비교하여 격차는 전혀 축소되지 않고 오히려 갈수록 벌어지고 있다는 점, 국민의 소득수준은 장기간 향상되지 않고 생필품이 심각하게 부족하며, 특히 문화대혁명을 거친 후에 국민경제가 붕괴의 위기에 직면해 있다는 점 등의 문제들이 노출되었다. 이 모든 점이 새로운 지도부가 기존의 계획경제 체제를 지양하고 대규모의 개혁·개방을 추진하게 한 원인이 되었다.

둘째, 같은 기간이 지나는 동안 처음에는 중국과 같은 출발 선상에 있던 주위의 국가들 특히 세계인을 놀라게 한 동아시아의 신흥공업국 경제는 신속한 발전을 이루었고 이에 따라 중국과의 격차는 갈수록 벌어지고 있어, 이러한 눈에 띄는 격차는 개혁·개방의 압력으로 작용하였다.

셋째, 경영의 주체인 국유기업과 인민공사의 비효율성과 노동생산성의 저하라는 심각한 경제위기상황에 처한 중국의 새 지도부가 문제투성이의 계획경제 체제의 개혁을 통하여 경제를 발전시킴으로써 새 지도부의 리더십을 높이고자 한 점도 경제개혁을 추진하게 된 중요한 원인의 하나라고 할 수 있다. 경제발전 전략을 대폭 수정하는 개혁을 단행하면서 지도부가 벤치마킹한 것은 동아시아의 기적을 일궈낸 한국, 대만 등의 비교우위 전략이었다.

③ 개혁·개방의 과정과 특징

덩샤오핑의 개혁·개방은 다른 나라들과의 개혁·개방과는 다른 과정을 거쳐서 진행되는데, 가장 큰 특징으로 점진적 개혁, 실험적 개혁, 사유화보다는 시장화에 우선, 지방으로 권한 위임을 통한 분권화 실시, 대외개방을 대내 개혁에도 효과적으로 이용하는 등 다양한 과정을 거쳐 개혁·개방을 이끌어 간 것이다. 특히 점진적 전략으로 돌다리도 두드리며 건너는 전략을 실행한 것은 마오쩌둥의 불가역적인 두 가지 거대 과오, 즉 대약진운동과 문화대혁명의 실패에 따른 반성 전략이었다. 먼저 마오쩌둥이 대약진운동에 실패한 후 덩샤오핑과 류샤오치가 1962년도에 자본주의 정책을 펴면서, 그 당시 어느정도 성공을 거둔 경험이 자신감의 근원이었을 수도 있다. 특징별 상세한 내용은 후술하는 '중국경제이해'에서 다룰 것이다.

돌이켜 보면 1949년 신중국의 건립 이후 건국 초기의 안정화를 위한 각종 현안 앞에 경제발전은 어쩌면 뒷전의 일이었는지도 모른다. 중국의 과도기적 정치경제 체제로 마오쩌둥이 제창한 신민주주의를 조기에 포기하고 서구를 추월하겠다는 조급주의에 사로잡혀 중공업 우선 발전 전략을 전개한 것은 당시 중국이 처한 제반 경제 여건에 비추어 볼 때, 현명하지 못한 정책이었다. 마오쩌둥이 추월전략과 대약진운동의 실패를 책임지고 국가주석직을 내려놓은 후 과도기적 지도자로 등장한 실용주의자 류샤오치, 덩샤오핑의 시장 친화적인 개혁 정책으로 경제가 회복될 조짐을 보였으나 마오쩌둥은 다시 이념투쟁인 '문화대혁명'으로 이들을 주자파로 몰아 실각시키고 10년의 암흑기를 자초하게 된 것이다.

대약진운동 실패 후 문화대혁명 이전 1960년대 초에 이미 실용주의 정책의 성과를 체험적으로 익힌 덩샤오핑은 1978년 열린 공산당 11기 3중전회의에서 공산당 당장을 "계급투쟁"에서 "경제발전"으로 개정함으로써 중국의 개혁·개방을 주도했다. 아울러 사회주의 초급단계론으로 이데올로기를 정당화시킴으로써 정치체제는 유지하면서 경제체제를 사실상 자본주의 체제로 전환할 수 있는 토대를 마련했다. 그 결과 2010년 중국이 G2로 부상하는 역사적 계기를 마련한 위대한 지도자로 자리매김한 것이다.

대내적인 정치·경제 개혁과 대외적인 무역 및 투자유치 등의 개방 정책은 동전의 양면처럼 상호 분리될 수 없는 불가분의 정책으로 오히려 상승효과를 낼 수 있는 정책이었다. 중국은 개혁·개방을 통해서 특히 대외개방을 통해서 한때는 4조 달러가 넘는 외환 보유고를 가질 정도로 세계 최대 외환 보유국이자 대외무역이 4조 달러를 넘는 세계 최대 무역 대국으로 우뚝 섰으며, 지금은 지혜롭게 "뉴노

멸"新常态을 인식하고 중국 국유기업의 개혁 심화와 산업구조 재조정을 통해 또 다른 도약을 위한 선제적 위기극복에 매진하고 있다. 아울러 미국의 동진 정책인 아시아 Rebalancing 전략에 맞서 서진 전략인 일대일로 전략을 활발히 전개하고 있으며 2015년 4월 성공적으로 AIIB를 출범시킨 바 있다.

(7) 톈안먼 사건(1976년, 1차; 1989년, 2차)

- 1차 톈안먼 사건(1976년)

1966년 문화대혁명이 시작된 이후, 절대적인 마오쩌둥 사상으로 무장한 사회적 분위기하에서 민중의 저항을 가져온 1976년의 1차 톈안먼 사건은 획기적인 대사건이었다. 1976년 1월 저우언라이周恩来 총리가 사망하자, 중국에서는 '주자파走资派: 자본주의의 길로 나아간 实权派'비판운동이 일제히 일어났다. 따라서, 오랜 기간 중국의 혁명과 건설 및 국제무대에서 중국의 국가적 위신을 높여준 저우언라이 총리를 추도하려던 중국 민중의 의지는 꺾이고, 다시 극좌적 사회 분위기가 형성되기 시작했다. 이와 같은 상황에서 고인을 추모하기 위해, 1976년 4월 4일 청명절清明节에, 베이징의 민중은 손에 손에 화환과 플래카드를 들고 톈안먼 광장에 있는 인민 영웅기념비를 향해 시위·행진하였다. 저우언라이의 자필 비문이 새겨져 있는 기념비는 민중의 화환에 의해 제단으로 변하였다. 그러나 베이징시 당국과 관헌은 이 기념비에 바친 화환을 모두 철거하였고, 다음날인 4월 5일, 격노한 대중은 반란을 일으켜 건물과 자동차 등에 방화하는 등 일대 소요가 야기되었다. 플래카드에는, 후에 '4인방'이라 하여 체포된 마오쩌둥의 부인 장칭江青과 측근인 야오원위안姚文元 등을 비판하는 시가 많이 게재되어 분명하게 마오쩌둥 체제에 대한 반역의 의사를 나타내고 있었다. 이 사건은 공안 당국과 군에 의해 반혁명사건으로 철저히 탄압되었으며, 덩샤오핑邓小平: 당시 중국 공산당 부주석·부총리에게 책임을 물어, 4월 7일 그의 모든 직무를 박탈함으로써 실각시켰다. 반면, 이 사건으로 해서 화궈펑华国锋은 정식으로 총리의 자리에 올랐다. 중국은 그해 9월 마오쩌둥이 사망하고, 10월에는 '베이징 정변'으로 4인방이 체포되는 등 격동의 시기를 체험하였으나, 이러한 와중에서 비마오쩌둥화化가 진행되어, 1978년 11월에는 톈안먼 사건이 혁명적 행동이었다는 대역전의 평가를 받게 되었다. 이후 이 사건은 1919년의 역사적인 5·4운동을 본떠서 '4·5운동'이라 부르게 되었다.

- 2차 톈안먼 사건(1989년)

베이징에서는, 1989년 4월 15일 후야오방胡耀邦이 사망한 후, 팡리즈方励之 등 지식인을 중심으로 후야오방의 명예회복과 민주화를 요구하는 대규모 시위가 일어나고 있었다. 특히, 학생들은 노동자·지식인을 포함한 광범위한 시민층을 대표하여 5월 13일 이래, 베이징대학과 베이징사범대학을 중심으로 전국에서 모인 학생대표들과 함께 톈안먼 광장에서 단식 연좌시위를 계속했다. 5월 15일, 소련의 고르바초프가 베이징에 도착했으나, 17일 발생한 100만 명이 넘는 대규모 시위로 일정을 변경해야만 하는 사태가 발생했다. 이에 당국은 학생들의 시위를 난동으로 규정, 베이징시에 계엄을 선포했다. 한편, 학생들의 요구에 유연한 대응을 보이던 공산당 총서기 자오쯔양赵紫阳의 행방이 묘연해지고 그의 해임설이 떠도는 가운데, 덩샤오핑의 후계자로 알려진 양상쿤杨尚昆 국가주석과 리펑李鹏 국무원 부총리 등 강경파가 주도권을 잡았다. 이들은 6월 3일 밤 인민해방군 27군을 동원, 무차별 발포로 톈안먼 광장의 시위군중을 살상 끝에 해산시켰으며, 시내 곳곳에서도 수천 명의 시민·학생·군인들이 시위 진압과정에서 죽거나 다쳤다. 이 사건은 당시 중·소 수뇌회담 취재차 입국했던 외국 기자들에 의해 즉각 전 세계로 보도되었으며, 미국을 비롯한 유럽 여러 나라는 이와 같은 비인도적 처사에 항의, 강력한 비난 성명을 냈다. 이 사건 이후 민주화 운동의 상징적 인물이 된 천체 물리학자 팡리즈는 미국 대사관으로 피신하였다. 이른바 '피의 일요일'로 불리는 이 사건 이후 중국 지도부는 반혁명분자에 대한 숙청, 개인숭배 조장, 인민들에 대한 각종 학습 등 체제 굳히기와 함께 개방 정책 고수를 천명하고, 마르크스·레닌주의의 확립을 내세우는 등 이율배반적 태도를 보여왔다. 특히 당시 동유럽으로부터 민주화 물결이 중국까지 몰아칠 것을 우려, 이를 극복하는 데 안간힘을 쏟고 있었다. 어쨌든 톈안먼 사건에 대한 정부 당국의 계엄령 선포와 시위대에 대한 유혈 진압은 정국을 급랭시켰으며 리펑 총리 등 보수파의 발언권이 세지면서 개혁·개방은 크게 위축되었다. 1987, 1988년 11%대였던 GDP 성장률이 1989년 4.1% 1990년 3.8%로 급격히 위축된 것만 봐도 톈안먼 사건의 경제적 후유증을 단적으로 증명한다.

(8) 남순강화南巡讲话(1992년)

1989년 2차 톈안먼 사태 이후 중국의 정국은 급속도로 경색되고 세계로부터 비난이 쇄도함에 따라 1978년 이후 강력히 추진되어 오던 덩샤오핑의 개혁·개방 정책은 추진 동력을 잃고 심각한 국면으로 치닫고 있었다. 1991년에는 소련이 해체되면서 자본주의냐 사회주의

냐에 대한 논쟁姓资姓社까지 일었으며 자본주의 색깔이 강한 개혁·개방에 대한 강한 회의에 젖어 있던 시기였다. 이에 덩샤오핑은 '자본주의에도 계획이 있고 사회주의에도 시장이 있다'는 것을 골자로한 남순강화南巡讲话를 실시함으로써 보수적인 베이징 정가를 비판하였다. 남순강화란 1989년 톈안먼天安门 사태 후 중국 지도부의 보수적분위기를 타파하기 위해 덩샤오핑이 88세의 노구를 이끌고 1992년 1월18일부터 2월22일까지 상하이上海, 선전深圳, 주하이珠海 등 남방경제특구를 순시하면서 더욱더 개혁과 개방을 확대할 것을 독려한담화谈话이다. 이 담화는 1989~1991년 기간 중 정부가 실시한 긴축정책으로 경제가 경색되자 다시 한번 경제개혁과 개방으로 경제 활성화를 이루고자 하는 내용으로 보수적인 베이징에서 지지받지 못했으나 지방으로부터의 호응에 따라 동년 10월 개최된 제14차 공산당대표대회 보고서에 거의 전문이 수록되었고, 사회주의 시장 경제론을 천명하게 되는 기초가 되었다. 남순강화 이후 중국의 GDP 성장률은 1992년 14.2%, 1993년 14%, 1994년 13.1%로 급격히 회복된 것만 봐도 적절한 시기에 적절한 리더십의 효과를 피부로 느낄 수 있을 것이다.

(9) 덩샤오핑 이후 장쩌민·후진타오 시대

덩샤오핑이 1978년부터 개혁·개방을 주도하다 1989년 톈안먼 사태를 만나 보수파가 득세하면서 개혁·개방이 주춤거리자 1992년 덩샤오핑은 다시 노구를 이끌고 남순강화를 시행한 결과 개혁·개방의 고삐를 다시 틀어쥔 것은 전술한 바와 같다. 덩샤오핑의 뒤를 이은 장쩌민은 3개 대표 중요사상을 발표함으로써 민영자본가도 사회주의 체제 시장경제의 주체임을 공식적으로 인정하였다. 후진타오 역시 '조화사회론'을 주창함으로써 개혁·개방이 자초한 빈부격차, 도농격차, 지역 격차의 민생문제를 해결하고자 사상적 기반으로서 유학을 적극적으로 활용하고, 유학을 중화 정신의 기반으로 하는 운동을 전개하기에 이른다. 후진타오 정부에서 유학열이 불고 해외로는 '공자학원'을 대대적으로 확장하게 된 것도 이와 무관하지 않을 것이다. 중국 공산당이 제도화된 집단 지도체제라는 소수 엘리트의 강한 리더십으로 대국굴기에 성공함으로써 중국은 세계사에 전면 재등장하는 쾌거를 이룬다. 더구나 개혁·개방 32년째 되는 2010년에는 중국 명목 GDP가 일본을 추월하는 기념비적 역사를 창출함으로써 '중국모델'이라는 새로운 국가발전론의 화두를 국제사회에 던지기에 이른다. 워싱턴 컨센서스에 의한 신자유주의에 익숙한 서방 세계에 베이징 컨센서스라는 신조어와 함께 중국모델이라는 핫 이슈를 던진 것이다. 물론 중국이라는 나라의 소프트파워가 향후 세계 질서의 제정자로서 또는 잠재적 패권자로서의 자질을 갖추고 있는지에 대해 학자들 간에 논쟁의 불을 댕긴 것은 중국의 위상에 큰 변화가 있었음을 부인할 수는 없다. 이러한 중국의 변화를 이끈 것은 한마디로 중국 개혁·개방 40년의 결과치라고 할 수 있다.

5. 중화주의와 유가사상

소프트파워 강화를 국가 전략으로 채택한 중국 공산당은 왜 공자와 유가사상을 선택했는지 그 이유를 찾아내어 분석하는 것이 곧 중국의 대외 전략의 근간을 읽어 볼 수 있는 지름길이다. 왜냐하면 중국 지식인들은 중국 근대사의 치욕인 아편전쟁과 서구 열강 제국들의 중국 침략과 지배 원인을 중국의 '전통 사상'과 '봉건 제도'에서 찾았으며 이를 대표하는 것이 곧 '공자'와 '유가사상'으로 진단하고 1915년 신문화 운동과 5·4운동을 전개한 바 있다. 당시 '공자'상을 파괴하고 철저하게 유가사상을 부인하였다. 오로지 '민주'와 '과학'만이 당시 지식인들이 추구하는 가치였다. 그들은 곧 '서구중심주의'에 매몰되어 서구의 근대성을 추구한 것이다. 강정인은 그의 논문에서[7] '서구중심주의'는, 서구인의 입장에서건 비서구인의 입장에서건, 근대 들어 전 세계의 패권 문명으로 등장한 서구 문명이 신봉하는 세계관, 가치 및 제도를 보편적이고 우월한 것으로 받아들이는 태도를 지칭한다고 했다.

마오쩌둥은 1966년 문화대혁명 시기에도 비림비공批林批孔 등으로 다시 한번 유교 폄하 및 공자 말살 운동을 했으며, 마오 사망 후 1980년대에도 민주화 운동과 담론 전개로 재차 중국의 전통과 서구의 이념, 가치 등을 이분법적으로 구분하여 전통을 배격한 바 있었다. 근대라는 시대성을 위해 전통성을 스스로 부정했던 중국의 지식인과 공산당이 전통의 역사성과 근대의 시대성을 연속선 상에 올려놓고 독자적인 보편적 가치관과 이념을 추구하는 모습이 이율배반적으로 느껴지나, 그 변화 과정을 추적해보는 것은 무척 흥미롭고 현대 중국을 이해하는 데 큰 도움이 될 것으로 보인다. 변화 과정을 이해하기 위해서는 먼저 중국의 전통적인 핵심 이념인 중화사상中华思想을 이

7 강정인·안외순, 2000, 「서구중심주의와 중화주의의 비교 연구」 『國際政治論叢』, 제40집 3호, 101-122.

해해야 한다. 중화사상은 화이사상華夷思想이라고도 하며 중국과 한족을 세계 중심에 놓고華 주변부의 이민족은 오랑캐夷라고 하는 중국의 전통 사상으로 천명天命을 받은 황제가 지방과 주변부를 통치하는 것이 당시의 보편적 세계관이다. 이러한 중화주의는 다음과 같은 특징을 가지고 있다.

(1) 문화의 확장성

중화는 곧 중국문화를 뜻하며 유교의 가치체계는 중화문화의 핵심 자체라고 할 수 있다. 그 어떤 왕조도 중화문화의 계승자임을 자처해야 정통성을 확보할 수 있다. 이런 문화를 예교문화라고 하며 이를 바탕으로 이루어진 질서를 예교질서라고 한다. 이 예교질서와 예교문화의 나라가 곧 중화이며 중국을 의미한다.

중화주의의 핵심 사상인 유가사상을 살펴보면 다음과 같다. 유가사상은 한 무제 때 동중서의 건의에 의해 국가 통치 이념으로 채택된 이래 근 2,000년 동안 중국을 지배한 전통 사상이다. 유교는 고도로 추상화된 개념으로 형성되어 있으며 핵심은 5상五常으로 인·의·예·지·신仁义礼智信을 말한다. 이를 구체적으로 나열하면 다음과 같다.

인仁 사랑·인간애

의义 공정·정의

예礼 관계의 적절성·타당성

지智 판단의 지혜·분별

신信 오랜 기간의 검증을 거친 성의·신의

5상五常이 결합했을 때 유교적 가치를 발한다. 이것이 곧 보편가치이며 이에 근거한 것이 보편적 질서이며, 중화 질서라고 한다. 3강5

상三纲五常, 또는 3강5륜은 군신 간, 부자간, 부부간, 친구 간, 장유 간 인간관계와 도리를 나타내며 가장 근본적인 질서를 5상五常으로 규범화함으로써 국가·사회질서의 원칙을 제시한다. 미국의 핵심 가치가 자유주의, 민주주의, 자본주의인 것과 같다. '차등적 질서'差序的格局를 강조하는 중국 사회학의 거두 페이샤오통费孝通의 이론 역시 참고할 만하다. 그는 중국 사회를 전통사회와 현대사회로 구분하면서 '차등적 질서'差序格局라는 개념과 '단체적 질서'团体格局라는 개념을 사용하였다. 그의 이론은 유학에서 가져온 것임을 알 수 있다. 즉 대인관계를 멀고 가까움에 따라 구분하는 것이 곧 차등적 질서이며 이와는 달리 서구에서 유래한 조직이나 단체에 뿌리를 두면서 형성되는 대인관계를 상호 평등하다고 전제하고 있음이 유교 문화의 차등적 질서와는 다르다.

(2) 민족의 확장성

여기에서 바로 한족의 확장성을 갖는다. 중화의 문화적 전개는 무한한 확장성을 가지고 있다. 현실적인 필요에 따라 개방적으로 해석할 수도, 폐쇄적으로 해석할 수도 있다. 한대, 당대, 청대와 같이 황제의 권력이 크면 개방적이었으며 청나라 영토의 40%에 불과했던 송대, 명대는 폐쇄적이었다.

한족은 처음부터 지금처럼 많지 않았다. 한족은 중국 문명의 주인공으로 황하 유역에서 하·은·주를 만들었던 사람들로 이들을 화하족华夏族이라고 하는데 한족은 이들을 모태로 한 것이다. 동쪽의 동이족은 황하를 따라 내려가면서 화하족에 융화되어 한족이 된다. 이들은 중국 지역개발과 궤를 같이하며 황하 하류로 간다. 황하 유역은

진한 때 한족 구성을 완성하며 다시 양자강 쪽으로 가는데 이 시기가 남북조 시대로 이때 강소성, 절강성항주, 소주 등 강남 개발이 본격적으로 이루어진다. 11세기 송나라 시기가 되면 강남 개발이 완성된다. 다시 양자강 상류로 개발이 된다. 이후에도 지속하여 지역개발이 되는데, 한족의 확산은 이 지역개발과 거의 일치한다. 해당 지역의 이민족은 대개 한족에 동화된다. 저항하면서 동남아로 가기도 하며 또는 소수민족으로 전락해서 산간 오지로 들어갔다. 한족의 동화력은 중국 영토에 살고 있지 않았던 사람들에게도 강력한 영향력을 발휘했다. 중국역사의 반은 이민족이 지배했음에도 중원을 지배했던 이민족들이 한족에 동화된 것은 바로 이러한 한족 문화의 흡인력 때문이었다.

(3) 영역의 확장성

중국은 지방에 행성行省을 설치했는데 진시황 이래 중앙집권체제였으며 중앙에서 파견된 관료에 의해서 행성을 지배하였다. 천명을 받은 황제가 행성에 명령하고, 관료는 국민에게 명령하는 시스템이다. 최종적으로는 하늘의 명을 받는다는 논리로 비중국의 중국과 번외의 조공국으로 구성되어 있으며 실제 중화제국은 행성이 있는 비중국의 중국까지를 의미한다.

두산백과에 의하면 중화사상은 중국에서 나타난 자문화 중심주의적 사상으로서, 중화中华 이외에는 이적夷狄이라 하여 천시하고 배척하는 관념이 있기에 앞서 언급한 바와 같이 화이사상华夷思想이라고도 한다. 중中은 '중앙'이라는 뜻이며, 화华는 '문화'라는 뜻으로, 중화中华는 자신들이 온 천하의 중심이면서 가장 발달한 문화를 가지고 있다는 선민選民 의식을 나타낸다. 그리고 자신들 이외의 타자들을 남만南蠻·북적北狄·동이東夷·서융西戎으로 구분하여, 중국의 천자天子가 모든 이민족을 교화敎化하여 세상의 질서를 유지한다는 '천하국가관'을 낳았다. 중화사상은 통일적인 민족 문화가 형성되기 시작한 춘추전국시대春秋战国时代에 형성되기 시작하여 유가儒家 사상이 국가의 통치 철학으로 자리를 잡은 한汉 시대에 이르러 체계화되었다. 왕자王者의 덕으로 백성을 교화하는 것을 이상으로 하는 유가儒家의 왕도정치王道政治 이론에서는 왕자王者가 살고 있는 중국의 땅은 물론, 그 변경이나 새외塞外의 지역도 '왕화王化'의 은혜를 입어야 한다고 주장한다. 물론 '왕화'의 영향은 멀어질수록 희미해지지만, 중화의 문화가 미치지 않는 땅이라 하더라도 '왕화'의 은혜를 입을 수 있다는 가능성을 지니고 있다는 점에서 지구상의 모든 지역이 중화문화의 세계라고 한다.

이상익은 '중화주의'를 두 가지로 나누어 볼 것을 제안했다. 중국은 천하의 중심국가로서 주변 나라들을 정치적으로 복속시켜야 한다는 논리는 '패도적 중화주의'로, 중국이 천하의 중심국가로서 주변 나라들에 대해 모범을 보이고 우호와 선린을 다져야 한다는 논리는 '왕도적 중화주의'로 볼 수 있다는 것이다. 이상익은 "왕도적 중화주의가 '각국의 고유문화'를 부정하는 것이 아니라는 점을 강조하면서 "왕도적 중화주의가 추구하는 것은 '보편적 도덕원리'를 각국이 공유하자는 것일 뿐"이라고 역설했다.

강정인·안외순은 '중화주의'는 동아시아에서 최초의 문명발생국이었던 '중국의 한족이 자국과 자민족의 문화를 최고의 지위와 절대적 기준에 올려놓은 문명관'이자, '스스로를 주변국들과 구분하는 세계관이며 국제 질서관'이라고 했다.

남종호가 언급했듯이 유가 정치 이데올로기의 기본 배경은 '사회 질서의 유지'라고 볼 수 있다. 이는 이후 중국 역대 왕조의 정권들이 유가정치 사상을 채택한 가장 중요한 정치적 근원이라 할 수 있다. 즉, 각 시대의 정치 이데올로기는 그 당시 사회질서 유지와 밀접한 관계가 있다고 볼 수 있다. 따라서 유가 정치사상을 선택한 배경에는 '사회통제와 질서유지'를 추구하고자 하는 목적이 있었다는 점을 파악할 수 있다.

또한, 매 개인의 사회적 욕구가 돌출되었을 시 그 욕구를 억제하도록 만드는 정신적 기초로 작용하고 있다는 것이다. 즉 중국 유가사상의 기본적 특징은 '사회계층 간의 충돌을 유화적으로 처리'하고자 한다는 것이다. 물론 통치계급과 피지배계급의 이원적 구조이지만, 유가 정치 이데올로기에서는 통상적으로 두 그룹이 상호 보완적이며 적대적이지 않다고 인식하고 있다는 점이다. 이러한 인식이 향후 중국 공산당 지도부가 중국의 사회구성원들 간의 충돌과 여러 사회적 문제를 해결할 가장 적당한 사상적 기초로 전통 유가사상을 선택하여 중국 현 사회에 더욱더 강하게 접목하려 하는 기본적 배경임을 알 수 있다.

이상의 설명에서 중국 공산당 지도부가 과거에 타도 대상으로 삼았던 공자와 유학을 왜 역사 무대 위로 전면 재등장시키고자 하는지 그 이유가 명확하게 드러난다. 전통 유가 정치사상을 주체로 하는 이데올로기는 사회통제 및 질서유지 개념과 국가통치 개념을 결합한 것으로 한漢왕조이래 중국 역대 통치자들은 유가 정치 이데올로기를 통치의 도구로 유효하게 이용해 왔다. 역사적으로 정권의 흥망성쇠는 그 자신의 이데올로기를 시기적절하게 전환하는 것과 직접적인 관계를 맺고 있다는 점을 인식하는 것에서 시작한다. 아편전쟁 이후 중화주의가 몰락의 길을 걷고 수차례 근대성과 전통 사이에서 사상적 혼란을 겪고, 주체성을 상실했던 중국이 개혁·개방 이후 G2 반열에 오를 정도의 경제 대국이 되었다. 이는 과거의 영광을 되살리고, 세계를 선도하는 강국이 되기 위해서 이념과 가치관 재정립이 시급하다고 판단했기 때문으로 풀이된다.

아울러 중국의 지도자는 과거 전통 시대의 황제들이 그래 왔던 것처럼 전 왕조 즉 청나라의 영토를 보전하고 역사를 정리하며 문화의 전통을 확립해야 정권의 정통성이 확보된다는 것을 잘 알고 있는 것으로 보인다. 마오쩌둥, 덩샤오핑, 장쩌민 등 과거 지도자들이 청사 공정에 깊은 관심을 가졌으나 천문학적인 재정이 허락지 않아 시작하지 못한 것을 봐도 알 수 있다. 2002년부터 시작된 청사 공정이 후진타오 정부를 지나 현재 시진핑 정부에까지 대를 이어 강한 의지로 추진되고 있는 것을 보면 그 이유를 알 수 있다. 중국역사를 되돌아보면 아편전쟁 이후 150년 정도의 서구중심의 보편가치와 이념, 보편질서에 편입되었으며 자신들의 보편적 세계관과 질서를 의미했던 중화주의로 되돌아갈 준비를 하고 있다고 봐야 할 것이다. 물론 지금은 중국 전통왕조의 형식적인 조공질서 그대로를 견지할 수 없겠지만 어떤 형태든 서구중심의 가치관에 지배되지 않는, 독자적이고 독립적인 중국 문명을 재발견함으로써 새로운 질서를 만들어 내고자 하는 것이다. 따라서 그들이 그동안 부정해온 근대성이라는 시대성이 아닌 전통이라는 역사성을 선호하며 이를 통해 중화문명의 계승자로서의 중국의 정통성을 재확보하고자 하는 것으로 보인다.

이를 위해 중국 사상계에서는 왕후이를 비롯한 신좌파들이 자유주
의자들로부터 변절자, 국가주의자, 국가의 싱크탱크 라는 비판을 받
으면서도 중국 공산당 정책 방향에 적극적으로 동조하며 이론적 근
거를 만들어내고 있는 것을 볼 수 있다. 그뿐만 아니라, 협력주의
국가론을 주장한 캉샤오광은 유학을 중흥시키고 중국을 유교국가로
만들자고 주장하고 있으며, 새로운 세계질서를 만들려는 '신조공질
서론, 신천하질서론, 천하체계론' 등이 좌·우파를 막론하고 주류 담
론으로 급부상하고 있기도 하다.

6. 중국은 문명형 국가다

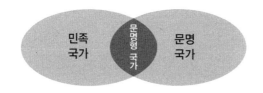

중국은 일반적인 민족국가가 아니라 문명형 국가임을 자처한다.
장웨이웨이張維為는 자신의 저서 『중국은 문명형 국가다』에서 문명형
국가의 개념을 민족국가와 문명국가가 융합된 국가라고 주장한다.
아울러 중화문명의 거대한 통합능력의 구현을 주장하고 있다. '중국
이 세계를 지배하면'을 쓴 영국의 마틴 자크도 '세계에는 많은 문명,
예컨대 서구 문명이 있지만 중국은 유일한 문명국가다. 중국인은 국
가를 문명의 보호자나 관리자의 화신으로 보는데, 그 책임은 통일을
유지하는 데 있다. 중국 국가의 합법성은 중국의 역사에 내재해 있
다. 이는 서구인의 눈으로 본 국가와는 완전히 다른 것이다.'라고 했

다. 이를 통해 전통 중국 왕조와 중국인들에게 핵심 가치 중 하나인 '대일통 사상'을 중국 문명을 보호하고 관리하며 지속 발전시키는 근본적 토대로 인식하고 있음을 알 수 있다. 이런 관점에서 보더라도 중국 공산당은 여느 전통왕조와 다를 바 없음을 알게 된다.

  장웨이웨이는 문명형 국가의 특징을 다음과 같이 들고 있다. 즉 4초四超, 네 가지 초월성와 4특四特, 네 가지 독특성으로 '4초'란 초대형 인구 규모, 매우 광활한 국토, 매우 긴 역사 전통, 매우 풍부한 문화 자산을 말한다. '4특'이란 대개 '4초'에서 파생해 나온 것으로, 독특한 언어, 독특한 사회, 독특한 경제, 독특한 정치를 가리킨다. 이러한 특징 하나하나에는 전통적인 '문명'과 '근대국가'의 융합이 포함되어 있으며 '문명형 국가'의 부상 역시 이 때문에 유달리 묵직하고 다채롭다고 주장한다.

  물론 이들이 중국의 개혁·개방 이후의 비약적인 경제발전에 고무되어 '중국모델론'을 적극적으로 주장하고 있으며 관점에 따라서는 지나치게 아전인수 격이라는 비판을 받을 수도 있으나 긍정적인 측면이 있는 것도 부인할 수 없다. 특히 공자의 조국인 노魯나라의 역사서인 <春秋>에 大一统者天地之常经古今之通谊也 천하통일은 세상의 영원한 원칙이며 예로부터 내려온 도와 정의다라고 언급되어 있듯이 중국인들이 특히 대일통을, 중국 정부가 주장하는 핵심 가치 중 가장 중요한 우선순위로 부여한 것은 우리가 눈여겨봐야 할 점이다. 중국의 역사 가운데 한족과 주변 이민족의 끊임 없는 침략과 정복 전쟁은 바로 대일통을 향한 것이었다. 수많은 역성 왕조가 들어서고 아울러 한족이 아닌 이민족들, 즉 선비족, 몽골족, 만주족 등 북방 및 유목민족이 중원을 차지하면서 오랜 기간 통일 왕조로서 중국을 통치해온 것과 한족이 주류인 중국에서 이민족의 역사를 중국의 정사로 편입한 것 등이 그렇다. 이러한 대일통 사상에 근거하여, 청나라의 드넓은 영토를 중국의 영토로 확정한 중국인들의 지혜를 되새겨야 할 것이다. 특히 조선 중기의 병자호란 당시 이미 멸망 위기에 놓인 명나라를 중화사상의 정통 왕조로 인식하고 당시 대륙의 실세 왕조였던 청나라를 오랑캐로 여긴 당시의 조선 사대부들의 사고가 삼전도의 치욕을 겪도록 만들었음을 깨달아야 한다. 당시 조선은 '소중화주의'에 젖어 명나라를 정통 왕조로 섬겨야 한다는 실리보다는 명분 위주의 사고를 했다.

현대 중국에 있어 '문화대혁명'은 우리뿐만 아니라 세계인들에게 매우 익숙한 사건이다. 마오쩌둥이 '대약진운동' 이후 3천만 명 이상의 아사자를 낸 정책 실패로 실각하며, 2선으로 물러났다. 덩샤오핑, 류샤오치 등 개혁파들이 집권하면서 경제정책 등이 효과를 내고 정국이 안정되자, 이를 자신의 몰락으로 느낀 마오쩌둥이 자신의 권력과 권위를 회복하고자 반자본주의, 반개혁을 위한 정신무장 등 문화를 바꿔야 한다고 주장했다. 마오는 이를 위해 '홍위병'을 동원, 민중을 선동하고 정국을 혼란으로 몰아넣으며 정적들을 제거했다. 마오쩌둥은 문화대혁명에 앞서 추진했던 대약진운동 역시 생산성을 높이기 위해 정신을 개조해야 한다는 논리로 무리하게 추진했다가 참담한 실패를 했었다. 당시 마오는 패권 국가인 영국과 미국을 7~15년 만에 추월하겠다는 '중공업 우선 정책'을 실시했다. 당시의 중국 상황에 지나치게 무리한 '추월전략'을 구사한 것이다. 이러한 일련의 비합리적이며 비현실적인 정책 결정은 자유민주주의 국가에서는 발생 불가한 일들로 중국이 사회주의 체제하의 1인 독재국가였기 때문에 일어날 수 있었다.

여기서 우리는 중국에 대한 이해 중, 왜 전통시대의 황제나 공산당 지도자들 모두 변혁기에는 반드시 '문화'를 강조하는 전통적 사고를 지니고 있는지를 알아야 한다. 중국은 과거에도 왕조가 바뀌면 반드시 전 왕조에 대한 역사를 편찬해 왔다. 명나라도 그랬고 청나라도 그랬으며 지금의 중국 공산당도 청나라 역사를 재건하고 재평가하는 사업에 몰두하는지 이해해야 한다. 중국인들은 이를 문화사업의 핵심으로 인식하고 있으며 이를 통해서 자신들이 통일왕조 또는 권력의 정통성을 세우고자 하는 것이다. 마오쩌둥 역시 사실상 신중국의 건국 황제나 다름없는 위치에 있었으며 같은 중화주의, 중화문명을 이어받았다고 할 수 있어 중국인들에게 그의 결정이나 정책을 비판 없이 자연스럽게 받아들일 수 있었지 않았나 생각한다. 따라서 마오쩌둥의 문화대혁명을 민중들이 왜 지지했는지를 이해할 수 있을 것이다.

개혁·개방의 결과 빈부격차, 도농 간 격차, 지역 간 격차 등이 점차 커지자 일부 중국인들 사이에서 마오쩌둥 시기의 삶이 오히려 더 좋았다는 자조 섞인 말을 하는 사람이 최근 많아지고 있음 또한 이와 무관치 않을 것이다. 중국 공산당이 문혁 기간 중 지식인들이 당했던 박해와 고난을 강요된 집단 기억으로 유도하는 것도 마오쩌둥 사후 덩샤오핑 등 공산당 지도부의 개혁·개방 정책의 당위성을 인정받기 위한 정책이라고 할 수 있다.

중국정치 이해

개요

일반적으로 정치·경제를 논할 때 자유민주주의 체제에서는 경제가 정치를 지배한다고 하나, 중국과 같은 권위주의 형태의 공산주의 체제에서는 중국 공산당이 절대적인 리더십과 의사결정권을 행사하기 때문에 정치가 경제를 압도적으로 지배한다고 보는 것이 옳다. 중국이 개혁·개방하기 이전, 마오쩌둥의 신중국에서는 전체주의로서의 중국이었기 때문에 고대 왕조 못지않은 수준의 전제정치가 있었다고 할 수 있다. 따라서 공화국이었던 '중화민국'에서 공산주의 국가인 '중화인민공화국'체제로 전환되면서 '신민주주의'가 잠시 과도기 체제로 존재했었을 뿐이다.

급속한 사회주의 체제로의 전환을 위해 인민공사, 단위체제를 조기에 구축함으로써 정치적으로 '57체제'를 구축하고 이어서 '대약진운동'을 전개함으로써 3천만 명 이상이 아사하는 처참한 경제적 실패를 초래했다. 이에 따라 마오쩌둥은 덩샤오핑, 류샤오치 등 주자파의 도전을 받게 되었으며 주자파의 약진에 따라 자신의 입지가 흔들리자, 홍위병을 동원해 이들을 제거하는 문화대혁명을 획책하기에 이르렀다. 대약진운동의 핵심인 중공업 우선 발전의 '추월전략'은 모든 거시경제정책과 자원 배분을 왜곡시켰다. 중국이 자랑하는 경제학자 린이푸는 이것이 오히려 덩샤오핑의 개혁·개방이 성공할 수 있었던 '자본 축적'이라는 반대급부를 제공했다고 역설적으로 평가한다.

중국정치이해에서는 바로 이러한 중국정치의 핵심 당사자인 중국 공산당에 대해 집중적으로 탐구하고자 한다. 중국정치의 실질적 리더십인 중국 공산당 엘리트 정치와 권력 계승을 이해함으로써 중국정치의 진수를 이해하도록 한다. 중국정치의 가장 큰 특징인 당국체제에 대해 이해도를 제고함으로써 중국 공산당과 의사결정 체계를 이해할 수 있을 것이다. 아울러 중국정치의 시기별 변천과 정치개혁 담론을 고찰함으로써 현대 중국정치를 이해하는 데 도움이 되도록 하였다. 과거 '인치'人治에 의존했던 중국이 '법치'法治로 나아가는 현실에 대해서도 고찰함으로써 최근 중국의 변화를 이해할 수 있도록 하였다.

공산당을 중심으로 중국정치와 리더십을 이해하고 나면 현실 정치에서 어떤 일이 전개될지 궁금해지며, 이에 대한 올바른 판단이 정부와 기업에는 매우 중요하다. 결과에 따라 외교 및 사업 성공과 실패가 좌우될 것이기 때문이다. 제3부에서 별도로 중국의 정치 현안 이슈를 다룬 이유가 여기에 있다.

1. 중국정치는 곧 중국 공산당에 대한 이해가 전제되어야

(1) 중국정치는 중국 공산당이 전부라고 해도 과언이 아니다

중국의 정치·경제의 알파요 오메가는 곧 중국 공산당이라고 해도 전혀 과함이 없다. 자유민주주의 체제하에서의 모든 의사결정은 자유로운 개인의 의사결정에서 시작되며 이러한 개인의 의사결정이 수요와 공급으로 표현된 것이 곧 시장경제임은 두말할 나위가 없다. 그러나 공산주의를 지향하는 사회주의는 개인보다 전체를 우선시하는 이데올로기가 작동하는 정치체제이므로 비록 중국이 자신들만의 중국 특색 사회주의라는 정치체제 하에서의 시장경제를 운용한다고 해도 자유민주주의 체제하의 그것과는 분명 한계가 있을 수밖에 없다. 물론 사회주의 체제는 원래 계획경제를 중심으로 모든 생산수단을 국가가 소유하고 생산활동 역시 국가가 결정하는 체제이나, 중국이 개혁·개방이라는 형식을 빌려 정치체제는 자신들만의 사회주의를 유지하고, 경제체제는 자본주의 하의 시장경제라는 옷을 빌려 입은 독특한 체제를 가지고 있다.

물론 자본주의 국가에서도 공공의 이익을 위해서는 어느 정도의 계획경제라는 프레임을 운용하기도 하지만 근본적인 정치·경제 메커니즘이 변형되지는 않는다. 그래서 우스갯소리로 대한민국은 가장 사회주의적인 자본주의 국가이며 중국은 가장 자본주의적인 사회주의 국가라는 말까지 입에 오르내리지 않는가. 이는 분명 우스갯소리에 지나지 않는다. 왜냐면 양자 간에 심각한 모순과 충돌이 일어날 땐 자연스럽게 원래의 정치체제인 자유민주주의 체제와 사회주의 체제로 회귀하여 각자의 정치체제에 맞는 시장경제를 지향하고 운용할 수밖에 없을 것이기 때문이다. 시장경제가 결과적으로 정치체제의 근본 메커니즘까지 흔든다면 이는 개혁이 아니라 혁명이라고 할 수 있기 때문이다. 따라서 정치체제는 곧 시장을 이끌어 간다고 할 수 있다.

중국의 경우는 중국 공산당이 시장의 의사결정권자라고 해도 이의를 제기할 사람이 없을 것이다. 즉 중국의 시장경제는 사회주의 정치체제라는 프레임 하에서의 제한된 시장경제로 이해하는 것이 옳을 것이다. 많은 법제와 법치를 통해 시장을 투명하게 운영한다고 해도 최종적인 의사결정권자는 시장 자체가 아니라 중국 공산당이라는 집단 지도체제,[8] 그것도 최근에는 1인 중심의 정치체제로 급변하고 있기에 의사결정의 모호성과 불확실성은 점차 확대될 것으로 보지 않을 수 없다. 아무리 법치를 한다고 해도 삼권이 나뉘어 있지 않으며 입법·행정·사법부가 공산당의 통제하에 있음은 곧 법치 위에 공산당이 군림한다는 말과 같다.

사회주의 이데올로기와 중국 공산당의 위상과 역할 및 엘리트 권력 계승 메커니즘을 아래와 같이 살펴봄으로써 중국 공산당에 대한 보다 깊은 이해를 할 수 있을 것이다. 중국 공산당에 대한 역사적 고찰은 신중국 성립과 마오쩌둥 시기의 대약진운동과 문화대혁명이라는 극단적 사건과 덩샤오핑의 개혁·개방 전후 사건과 주요 성과를 앞서 '현대 중국'에서 이미 고찰한 바를 참고하시기 바란다.

(2) 이데올로기의 기능과 개혁·개방 이후 변화에 대하여

이데올로기는 어떤 행위를 지지하고 주장하는 관념체계이다. 즉 이데올로기란 인간 행위로부터 야기되고, 인간 행위를 야기하는 신념 체계라고 할 수 있다. 행위는 행동과 다르다. 행동이란 자극에 대한 단순한 반응이지만, 인간 행위는 행위자의 동기를 매개로 한다. 이를 정치적 관점에서 보면 한 정권의 진로를 결정하는 근본적인

---

8 집단 지도체제는 마오쩌둥 시기의 일인 지배체제, 덩샤오핑 시기의 원로 지배체제, 장쩌민 이후 시기를 집단 지도체제로 분류한다.

동기이며, 그 정권이 추구하는 목표와 그 목표에 도달하는 수단의 틀이다. 또한, 정치 사회적 활동을 위하여 계획된 정치적 목표와 미래의 사회상을 조직적으로 주입하고 사회적 통합과 분열이 일어날 경우, 구성원들에게 일정한 방향을 제시해주는 이념 체계이다.

사회주의 국가 체제에 있어서 집권당은 곧 국가권력의 원천이며, 집권당의 지도 이데올로기는 바로 국가의 지도 노선이자 정책 방향의 기본 준거다. 이데올로기는 정치체제에 대하여 안정을 가져다줄 뿐만 아니라 집권당의 의도적 변화를 가능하게 해주고, 그 체제에 대한 충성심은 물론 통치의 정당성을 가져다주는 기능을 하고 있다.

모든 국가에서도 그렇지만 사회주의 국가인 중국 역시 통치 이데올로기가 무척 중요하다. 내부적으로는 당의 통합과 단결을 유지하고, 밖으로는 국민에게 공산당 통치의 정당성을 주장하고 설득하는 중요한 수단이기 때문이다. 이런 면에서 중국 공산당은 지난 70여 년 동안 기존 통치 이데올로기를 유연하게 변형하고 새로운 내용을 끊임없이 발굴함으로써 당의 통합과 단결을 유지했고, 국민의 지지를 얻을 수 있었다. 구체적으로 사회주의 이데올로기의 변형, 민족주의의 고취, 유가사상의 통치 이념화를 들 수 있다.

마오쩌둥에서 시진핑에 이르기까지 중국에서는 새로운 정치 지도자마다 새로운 개념의 정치 이데올로기를 만들었으며 그것을 정치 사회적으로 활용하였다. 이를 통해 정치 권력을 시대에 맞게 강화할 수 있었으며, 공산당 일당 지배의 정당성을 실현했다. 중국정치 이데올로기는 정치 권력의 운용을 통하여 중국 사회질서를 유지하는 근간이라 할 수 있다.

신중국 성립 이후 현재까지 중국정치 무대에는 각 시대를 대표하는 지도자들인 마오쩌둥, 덩샤오핑, 장쩌민, 후진타오, 시진핑 정권에서 모두 당시의 상황을 반영한 노선, 정책이 있었으며 정치적, 사상적 이데올로기와 연관되어 있다. 이러한 정치 이데올로기는 서로 본질적으로 계승적 관계를 유지하면서도 다른 정책적 목표의 정치 이데올로기 유형을 형성해왔다. 다시 말해, 중국의 정치 이데올로기는 각각의 시기에 다른 모습으로 표출되었기 때문에 단순히 사회주의라는 한 가지 개념으로 모든 시기의 정치 이데올로기를 개괄할 수 없다.

시대적 변화와 지도자 및 국내외 정세의 변동에 따라 중국정치 이데올로기는 각기 다른 개념으로 출현했다. 즉, 공산주의, 마르크스·레닌주의, 중국 특색 사회주의, 사회주의 초급단계론, 3개 대표이론, 과학발전관 및 조화사회론, 중국몽 등을 예로 들 수 있다. 이런 이유로 당대 중국 정치사상과 사회·문화 현상을 깊이 이해할 수 있는 가장 중요한 배경은 중국정치 이데올로기의 변화라고 할 수 있다.

마르크스·레닌주의가 중국으로 유입된 후, 마오쩌둥과 덩샤오핑은 그 정치적 개념을 활용하여 이데올로기의 기능을 철저하게 발휘하도록 했으며, 마르크스·레닌주의는 중국 공산당의 권력 유지와 사회질서를 유지하는 유효한 수단이 되었다. 그러나 개혁·개방 이후에는 비약적인 경제발전에 따라 사회주의 이데올로기의 운용은 더이상 무산계급이 자산계급에 대항하는 계급투쟁의 무기가 아니라, 자본가까지 포함하는 전 국민을 포용하는 통치 이념으로 변형되었다.

개혁·개방을 통해 시장화와 사유화가 점진적으로 진행되자 사회의 다원화가 자연스럽게 진행되었으며 기존의 이데올로기를 가지고는 공산당 일당 지배의 정당성을 유지할 수 없었기 때문에 이데올로기의 변형이 대두할 수밖에 없었고 장쩌민 정부의 3개 대표론이 민영 자본가도 공산당에 입당할 수 있는, 이데올로기의 변화를 가져온 것이다. 급속한 경제성장은 빈부격차, 도농격차, 지역 격차, 환경 오염, 노동 문제 등을 일으켜 후진타오 정권하에서는 과학적 발전관과 조화사회론이라는 통치 이데올로기의 변형을 수반했다. 그러나 애초 후진타오 정부의 의도와는 달리 빈부격차, 도농격차, 지역 격차가 더 확대되자 시진핑 정부에 들어서는 이를 부패 척결과 중국몽이라는 비전을 제시함으로써 '중화민족의 중흥'의 기치를 내걸고 새로운 민족주의에 불을 지피고 있는 것이다.

중국은 과거의 마르크스·레닌주의 단일 이데올로기에서,

사회주의 이데올로기에 더해 중화민족주의, 전통문화와 유가사상, 집단주의, 애국주의 등 이데올로기가 복합적으로 가미된 변형된 사회주의 이념을 통치기반으로 삼고 있다. 시대의 흐름에 따라 중국 공산당이 이데올로기의 적절한 변화를 꾀하는 정치적 유연성은 오늘의 중국 공산당 통치 정당성과 집정의 안정성을 가져왔다. 개혁·개방에 의한 경제발전의 성공은 절대다수 인민의 지지를 얻는 데에 결정적 역할을 했음은 물론이며, 이 또한 정치적 이데올로기에 대한 유연성에서 비롯되었다. 그러나 경제적 성공이라는 '업적의 정당성'은 뉴노멀新常态을 맞이한 지금의 상황에서는 양날의 검이 되고 있다.

(3) 현대 중국정치에서 중국 공산당의 위상과 역할

현대 중국정치에서 중국 공산당의 위상과 역할을 올바르게 이해하기 위해서는 중국의 특성과 그 안에서 중국 공산당이 어떤 배경을 가지고 근대사에 전면 등장하게 되었는지를 역사적으로 이해해야 할 것이다. 중국은 왜 근대국가의 대세인 자유민주주의와 자본주의 체제 대신 '공산주의' 즉, 그들이 말하는 '중국 특색의 사회주의' 정치체제를 지속하고 있는지 알아야 한다. 중국 천하를 통일하고 봉건제도에서 중앙집권 체제를 확립한 진나라마저도 15년 천하로 종말을 맞이했는데 2021년이면 공산당 창당 100년이 될 정도로 사회주의 체제가 지속되고 있는지에 대한 이유를 먼저 이해해야 할 것이다.

중국은 우선 960만km²의 면적과 14억에 가까운 대국이자, 황하 문명이 태동한 5000년 역사를 지닌 문명국가다. 거대한 국가와 56개나 되는 다민족을 통치하기 위해서는 강력한 중앙집권적 국가여야 한다. 유가사상이 한나라의 통치 이념으로 자리 잡은 이후 중국 황제는 전제국가의 형태로 일사불란하게 대륙을 통치해 왔다. 중국은 1840년 아편전쟁 이후 100여 년의 치욕스러운 역사를 가지고 있으나, 공산당 집권 후 사회주의 정치체제와 자본주의 시장경제의 결합인 '중국 특색 사회주의'를 정치체제 기반으로 삼아 개혁·개방을 성공적으로 이뤄냄으로써 2010년 이후 일본을 제치고 급부상, 미국과 더불어 G2로서의 면모를 보이고 있다.

덩샤오핑의 개혁·개방 정책으로 '시장화'가 진행되는 가운데 중국은 다양한 목소리가 사회적 현상으로 분출되는 '다원주의' 사회로 진입하였다. 그런데도 '다원주의' 사회에서의 자연스러운 정치체제인 '민주주의'로 가질 않고 여전히 '공산당 일당 정치+시장경제' 체제라는 세계사에서 유례를 찾아볼 수 없는 상황이 전개되고 있다. 한국, 대만 등 동아시아 국가들이 권위주의 체제하에서 시장화를 진행함으로써, 경제성장의 열매를 누린 바가 있으나 이들 국가는 나중에 민주화로의 길을 걷게 된다. '자본주의+민주주의' 체제와 '계획경제+사회주의' 체제가 정상적인 모델이었다면 중국의 최근 모습은 서구학자들에게 이해되지 않는 비정상적 특수 모델인 '중국모델'[9] 인 것이다.

'중국모델'이 학자들 간에 활발하게 논의가 될 정도로 중국의 경제발전이 지속되는 이유를 생각해 보면, 그 답은 중국 공산당과 공산당의 리더십에 있음을 알 수 있다. 1976년, 문화대혁명이라는 큰 상처를 남긴 마오쩌둥이 사망하자, 화궈펑 임시 체제를 거쳐 덩샤오핑이 1978년 개혁·개방의 기치를 내걸고 중국을 대내적으로는 개혁, 대외적으로는 대대적 개방을 정치 노선으로 결정하며 당장党章까지도 바꾼다. 즉 당의 노선을 '계급투쟁'에서 '경제발전'으로 전면 수정한 것이다. 덩샤오핑이라는 위대한 정치가의 리더십이 현대 중국 공산당의 유연한 변혁을 허용하였고 근본을 바꾸는 계기가 되었다. 그의 黑猫白猫论 이나 先富论 등의 实事求是 정신이 이를 대표한다고 할 수 있을 것이다. 또한, 그가 취한 경제발전 전략은 구소련이나 동구권과 달리 '점진주의적 발전방식'을 택해 점·선·면 전략을 취함으로써 조급주의 대신 '摸着石头过河'식의 안정적 발전 전략을 택함으로써 체제 안정을 이룰 수 있었다고 할 수 있을 것이다.

또한, 중국 공산당 일당체제의 안정을 가져오는 데에 엘리트 정치가 큰 역할을 했다고 할 수 있다. 마오쩌둥이나 덩샤오핑까지는 1인

---

9 '베이징 컨센서스'는 2004년에 칭화대 조슈아 쿠퍼 라모Joshua Cooper Ramo에 의해 창안된 개념으로, 경제발전을 국가의 최고목표로 설정하고 그것을 달성하는 중국 특유의 경제발전 방식을 설명하려는 데서 나온 것으로 정부 불간섭의 자유시장경제를 강조하는 '워싱턴 컨센서스'에 대응되는 개념으로 '중국모델론'이라고도 한다.

천하식 1인 독주 체제였으나, 덩샤오핑이 지목한 장쩌민과 후진타오를 거쳐 '시진핑'시대에 이르러서는 완벽한 '집단 지도체제'로 공산당 엘리트 정치체제가 구축됨으로써 사회의 다양성을 유연하게 수용할 수 있게 되었다. 그러나 시진핑 체제로 들어오면서 다시 1인 권력 체제가 강화되면서 점차 경직화되고 있음은 우려스럽다. 1989년 천안문 사건 이후 당내 민주화 논의가 멈춘 것은 사실이다. 그렇지만 중국의 민주화가 전혀 이루어지지 않은 것은 아니다. 일반적으로 선거의 민주화와 제도의 민주화 중에서 중국은 일부 기층 조직만이 선거에 참여하는 형태지만, 법치 제도 확립을 통해 인치가 아닌 '제도의 민주화'를 위해 나름대로 노력해 왔다. 직접 선거를 통한 민주화보다는 안정을 위해 제도를 먼저 민주화하는 방식으로 정치발전을 모색해 온 것이다. 이는 다른 동아시아 권위주의 정부에서도 채택되었던 방식이었다. 이러한 제도의 민주화가 정착되면서 국가·사회가 안정적 기반을 닦을 수 있게 된 것이다.

중국은 집단주의 이외의 다른 가치체계를 국가의 공식 이데올로기로 삼은 적이 없다. 하지만, 현대 중국 사회의 시대적 요구인 다원화 사회로의 진화 및 발전은 피할 수 없는 대세다. 따라서 다원주의와 집단주의 간의 충돌은 불가피한데, 중국 공산당이 이를 어떻게 극복하며 무리 없는 가치체계와 비전을 제시할 것인가가 과제이다. 시진핑 정부가 내건 '중국몽'이라는 일종의 민족주의 고취가 한시적으로 대안이 될 수도 있겠으나 장기적인 안목에서 보면 다양한 사회의 목소리를 만족시키기엔 한계가 있다.

또한, 일당 독주체제의 당내 민주화 및 다원화 사회 수용에 있어 모든 개혁의 주체가 '공산당' 자체인 것이 크나큰 모순이다. 이를 대체할 민주 세력이 아직 성숙한 것도 아니며 다원화 중 하나라고 할수 있는 빈부격차가 날로 커지고, 공산당 자체 부정부패가 심각한상황에서 지도부가 이를 슬기롭게 극복할 수 있을지가 큰 관심사이다. 자신이 자신을 스스로 개혁한다는 것은 가장 어려운 일 중의 하나가 될 것이기 때문이다.

(4) 중국 공산당 엘리트 정치와 권력계승

중국 공산당은 1949년 신중국 건국 이후 당국^{黨國}체제의 중심으로국가를 이끌어 가는 중심 역할을 했다. 따라서 공산당의 핵심 리더십들이 당의 지도적 위치에 있어 그들의 결정에 따라 국가의 정책이좌지우지되었다. 중국 공산당의 핵심 지도자를 중심으로 정치적 이데올로기 노선을 함께했던 그룹을 중국 공산당의 '정치 엘리트'로국한하면, 그들은 공식적으로 중앙 정치국원 25명 내외를 의미하며그들 중에 정치국 상무위원 7인이 핵심 역할을 해왔다. 범위를 좀더 확대하면 공산당 중앙위원회 위원과 후보위원으로 300명 내외가된다.

중국의 엘리트 정치와 권력 승계를 논하기 위해서는 신중국 성립이후 시진핑 시기까지의 역사적 경로를 살펴보고 그 변화를 분석하는 것이 필요하다. 그리고 이는 중국 공산당 엘리트 정치의 권력 승계 방식을 이해할 수 있는 지름길이 될 것이다.

키워드로 '엘리트 정치의 집단 지도체제 형성'과 '이의 제도화 과정 및 당내 민주화'는 상호 밀접한 관계를 맺고 있으므로, 같이 설명하는 것이 중국 공산당의 권력 승계 변천사와 현재 시진핑의 정치적입지를 이해하는 데 도움이 될 것이다.

중국 역대 지도자 권력계승사

마오쩌둥 1949~76	덩샤오핑 1978~97	장쩌민 1989~04	후진타오 2002~12	시진핑 2012~22

- **마오쩌둥**
  - 1인 독재
  - 전체주의
  - 모든 직위 독점
  - 당내민주 불가
  - 이념노선
  - 대립
  - 대약진운동
  - 문화대혁명

- **덩샤오핑**
  - 1인 독재
  - 원로 중심
  - 사실상의 1인실권자
  - 당 군사위 주석
  - 당내민주 불가
  - 계급투쟁에서 경제 발전으로 대전환
  - 개·혁개방
  - 사회주의 초급단계

- **장쩌민**
  - 당총서기
  - 국가주석
  - 당군사위 주석은 덩사요핑
  - 덩사오핑이 마련한 집단지도 체제의 첫 후계자
  - 당내민주

- **후진타오**
  - 덩샤오핑 2차차세 후계자로기 지정
  - 집권초기에 장쩌민이 당 중앙군사위 주석으로 실권자

- **시진핑**
  - 1완벽한 집단 지도체제의 후계자
  - 후진타오가 당군사위 주석직까지 위양함
  - 핵심영도칭호 획득
  - 국가주석직 3연임불가 헌법조항삭제

마오쩌둥 시기1949~1976년에는 마오 1인 절대 권력 통치 시기로 마르크스·레닌주의 및 마오쩌둥 사상에 의한 전체주의가 지배한 사회였다고 할 수 있다. 따라서 이 시기에는 당내 민주나 정치 엘리트 집단이 형성될 수 없었다. 마오 시대의 파벌은 주로 이데올로기와 노선대립을 기반으로 형성되었으며, 승자독식의 원리에 따라 생사를 건 권력투쟁이 격렬하게 전개된 시기였다. 문혁 시기의 이념대립과 지도자 숙청은 이를 잘 보여준다.

덩샤오핑 시대에는 '개혁파'나 '보수파'와 같은 명칭이 보여주듯이 파벌이 주로 정책 차이로 형성되었고 파벌 투쟁은 전보다 덜 격렬했지만, 여전히 치열하게 전개되었다. 특히 이 시대는 '원로 정치'가 엘리트 정치의 핵심요소였고 이로 인해 당내 민주 역시 찾아볼 수 없었다. 중대 결정은 모두 원로들의 협의라는 비공식 정치를 통해 이루어졌으며, 공식 제도는 비공식 결정을 사후에 추인하여 합법성을 부여하는 역할만을 수행했다. 원로 정치는 구체적으로 25~35명 규모의 최고 통치 엘리트에 의해 행해졌으며 정치 엘리트는 두 집단으로 구성되는데 첫째가 원로 집단이고 둘째가 정치국 위원이다. 이 집단 중에 실권을 쥔 것은 물론 원로 집단으로 공산당의 공식 지도부는 중대 문제의 경우 원로 집단의 결정사항을 집행하는 하부 기관에 지나지 않았다. 따라서 덩샤오핑 시대의 엘리트 정치는 결코 제도화되지도 않았고, 안정적이지도 않았다.

장쩌민 시대에 들어와 엘리트 정치는 비록 과도기의 특징을 보였으나 점차 제도화되고 안정화되는 추세를 보였다. 즉 복수의 최고 통치 엘리트나 파벌이 권력을 공유 또는 분점하는 집단 지도체제가 형성된 것이다. 마오쩌둥이나 덩샤오핑 같은 카리스마적 지도자가 퇴진하면서 특정 개인이나 파벌이 정치 권력을 독점하는 현상이 사라진 것이다. 집단 지도체제 아래에서는 필연적으로 정치 엘리트 간에 협의와 타협을 통해 인선과 중대 정책을 결정하는 소위 엘리트 민주주의가 확대되었으며 자연스럽게 제도화를 통한 당내 민주화가 점차 심화되기 시작했다.

1997년 15차 당 대회의 '의법치국'依法治国과 2002년 16차 당 대회에서의 '의법집정'依法执政 방침의 결정은 당 조직과 운영의 제도화에 크게 기여했으며 이는 '국가 통치의 법제화' 정책이라고 할 수 있다. 이로써 마오쩌둥이나 덩샤오핑 시대의 '정책에 의한 통치'인 '인치'人治에서 '법과 제도에 의한 통치' 즉 '법치'法治로 근본적인 국가통치 체제에 변화가 온 것이다.

후진타오 시대에는 집단 지도체제의 제도화가 더욱 발전하여 장쩌민 당 중앙 군사위원회 주석과 후진타오 당 총서기가 권력을 분점하는 2년간의 과도기 체제를 청산하고 나서야 후진타오 독자 체제가 확립되었다. 시진핑은 2012년 18차 당 대표 대회에서 당 중앙 군사위원회 주석직과 당 총서기직을 동시에 위양받음으로써 완벽한 권력 승계의 수혜자가 되었다. 집단 지도체제 제도화를 완성한 최초의 중국 공산당 최고 지도자가 탄생한 것이다. 후진타오 시기에는 당내 민주화가 가속화되었으며 파벌 간 세력 균형, 제도화의 공고화로 엘리트 민주주의가 발전했다고 할 수 있다.

집단 지도체제는 엘리트 정치의 안정을 위해 고안해낸 권력 승계 방식으로 이는 '노선투쟁'에서 '자리 경쟁'으로 경쟁 방법이 바뀐 것이다. 통치 엘리트 파벌 간 협의와 타협을 통해 인선과 중대 정책을 결정해 나가는 체제로 당 정책이나 국가 정책을 세대 간 중첩해서 결정함으로써 정책의 일관성을 유지토록 한 것은 돋보이는 부분이다. 권력 승계와 당 정책 결정을 철저하게 분리하고 국가의 백년대계를 위해 한목소리를 냄으로써, 국론 통일을 기할 수 있는 안정된 정치체제라고 할 수 있다. 중앙 정치국 상무위원의 연령 제한을 七上八下로 즉 68세 이상은 선임할 수 없다는 규정을 불문율로 만든 것은 절대 권력자의 독주를 제한한 것으로 다음 세대에게 정치적 희망을 안겨 준 중대 결정이라고 할 수 있다.

시진핑 입장에서는 전임자 후진타오로부터 완벽한 권력을 승계한 것이므로 과거 어느 지도자보다도 막강한 권력을 임기 초반에 장악했다고 할 수 있다. 더구나 시진핑은 많은 영도 소조의 조장을 직접 맡아 국정 전반의 실질적 지도자로 군림하고 있으며 집단 지도체제의 투톱 중 한 명인 리커창 국무원 총리의 전문 영역인 경제까지도 진두지휘하는 모습을 보임으로써 리커창 조기 퇴진설의 원인이 되기도 한다. 그러나 중국 공산당이 2021년 공산당 창당 100주년 2049년 신중국 건국 100주년이라는 양대 정치적 빅 이벤트를 앞둔 상황에서, 중국 특색의 사회주의를 이데올로기로 내세운 중국 공산당 최고 지도자인 시진핑이 스스로 당내 민주화 및 엘리트 정치 제도화의 산물인 집단 지도체제를 무너뜨리는 위험을 감수하지는 않을 것이다. 그러나 중국 공산당의 완전한 의미의 당내 민주화는 '호랑이에게 호피를 내놓으라'는 자기 개혁을 요구하는 것으로 현실적으로 불가능할 것으로 예상된다.

그러나 2017년 중국 공산당 19기 당 대회에서 '시진핑 신시대'를 주창하고 2018년 3월 전국인대에서 헌법에 국가주석직 3연임 불가를 삭제함으로써 합법적인 1인 장기집권의 길을 연 것은 그동안 나름대로 제도화된 권력 승계 방식에 중대 변화를 야기시킨 것으로, 중국의 집단 지도체제가 와해될지 여부는 그의 실제 장기집권 여부가 결정되는 2022년 20기 당 대회에서 명확해질 것이다. 19차 당 대회 구체 결정사항을 보면 차기 후계자를 지명하지 않은 게임 규칙 변경, 집권 기간에 자신의 이름이 명시된 '시진핑 사상'을 당장^{黨章}에 삽입한 이례적인 결정, 시자쥔^{习家军}으로 표현되는 측근들의 대거 등용, 일대일로의 당장 삽입과 리코노믹스^{李克强经济}를 대신한 시코노믹스^{习近平经济}의 전면 부각, 5대 전구^{战区} 개편 이후 군 인사 장악 등이 이루어졌다. 이로써 시진핑 장기 집권체제가 법적으로는 완성되었다. 문제는 시진핑 본인이 이를 실행함으로써 마오쩌둥 시대와 같은 1인 체제로 진입할지의 여부만 남은 셈이다. 정치적으로 퇴보할 것인지, 아니면 기존의 중국의 엘리트 집단 지도체제가 확고하게 지속할 것인지의 여부는 시진핑의 결단 여부에 달린 셈이다. 아직도 집단 지도체제의 제도화를 들어 나름대로 중국정치의 당내 민주화를 주장하는 학자들은 조심스럽게 낙관적으로 중국정치 발전을 전망[10]하고 있기도 하다. 미·중 무역전쟁에서 시진핑이 철저하게 패배한다면, 그들의 낙관적 전망이 우세할 수도 있으나 반대로 미국과의 패권전쟁을 빌미로 의사결정의 효율성과 신속성을 들어 장기 1인 체제로 진입할 가능성도 크다.

(5) 중국은 어떻게 통치되는가? 민주화는 가능할까?

중국은 1978년, 덩샤오핑이 실권을 장악하면서 마오쩌둥의 30년에 가까운 국제 사회로부터의 고립과 자력갱생의 자급자족 체제를 벗어나 개혁·개방을 통한 획기적인 국가발전을 꾀하고자 했다. 마오쩌둥 시기의 정치체제는 이미 공산주의 사회를 목표로 한 사회주의로 뿌리를 내렸다. 1840년대 아편전쟁 전까지만 해도 전 세계 GDP의 30%를 차지하던 중국은 1958~1960년의 대약진운동의 실패와 1966~1976년의 문화대혁명의 실패로 1978년 개혁·개방 당시 전 세계 GDP

---

10 조영남 교수는 그의 2019년 저서 '중국의 엘리트 정치'에서 현재의 집권형 집단지도 체제가 유지될 가능성이 가장 큰 것으로 전망한다. 그는 세가지 시나리오를 가정하고 있는데 첫째는 후진타오가 시진핑에게 했던 방식으로 모든 것을 6세대 지도자에게 위양하는 것이며 두번째는 장쩌민 방식의 답습으로 시진핑이 당중앙 군사위 주석직과 국가주석직을 계속 맡고 공산당 총서기와 국무원 총리는 6세대 지도자에게 부분 위양하는것이다. 세번째는 권력위양을 아예 하지 않고 계속해서 전권을 장악한채 1인 지배를 해나간다는 시나리오로 두번째 시나리오 가능성이 가장 높은 것으로 전망하고 있다.

비중이 1.8%로 전락했다.

덩샤오핑은 공산당의 당헌을 '계급투쟁'에서 '경제발전'으로 바꿀 정도로 오로지 경제발전을 위한 개혁·개방만을 생각했고, 개혁·개방을 위한 환경 만들기에 돌입했다. 경제발전이 제1의 목표가 되었으며 그 전제조건은 단연 '정치 안정'이었다.

1989년 천안문 사건을 회고해 보면 '정치 안정'을 위해 덩샤오핑과 원로들이 유혈 진압하기로 최종 의사 결정했음을 알 수 있으며, 그 결과 중국은 정치적 안정을 되찾았고 1992년 덩샤오핑의 남순강화를 기점으로 개혁·개방의 불길을 재점화할 수 있었다. 1989년 천안문 사건 전, 자오쯔양 공산당 총서기는 '당내 민주화'를 위한 '당정분리'를 추진하고 있었으며 사실상 이는 덩샤오핑의 뜻에 따른 것이었다. 어쨌거나 천안문 민주화 사건으로 공산당의 민주화 일정은 전면 취소되었으며, 정국은 긴장 일변도로 전환될 수밖에 없었다.

중국의 민주화 전망을 위해서는 중국의 현 사회주의 정치체제에 대한 고찰과 개혁·개방의 결과로 얻어진 '경제발전'이라는 중국 공산당의 업적 정당성과 연계하여 검토해야 한다. 중국이 민주화의 길을 걷는다는 것을 다른 말로 하면 '중국 공산당'의 몰락을 의미하기 때문에 중국 공산당 일당체제의 통치 안정성을 논증하는 것이 중국의 민주화 가능성에 대한 검토가 될 수 있을 것이다.

중국 공산당이 어떻게 국가·사회를 통제하는지 특징을 살펴보면, 중국이 어떻게 통치되는지 알 수 있다. 크게 정치적 측면과 경제적 측면으로 양분해서 분석할 수 있다.

중국의 통치 시스템의 안정성을 고찰할 때, 그 연원을 분석하기 위해서는 정치, 경제, 외교적인 측면을 살펴봐야 할 것이다. 이념에 따른 파벌정치로 얼룩졌던 마오쩌둥 시대의 참혹한 국민경제와 이를 극복하기 위한 덩샤오핑의 1978년 개혁·개방 선회와 1989년 천안문 사태 무력 진압으로 인한 정치·경제적 불안정의 극복, 1992년 남순 강화 이후 급속한 경제발전의 성공이 가져온 2010년 중국의 G2로의 부상, 이로 인한 체제 내적 빈부격차, 소수민족 갈등, 환경 문제 악화 등에도 불구하고 중국이 안정적 체제를 유지하고 있는 것을 정치, 경제, 외교적 관점에서 고찰한다.

- 정치적 측면의 안정성 확보

1) 당·국 체제

중국은 사회주의의 정치시스템인 당·국 체제를 유지하고 있어 공산당이 국가·사회를 지배 통제한다. 중국 공산당은 중화인민공화국이라는 국가를 탄생시킨 주역이었으므로 중국이라는 국가·사회를 통치할 수 있는 정당성을 확보하고 있다. 중국의 정치체제는 권위주의와 전체주의가 결합한 독특한 형식으로, 체제의 중심에는 중국 공산당이 있으며 당이 국가이고 국가가 곧 당이다. 이것은 공산당이 국가와 사회에 대한 절대적 우위성을 갖는 근거가 된다. 따라서 공산당과 국가 기관이 조직적·기능적으로 결합해 있고, 국가의 핵심 권력이 공산당으로 집중되는 특징을 보인다. 특히 공산당 조직의 기본 원칙인 '민주 집중제'는 공산당 통치강화에 큰 역할을 하고 있다. 민주 집중제는 개인은 전체에, 지방은 중앙에, 소수는 다수 의견에 철저하게 복종해야 한다는 공산당의 조직 관리 원칙이다. 국무원 산하의 중앙정부와 지방정부 및 국유기업에는 당 조직이 반드시 있으며 모든 조직의 당 서기가 행정조직을 실질적으로 진두지휘한다. 필자가 법인 장으로 근무했던 한·중 합자 법인에도 중국 지분이 15%에 불과했지만, 회사 내에 당 조직이 있었으며 당 지부장을 합자 법인의 중방 부총경리가 겸임했을 정도로 공산당의 조직 장악력과 관리가 철저하다.

더구나 국무원을 비롯한 행정부 모든 조직에는 반드시 당 조직이 있다. 국유기업에는 지금도 당 조직이 있으며 세관, 세무서 등 모든 국가 기관에는 행정조직 외 별도의 당 조직이 있어 행정조직을 관리 감독한다. 심지어 대학에도 당 조직이 있어 총장과 교수들을 모두 관리 감독할 정도다. 서열은 물론 당 서기직에 있는 사람이 행정조직의 장보다 위이며, 권력 측면에서 비교가 안 된다. 필자가 근무한 법인이 소재했던 천진의 경우도, 시장은 당 조직의 부서기이며 당 조직의 서기와는 권력 비교가 불가능하다. 천진 당 서기는 당 중앙 정치국원 25명 중 1명으로, 국가급 지도자로 예우를 받는 최고위급이었기 때문에 천진 시장이 천진 내에서는 권력 서열 2위라 해도 당 중앙 서열로 치면 비교가 되지 않았다. 천진 시장의 경우 300명 내외의 당 중앙위원 중 한 명이기 때문이다. 중국의 중앙은행인 인민은행장을 역임한 따이샹롱戴相龙 전 천진 시장을 보더라도, 천진시 당 서기와의 서열 차이가 얼마나 큰지 알 수 있다.

2) 국가·사회의 연합

시민사회의 주요 리더 그룹은 민영기업가, 지식인, 사회단체 등을 꼽을 수 있다. 중국 정부는 '엘리트 포용전략'을 통해 이들을 체제 내로 흡수하여 정치체제 유지 기반으로 활용했다.

공산당은 임금 인상 및 처우개선을 통해 지식인 및 전문가 집단의 경제적 지위를 향상시켰다. 포용정책이 체제를 안정시키는 데 성공적으로 기여한 것이다. 반체제 지식인이 있는 것은 사실이나, 이들 세력은 해외망명 등으로 급히 약화되었다. 특히 1998년 이후 국유기업 개혁 과정에서 당·정 간부는 민영기업가로 변신하였으며, 시장경제의 확산으로 민영기업가는 급속히 부를 축적했다. 따라서 그들이 3개 대표이론에 따라 공산당의 포용정책에 적극적으로 호응하는 것은 당연한 귀결이었다.

3) 통치능력의 규범화·제도화

국가체제 정비 시, 국가 통치능력 강화와 통치 행위의 규범화·제도화를 동시에 추진했기 때문에 공산당의 통치 시스템이 진화하면서 인치에서 법치로 변화하게 되었다. 의법치국을 표방하는 구체적인 국가 전략의 예로는 노동 합동법이나 물권법, 반독점법 제정 등이 좋은 예이다. 정치 엘리트의 육성 및 집단 지도체제의 제도화 역시 대표적인 예라고 할 수 있을 것이다. 물론 지금은 시진핑 3기 체제를 통한 장기집권이 실행된다면 집단 지도체제 자체에 큰 흠결을 남기는 것은 사실이나 한동안 집단 지도체제의 외형적 전통과 모습은 유지될 것으로 보는 전망도 적지 않다. 공산당의 장기집권 비결이 곧 국민과의 소통이기 때문에 여전히 국민 여론의 향방을 살필 것으로 전망된다.

4) 엘리트 정치

공산당의 엘리트 정치를 이해하는 것은 매우 중요하다. 소수의 통치 엘리트가 거의 독점적으로 주요 국가 정책을 결정하기 때문이다.

중국의 소수 엘리트 집단 지도체제는 장쩌민 후진타오 시대를 거쳐 시진핑 시기에 제도화가 되었다고 할 수 있다. 9,000만 명이 넘는 당원 중에서 오랜 세월에 걸쳐 인품과 능력이 검증된 인사로 집단 지도체제가 구성되기 때문에, 안정적인 리더십을 발휘할 수 있다는 것이다. 과거에는 엘리트 체제가 이념이나 파벌로 구성되었으나, 지도부 선발의 제도화로 지금은 그런 갈등 구조가 아닌, 주로 자리 분배 정도의 안정적 구조이며 10년간의 정책 지속성이 보장될 뿐만 아니라 정권 교체기에도 중요정책 결정시스템이 신·구 정권 간 교차 시스템으로 정책의 지속성을 더욱 보장해 준다.

5) 공산당의 통치 이데올로기에 대한 유연성

중국 특색 사회주의는 거의 중국 특색 자본주의라고 해도 과언이 아닐 정도로 이데올로기 변형에 유연성을 가진 정치체제였다. 당장党章을 계급투쟁에서 경제발전으로 수정하고 3개 대표이론이나 과학발전관 및 조화 사회론은 이러한 경향을 잘 보여준다. 당장에 표현된 사상 해방, 실사구시, 사회주의 초급단계론 등도 바로 공산당 이데올로기의 유연성과 적응능력을 보여주는 좋은 예다. 시진핑 시대에는 중국몽과 중화민족의 위대한 중흥을 내걸어 민족주의를 적절하게 잘 활용하고 있다. 최근에는 소프트파워 강화를 위한 국학열 및 유교사상의 통치 이념화를 볼 수 있다. 공산당 100년 집정기간 동안 공자를 3번 추방하는 전통과의 단절을 보여준 진보 성향에도 불구하고 다시 전통을 불러들이는 유연성을 보여주고 있는 것이다.

- 경제적 측면의 안정성 확보

1) 괄목할만한 경제발전의 업적

앞서 언급한 것처럼 중국은 개혁·개방 이후 중국 공산당 주도로 세계사에 유례가 없는 경제 기적을 이뤄냈다. 이는 중국 공산당의 통치 정당성의 기초와 지속성을 더욱 확대하는 데 결정적 기여를 했다. 중국 공산당의 지속은 당장에 '계급투쟁'을 삭제하고 '경제발전'을 최고의 가치로 삽입한 덩샤오핑의 혜안이었다고도 할 수 있다. 2010년에는 일본 GDP를 초과하는 기염을 토했으며 파죽지세로 성장해서 지금은 일본 GDP의 2배가 넘는다.

1978년 당시만 해도 전 세계 GDP의 1.8%에 지나지 않았으나, 2018년에는 그 비중이 15.9%에 이를 정도로 상전벽해식의 경제발전을 일궈냈다. 2018년 1인당 GDP도 9,776달러에 달하여 중진국 수준이 되었다.

2) 대외개방이 가져온 무역 대국

2018년의 중국의 수출은 전 세계의 13%로 압도적 1위, 수입은 11%로 미국에 이어 세계 2위를 차지할 정도로 무역 대국으로 성장하였다. 2018년 말 외환 보유고가 3조를 약간 상회했으나 한때는 4조 달러를 넘기도 했다.

앞서 검토한 바와 같이 중국의 체제 안정은 사회주의 체제라는 정치체제를 확고부동하게 고수하면서 개혁·개방을 강력하게 추진한 중국식 발전모델이 경제적 성공과 중국 사회체제 안정이라는 결과를 가져왔다. 여기에는 중국 공산당의 당국체제라는 강력한 통치 기제가 중국과 같은 개발도상국에 적합했을 것으로 사료된다. 당국체제는 일관성 있는 정책을 전개해 나갈 수 있는 동력과 효율성 및 속도를 제공했으며 유능한 엘리트 정치가 당국체제를 공고히 했기 때문으로 여겨진다.

정치 안정은 흔들림 없는 대내적 개혁과 대외개방을 가능하게 함으로써, 30여 년 동안 10%에 가까운 세계사에 유례없는 경제발전을 가져올 수 있었으며 축적된 국부를 기반으로 아직은 미국의 1/10에 불과하지만, 군사 강국으로 거듭나면서 세계 외교 안보를 미국 일변도의 단극체제에서 벗어나 양극체제로 갈 수 있는 세력전이의 시대로 진입했다고 할 수 있다.

그러나 이미 중속 성장으로 진입하여 新常态를 선포한 시진핑 정부는 2013년 카자흐스탄에서 '일대일로'라는 대외정책 카드를 꺼냄으로써 산업구조조정을 통한 경제의 지속성장뿐만 아니라 신형대국관계와 아시아 신안보전략을 기반으로 하는 패권전략을 전개해 나감으로써 미국과 팽팽한 긴장 관계가 형성되고 있다. 이로 인해 중국위협론을 넘어 신냉전 양극체제를 우려하는 목소리가 나오고 있다. 미·중 무역전쟁을 패권전쟁으로 보는 국제문제 전문가들은 중국이 신형대국관계에 이어 '신형국제관계'를 선언한 배경에 대해서도 정치적 의미를 부여하고 있다.[11]

시진핑 정부는 개혁·개방 전후 70년의 중국 특색사회주의 체제를

---

11 신형대국관계는 미·중 양극체제와 신냉전체제를 연상시켜 부정적 이미지가 있는 반면 신형국제관계는 다른 나라들과의 다양한 다자 관계를 통해 자유무역과 국제간 협력이라는 보다 긍정적 의미가 있어 오바마 정부로부터 공감을 받지 못한 신형대국관계라는 용어 대신 신형국제관계라는 용어를 19차 당 대회에서 사용하기 시작함.

기반으로 통제 시스템을 안정적으로 유지하고 있다. 2개의 100년과 '중국몽'을 주창하며 '중화주의'의 깃발 아래서, 미·중 무역전쟁을 벌이는 가운데 민족주의적 색깔을 강화하고 있는 중국 정부는 미국과 대결 구도에서 권위주의 체제를 더욱 강화해 나갈 것으로 전망된다.

2. 중국정치의 시기별 변천과 정치개혁 담론

1) 중국 근대정치의 개요

중국정치의 "변혁"에 대한 담론과 그 적실성을 논하기 위해서는 먼저 변혁의 뜻인 "변화"와 "개혁"의 의미에 대해 생각해 봐야 한다. "변화"는 수동적인 개념으로 이해할 수 있으나 "개혁"은 주도적이고 능동적인 개념으로 가죽을 벗겨내는 고통이 수반되는 뜻인 "혁신"의 뜻이 있다. "개혁"이라는 말 자체가 '바꾸고 혁신'한다는 의미가 있으므로 정치개혁이란 혁명적인 변화를 누군가 주도하는 주체가 있다는 것을 뜻하기도 한다.

중국 헌법 서문에도 언급되어 있듯이 중국은 1840년대부터 반봉건·반식민 시대를 거쳐 1911년 쑨원의 주도로 '청나라' 전제 정권을 무너뜨리고 공화국인 중화민국을 수립함으로써 신해혁명을 성공적으로 마무리하였다. 장제스의 국민당과 마오쩌둥의 공산당은 오랜 투쟁을 거쳐 국민당은 타이완으로 쫓겨 가고 마오쩌둥 주도로 1949년 중화인민공화국이후 "중국"을 건국하였다. 마오쩌둥은 이상향으로 공산주의를 표방하면서 중국이 마르크스·레닌주의에 입각한 사회주의 국가임을 대내외에 천명하였다. 이로써 중국은 계급투쟁을 거쳐 무산계급독재체제인 사회주의 국가로 거듭난 것이다.

마오쩌둥 1인 체제의 혹독한 "대약진운동"과 "문화대혁명"의 폐해를 경험함으로써 중국은 사회경제적으로 상당한 후퇴를 했다. 마오쩌둥 사후 집단 지도체제의 리더십과 제한적이긴 하나 당내 민주화 등의 사고가 싹튼 것도 마오쩌둥이 물려준 유산 중 하나라고 할 수 있다. 리더십이 마오쩌둥에서 덩샤오핑으로 넘어오면서 경제적으로 개혁·개방 정책이 신속하고 효율적으로 이루어졌다. 그러나 정치적으로는 덩샤오핑이 안정과 효율을 중시하면서 여전히 권위적인 사회주의 정치체제를 기본으로 공산당이 주체가 되었다.

2) 개혁·개방과 정치

1978년 공산당 11기 3중전회에서 덩샤오핑은 당의 기본 노선을 "계급투쟁"에서 "경제건설"로 변경했다. 인식론에서 사상이 실제보다 낙후되었을 때 이를 "우"右라고 하며 사상이 객관적인 실제보다 초월적일 때 "좌"左라고 표현한다. 즉 "계급투쟁"이라는 이념투쟁이 지나치게 좌경화되어 더는 중국이 추구하는 사회주의 사회에 적합하지 않다고 판단하여 동 이념 노선을 포기하고 향후의 당과 국가의 모든 정책 중심을 "경제건설"로 옮겨 가기로 최종결정한 것이다. 동시에 "개혁·개방 정책"을 채택했다. 그러나 "4대 기본노선 견지" 즉 "사회주의 노선, 인민 민주 독재, 중국 공산당의 영도, 마르크스·레닌주의 마오쩌둥 사상"의 견지가 전제조건이었다. 이른바 "一个中心, 两个基本点" 라는 당의 개혁·개방노선을 기본노선으로 표방하면서 그 중심에 "경제건설"을 최우선으로 놓은 것이다. 마오쩌둥의 대약진운동이나 문화대혁명과 같은 이념 중심의 정책으로는 결코 1840년 이후 서방에 짓밟힌 국가의 자존감을 회복할 수 없으며, 오로지 경제발전만이 모든 것을 해결할 수 있는 초석이 될 것으로 판단했기 때문이다. 덩샤오핑은 개혁·개방을 통한 경제발전에 그의 정치 생명을 걸었던 것으로 보인다. 덩샤오핑은 마오쩌둥 대약진운동 실패후 문화대혁명으로 재차 실각하기 전까지 류샤오치와 함께 시장경제를 도입해 상당한 성공과 자신감을 이미 확보한 상태였다. 당시 자신의 권위 회복과 복권이 어려울 것으로 예견한 마오쩌둥이 덩샤오핑과 류샤오치를 주자파走資派로 몰면서 시작한 것이 바로 1966년 문화대혁명의 배경이었다.

덩샤오핑은 마오쩌둥과 차별화된 지도 노선을 선택한 것이며, 정치적으로는 중국 공산당 영도 하의 사회주의 노선을 명확히 함으로써 공산당 일당체제를 계승한 것이다. 공산당의 지지계층인 공농 무산계급 인민 민주 독재를 표방함으로써 민주화를 위한 그 어떤 정치의 실질적 개혁도 기대할 수 없는 오로지 경제에 국한된 개혁·개방정책을 선택한 것이다. 다만 경제발전을 위해서라면 필요하면 당내의 정치개혁은 추진할 수 있다는 생각을 하고 있었다. 1987년에 개최된 공산당 13기 전체회의에서는 사회주의 초급단계이론에 대한 개념을 명확히 했다. 1978년 11기 3중전회의 시 채택되었던 "一个中心, 两个基本点" 즉 경제건설을 위해서는 신중국 건설 이후 100년간은 생산력 발전을 위해 중국은 사회주의 초급단계를 지속할 수밖에 없음을 명확히 하면서 중국의 이상사회 목표인 "공산주의"실현에 대한 이론적 토대를 마련했다.

3) 중국정치 연구의 제한성

중국정치 변혁을 논할 때는 '경제건설'의 효율적 실행을 지원하는 의미에서 정치의 역할을 고찰해야 하나 현실적으로 민주화 세력은 이미 자의 반 타의 반으로 대부분 해외에 거주하고 있으므로, 그들에 관한 연구를 진행하는 것은 현실적 제약이 있다. 다만 과거의 민주화를 회고함으로써 오늘의 중국정치를 이해할 수 있을 뿐이다. 현실적으로 가능한 중국의 정치발전 및 변화는 중국 내 학자들에 의한 담론을 연구하는 것이 중국의 현실 정치를 이해하는 데 있어 중요하므로 중국 내 학자들의 담론을 소개하면서 그 적실성을 논하고자 한다.

4) 중국정치 발전의 시기별 고찰[12]

- 제1기 1911~1949년

1911년 쑨원이 주도한 신해혁명의 성공으로 봉건주의 전제정치를 청산하고 중화민국이라는 공화제가 들어서면서 중국의 근대 민주정치는 시작되었다. 1919년 5·4운동은 중국 민중을 깨우치는 학생운동으로 급진 마르크스·레닌주의를 신봉하는 좌파를 탄생케 하는 빌미가 되어 1921년 천두슈가 이끄는 중국 공산당이 창당되는 계기가 되었다. 공산당은 쑨원의 정통성을 이어받은 장제스의 국민당과 국공합작을 통해 항일운동을 전개했다. 이후, 자체적으로 부패의 길을 걸었던 국민당을 대륙에서 쫓아내 1949년 신중국인 중화인민공화국을 건국하게 된다.

중국 공산당은 애초 농촌의 농민과 도시의 기층 노동자를 지지기반으로 집권에 성공했으나 당시 중국경제의 상당한 비중을 차지하던 지주와 자본가들의 지지 없이는 1840년 이후 서구 열방에 의해 수탈

---

12 조영남, 2006, 『후진타오 시대의 중국정치』, 파주: 나남.

된 중국경제를 중흥할 수 없다는 판단하에 '신민주주의'를 주창하게 되었다. 즉 사회주의 국가를 건설하기 위해서는 10~15년 동안 기존의 자본주의와 사회주의 체제로 양립해서 경제를 운용할 수밖에 없다는 결정을 함으로써 지주 및 자본가 계층을 안심시켰다. 점진적 개혁을 통해 사회주의 체제로 가겠다는 청사진을 제시한 것이다.

- 제2기 1949~1976년

이에 대한 공산당 내에서의 격렬한 논쟁이 마오쩌둥과 류샤오치를 중심으로 진행되었으나, 결과적으로 마오쩌둥의 복심은 '신민주주의'에 대한 포기가 사회주의 조기 건설을 가져올 수 있다는 자신감을 얻게 되었고, 이는 결과적으로 사유제의 공유제로의 급진적 전환을 통해 실현되었다. 건국 3년만인 1952년, 사실상 '신민주주의'를 포기함과 동시에 공유제에 박차를 가함으로써 1956년 말에는 100% 가까운 농촌 고급합작사를 세움으로써 공유제를 완성하였다. 이는 결국 1957년의 대약진운동으로까지 이어졌고 멀게는 1966년~ 1976년의 문화대혁명 태동에 기초를 제공한 것이었다. 신민주주의를 포기하고 공유제 중심의 사회주의 체제로 급전환했던 배경으로 당시 마오쩌둥의 판단이 있는데, 기층 농민들이 소규모 토지분배 규모로는 실익이 없다고 생각하고, 중공업 최우선 정책에 대한 공산당의 의지 등이 복합적으로 작용하면서 이른 시간 내에 과도기 체제를 종식했다고 할 수 있다.

- 제3기 1978~1992년

마오쩌둥 사후 덩샤오핑의 복권으로 당시 공산당의 기본노선인

'계급투쟁'이 당시 국제관계나 국내정치 상황에서는 모순점이 많다고 판단하여 '경제발전'을 최우선시하면서 정치체제는 기존의 권위적 사회주의 체제를 유지하는 것으로 공산당 지도부는 결정하였다. 따라서 경제와 정치가 서로 다른 방향으로 갈 수밖에 없는 기본노선을 택한 것이다. 1978년 당시에 '흑묘백묘론'黑猫白猫論을 위시한 선부론先富論이 대세였으며 덩샤오핑 이론의 핵심인 '发展是硬道理'를 내세워 경제발전을 위한 정치 안정에 방점을 찍었으며 결과적으로 속도와 효율 중심의 경제 운용을 집행하게 된 것이다. 이는 思想解放, 实事求是를 내걸고 과거 마오쩌둥식 이념 중심의 통치로부터 탈피했으며, 실질적 발전을 추구했던 것으로 사상적 뒷받침을 했다. 아울러 중국이 자본주의 단계를 거치지 못했으므로 생산력 발전을 위해서 100년간 사회주의 초급단계에 머물러 있어야 한다고 결정한 것은 덩샤오핑의 유연성을 보여주는 대목이다.

장기적인 시각으로 보면 중국의 발전이 '점진적'인 개혁이었기 때문에 큰 무리 없이 개혁·개방에 성공했다고 하는 평가가 많으며 이는 摸着石头过河 식의 정책집행이 개혁·개방의 성공을 가져왔다고도 할 수 있다. 그러나 과거 30년간 지속해서 10% 내외의 경제성장을 한 사례가 중국 외에 없다는 것은 역설적으로 보면 오히려 중국이 경제발전의 효율과 속도를 위해 '정치 안정'을 강요하는 과정에서 정치 민주화를 억압했다고 할 수도 있다. 1980년대 들어와 민주화를 위한 학생운동이 일어나기 시작했다.

덩샤오핑도 이를 의식하고 묵인하는 가운데 자오쯔양이 1987년 권력집중 해소, 당정분리 등 당내 민주화 조치를 준비하고 정치보고까지 했으나, 1989년 6월 4일 천안문 사태 발발과 진압과정을 통해 중국 공산당이 보수화로 회귀했으며 자오쯔양 총서기가 사임을 하고 상해 당서기였던 장쩌민이 중앙당 총서기로 취임하기에 이른다. 아울러 1991년 소련 해체에 따른 중국 공산당의 긴장 상태가 지속되면서 제한적이나마 형성되었던 권력집중 해소, 당정분리의 당내 민주화 및 지방분권 등의 정치발전 계획이 오히려 중앙정부 집권 강화 쪽으로 방향을 선회하게 되었다.

- **천안문사태1989이후와 덩샤오핑 사후1997의 중국 정치환경의 변화**

경제발전을 위해서라면 당정분리나 당내 민주화 등의 정치개혁도 수용하려고 했던 덩샤오핑도 천안문 사태를 겪으면서 적어도 정치적으로는 경직된 노선을 채택할 수밖에 없었다. 천안문 사태를 겪으면서 심각한 경제 후유증을 경험한 덩샤오핑은 1992년 남순강화를 통해 경제발전을 위한 개혁·개방의 불을 다시 지폈으나, 정치적으로는 암흑기라고 할 수밖에 없었다. 1990년대 초를 전후해서 많은 민주인사들이 해외로 추방 또는 이주하게 됨으로써 중국 국내에는 민주화를 재점화할 수 있는 불씨가 제거되었다. 공산당 일당체제에 순응해야 생존이 가능했던 시기라 90년대의 학자들은 대부분 공산당 체제를 전제로 해서 정치발전을 논할 수밖에 없었다. 정치개혁이라고 할 수 없는 이유가 여기 있다. 1990년대 이후의 중국정치는 '개혁'이라는 단어를 쓸 수 없으며 '정치발전'이라는 개념이 그나마 사용 가능한 용어가 아닌가 싶다.

그러나 1997년 덩샤오핑이 사망하고 고속 경제성장으로 인한 '성공의 위기'가 역설적으로 감지되었으며 사회 다원화는 궁극적으로 정치발전에 대한 논의를 재점화하는 계기가 되었다. 비록 1980년대

민주화 세력이 국내에서는 소멸하였으나 시장경제 확대로 인한 경제 발전으로 지식인의 자립공간이 확대되었고 개혁·개방의 필연적 산물인 사회 다원화는 사상적 분화와 지식인 집단의 다양화를 가져옴으로써 1990년대 말에는 다양한 사상·사조가 등장하게 되었다. 중국은 무산계급의 투쟁을 거쳐 사회주의 국가를 건설했으며, 마오쩌둥 시대의 전체주의를 거쳐 덩샤오핑 시대의 개혁·개방을 거치는 과정에서 급속한 경제발전을 일궈냈다. 정치체제는 형식적으로 사회주의를 유지하고 있으나 실질적으로는 자본주의 편향적인 국가로 정체성이 변화됨에 따라 정치 민주화에 대해 공산당 제도권 안에서 고민하게 되었다고 할 수 있다.

- ## 1990년대 말의 중국정치개혁 담론

① 사회주의적 민주주의

사회주의적 민주주의사민주의의 대표적 학자는 까오팡高放과 왕괴이슈王贵秀로 모두 학계의 원로들이며 기본적으로 덩샤오핑 이론을 지지하며 공산당 일당체제를 전제로 하고 있다. 경제개혁과 정치개혁이 동시에 이루어져야 한다고 주장하며, 권력집중 해소와 당정분리 등의 당내 민주화를 주장하고 있다. 동시에 인민 민주와 당 간 민주를 주장하며 법치와 민주가 동시에 이루어져야 함을 주장하고 있다. 다만 자유민주주의에는 반대하고 있다. 공산당 지도부의 지지를 얻고 있는 사상으로 제도개선을 통한 실질적 정치발전을 주장하고 있으며 신권위주의를 비판하고 있다. 총리 경선제와 직접 선거 확대를 주장할 정도로 진보적인 측면도 있으며 사민주의가 궁극적으로 사회적 안정을 가져올 수 있다고 주장한다. 다만 정치개혁 자체를 공산당 지도부에 의한 자발적 의지에 의존해야 한다는 실현되기 어려운 전제조건을 가지고 있어 태생적 한계를 지닌 사상이라 할 수 있다.

② 신권위주의

신권위주의를 주장하는 학자에는 허쩡커^{何增科} 조티엔용^{周天勇} 황웨이핑^{黃卫平} 위커핑^{俞可平} 이 있다. 근본 사상은 '80년대 신권위주의'를 계승한 것으로 경제발전과 정치발전은 별개의 문제로 경제발전과 정치를 분리하고 시장경제발전을 위해서 국민의 정치 참여를 제한해야 하며 정치적 안정이 우선적이라고 주장한다. 민주화 전의 동아시아 싱가폴, 대만, 한국의 모델로, 공산당에 의해 폭넓은 지지를 받는 사상이다. 정치발전을 전체주의, 권위주의, 민주의 3단계로 나누며 점진적이고 단계적인 발전론을 주장한다. 민주주의 실현에는 시장경제의 발전, 이익의 다원화, 경제성장 등과 같은 몇 가지 조건이 필요한데, 이를 무시하고 도약할 경우 사회적 혼란과 정치적 무질서를 초래할 수 있다고 주장하며 필연적으로 중국은 권위주의 단계를 거쳐야 한다고 주장한다. 따라서 '90년대 신권위주의'는 중국 공산당 지도부와 지식인들로부터 광범위한 지지를 받고 있다. 공산당 일당체제를 전제조건으로 보기 때문에 일당독재를 정당화시킨다는 비판을 받고 있다. 법치보다 인치를 주장하는 현대판 계몽군주론으로, 사민주의와 마찬가지로 정치개혁 당사자인 공산당 지도부의 선의에 의존해야 하는 결정적 모순을 가지고 있다.

③ 자문형 법치국가

베이징대 국제관계학 교수인 판웨이^{潘维}에 의해 주장된 이론으로 기본적으로 신권위주의론과 맥을 같이 하고 있다. 민주주의의 전제조건들에 대해 조목조목 비판하며 국가 정치체제의 기본 출발점은 그 나라의 구체적인 사회경제적 조건에서 개인의 자유와 공동체의 질서 간의 균형을 유지하기 위한 제도를 모색하는 것이라 인식한다. 중국은 서구와 다른 역사적 경험과 사회경제적 조건에 처해 있으므로 정치체제 역시 다른 경로를 모색해야 한다는 것이다. 즉 중국에는 첫째, 법이 정부 권력을 제한하여 사회의 보편적 정의를 실현한다는 법치 전통이 없다. 둘째, 선거에서 다수 득표자가 최고 지도자가 되는 전통이 없다. 셋째, 사회적 이익분화와 이익집단의 형성이 안 되어 있다고 한다. 자문형 법치는 홍콩, 싱가폴의 정치 제도를 참고한 것이며 입법권의 중립성과 법 집행에서의 엄격성, 효율성, 청렴성을 실현하는 방도를 찾는데 주안점을 둔 것이다. 서구의 법치 정신과 중국의 중립적인 문관 시험제도과거제도 전통을 결합함으로써 단순한 민주보다는 '법치'를 통해서 서구의 민주주의가 가지고 있는 많은 문제를 해결할 수 있다고 주장한다. 판웨이의 결정적 한계는 국민의 정치참여민주를 배제한 상태에서 정치개혁의 동력을 오로지 공산당 지도부에서만 구한다는 사실이다.

④ 협력주의 국가론

인민대 공공관리학부 교수인 캉샤오광康晓光에 의해 주장되고 있는 정치사상으로 유가사상에서 통치 이념을 구하며 협력주의 국가는 '권위주의+시장경제+조합주의+복지국가'로 구성된다고 주장한다. 거기에 유교를 중흥시키고 중국을 유교 국가로 만들어야 한다고 주장하고 있다. 협력주의 이론은 일견 정교해 보이기도 하나 시대착오적 복고주의에 불과하다. 유가사상을 빌어 현재의 권위주의 정치체제를 정당화하고 있으며 모든 것을 공산당 지도자에 의존하는 현대판 계몽군주론으로 비판받고 있다. 통치계급정치엘리트은 권위주의를 통해 권력을 보장받았으나 권력 행사에 상응하는 통제가 없고, 통치의 정당성을 확보하는 이념과 기제도 없다. 이는 유가사상을 빌어 현재의 권위주의 정치체제를 정당화하려는 시도로 신권위주의 이론보다 훨씬 더 후퇴된 논의로 볼 수 있다.

⑤ 자유민주주의

중국사회과학원 철학연구소 쉬요우위徐友漁 연구원은 자유주의가 80년대 정치개혁 논의에서 중요한 축을 형성했다고 주장한다. 1987~1989년의 신권위주의논쟁에서 신권위주의를 비판한 민주주의론자들이 대표적 사례다. 개인의 자유를 최우선시하는 80년대의 주장을 계승하면서도 사유 재산권의 보장, 자유경쟁, 시장에서의 공정한 경쟁과 신뢰 등 경제적 자유주의를 중시한다. 정치개혁의 첫째 목표는 정부가 국민의 재산권과 경영의 자유를 인정하고, 사영 경제를 발전시켜 국가독점을 타파하는 것이라고 주장하고 있다. 개인의 자유를 최상위에 놓고 있으며, 그중에서도 개인재산의 보호가 무엇보다 중요하다고 주장한다. 치쥔닝㥀君宁의 주장도 이런 관점에 입각한 것이다. 그는 중국이 현재의 권위주의 정부에서 '제한 정부'를 거쳐 '민주 정부'로 발전하는 데는 시장경제의 확립이 필수조건이라고 본다. 그의 주장은 공산당 일당체제 아래에서는 실현 불가능한 이상론이다.

⑥ 협상민주주의

Australia Deakin Univ. 교수인 허바오강何包鋼은 협상민주주의가 급진적인 정치적 변화가 아니라 참여와 협의의 확대를 통해 국민의 정치 참여를 유도하는 정치이론이라고 주장한다. 李君如는 공산당 영도의 다당합작과 정치협상 제도를 협상민주의 한 형태로 파악한다. 중국에서의 협상은 傾听民声, 善解民意, 服务民众, 凝聚民心 16자에서 알 수 있듯이 국민의 뜻을 잘 헤아려서 여론을 한 곳으로 모으는 과정이라 할 수 있다. 지방지도자는 정책의 합법성을 갖추고, 업무를 더더욱 쉽게 추진하기 위해 협상제도를 이용하기도 한다. 점진적 민주주의를 강조해온 많은 중국학자도 협상민주주의에 동의하고 있다. 협상의 수준을 높이기 위해 협상과 관련된 절차와 과정을 제도화하고 있다. 일부 치안시스템 등은 상당한 수준에 도달했다. 何包鋼은 대부분의 중국 협상민주의 실천이 협상민주의 요구에 미치지 못한다고 평가한다. 중국의 경우는 권력 집중적 권위주의 정치체제에서 진행되는 협상의 내재적 위험으로 정치 엘리트가 협상 과정을 통제한다는 것과 감독 시스템 역시 부족하며 참여가 불평등하고 자유롭지 않다는 근본적인 문제가 있다.

3. 중국의 법치

중국에서 법치法治하면, 법제화法制化, 이법치국以法治国, 치국리정治国理政이라는 말과 법치의 상대적 개념인 인치人治라는 단어들이 떠오른다. 중국에 20여 년 간 주재하면서 공산당 당 대회나 전국인대 등이 열릴 때마다 빼놓지 않고 나오는 말인데, 사실 정상국가의 기본은 당연히 이법치국以法治国인데 이 말이 자주 언급된다는 말은 곧 인치人治에 의해 국가가 운영되었다는 방증이라고도 할 수 있다. 과거 전통 봉건 국가였던 중국 고대 왕조 시기 유교에서는 덕치德治를 성군이 지녀야 할 가장 기본적인 덕목으로 보았고, 군주들에게 자주 강조되고 권유되었다. 법가의 가르침을 기본 사상으로 중국 최초의 통일 왕조인 진나라가 15년의 단명으로 멸망했지만, 덕치德治를 주장하는 유가사상을 통치 철학으로 내세운 한나라가 통일왕조로 400여 년 번성했으며 그 이후 출현한 왕조들도 유가사상을 중심으로 국가를 통치함으로써 근 2,000년 동안 중국에서 봉건 왕조가 초안정적으로 국가를 통치해온 것은 중국의 특성을 이해하는 데 큰 도움이 된다. 유가사상으로 무장된 엘리트들이 과거제도를 통해 등용되고, 그들이 중앙집권 국가의 핵심 세력으로 국가를 통치, 관리하였으며 신해혁명 이후의 국민당 통치 기간 및 지금의 공산당 통치의 신중국도 큰 범주에서는 유가사상에 기반을 둔 통치 조직이라 할 수도 있다. 더구나 중국을 통일해야 국가의 정통성을 인정받는 대일통大一统사상의 속성이 중국의 핵심 가치인 것을 고려하면 중국은 기존의 서구 세계와는 확연히 다른 세계관을 가진 국가로 인정해야 할 것이다.

국가를 경영할 때 가장 중요한 것은 법과 원칙에 따라 공정하게 국사를 처리해 나가야 정권의 위엄과 영이 선다는 것이다. 원칙이 무너진다는 것은 법과 원칙이 없다는 것과 같은 의미이며, 이는 법치가 아니라 인치에 의해 국정이 농락되고 있다는 말이기도 하다. 인치는 시시각각 변하고 사람에 따라 모든 게 다르거나 다를 수 있는 개연성을 가지고 있어 국민에게 공정한 제도와 법칙을 제공하지 못한다. 국가경영이 투명하지 못하며 후진국적 부정부패가 만연해 있다는 것과도 일맥상통한다.

2012년 중국 공산당 18차 당 대회에서 이법치국이 강조되었으며, 이는 곧 당이 헌법과 법률이 정한 범위 내에서만 운영되어야 한다는 것을 강조했다는 것이다. 어떠한 개인이나 조직도 헌법과 법률을 초월하는 권한을 가질 수 없으며 말로 법을 대신하거나 권력의 힘으로 법을 누르는 것을 엄금하겠다는 의지의 표현이다. 이법치국은 공무원 사회에 만연해 있는 무사안일주의와 부정부패를 일소하는 데 앞장설 것임을 대내외적으로 공표하는 것이며, 공산당 지도부의 청렴결백을 모범으로 삼아 치국리정을 이루겠다는 것이다.

(1) 중국의 법치 관련 중요 법률 제정 현황

중국은 그동안 법치를 외쳐 왔지만 사실상 법치라고 할 만큼 법이 잘 정비가 되어 있거나 관련 이해 당사자가 법을 잘 지켜 왔다고 할 수 없다.

개인 재산관리의 기본이며 민법의 기초인 물권법이 2007년에나 제정되었으며, 기업 채권관리의 기본이라 할 수 있는 담보법이나 어음수표법조차도 개혁·개방 후 17년이 지난 1995년에야 제정되었으니 우리나라보다 근 30여 년 뒤진 것이다. 근로자의 기본권을 규정한 노동합동법 역시 2007년 제정되었으며 이나마 노조의 노동 3권 중 단체행동권은 보장되지 못하고 단결권과 단체교섭권만 인정하고 있을 뿐이다. 이 밖에도 공정거래 관련 반독점법 역시 2008년부터 실시되었으며, 최근 들어 외자기업을 길들이기 위해 법을 집행하고 있지 중국의 대형 국유기업은 사실상 반독점법 집행 대상에서 거리가 멀다.

(2) 법규에 대한 해석

중앙에서 법이 제정된다 해도 이에 대한 해석이 지방별로 각기 달라 실제 법 집행에 있어서 많은 우여곡절이 발생한다. 중앙정부 차원에서 어떤 법률이 제정되면 지방별로 실제 시행령이나 부수적인 행정명령이나 조례 등이 제정될 수 있는데, 때로는 모순되는 규정들이 나와도 지방정부에 이의라도 제기하려면 그동안 받은 많은 기득권을 포기해야 할 각오를 해야 한다. 기업들이 웬만하면 문제를 제기하지 않고, 설사 지방정부가 합리적이지 못한 법 집행을 하더라도 수용할 수밖에 없는 것은 바로 이런 지방정부의 힘에 연유한다. 기업은 어차피 지방정부의 규제와 관리 감독의 대상이기 때문이다. 법보다 주먹이 더 가깝다는 현실을 피부로 느끼게 되는 것이다.

(3) 삼권분립

중국은 3권분립이 이루어진 국가가 아니다. 정부가 정책을 입안하고 이의 법제화를 우리의 국회 격인 전국인대에 요청하여 입법하면 국무원 산하 정부 기관이 법을 집행한다. 그러나 사법기관인 법원이 별도로 독립되어 있지 못하며 공산당의 지휘를 받아 움직이고 있다. 삼권분립이 안 되어 있어 사법부의 독자적 행보를 기대하기가 어렵다.

(4) 중국의 현실

완전한 의미의 법치를 기대하기 어려운 환경에 처해 있으며 효율성이 강조되는 중국의 현실이 어쩌면 사업을 수행하는 데에 더 편리할 수도 있다. 법치의 상대적인 개념인 인치라는 말이 무척 익숙한 중국인들에게는 꽌시라는 대인관계가 중요한 것이 바로 이런 연유이기도 하다. 법 대신 사람이 그 자리를 대신하는 것이다. 따라서 사업의 투명성이 보장되지 않기 때문에 공정한 경쟁을 하려면 그만큼 힘에 겨운 것이 사실이다.

시진핑 정부에 들어서면서 부쩍 강조하고 있는 것이 부패 척결이다. 시진핑이 집권 1기 5년이 지나 2기 3년 차임에도 아직 고삐를 늦추지 않고 있는 것은 중국의 지속적 발전을 위해 근본적인 경쟁력을 확보해야 한다는 신념을 가지고 있는 것으로 보인다. 공정한 경쟁을 통해서 진정한 경쟁력이 확보될 수 있으며 이는 인치가 아닌 투명한 원칙 즉, 법치에 의한 경쟁력 확보가 중국의 비전 달성을 위한 가장 기초적인 인프라라고 판단하고 있는 듯 하다.

(5) 법치를 위한 구체적 정책방향

법치를 위해서는 먼저 사법 시스템을 정비하고 이를 관장하는 기관들에 대해 명확한 사명을 부여해야 할 것이다. 따라서 이에 대한 구체적 방안들이 도출되어야 하며, 설사 3권분립을 실행하지는 못한다 해도 사법부의 위상을 차별화하는 것이 필요하다. 전면적인 샤오캉 사회 진입과 2021년의 공산당 창당 100주년과 2049년의 신중국 건국 100주년을 준비하는 시진핑 정부로서는 법치에 대한 의지가 그 어떤 정부보다 강하다고 할 수 있다.

4. 중국 리더십의 의사결정 체계

중국 공산당의 리더십 체계를 연구하면 중국 정부의 의사결정 모델과 프로세스를 읽어낼 수 있다. 근대 중국은 쇄국과 조급주의에 빠져 실패의 경험을 뼈저리게 한 나라다. 독선과 자만에 의한 쇄국이 결과적으로 아편전쟁의 치욕을 경험케 했으며, 치욕스러운 추억을 지우고자 조급증에 의해 국가경영을 한 결과가 곧 대약진운동과 문화대혁명 사건이다. 개혁·개방 40년 만에 과거의 영광을 어렵게 회복해 가는 중국 리더십이 과거의 잘못을 범하지 않기 위해 채택한 것이 '중국 특색의 사회주의 체제'로 이는 곧 사회주의를 골간으로 하면서 경제체제는 시장경제를 골간으로 하여 '자본주의화'해 가는, 세계사에 유례가 없는 독특한 리더십 체계이다.

중국은 공산당이 국가에 우선하며 국가를 이끌어가는 당국체제임을 기억해야 한다. 중국의 국기인 오성홍기의 왼쪽 상단에 큰 별 1개와 작은 별 4개가 있는데 큰 별은 곧 공산당을 의미하며 작은 별 4개는 농민, 노동자, 소자산계급, 민족자산계급의 국민을 의미하는 것으로 공산당이 국민 위에 군림하고 있음을 나타낸다.

중국 공산당은 '2018년 말 현재' 9,059만 명의 당원으로 이루어져

중국 공산당이 의사결정의 정점党政军

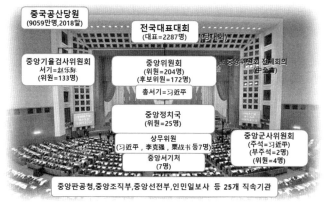

※조직도는 2017년10월 19차 당대회 기준

있으며 19기 공산당 전국 대표가 2,287명이다. 이를 대표하는 당 중앙 기구가 중앙위원회이며 204명의 중앙위원과 172명의 후보위원 계 376명으로 구성되어 있다. 이를 축약하면 다시 25명의 중앙정치국원이 있으면 7명의 중앙정치국 상무위원으로 구성되어 있다. 중앙정치국원 25명은 국가급 지도자로 중국정치의 최고 엘리트이다. 25명 중 다시 7명의 상무위원이 선출되는 것이며 당 총 서기가 곧 '시진핑'으로 중국 공산당을 총괄 지휘하고 있다. 중국 공산당 중앙 군사 위원회의 주석이 군권을 장악하고 있기에 중국의 실질적인 최고 리더십은 당 중앙 군사 위원회 주석이 된다. 지금은 시진핑이 당 중앙 군사 위원회 주석, 국가 중앙 군사 위원회 주석, 당 총 서기, 국가 주석을 모두 겸직하고 있어 명실공히 최고 권력자라고 할 수 있지만, 과거 마오쩌둥, 덩샤오핑, 장쩌민, 후진타오 집권 시기에는 집권 기간 내내 4개의 직위를 반드시 겸직하지는 않았다. 그러나 당 중앙 군사 위원회 주석직만은 반드시 가지고 있었음은 예외가 없다. 아무런 공식적 대외 직책을 가지고 있지 않았던 덩샤오핑도 당 중앙 군사 위원회 주석직을 가짐으로써 군권을 장악한 명실상부한 최고 통치권자임을 내비쳤다.

의사결정 프로세스를 보면 모든 정책의 결정 프로세스의 정점에 중국 공산당이 있으며 당의 집단 지도체제인 '당 중앙정치국 상무위원회 7인'이 모든 것을 사실상 결정함을 알 수 있다. 상무위원회의 수장인 총서기 시진핑의 1인 체제로 권력이 집중되면서 의사결정 프로세스의 불확실성이 커짐에 따라 중국 리스크가 점차 커지고 있음을 알 수 있다.

중국공산당/정부 의사결정 Timeline

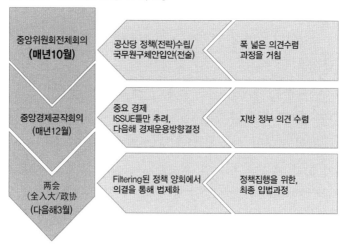

• 매년 아래와 같은 일정으로 정책수립/집행

중앙위원회전체회의 **(매년10월)**	공산당 정책(전략)수립/ 국무원구체입안(전술)	폭 넓은 의견수렴 과정을 거침
중앙경제공작회의 (매년12월)	중요 경제 ISSUE들만 추려, 다음해 경제운용방향결정	지방 정부 의견 수렴
两会 (全入大/政协) (다음해3월)	Filtering된 정책 양회에서 의결을 통해 법제화	정책집행을 위한, 최종 입법과정

매년 10월 열리는 공산당 당 대회에서 기본 정책이 결정되면 다음 해 3월에 열리는 전국인대에서 이를 추인하는 형태로 입법화한다. 경제 관련해서는 공산당 당 대회 직후 12월 초에 중앙경제공작회의 를 열어 다음 해의 굵직한 경제정책을 결정하며 역시 필요한 법제화 는 3월 전국인대에서 이뤄진다. 공산당이 결정하면 전국인대가 법을 만들어 주는 일종의 고무도장Rubber Stamp 역할을 하는 것이다. 입법 화된 정책을 국무원에서 집행하며, 구체적인 시행령이나 장관령 등 의 지방정부에서 필요한 제반 규칙 제정을 통해 행정이 이루어진다. 때로는 중앙정부의 법령·규칙 등과 지방정부의 규칙·조례 등이 상 충하는 일이 발생할 수 있으며, 이 경우 지방정부와 사업을 해야 하 는 기업으로서는 법보다는 주먹이 우선이므로 때로는 불리한 지방의 제반 조례·규칙이 있더라도 준수할 수밖에 없다. 중앙정부를 통한

제소는 여타 민주주의 국가에서처럼 쉽지 않다.

골프장 인허가가 대표적인 건으로, 중앙정부에서는 골프장 인허가를 원칙적으로 불허하고 있으나 지방정부는 온갖 편법적 근거를 마련하여 사실상의 골프장 인허가를 내준다. 중앙정부가 이에 대해 강력한 규제를 할 때 문제가 될 소지가 있는 것은 분명한 사실이나, 지금도 중국에서 골프를 치는 데는 문제가 전혀 없음이 모든 것을 말해주고 있다. 법과 규정을 100% 지켜서는 사업이 되지 않을 수 있으니, 소위 고도의 '정무적 판단'으로 최종 결정을 해야 하는 경우가 적지 않다. 중국은 법제화 측면에서 여전히 초기 단계에 머물러 있어 많은 사안이 선진국들처럼 법제화되어 있거나 판례가 누적되어 있지 않아 때로는 투자자들의 과감한 의사결정이 필요하다.

중국 공산당 전국 대표 대회는 5년에 한 번씩 10월 전후로 개최되어 다음 정권의 중요 정치, 경제 일정을 결정하며, 그 후 매년 한 번씩 중국 공산당 중앙위원회 전체회의3중전, 5중전 등으로 축약해 불리는 중전이 곧 중앙위원회 전체회의를 가리키는 것이다가 매년 10월 전후로 열려 그다음 해의 중요정책을 결정하게 된다. 당의 정책이 결정되면, 우리의 국회에 해당하는 전국인민대표대회와 정치 협상대표 대회통칭하여 '양회兩会'라고 함를 통해 당의 결정을 추인하는 형태로 입법 과정을 거치게 된다. 행정부 격인 중국의 국무원은 바로 각종 법률에 따라 정책을 집행해 나가는 것이다. 그러나 전국인민대표대회의 리더십도 국무원의 리더십도 모두 공산당원이기 때문에 사실상 중국 공산당이 모든 것을 결정, 법제화하여 정책을 집행한다고 할 수 있다. 따라서 사회주의 정체성의 특성상 반대란 존재할 수 없어 모든 당의 결정이 일사불란하게 진행된다. 이는 모든 권력을 장악한 1인 통치자, 시진핑의 뜻대로 모든 것이 이루어짐을 의미한다. 자유민주주의 국가의 3권분립이 존재하지 않기 때문에 일방통행식 신속함과 효율성이 중국정치, 경제의 최고 장점이면서 리더십이 부패했을 때는 견제할 장치가 없는 것이 최대 약점이라고 할 수 있다. 중국의 사법부는 당에 소속되어 있으며 당의 지휘를 받는다.

위와 같은 리더십 체계가 오히려 투자자들에게는 중국 정부의 큰 방향의 정책을 미리 알 수 있도록 해주며, 사전 준비할 수 있는 시간의 확보가 가능하다. 중국 공산당이 결정하면 다른 반대는 있을 수 없음이 정책의 투명성을 보장해 주므로 기업경영에 장점이라고 할 수 있다. 또한, 중국 공산당과 전국인대는 해당 정책에 대한 사전에 충분한 시간을 가지고 공청회 등을 거쳐 여론을 수렴하는 과정도 거치기 때문에 논란의 여지가 있는 큰 사안은 더더욱 시간적인 여유를 가질 수 있다. 2000년대 실시된 신노동법과 물권법이 대표적으로 사회적인 파장을 우려해 공산당이 발생 가능한 문제점에 대해 세심한 정책조정을 한 후 실시됐음을 필자는 기억한다.

상술한 바와 같이 중국의 리더십은 1840년 아편전쟁 이후 100년이 넘는 기간 동안 춘추전국 시대와 같은 혼란을 겪었으며, 그 100년의 기간 동안 반봉건, 반식민 시대를 거쳐 외세에 의한 강제 개방, 신해혁명으로 인한 왕정체제 종말, 국민당과 공산당의 내전 등을 거쳐 근대성을 경험했다. 최종적으로 공산당이 승리, 1949년 신중국을 건립함으로써 사실상 시민사회의 성장이나 시민혁명의 과정을 겪지는 못했다. 2,000년간 지속되어 온 초안정적 봉건시대의 연속선 상에 있다고 해도 과언이 아니다.

더구나 최근에는 중국 공산당이 신문화 운동 시절, 문화대혁명 시절 공공의 적으로 몰아 파괴했던 공자의 사상인 '유가사상'을 복원하고 있다. 이는 중국의 초안정적 통치의 근간이 유가사상이었음을 깨달았다고 할 수 있을 것이다. 유가사상은 3강 5륜 등으로 우리에게 무척 친숙하다. 기본적으로 사회적 신분에는 등급과 차이가 존재한다는 것으로 사회주의 사상 중 핵심 가치인 '평등'과는 거리가 있음에도 불구하고 세계의 패권국이 되었을 때 끌고 가야 하는 보편적 이념과 보편적 가치로서 중국이 가지고 있는 사상 중에는 '유가사상'이 가장 중요한 것으로 중국 공산당은 판단하고 있는 듯하다.

중국의 개혁·개방의 리더십과 집단 지도체제는 불가분의 관계이다. 시진핑은 철저한 반부패 운동을 통해 중국 국민의 마음을 다시 얻어 중국 공산당의 통치기반을 확고히 하고, 다양한 영도 소조활동을 통해 주요 정책에서의 통합 리더십을 발휘함으로써 중국 공산당의 통치 역량을 강화하려 한다. 내치에 주력하는 한편, G2 시대의 외교정책으로 세계패권 관련해서는 신형국제관계, 일대일로 정책을 통해 미국 우선주의 정책에 맞대응하고, 일본의 보통국가화 정책 및 아시아 지역 패권에 대해서는, 아시아신안보선언CICA, 상하이협력기구SCO로 대응하며, TPP등 미일통상마찰에 대해서는 FTAAP, RCEP, AIIB, 위안화 국제화 추진 등 굵직한 어젠다를 선점함으로써 외치를 최대한 내치 강화에 활용한다. 이를 통해 국민의 신임을 획득, 2017년, 후반 5년을 준비하며 2개의 국가 대사인 2021년 공산당 창당 100주년, 2049년 신중국 성립 100주년 등 중국몽 실현을 위해 매진하고 있다. 중국 공산당 지도부 내의 단결이 유지되는 한 중국은 큰 문제가 없다고 한 덩샤오핑의 말처럼 중단기적으로 중국 공산당 리더십 체제에 이상 징후는 보이지 않을 것이다.

중국경제 이해

개요

현대 중국경제-개혁·개방 전후를 중심으로

정치의 성과물인 경제발전과 공정한 분배가 보장되지 않는다면, 어떤 형태의 정치든 궁극적으로 비극적인 종말을 맞이한다. 가급적 많은 국민이 행복해야 국민을 이끌어 가는 정치 리더십이 지지를 받아 안정적인 기반을 확보할 수 있다. 중국의 3단계론 즉 三步走 정책을 보면 첫 단계인 溫飽사회는 배고프지 않고 배 따뜻하게 잘 먹는 것이며, 두 번째 단계인 小康사회는 온 국민이 배불리 먹고 정치·경제·사회·문화·환경적으로도 만족도가 높은 사회를 말하며, 마지막 단계는 大同사회로 유토피아와 같은 이상사회를 의미한다. 시진핑 정부가 '중국몽'에서 내세우는 목표도 2021년까지는 완벽한 小康사회를 전면적으로 이루겠다는 것이며 이는 중국 공산당 창립 100주년이 되는 시기와 같다. 또 다른 신중국 성립 100주년이 되는 2049년까지는 사회주의 현대화를 완성함으로써 부강·민주·문명·조화가 이루어진 국가를 건설하겠다는 구상이다. '중국몽'은 정치적 구호로 경제발전의 비전을 제시한 것이다. 경제가 피폐해지거나 경제계획이 실패로 돌아가면 정치적 구호가 아무리 그럴싸해도 결국 국민으로부터 외면당하고 배척당할 수밖에 없다. 중국 공산당의 근 100년에 이르는 확고부동한 리더십도 바로 중국경제발전에서 비롯된 것이다.

중국경제의 오늘이 있기까지에는 덩샤오핑이라는 걸출한 인물이 내린 위대한 결단이 1978년 '개혁·개방'이라는 이름으로 있었다는 것은 주지의 사실이다. 그러나 그 이전 마오쩌둥의 신중국 시기의 30년1949~1978년이 없었다면 개혁·개방의 성공 역시 불가했을 것이라는 주장을 펴는 사람들이 있다. 마오쩌둥 시대의 대약진운동과 문화대혁명의 부정적 측면만 강조하다 보면, 신중국 초기 30년의 경제발전사를 소홀히 여기는 경향이 있음은 부인할 수 없다. 개혁·개방 전 30년 마오쩌둥 시기의 경제정책의 공과를 조명해 보는 것은 개혁·개방의 당위성과 필연성을 설명할 수 있다는 것이다. 중국의 저명한 경제학자인 린이푸林毅夫[13] 전 세계은행 부총재는 그의 저서 '중국의 개혁과 발전 전략'에서 이에 대한 분석 및 평가를 하고 있다. 그의 주장을 중심으로 개혁 이전인 마오쩌둥 시대의 경제발전 전략의 허실을 소개한다. 한편 마오쩌둥이 3,000만명이라는 아사자를 가져올 정도의 전략상 완전히 실패한 '대약진운동'을 전개한 배경이 무엇인지, 엄청난 과오로 2선으로 물러났던 마오쩌둥이 다시 문화대혁명을 통해 권좌에 복귀할 수 있었던 이유가 무엇인지도 자연스럽게 이해될 것이다.

세계적인 중국경제 전문가인 미국 베리 노튼Barry Naughton 교수 역

---

13 린이푸는 타이완에서 중국으로 귀화한 중국의 대표적 경제학자로 북경대 교수이다. 그의 중국발전 논리를 공부하는 것이 중국 정부의 경제정책을 이해하는 지름길이기도 하다. 중국위기론이나 중국붕괴론을 주장하는 서방 경제학자들과 토론회를 통해 중국발전을 '중국모델'로 지칭하며 중국의 독특한 정치·경제체제에 기반한 중국발전논리를 전개한다

시 1949년 이전의 중국경제에 대해서 그가 쓴 중국경제 교과서에서 다음과 같이 후한 점수를 주고 있다.

> 1949년의 중국은 여전히 매우 가난한 나라였지만, 발전은 이미 시작되고 있었다. 중국은 상대적으로 훌륭한 인적 자본이라는 자원을 보유하고 있었다. 식자율은 오래전부터 상승하여 꽤 높은 수준에 도달해 있었다. 소규모 대학 체계가 설립되었고, 능력 있는 재원들이 해외에서 양성되기도 했다. 몇몇 근대적 공업 및 운송 자본이 마련되어 더욱 진전된 발전 과정에서 핵심적 역할을 담당하기도 했다. 1949년에서 1978년 사이에 이어진 사회주의적 발전 전략은 전통 경제의 생명력에 등을 돌렸지만 역설적이게도 과거의 성공이 남긴 열매는 천명天命과도 같은 새로운 발전 전략을 받아들인 신정부에 돌아갔다.

1. 중국경제에 어떻게 접근하는 것이 옳을까?

우리가 중국경제에 관심을 가질 수밖에 없는 이유는 중국경제 규모가 2010년에 이미 미국에 이어 제2의 경제 대국으로 부상했으며 인구 규모가 2019년 말 14억을 넘어섰고 국토면적 역시 960만km²에 이르는 세계 3위의 대국이며 지리적으로 우리의 이웃 국가이기 때문이다. 무역 규모 역시 세계 1위로 부상하여 세계 각국에 지대한 영향을 줄 뿐만 아니라 우리나라의 교역상대국으로, 우리의 수출이 중화권을 합하면 30%가 넘을 정도로 중국의 존재 자체가 이미 우리 경제에 상수常数로 자리잡고 있기 때문이기도 하다. 미국, 중국과 같은 대국 경제체제는 양국의 규모가 전 세계 경제 규모의 40% 내외에 달할 정도로 세계 경제에 주는 영향이 엄청나 세계 경제 지배구조를 바꿀 수도 있다. 중국은 규칙 수용자에서 이미 규칙 수정자, 제정자로 전환되고 있다 해도 과언이 아니다.

중국의 1978~2013년 연평균 경제성장률은 9.6%로 이 시기 세계 최고 성장률을 보이며, 현재 중등 수준의 경제발전을 하고 있으므로 여전히 고속 성장의 지속 가능성이 존재한다. 2018년에 중국의 인당 명목 GDP는 9,776달러, 2019년에는 숙원인 1만달러를 넘어선 10,276 달러였다.

중국경제의 특징은 복잡성과 다양성에 있다. 지역이 광활해 지역 간 경제발전 수준의 차이가 원시에서 현대까지 공존하며 부문 간 기술 수준의 차이가 초급에서 고급까지 병존하며 경제조직도 국유기업, 사영기업, 혼합 소유제 기업, 외국인투자기업 등으로 다양하다. 이러한 다양성의 원인은 중국 자체가 대국이며, 농촌 중심의 저소득 사회에서 도시 중심의 고소득 사회로 경제발전 과정 중에 있음과 동시에 사회주의 계획경제에서 시장경제로 체제전환의 과정에 있기에 나오는 필연적 과정이다. 중국을 한 국가로 인식하게 되면 모든 것이 이해가 안 되는 미로에 빠지게 된다. 중국을 연구하고 공부해야 하는 이유가 여기에 있다.

중국경제를 이해하는 이론 틀로서 국민의 소득수준 향상을 파악할 수 있고, 산업구조와 고용구조의 변동과정을 분석할 수 있는 '경제발전론'Development Economics과 사회주의 계획경제 체제에서 자본주의 시장경제 체제로의 전환과정으로 이해하는 '이행기 경제론'Transition Economics을 들 수 있다.

저개발국 경제의 특성은 '빈곤의 악순환'으로 저소득-저저축-저자본-저투자-저생산-저소득의 악순환을 의미한다. 이를 벗어날 수 있는 핵심 솔루션은 공장, 기계설비, 도로, 전력 등의 물적 투자와 교육, 보건 등의 인적투자들 통해 자본을 형성하는 것이며, 투자재원 조달은 국내저축의 증대와 외자도입을 통한 자본 형성의 길이 있을 뿐이다. 아울러 형성된 자본을 가장 높은 효과를 거둘 산업 및 기업에 효율적으로 배분해야 한다. 또한, 일정한 생산요소 투입으로 산출량을 최대화할 수 있는 생산 기술 역시 중요한 경제발전 요소이다.

따라서 저개발국이었던 마오쩌둥의 신중국 시기에 화급했던 자본축적을 위해 어떠한 노력을 했는지를 살펴보는 것은 개혁·개방 이전의 중국경제가 추후 어떤 영향을 미쳤는지 이해하는 데 도움이 될 것이다.

신중국 건국 이전인 중화민국 시기의 중국경제는 제한적인 경제성장을 했다. 특히 군벌에 대한 북벌을 완수한 후 10년 간1928~1937은 중일전쟁 발발 이전으로 상하이 등 개항지에서 외자, 민족자본을 기반으로 섬유산업 등 경공업 중심으로 근대 상공업이 발달했으며 동북 3성은 일본의 영향으로 중공업 중심의 공업화가 이루어졌다. 근대 상공업과 전통 경제와의 연계는 미미했다. 대다수 국민은 전통 경제활동인 농업, 수공업에 종사하고 있었으며, 중일전쟁1937~1945과 2차 국공내전1946~1949을 거치면서 기반시설 및 공업시설이 파괴되었고, 초인플레가 만연함에 따라 대부분의 국민은 국민당 정부를 불신하게 되었다.

신중국이 성립된 1949년 당시의 경제적 유산을 부정적 요인과 긍정적 요인을 살펴보면 다음과 같다. 즉 1949년 당시 인구가 5억 이상으로 인구의 압력이 거셌으며 당시 인구의 90%가 농민으로 산업은 농업 중심의 저개발 상태였다. 또한, 반半식민지적 이중구조와 전쟁 파괴로 인한 극심한 부담 및 공산주의에 대한 적대적 국제환경은 부정적 요인으로 작용하였다. 한편, 통일 혁명을 달성한 공산당에 대한 농민 다수의 지지가 있었고 일정 수준의 공업기반 및 경험은 그래도 나름대로 경제발전의 밑거름이 되었으며, 전통적 상업 및 기업가들의 활동은 인적자본으로서 중요한 역할을 하였다.

2. 개혁·개방 이전의 중국경제(1949~1978)

개혁·개방 이전 마오쩌둥 시대의 중국경제를 이해하기 위해서는 첫째, 시기 구분과 정책의 전개 둘째, 체계적 분석 셋째, 성과와 문제를 중심으로 한 평가로 나눠 살펴볼 것이다. 특히 분석과 평가는 중국의 저명한 경제학자 린이푸林毅夫의 저서 '중국의 개혁과 발전 전략'에서 주장한 것을 참고했으며 중국경제의 시기 구분과 시기별 특성은 필자가 대학원에서 수강한 중국경제론 수업 내용에서 발췌한 것과 연계하여 서술할 것이다. 당시 유희문 외 10인 공저의 『현대중국경제』가 주요 교재 중 한 권이었음을 밝힌다.

(1) 시기 구분과 정책의 전개

먼저 시기 구분과 정책의 변화를 시기별로 나눠 보면 복구 및 기반 조성기1949~1952, 제1차 5개년 계획 기간1953~1957, 대약진운동 시기 1958~1960, 조정기1961~1965, 문화대혁명 시기1966~1976, 양약진洋跃进 추진기1976~1978로 나눌 수 있다. 6개 기간으로 나눈 각 시기의 특징을 살펴보면 아래와 같다.

① 복구 및 기반 조성기(1949~1952년)

중일전쟁과 2차 국공내전을 거쳐 신중국이 1949년 건립되었으므로 10여 년에 걸쳐 파괴된 기반시설과 생산시설을 복구하는데 최선의 노력을 기울인 끝에 1952년 들어 전쟁 전 최고 수준을 회복하였다. 사회 안정화를 위해 초인플레 진정에 매진한 결과, 가시적인 성과를 창출했으며 중앙은행인 중국인민은행을 설립함으로써 사기업활동을 장려하기도 했다. 단, 당시에 국민당과 외국인 소유의 기업도 상당한 비중을 차지하고 있었는데, 조정할 수밖에 없었다. 1951~1952년 기간 동안 부패 척결을 명분으로 내세워 3반운동주로 부패관리과 5반운동뇌물, 탈세, 국가재산탈취, 사기, 기밀누설을 전개함으로써 자본가 계급을 점차 압박해 들어갔다. 사기업의 비중이 점차 약화되었음은 두말할 필요가 없다.

개혁·개방 전 중국경제 시기구분과 정책의 전개

복구 및 기반조성 (49~52년)	1,5 계획 기간 (53~57년)	대약진운동 (58~60년)	조정기 (61~65년)	문화대혁명 (66~76년)	양약진 (76~78년)
▶ 3反, 5反운동전개 ▶ 토지개혁(耕者有田)	▶ 소련경제모방(중앙계획체제) ▶ 중공업중심의 추월전략 ▶ 신민주주의 조기폐지	▶ 마오식 경제발전 모색 ▶ 자력갱생, 7년내 영국추월 15년내 미국추월(赶英超美) ▶ 인민공사대형화(一大二公)	▶ 류사오치, 덩사오핑 ▶ 텃밭 ▶ 실용주의(실무 파득세)	▶ 실무파를 주자파로 축출 ▶ 홍위병 선동정치로 기존질서 전면부정(4舊타파) ▶ 자력갱생 ▶ 분권화된 명령 경제 ▶ 4인방	▶ 신대약진 ▶ 4대 현대화 ▶ 화궈펑 과도정권

이 시기 수행된 혁명적 조치인 농촌 토지개혁이 토지경작을 하는 자가 농지를 소유한다는 "耕者有田"의 원칙 하에 이루어졌으며 지주 및 부농의 토지를 몰수하여 약 3억 명에 이르는 빈농贫农 및 고농雇农 에게 무상 분배됨으로써 국민당의 기반인 지주계급이 몰락하였으며 자영농, 소농을 중심으로 가족농 체제가 형성되었다. 다만 소농체제 아래에서는 영농의 기술적 한계를 피할 길이 없었다.

② 제1차 5개년 계획 기간(1953~1957년)

이 기간은 적극적으로 사회주의 경제건설을 추진한 시기로, 소련 경제 모방 시기이며 국가 통계국, 국가 계획위원회1952, 국가 물자총 국1956 중심의 중앙계획체제가 수립됨으로써 수백 개 물자에 대한 '물자 균형' 방식의 중앙 개혁이 이루어졌으나 불행히도 이는 단순한 수준이었다. 소련의 경우 2만여 물자를 가지고 보다 정교한 중앙계 획을 실행한 것과 비교된다. 이 시기에 중국이 중공업 중심의 경제발 전을 추진한 것은 소련식 중앙계획체제를 모방한 것이다. 중공업 투 자 중심으로 경제를 운용하는 것은 곧 높은 투자율자본 축적 및 소비 억제를 통해서만 가능함을 의미한다. 지역적으로는 주로 동북 지역 에서 중공업 투자가 이루어졌으며 소련의 차관 및 기술지원694개 공업 프로젝트 중 156개을 통해 이루어졌다.

한편 중국 공산당은 경제건설을 위해 생산조직을 조기에 사회주의 체제로 개조하는 것이 급선무라고 판단하여 당시 1·5계획 기간 내 인 1957년 이전에 마치기 위해 각고의 노력을 다했다. 신중국의 지지 기반인 농촌조직의 인민공사화와 도시 상공업의 근간인 기업의 국유 화가 신중국이 당면한[14] 사회주의 경제체제로 가는 길이었다. 마오쩌

등이 신민주주의를 조기 종결시키면서까지 사회주의 체제를 조기에 완성하려고 했던 것은 소련과의 관계 악화로 소련의 지원을 포기해야 했기 때문이다. 마오쩌둥은 중국의 미래를 우려했으며, 당시 최강국이었던 영국과 미국을 추월하기 위해서는 자력갱생만이 유일한 해결책이라 판단했다. 이것이 곧 사회주의 체제 조기 완성의 배경이며 대약진운동 전개의 배경이 되었다.

당시 90% 이상인 농촌과 농민의 생산조직을 개조하기 위해 토지개혁 이후 생산조직을 구성해 나가는데, 먼저 장애물로 나타난 것이 앞서 언급한 신중국 초기의 가족농인 자영농 체제였다. 왜냐하면, 농촌의 조직화 기본방향은 집단농장 건립이었으며 이를 위해 궁극적으로 5,000가구 규모의 '인민공사'를 대대적으로 확충해야 하는데, 자영농 체제의 소농은 기본적으로 구성원이 가족인 가족농 체제로 생산수단은 토지, 농기구, 역축으로 기본적 소유는 가족소유였다. 따라서 자영농 체제소규모의 소농와 계획체제5천가구규모의 인민공사가 목표의 괴리가 너무 커 이를 점진적으로 집단화해 나갈 수밖에 없었다. 즉 6~10가구 규모의 호조조互助組, 30~40가구 규모의 초급합작사初級合作社, 150~200가구 규모의 고급합작사高級合作社의 단계를 거쳐 5천 가구 규모의 인민공사人民公社로 조직을 점진적 확대하는 전략을 채택해야 했다.

이에 따라 생산조직을 처음에는 임시 호조조 3~5가구 상시 호조조

---

14 당시는 중화민국 시기의 자본가 계급이 상당수 존재하고 있어 사회주의 체제로 가기 전 15년간의 과도기 체제로 신민주주의를 선포했으나 미국·영국을 추월하기 위해 중공업 우선의 추진전략을 실행함에 따라 신민주주의의 조기 종결이 불가피해졌다.

6~10가구로 구성하였다. 규모 면에서 그다음 단계인 초급합작사 하에 서도 생산수단의 소유 역시 호조조 단계에서와 같은 각 가구 소유단계로 토지를 소유한 각 가구가 토지경작과 관련한 모든 소유권을 가지고 있었으나, 초급합작사의 경영은 통합경영으로 진일보한 형태의 집단 조직으로 진화할 수 있었다. 초급합작사에서는 분배 시 노동 및 생산수단의 기여도를 고려하여 30~40가구 내의 규모로 구성하였다.

고급합작사는 생산수단의 개인 소유를 벗어나 집단 소유화했으며 통합경영을 하였다. 분배는 사회주의적 분배원칙인 노동기여도^{노동점}수에 따라 하기로 했으며, 규모는 150~200가구로 늘렸다. 자율 경작 및 처분할 수 있는 텃밭 형태의 토지인 텃밭^{自留地}은 토지의 5% 이내에서 허용하기로 했다.

이러한 점진적 집단화 추진 계획은 1955년 8월 이후 급속히 진전되어 마오쩌둥 주도로 1956년 말 고급합작사로 생산조직이 개편 완료된다.

다음은 도시 상공업의 국유화 과정이다. 이념과 계획경제체제와 조화를 이뤄 나가는 과정으로, 1949~1952년은 '이용' 단계로 사영기업이 허용되었으며 이로 인해 전후 복구 및 물자, 고용이 확대될 수 있었다. 이는 마오쩌둥이 주창한 신민주주의 이념 자체가 사회주의 체제에서 과도기를 허용함으로써 허약한 국민경제를 비교적 조기에 활력을 넣기 위한 과정이었다. 다만 국민당 및 외국인 소유 기업 및 은행은 여기에서 제외되어 국유화의 과정을 거쳤다. 1952~1953년은 '제한' 단계로 5반운동 벌금부과 등으로 기업활동이 위축되었으며, 1953~1956년은 '개조' 단계로 초급 국가자본주의 기업은 국가 주문위탁생산체제로 진입했으며 고급 국가자본주의 기업은 공사합영기업으로 원소유자에게는 이자 수취를 허용했다. 마지막 단계는 사회주의 국영기업으로 이는 곧 전민소유제 기업을 의미하며 전국 소재 사영기업이 모두 국유기업으로 전환된 것이며, 원래 점진적 국유화 계획을 추진할 것이라고 믿고 있던 기존 기업들은 적잖이 당황할 수밖에 없었다.

1차 5개년 계획의 성과와 한계를 서술하자면 무엇보다도 이때 중국은 연평균 10% 수준의 고성장을 보여주었다. 이 중 공업생산 증가율은 연평균 18% 수준으로, 중공업 발전이 주도한 결과였다. 또한, 고투자의 결과 소비 증가가 제한적일 수밖에 없어 국민의 민생은 낮은 소비생활로 상당한 고통을 받았다. 한편 중공업 위주의 추월전략으로 경제적 불균형과 부작용이 나타나는 부정적 한계를 보여주었다. 소련식 발전모델과 중국 현실의 부조화는 중국의 중앙계획체제의 한계를 드러냈으며, 소련과의 관계도 점차 냉각되기 시작하는 계기가 되었다. 또한, 대규모 중앙 공업과 지방의 중소 공업의 격차가 점차 더 벌어져 이에 대한 조정이 불가피한 상황에 직면하기도 했으며, 중공업에 사활을 건 정부 정책은 농업생산의 상대적 부진의 결과를 초래하였으며 이는 농업에 대한 투자 부족과 집단화에 따른 생산성의 저하로 인한 역효과였다.

③ 대약진운동 시기(1958~1960년)

이 기간은 철저하게 마오쩌둥식 경제발전체제 모색 시기로 구체적 배경과 내용은 아래와 같다.

㉠ '사회주의 건설 총노선' - 급속한 공산주의화 추구

소련과의 갈등 및 1·5계획 과정에서 나타난 제반 문제에 대한 마오쩌둥의 대응책으로 스스로 강해져야 하는 자강정책이다. 영국·미국을 추월해야 하는 강박관념과 조급증이 결과적으로 중국의 현실을 무시하고 무리하게 정책을 결정, 추진하게 된 것이 대약진운동이다. 이는 마르크스 이론에 도전하는 것으로 상부구조사상 개조 등를 통한 생산력 증대, 즉 경제발전을 도모하는 것으로 게릴라 투쟁식 대중 동원 체제이다. 이러한 중국 지도부의 움직임은 곧 소련식 사회주의에 도전하는 것이며, 중앙계획체제 및 전문가·관료주의에 도전장을 내민 것이라고 할 수 있다.

대약진운동은 사회주의 건설 총노선인 급속한 공산주의화를 추구하기 위한 시도이다. 이리하여 마오쩌둥은 게릴라와 투쟁 시 대중동원체제까지 강행하는 대약진운동을 생각해낸 것이며 사회주의 단계를 건너뛰어 급속한 공산주의화를 시도한 것이다. 핵심 슬로건은 일대이공一大二公으로 첫째, 인민공사 규모가 커야 하며 둘째, 인민공사의 공유화 정도가 높아야 한다는 의미다.

㉡ 비현실적 고도성장 목표

대약진운동 전개 시 마오쩌둥은 공업생산 증가율을 연평균 25%로 설정함으로써 비현실적 성장목표를 제시하였다. 마오쩌둥의 이러한 무리수는 '7년 내 영국 추월, 15년 내 미국을 따라잡자'는 슬로건 하에 국민 대중의 사상해방에 기초하였다. 이는 마오쩌둥의 12,500km의 대장정을 1년 안에 마무리한 초인적 경험을 경제건설에도 적용하지 않았나 하는 추정을 가능케 한다.

중공업 투자를 위해서는 자본 축적이 필수 불가결한 과제였으며, 당시 국제환경이 녹록지 않아 차관을 얻거나 투자를 해줄 우방국이 없었다. 결국, 자력갱생에 의한 자본 축적에 의존하지 않을 수 없게 되었으며 이는 90% 이상의 농촌과 농민들의 강제적인 소비억제를 통해 국가 주도의 투자에 의존할 수밖에 없었다. 그러나 애초에 불가능했던 목표를 달성했다는 지방정부의 생산량 허위보고는 목표량을 추가 할당받는 악순환을 초래했으며 이에 기초해 농촌의 소위 잉여노동력 천만 명 이상을 도시로 이주시키는 정책 과오를 저질렀다. 당시의 산업생산 지표 관리는 단순히 철강 및 식량 생산 증대에 초점이 맞춰져 있었을 뿐이었다. 당시에는 품질과 상관없이 농촌에 재래식 용광로를 설치하여 저질 철강재를 양산했을 뿐이다.

ⓒ 인민공사 건립 - 주로 농촌

인민공사는 5,000가구 이상의 대규모 집체 조직으로 전민소유국유조직을 위한 과도기적 조직이었다. 인민공사 체제하에서는 고급합작사에서 인정했던 텃밭自留地과 농기구 등 개인소유를 철폐했다. 이로 인하여 농민들의 부업과 농촌시장은 거의 소멸하였다. 노동에 따른 분배인 사회주의 분배원칙마저도 공정하지 못했고, 저급한 수준의 '공산주의 분배원칙'만 있었으며 이는 곧 '필요에 따른 분배'만을 강조했고 인민공사에서의 공동 식당, 합숙소 운영은 곧 '가정 파괴'를 의미하였다.

대약진운동의 결과는 식량 생산 격감으로 참담한 실패를 안겨 주었다. 1959~1961년간 가뭄이라는 자연재해까지 겹침으로써 식량 부족으로 3,000만 명 이상이 아사하였으며 저질의 철강만이 넘쳐 경제가 붕괴하였다. 이는 앞서 언급한 바와 같이 비현실적 목표와 체계적 관리 부재로 허위보고가 횡행함으로써 정보 전달 및 확인 체제가 붕괴되었기 때문이다. 중앙계획체제 자체가 약화된 것은 필연적인 결과였다. 마오쩌둥의 사상개조 및 대중 동원에 대한 과신이 대약진 운동을 참담한 실패로 이끈 것이다.

④ 조정기(1961~1965년)

대약진운동 실패로 마오쩌둥이 결국 2선으로 물러나고 류샤오치 국가주석과 덩샤오핑 주도로 실용주의 정책이 등장하였다. 당시 인구 대부분을 점하고 있던 농촌과 농업을 중시함으로써 식량 증산을 강조하고, 농산물 수매가 인상과 농업부문 투자를 증가시켰다. 일부 지역에는 농가 생산 청부제실질적 가족농를 등장시키기도 했으나 이 제도는 지나치게 급진적 제도로 인식되어 곧 금지되었다. 한편 문제의 핵심이었던 인민공사를 1961년 재편하여 생산대 중심의 3급 소유제로 만들었다. 인민공사는 기능 및 규모를 축소하여 이전의 1/3 규모에 불과한 1,600가구로 구성하였다. 생산대대는 상하 연계하여 소규모 지원 산업을 수행하게 했으며 생산대는 약 30~40가구로 농업생산, 회계, 분배의 기본단위로 만들었다. 개별 농가도 텃밭自留地부활 및 확대5% 이상 10%까지하여 부업을 장려하였다. 여기에서 나온 농산물을 농촌 자유시장에 판매함으로써 물질적 인센티브를 허용하였다.

대약진운동 시기 도시로 갔던 농민들이 귀환한 이후, 호구제가 정착되고 인구 이동이 통제되면서 도농 이원체제가 확립되었다. 한편 도시 부문의 경우도 중공업 투자가 축소되고 농업지원 공업이 강조되면서 중앙계획 및 체계적 관리가 다시 강조되었다. 또한, 주로 국방

차원의 내륙 공업기지 건설이 활성화되면서 3선개발 정책이 도입되어 이후 상당 기간 지속되었다. 헤이룽장성 소재 따칭 유전에서는 원유 생산이 본격화되었으며, 중국 공산당 지도부 내에서는 실용주의 정책이 성과를 내면서 실무파专가 득세하고, 이념파红와 갈등이 점차 표면화되기 시작했다. '专'은 전문기술을 의미하며 실무파의 특징을 나타내고 대표적 지도자로 류샤오치 국가주석과 덩샤오핑을 가리키며, '红'은 이념을 의미하며 당주석 마오쩌둥 최고 지도자를 가리킨다. 마오쩌둥은 대약진운동의 실패를 책임지고 2선 후퇴하였으나 실무파들의 정책 성공으로 자신의 권위와 권력에 불안을 느껴 그들을 자본주의를 좇는 주자파走资派로 몰아 권력 핵심으로의 복귀를 도모하고자 문화대혁명을 구상하고 있었다.

⑤ 문화대혁명 시기(1966~1976년)

문화대혁명은 기본적으로 권력투쟁으로 해석되는 정치적 사건이며 1966~1968년 초기에 전개된 극심한 권력투쟁을 말한다. 마오쩌둥은 대약진운동의 실패를 어느 정도 복구하는 데 성공한 류샤오치, 덩샤오핑 등의 실무파를 '주자파'走资派로 맹비난하면서 홍위병을 동원하여 정적을 제거하였다. 극도의 혼란이 계속되었으며 홍위병 분파 간에도 서로 충돌하여 군대 개입 후 질서가 회복되었다. 이후에는 각급 군중심의 혁명위원회가 실권을 행사하게 되었다. 1969~1976년에는 마오쩌둥식 사회개조를 시도하였다. 대약진운동과 비교하면, 문화대혁명의 단기적인 경제적 악영향은 크지 않았다. 홍위병들은 기존 질서를 전면 부정하고 지속적인 계급투쟁을 해야 한다고 주장하는 마오쩌둥의 부단혁명론을 좇아 4가지 낡은 사상인 구사상, 구

문화, 구풍속, 구관습을 타파하는 데 앞장섰다. 즉 4구四舊타파가 강조된 것이다. 경제 효율성专을 자본주의 요소로 간주하여 경시하였고, 이념红이 지나치게 강조된 시기였다. 예를 들면 노동자들이 관리에 참여, 관리자들이 노동 참여하는 경험을 맞교환했으며 학생들의 하향下乡으로 수백만의 도시 청년홍위병 등들이 농촌으로 보내졌으며 대학입시가 10년간 폐지되었고, 노동자 교육기관으로 전락하였다. 이러한 여파로 문화대혁명은 장기적으로 사회, 경제에 회복할 수 없는 큰 충격을 주었다.

마오쩌둥은 극단적인 평등주의를 강조함으로써 물질적 인센티브를 부정하여 '노동에 따른 분배' 원칙이 퇴색되었다. 어쨌든 사업단위 안에서는 평등도가 매우 높았으며, 다만 인구 이동 제한으로 도농간 격차는 유지되었다. 또한, 큰 원칙 중 하나로 자력갱생 정책을 다방면으로 추진하였다. 국가 차원에서는 외국의 자본, 기술, 시장 의존에 대해 부정적인 입장을 취했으며, 지방 차원에서는 지방분권화를 추진하여 1970년대 초에 지방 공업화가 이루어져 사대기업社队企业이 성장하였다. 지방 기업은 현지의 잉여 자원을 활용하여 공산물을 자체 조달하였다.

한편 지역 간 합리적 분업은 약화되었다. 개별 사업단위 차원에서의 자력갱생 정책은 '단위' 안에서 모든 것을 해결하는 '단위체제'의 소사회를 형성함으로써大而全 小而全 주거, 교육, 의료 등을 자체 해결한 것이다. 문화대혁명기에는 시장경제와 중앙계획경제 모두를 부정함으로써 조정능력이 극도로 취약했으며 자력갱생을 통해 조정 기능이 단순화되었다. 일종의 분권화된 명령경제 같은 것이었다. 단순한 경제구조로 인해 부작용이 오히려 제한적이었던 것은 아이러니라 할 수 있다.

문화대혁명 후반기1971~1975년에는 부분적이나마 실용정책이 도입되었다. 즉 대외정책의 중요 사건을 보면 1971년 유엔가입으로 안보이사회 상임이사국이 되었으며, 1972년에는 미국의 닉슨 대통령이 방중핑퐁외교하였고 중·일 간에 수교가 이루어졌다. 저우언라이의 4대 현대화 즉 농업, 공업, 국방, 과학기술 현대화 정책이 시행되었으며 덩샤오핑이 복권되어 4대 현대화 정책을 추진하였으며 이는 개혁·개방 정책의 전신이라고 할 수 있다. 농촌공업화사대기업성장 등 부분적 성과도 있었으며 4인방 등 과격 좌파의 견제로 본격적인 실시에는 한계가 있었다. 1975년 말 이후 1976년 마오쩌둥 사망까지 다시 좌파가 득세하였다.

⑥ 양약진洋跃进 추진기1976~1978년: 마오쩌둥 사후 과도기

화궈펑 주도의 과도기로 장칭 등 4인방이 제거되었으며 투자 증대와 외국 설비 대량 수입을 통해 급속한 경제성장 및 4대 현대화 추진이 진행되었다. 신대약진이라고도 불리는 양약진은 무모한 목표를 내걸었으며 제도개혁 및 중공업 우선의 기본 정책 수정 없이 철강, 철도망 등 다수의 대규모 프로젝트들이 추진되었다. 1978년 덩샤오핑이 최고 권력자로 등극하면서 화궈펑은 점진적으로 퇴진하였으며 개혁·개방 정책 도입으로 양약진 정책은 단명의 길을 걸어 상당수 투자 프로젝트들이 축소 내지는 중도 포기되었다.

(2) 개혁·개방이전 중국경제에 대한 체계적 분석

① 중공업 우선의 추월전략 - 선택과 현실적 모순에 봉착

마오쩌둥의 신중국은 경제발전 전략으로, 추월전략인 중공업 우선 발전 전략을 선택했다. 대부분의 후진국 지도자들에게 경제발전과 중공업의 높은 상관관계는 추월전략을 시도하고픈 유혹을 느끼게 한다. 당시에는 경제발전 수준이 높을수록 중공업 비중이 높았기 때문이다. 그러나 당시 중국의 농촌은 대부분 빈곤하여 소비재 수요가 낮았으며, 경공업을 통한 자본 축적은 장기간 소요될 수밖에 없었다. 국제환경 역시 냉전 시기로 적대적이었다. 경제구조 자립화와 동시에 군사력 강화를 위해서는 중공업 우선 발전을 통한 추월전략이 불가피했다. 또한, 같은 공산 진영으로 산업화를 먼저 이룬 소련의 성공적 경험을 거울삼아 경제발전 전략을 전개할 수 있다고 믿었다. 문제는 중공업 육성을 위해서는 대규모 투자가 필요하다는 상반된 현실이 정책 당국자들에게 난제였다. 중공업은 생산재인 중간재를 생산해 내는 자본 집약적 공업으로 노동 집약적 소비재 공업보다 규모가 커 적정 규모의 생산능력을 갖춘 시설의 건설 및 투자액 회수에 오랜 기간이 소요되는 것으로 판단되었다. 막대한 초기 투자자금이 소요되므로 규모의 경제를 이룰 수 있는 수준의 투자를 하고 연계투자의 필요성이 있었다. 또한, 초기에 외국 설비 및 기술도입이 불가피하여 많은 외화가 필요했다.

당시 저개발국인 중국의 경제 여건으로는 풍부한 노동력이 있었으나 극심한 자본 부족으로 낮은 임금과 높은 이자율이 형성되어 있었다. 수출 가능 상품의 부족과 해외시장 제약으로 외화가 부족했고, 따라서 높은 환율이 불가피했다. 저축 여력이 부족했으며 그나마 이 또한 분산되어 있어 금융기능이 취약해 자금 동원 능력이 부족하였다. 결론적으로 경제발전 전략과 현실여건 사이의 모순이 커 시장 기능을 통해 중공업 육성은 불가능했다.

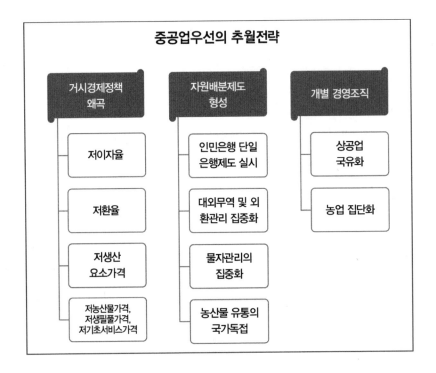

② 추월전략을 위해 거시경제정책을 왜곡

따라서 추월전략 지원을 위한 거시경제정책 계획이 필요했던바, 상대가격을 인위적으로 왜곡시키는 정책이 불가피했다. 시장에 의존할 수 없는 현실에 직면한 것이다.

첫 번째로 저이자율 정책이다.

건국 초기 초인플레 진정을 위해 고금리 정책을 시행하여 한때

월 12%였던 적도 있다. 인플레 진정 이후에는 지속해서 저금리 정책을 전개해 나갔다. 1953년 월 0.6%, 1954년 월 0.46%연5%대, 1971년 월 0.42%대였다. 시장 조건에서 결코 나타날 수 없는 저금리였다. 이것은 중공업 투자 소요에 막대한 자금이 필요해 장기에 걸쳐 낮은 비용으로 자금조달 여건을 조성한 것이다.

두 번째로 저환율 정책 즉 인민폐 고평가 정책이다.

중공업에 필수 불가결한 설비 및 기술을 싸게 수입할 수 있도록 저환율 환경을 제공한 것이다. 수입품 가격을 낮게 하는 일종의 수입보조금 효과이며 수출산업에 대한 간접적 징세 효과이기도 하다. 수출로 획득한 외화의 위안화 환산액을 낮게 한 것이다. 결과적으로 외화 수요가 외화공급을 초과하여 전략산업인 중공업에만 외화가 배분된 것이다. 여타 수입수요는 충족시킬 수 없었다.

세 번째로 왜곡된 것은 저 생산 요소 가격 정책이다.

즉 저임금, 저에너지 가격, 저 원재료 가격 정책을 시행해 나간 것이다. 중공업의 자체 잉여 축적을 위해 투입비용을 줄인 것이다. 즉 인위적으로 중공업의 이윤 창출이 가능하게 하였는데 그 이유는 중공업에 소요될 투자 재원 확보를 위한 것이다. 저개발국의 경우 국민경제 전체의 잉여가 미미하였고 경제의 화폐화 수준이 낮아 금융 미발달로 잉여의 부문 간 이전이 어려웠다. 또한, 국민 대다수인 저소득 농민에게 직접 세금을 징수하는 데 어려움이 있었다.

네 번째로 왜곡된 것은 저 농산물 가격, 저 생필품 가격, 저 기초서비스 가격 정책으로 도시 주민의 최소한의 생활 수준을 보장함으로써 사회주의식 사회보장을 했다. 그러나 농민들에 비하면 특혜였다고 할 수 있다. 도시 노동자의 저임금을 위한 여건 조성을 위해 노동력의 재생산과 사회안정을 도모하였다. 특히 저 농산물 가격은 농업 농촌으로부터 중공업도시으로 잉여를 이전한 대표적 정책이었다고 할 수 있다. 이는 곧 농업에 대한 간접적 징세 효과를 의미했다.

③ 중앙집중 계획에 의한 자원 배분 제도 형성

왜곡된 상대가격 구조는 광범위한 수급 불균형을 발생시켰으며 이는 곧 만성적 초과수요를 일으켜 '부족의 경제Shortage Economy'를 초래했다. 전략 부문에 우선적 자원 배분을 위한 제도적 장치가 필요하여 결국 중앙정부의 계획경제 체제를 강화함에 따라 사회주의 경제 체제가 적극적으로 시행되었다.

첫 번째가 금융 관리체제로 중국인민은행 단일은행 제도를 시행했다. 저이자율 정책으로 저축 의욕이 감퇴된 반면에 자금 수요는 증가하였다. 유일한 저축·대출 통로로서 전략 부문에 자금을 배분하는 금융체제가 형성된 것이다. 중국인민은행에 집중된 단일은행 체제로 운영되었다. 이는 곧 은행 등 금융기능의 미발달을 초래했다.

두 번째로 집중된 대외무역 및 외환 관리 제도를 들 수 있다.

왜곡된 저환율로 인해 수출을 회피하고 수입수요가 증대되는 결과를 초래했다. 따라서 국가의 대외무역 통제가 불가피했으며 국가 독점적 대외 무역체제가 형성되는 계기가 되었다. 전략산업 필수 수입품에 국한하여 수입계획이 우선 결정되고 수입 실행을 위한 외화 획득 목적의 수출계획이 수립되었으며 실행되었다. 극소수 대외 무역회사만 수출입이 가능했고 수출입 허가증 제도를 실시함으로써 통일적 대외무역 관리를 하였다. 외환의 집중관리는 필요 불가결한 상황이 되어 외환 수입이 있게 되면 국가에 매도해야 하는 의무를 부여했다. 외환 사용 시에는 계획 당국 및 대외무역부 허가 후 은행을 통해 외환을 사용하였다.

세 번째로 집중된 물자관리체제를 형성하였다. 가격 왜곡으로 주요 물자 수급 불균형을 초래했는데, 이것은 중공업과 같은 전략산업의 수요 충족을 위한 '집중된 물자관리체제'가 필요했기 때문이다. 물자의 분류는 다음의 세 가지 경로를 통해 이루어졌다. 즉 국가통일분배统配물자는 200여 종으로 국가계획위·물자공급총국을 통해 이루어졌으며 중앙 주관부서 분배部管물자는 약 300여 종이었다. 마지막으로 지방정부 책임하에 물자배분三类物资하는 품목들이 있었다.

네 번째로 농산물 유통의 국가독점统购统销을 들 수 있다. 저 농산물 가격으로 인해 농민 생산 의욕이 줄어들어 국가 수매를 기피했다. 이에 농산물 거래를 국가가 독점함으로써 시장판매를 금지하였다. 도시 주민 식량 및 핵심 가공원료 공급을 보장하기 위한 조처였다.

④ 개별 경영조직: 상공업 국유화와 농업집단화

잉여 지배 및 투자 통제를 위해 생산조직을 개조하였다. 가격 왜곡 거시정책과 중앙집중 자원 배분 제도로도 충분하지 않았으며, 개별 조직의 경영 자주권을 제한할 필요가 있었다. 사기업이나 개별 농가는 경공업 제품이나 채소 생산을 늘려서 암시장을 활용하면 이윤 획득 추구가 가능하기도 했다. 상공업은 국유기업 체제로 기업 자체의 독자적인 이해관계가 없었으며 수입과 지출의 통일적 관리统收统支가 제도화되었다. 농업 역시 인민공사 체제로 구성원 개개인들에게는 독자적 이해관계가 미약했다.

결론적으로 중공업 우선 발전을 위한 추월전략의 삼위일체의 경제

체제가 성립된 것이다. 중공업 우선 발전 전략과 자본 부족이라는 모순의 결과로 사회주의 경제체제의 근간이 결정되었다. 즉 ①가격 왜곡의 거시경제정책, ②중앙집중의 계획적 자원 배분 제도, ③국유 상공업, 집단농장의 경영 관여라는 국가 차원의 세 가지 원칙이 결정된 것이다. 위 경제체제의 경제적 결과는 산업구조의 불균형 및 효율 저하를 가져왔다. 그러나 이는 사회주의 체제의 결과나 중국 특유 현상이 아니며 추월전략을 선택한 많은 개도국 공통이었다고 린이푸는 주장한다.

(3) 성과와 문제를 중심으로 한 평가

① 개혁이전 시기의 경제적 성과

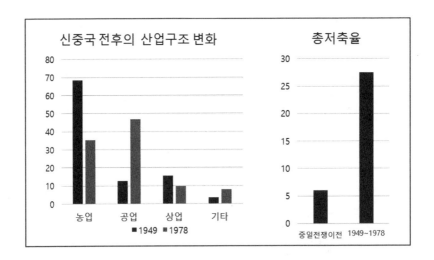

개혁 이전 시기의 경제적 성과로 높은 자본 축적을 달성하였으며 총 저축율투자율은 25~30%에 달함으로써 저개발국 경제발전의 핵심

조건을 충족시켰다. 중일전쟁 이전의 6%에 비하면 괄목할 만한 성과이다. 또한, 국민 수입 기준 연평균 6% 성장을 함으로써 비교적 높은 경제성장률을 나타냈다. 당시에는 GDP, GNP 개념이 없었으며 국민수입순물적생산 개념은 농·공·건축·운수·상업·음식업 5개 물질생산 부문의 순생산부가가치합계로 각종 서비스업 생산은 제외된 것이다. 고 저축·고 투자·고 성장을 달성함으로써 자립적 경제구조를 창출해내었으며 대외의존을 최소화하였다.

또한, 국민 수입 중 공업의 비중이 1949년 12.6%에서 1978년 46.8%로 급증했으니 괄목할만한 발전을 한 것이다. 반면 농업은 68.4%에서 35.4%로 급감, 상업도 15.4%에서 9.8%로 감소했다. 다만 위 통계가 왜곡된 가격인 경상가격 기준으로 평가되어 실제 공업화 수준이 과대 평가되어 있다. 그런데도 비교적 평등한 분배를 이룸으로써 최소한의 기본적 필요는 제공하였다.

그러나 국민 생활 수준의 개선은 미약했다. 연평균 2.0% 이상의 높은 인구증가율, 과도한 저축률로 소비가 억제되었으므로 실제 생활 수준 개선은 미미했다. 1952~1978년 고정자본이 13배 증가하는 사이 1인당 소비는 도시가 2배 증가, 농촌은 58% 증가에 그쳤음이 이를 증명한다. 왜곡된 산업구조로 인해 농산물 및 소비재가 부족했다. 돈이 있어도 소비재 구입이 어려워 배급제에 의존할 수밖에 없었다. 1·5계획 기간 최고였던 성장률 자체도 이후 높은 변동성과 하향 추세에 들어가 전반적으로 성장률 자체도 낮아졌다.

구조적 문제

산업구조 왜곡 (1978년도)	• 1978년 공업 46.8%, 농업 35.4%, 기타 18% • 고용구조 공업 12.5%, 농업 73.3% • 도시화율 19.4%, 대부분 자력갱생형 도시로 전락
중앙계획체제의 비효율성	• 중앙정부, 정보부족으로 계획경제 문제점 투성 • 마오쩌둥. 관료주의 혐오로 중앙정부 관료숫자 턱없이 부족 • 지방간 거래 부족으로 중복투자의 위험성이 컸다
경쟁부재와 인센트브 부족이 초래한 비효율성	• 경쟁부재로 고생산비 유발, 연성제약 문제 발생 • 외연성장에 의존, 실생산성 증가는 0.5~1%에 불과 • 노동자, 절밥그릇 의식으로 노동생산성 저하

② 구조적 문제

근본적인 문제로 산업구조 왜곡과 이로 인한 부작용과 중앙정부 계획체제의 비효율성과 경쟁 부재로 추가로 발전할 기회를 스스로 포기했다.

첫 번째, 근본적인 문제로 산업구조의 왜곡을 들 수 있다. 중공업에 과도한 투자 결과로 나타난 생산 비중 과도의 문제다. 총 기본건설 투자 중 중공업 비중이 36%~54%에까지 이르며 1978년의 산업구조는 공업이 46.8% 농업 35.4% 기타 18% 통계가 있긴 하나 공업 비중이 과대평가, 농업 비중이 과소평가된 것으로 판단된다. 분명한 것은 경제발전 수준 고려 시 공업 비중이 과도하며 3차 산업의 비중이 과소한 것은 확실하다. 고용구조를 보면 농업 비중이 매우 높아 1978년 농업 73.3% 공업 12.5%이다. 또 다른 왜곡 문제로 부존자원 구조와 부조화를 들 수 있으며 이는 비교우위 활용의 실패를 의미한다. 즉 산업구조의 왜곡은 경제성장을 억제하는 효과가 있어 잠재 수준 이하로 떨어뜨릴 수 있다. 역설적으로 말하면 합리적 산업구조를 통해 더 높은 GDP 도달이 가능하다는 것을 의미한다. 산업구조 왜곡은 결과적으로 효율적 자원 배분의 실패를 가져온다. 산업구조의 왜곡은 또한 낮은 고용 창출을 초래하며 도시화 진전을 억제한다. 자본 집약적 중공업 투자의 고용 창출 효과는 낮아서 경공업의 1/3 미만이며 공업이 총고용에서 차지하는 비중이 12.5%에 불과하다. 호구제 실시로 도농 분리가 불가피하여 도시화를 억제한다. 실제로 1978년의 도시화율은 19.4%에 불과했으며 3차 산업 역시 발전에 한계가 있고, 지역 간 유통 미발달로 자력갱생형 도시가 되고 만다. 산업구조 왜곡은 또한 국민 생활 수준을 개선하지 못하게 만든다. 식료품, 서비스 등 소비재 공급 부족으로 배급제를 시행해야 하며 공급자 시장이 지속되어 품질 및 서비스가 취약해진다. 또한, 경제의 대내 지향성이 심화된다. 비교우위 산업이 위축되고 비교열위의 산업을 인위적으로 육성하는 비합리적 정책이 시행된다. 자연스럽게 수출입 규모도 축소되며 자력갱생 이념이 작용하게 된다.

두 번째, 근본적인 문제로 중앙계획체제의 비효율성을 들 수 있다. 초과 수요 혹은 초과 공급이 발생하면서 비효율적이고 불합리한 일들이 벌어지며 자원 배분의 비효율성으로 비효율적 배분이 발생한다. 예를 들면 중공업 과다 투자, 농업에 과다 인력 배분의 경우가 있다. 시장경제란 일정 조건 아래에서 자원 배분이 효율적으로 이루어지며 특수한 경우에만 시장실패가 발생할 뿐이다. 중앙정부 계획체제에서 발생하는 비효율의 핵심원인은 정보 부족이다. 정보 보유자 즉 생산자가 계획 당국에 생산능력에 관한 정확한 정보 제공 유인이 없다. 또한, 생산능력 과소 보고 등으로 소요 원자재 과장보고 등 정보를 왜곡할 수 있다. 이에 대한 중앙정부의 대응책으로 빡빡한 계획 작성으로 유연성 부족을 초래하며 목표관리의 폐해로 인해 톱니효과[15] 등 중앙계획체제의 문제점들이 나타난다. 마오쩌둥이 관료주의를 극도로 혐오했기 때문에 중앙정부에 관료 숫자가 턱없이 부족해 정교한 중앙계획 작성이 불가했다. 결국, 자력갱생 형태로 지방에 맡기게 된다. 이 점이 소련의 중앙정부 중심의 사회주의 계획경제 체제와 크게 다른 점이었다. 중국은 지방간 거래 부족으로 지역 간 비교우위가 상실되며 중복투자의 위험성에 노출되었다. 중국에 자동차 공장이 200여 개 있었으며 생산 규모가 연간 수백 대에서 최대 수만 대밖에 안되었다. 농업도 면화 생산에 치중하다 보면 식량 생산에 문제가 생기곤 했으나 시장이 형성되어 있지 않아 다른 지역에서 조달할 수가 없었다.

세 번째, 경쟁 부재와 인센티브 부족이 초래한 비효율성을 들 수 있다. 국내산업 보호의 계획체제, 국가의 유통 독점, 파산 불가로 인한 경쟁 부재로 높은 생산비를 유발해 더 발전할 수 없는 심각한 문제가 상존한다. 인센티브 부족 문제 또한 기업에게는 매출실적과 비용지출의 연계 부재统收统支로 연성 예산제약[16]soft budget constraint 문

---

15 톱니효과 : 생산 또는 소비가 일정 수준에 도달하고 나면, 현재보다 낮았던 이전으로 돌아가기 힘든 현상을 나타내는 용어. 경제학에서 생산·소비 수준 혹은 생산품의 질이 일정 궤도에 오르고 나면 수준이 더 낮았던 이전으로 돌아가기 어려운 현상을 말하는 용어이다.
16 연성 예산제약 : Kornai는 '연성 예산제약(soft budget constraints)'이라는 개념을 창안하여 동유럽 경제체제에 만성적인 물자 부족이 필연적으로 나타나게 됨을 설명하였다. 현실 사회주의 기업들의 경우 예산제약 조건들이 '사후'에 협상을

제가 발생하게 된다. 개인 차원에서도 노력과 수입 연계 고리가 없어 추가적인 생산성 향상을 기대할 수 없다. 그래서 중국인들은 철밥그릇铁饭碗, 큰솥밥大锅饭이라는 말처럼 그들 사이에서 열심히 해봐야 분배는 똑같으므로 굳이 더 노력할 필요가 없다고 생각했다. 이 모든 것은 결과적으로 추가적인 경제성장을 억제시켰다고 할 수 있다. 개혁 이전 중국은 생산요소 투입량 증대를 통한 외연적 성장을 했으며 생산성 증가율 연평균 0.5-1%에 불과했다.

3. 개혁·개방 이후의 중국경제(1978~2018)

통해 정부로부터 적자 부분을 보충할 수 있으므로 예산제약이 엄격한 제약으로 작용하지 못하며, 이를 기대하는 사회주의 기업 경영자들의 경영 행태는 그렇지 않을 때와 달라질 수 있다. 지방정부가 바람직하지 않은 방식으로 재원조달수단이나 통로를 조작하는 상황을 지칭한다.

마오쩌둥 시기의 중공업 우선의 추월전략은 높은 자본 축적률로 공업화의 진전을 어느 정도 이뤘으며 비교적 높은 경제성장률을 보여줬으나 국민경제 생활 수준 개선은 미미했고, 산업구조의 왜곡으로 인한 부작용, 중앙정부 계획체제의 비효율성을 초래해 총체적으로 경제발전 전략의 실패로 귀결되었다. 심지어 주변 아시아 신흥공업국과 비교해도 초라한 경제성적표에 지나지 않았다. 저축이나 투자의 지속 증대를 통한 경제성장을 기하는 데도 한계를 보일 정도로 중국 지도부는 외연적 성장[17]의 한계를 절실하게 느꼈다. 생산성 정체는 물론, 성장률 자체도 하락하는 위기에 봉착한 것이다.

1978년 덩샤오핑을 중심으로 한 새 지도부가 등장하면서 경제적 성과를 통해 정치적 권력의 정당성을 확보하고자 했다. 덩샤오핑은 나아가 공산당의 권력 유지의 근거로 '경제발전'을 삼고자 했다. 덩샤오핑은 중국 공산당 11기 전체회의 3중전회에서 핵심 슬로건으로 사상 해방과 실사구시를 주창했으며 공산당의 투쟁이념을 '계급투쟁'이 아닌 '경제발전'으로 방점을 찍으면서 공산당 당장까지 개정함으로써 본격적인 개혁·개방 상태로 진입하였다. 덩샤오핑이 취한 중국의 개혁·개방 정책의 원칙은 위로부터의 개혁이자 아래로부터의 점진적 개혁으로 밑으로부터 촉발된 혁명은 아니다. 지도부는 개혁 시도를 했으나 개혁의 장기 청사진을 가지고 있지는 않았다. 따라서

---

17 거시경제의 성장은 외연적 성장과 집약적 성장으로 나눈다. 외연적 성장은 생산요소(특히 자본) 투입량 증대를 통해 성장하는 방식으로 중국어 표현으로는 粗放型성장이라고 한다. 집약적 성장은 생산성(효율성) 향상을 통해 성장하는 방식으로 효율적 배분과 기술적 효율성에 의한 성장이다. 개혁·개방 이전의 중국이 전형적인 외연적 성장을 한 것이다.

아래로부터의 자생적 변화는 자연스럽게 허용하였다.

(1) 시기 구분과 정책의 전개

과거 문화대혁명의 기치를 올리면서 마오쩌둥이 실용주의를 주장하는 실무파[†]들을 자본주의를 맹종하는 주자파로 비난하며 사회주의 이념에 투철해야 한다는 '이념'紅을 우선시했던 것과는 정반대로 '계급투쟁'이라는 이념을 퇴출하고 그 자리에 '경제발전'이라는 가치를 공식적으로 대체한 것은 중국의 현대사에 있어 혁명적인 사건으로 기록된다. 개혁·개방 원년을 1978년으로 하여 중국경제의 개혁·개방 이후의 시기를 구분하는데 7단계의 세분화 방식이 개혁·개방 이후의 중국경제를 이해하는 데 도움이 되는바 아래와 같이 소개한다.

① 제1단계(1978년 12월~1984년 10월)

먼저 농촌을 개혁의 대상으로 하였으며 이는 중공업 우선 정책으로 산업구조가 지나치게 공업 위주로 왜곡된 것을 시정하기 위해 대다수 국민을 차지하는 농민의 생활 수준을 개선함으로써 공업과 농업의 괴리를 줄이고자 하는 정책적 수요가 있었기 때문이다. 또한, 농촌은 체제 주변 부문으로 개혁이 상대적으로 용이하다는 점도 고려되었다. 개혁의 초점은 생산조직 개혁으로 放权让利분권화와 물질적 인센티브 방식으로 기존경제 체제의 드러나는 문제점 즉, 생산 저효율을 개선하고 의욕 부족 현상마저도 이를 통해 해결하고자 했다.

덩샤오핑은 또한 선부론을 제시함으로써 일부 지역, 일부 사람 먼저 부유하게 되는 것을 인정했다. 기존의 평균주의를 타파한 것이다. 개혁·개방 초기에는 천원¹⁸이 주장했던 '새장경제'조롱경제론를 목표

체제 모형으로 하였으며 이는 국가계획을 우선하고, 시장조절을 보조로 하는 경제로 점진적 개혁이다. 즉 시장경제 요소를 부분적으로 도입한 것이다. 계획경제에서 소홀히 여긴 부분을 보충하고 경제 활성화를 도모하고자 했다. 개인 자영업개체호 허용으로 하향 인력을 도시로 귀환시키는 일자리 창출 효과도 노린 것이다. 또한 큰 변화로 경제특구를 설치하여 외국인 직접투자 유치를 위해 대외개방을 개시하였다.

② 제2단계(1984~1988년)

1984년 10월 중국 공산당은 농촌개혁 성공에서 자신감을 얻어 공산당 12기 전체 회의 3중전회에서 '경제체제개혁에 관한 결정'을 의결함으로써 도시부문으로 개혁을 확산시켰다. 개혁의 초점은 자원배분체제 개혁으로 국유기업에 대한 지령성 계획 비중을 축소하고 시장 기능을 확대 도입하는 것이었다. 중국 특색의 사회주의 건설 논리로 체제개혁의 이론을 제시한 셈이다.

국유기업을 대상으로 협의의 이중체제双轨制를 도입한 것이다. 일정량 계획체제 아래에서 생산하고 초과 부분은 시장을 통해서 생산 및 거래를 허용한 것이다. 원자재 구매 및 생산물 판매에 시장과 계획의 병존 곧 이중가격을 허용한 것이다. 이는 안정과 효율을 동시에 추구하기 위한 것으로 계획 생산을 통해 정부 목표를 확보하고 시장 가격에 의해 추가적 생산을 결정함으로써 효율적 자원 배분을 기대한

---

18 천윈陈云1905년 6월 13일 - 1995년 4월 10일, 중국의 정치인이다. 중국 공산당 8대 원로의 한 사람이다.

것이다. 단 지대추구[19] 행위 및 부패가 등장하는 폐단이 나타났다. 광의의 이중체제로 소유제를 다양하게 가져가는 개혁도 진행했다. 국유부문과 비국유부문 즉 개체호, 사영기업, 농촌집체기업, 외자계 기업이 공존토록 한 것이다.

이 당시 내세운 개혁·개방의 논리를 정리하면 다음과 같다.

㉠ 一个中心 两个基本点 논리

1982년 공산당 12기 당 대회에서 결정된 것으로 하나의 중심 즉 '경제건설'을 의미하며 두 가지 기본점은 '개혁·개방'과 4항 기본 원칙을 말하며 4항 기본 원칙은 사회주의 노선, 인민민주주의 독재, 공산당 영도, 마르크스·레닌·마오쩌둥 사상 견지를 의미한다.

㉡ 사회주의 상품경제론(1984년)

생산수단 공유를 기초로 한 계획적 상품경제를 의미하며, 계획과 시장기능의 유기적 결합을 전제로 하고 있다. 시장에서 팔기 위해 생산하는 제품이 상품이다. 시장경제라는 용어가 어색하여 마르크스

---

19 지대추구: 각종 이해집단은 정치력을 동원하여 자신들이 창출한 경제적 가치보다 더 많은 몫을 챙기는 시스템을 만들어내곤 한다. 누군가가 본인의 몫 이상을 차지하게 되면 다른 누군가는 본인이 기여한 만큼 가져갈 수 없다는 점에서, 이는 불특정 다수를 대상으로 한 합법적 약탈이라 불릴 만하다. 경제학에서는 이러한 행동을 지대추구 행위rent-seeking behavior라고 한다. 공급이 한정된 토지에서 발생하는 수익인 지대와 같이, 특정 이해집단이 자신들의 업종에 대한 진입을 제한하여 경쟁을 회피하고, 여기에서 발생하는 손쉬운 이득을 취하는 것이다. 흔히 정부의 보조금, 세제상의 우대 조치, 진입 규제 등의 정부 정책이 동원된다. 국가에서 정한 면허나 허가가 필요한 특정 직종이나 사업도 인위적으로 '경제적 지대'를 만들어낸 사례로 볼 수 있다.

가 사용한 말인 상품경제라는 용어를 사용한 것이며 이는 제한적 시장경제인 '새장경제'에서 한 단계 더 나아간 것이다.

ⓒ 사회주의 초급단계론(1987년, 공산당 13기 당 대회)

중국의 사회주의는 자본주의를 거치지 않았기 때문에 사회주의 건설을 위한 경제적 기반 조성 시기가 100년은 지속되어야 한다는 논리이며 주요 문제로 물질적 수요초과수요와 생산력 수준 낙후공급부족 사이의 모순을 들고 있다. 최대 과제로 생산력 발전을 위해 자본주의적 요소 즉, 시장, 사영기업, 다양한 소득분배 방식 등을 허용해야 한다고 주장한다.

③ 제3단계(1989~1991년) 경제질서 재정비治理整頓

과열된 경제성장의 속도 조절을 위한 안정화 정책으로 인플레 등 경제사회 불안에 1988년 말부터 대응하기 시작했다. 가격개혁가격 자유화·이중가격 단일화의 미숙한 시도로 사재기가 발생하여 약 20% 인플레가 발생하였으며 이중가격 등에 따른 부정부패가 심화되었다. 1989년 천안문 사태 이후 경제 질서 재정비가 더욱 강화되었다. 이는 곧 사회안정 확보 차원에서 개혁·개방이 부분적으로 후퇴할 수밖에 없었다. 따라서 가격개혁가격자유화도 유보되었으며 사영기업, 향진기업의 일시적 억제가 불가피했다.

④ 제4단계(1992~1997년)

1989년 천안문 사태 이후 리펑 등 보수파가 정권을 장악하면서 누구도 개혁·개방의 지속에 대해 말을 못 하자 덩샤오핑이 노구를 이끌고 남방을 순시하면서 말한 개혁·개방 재점화를 알리는 신호탄 역할을 한 것이 남순강화[20] 南巡讲话, 1992년2월)이다. 즉 "개혁·개방 더 빨리, 더 대담하게"를 외침으로써 치리정돈을 종료하고 개혁·개방에 재시동을 걸었다.

1992년 10월 공산당 14기 당 대회에서 새로운 개혁 모형인 "사회주의 시장경제"를 채택하였다. 시장경제가 더는 자본주의의 전유물이 아니며 계획경제를 사회주의와 동일시 할 수 없다는 선언을 하게 되었다. 이에 따라 시장을 통한 자원 배분을 원칙으로 하는 '시장경제'를 전면적으로 수용하고 이중체제쌍궤제를 폐기함으로써 시장으로 단일화를 이룬 것이다. 공유제의 범위를 넓게 해석함으로써 주식제를 새로운 공유제로 인정함으로써 새로운 소유제를 인정했다. 결과적으로 사회주의에 대한 재해석을 내린 것이라고 할 수 있다.

개혁의 초점은 거시경제정책에서 이중가격을 시장가격으로 단일화함으로써 가격구조를 합리화하며 가격개혁, 환율개혁 등 왜곡된 가격구조를 바로 잡는 것이었다. 이는 곧 효율적 자원 배분을 위한 것이었고, 지대추구를 억제하기 위한 것이었다. 결과적으로는 다양한 소유제를 통해 기업 간 공정한 시장경쟁을 도모하기 위함이었다. 생산요소 시장까지 전면적으로 수용함으로써 노동시장, 자본시장예: 주식시장, 토지사용권시장 등을 시장화하고 실업 개념을 도입했다. 정부의 역할은 거시경제의 안정, 공정 경쟁을 위한 시장 규제에 국한했다. 이를 위해 중앙정부의 재정 능력 및 역할을 강화하는 재정개혁을

---

20 덩샤오핑이 천안문 사태 이후 경직된 개혁·개방을 재점화하기 위해 선전 등 중국 남부 개혁·개방 주요 거점을 돌면서 언급한 발언들.

단행했다. 대외개방 역시 급진전 되어 개혁·개방의 불가역성을 확인하였고 결과적으로 외국인 직접투자가 급증하였다. 진정한 의미의 개방은 1992년 이후라고도 할 수 있다. 치리정돈 시기를 통해 중국경제가 과거로 회귀할 수 있다고 생각하는 사람들도 있었으나, 남순강화를 통해 당시 중국 최고 지도자인 덩샤오핑의 개혁·개방에 대한 확고한 의지가 확인되었기 때문이다.

⑤ 제5단계(1997년 9월~2002년 10월) : 제4단계와 제한적인 구별
덩샤오핑 사후 장쩌민 체제 공고화를 위해 1997년 9월 제15기 당 대회에서 사회주의 시장경제를 본격 실행하는 것으로 결정하였다. 장쩌민은 3개 대표론을 제시하고 2002년 당장, 2003년 헌법에 삽입함으로써 공산당은 선진 생산력, 선진 문화, 대다수 인민 근본이익을 대표한다는 것을 명확히 하였으며 자본가인 사영 기업가의 입당 허용 등을 통해 공산당의 외연을 확대했다. 1998년 주룽지朱镕基 총리가 등장하여 개혁을 가속화하여 기득권층의 저항에 적극적으로 대응하였다. 3대 개혁으로 국유기업, 금융, 정부조직 개혁을 본격 추진하였다. 아울러 시장경제체제에 필요한 제도를 정비하였으며 2001년 12월 WTO에 가입함으로써 대내 개혁, 대외개방 효과를 기대할 수 있게 되었다. 당시 중국 내에서는 철강, 석유, 통신 등 국유기업 중심으로 많은 반대가 있었으나 주룽지 총리가 일관되게 밀어붙여 WTO에 가입하게 된 것이다.

⑥ 제6단계(2002년 10월~2012년)
제4세대 지도부로 후진타오胡锦涛 당 총서기, 원자바오温家宝 총리가

선출되었으며 그들은 사회주의 시장경제의 완성을 목표로 하였다. 이에 따라 '계획경제'를 명시적으로 폐기 함으로써 11차 5개년 계획을 11·5 규획規划이라고 하였다. 이전에는 계획이라 칭했다. 2002~2008년에 고속 경제성장을 했으나 새로운 개혁이 미미했으며 부분적으로는 개혁이 후퇴했다. 이전 정부의 주룽지 총리의 강력한 개혁 정책의 효과가 가장 크게 나타난 시기로 두 자릿수 경제성장률을 기록했다. 새로운 비전으로 조화사회和谐社会 건설을 제시함으로써 2020년까지 전면적 "샤오캉小康"사회 건설 목표를 제시했다. 고속 경제성장의 폐해인 지역 불균형, 3농문제[21], 자원부족, 환경 악화 등이 사회적 이슈로 부상했으며 지속적인 경제발전을 위한 솔루션을 제시해야 하는 부담을 가진 시기였다.

이를 위해 실체가 모호한 '과학적 발전관'을 새로운 발전방식으로 내세웠다. 경제 성장방식 전환의 필요성을 부각시켰으나 실제 진전은 미미했다. 2008~2009년 글로벌 금융위기 이후 본격적인 성장방식의 전환을 위해 전력투구했으나 결과는 성공적이지 못했다. 2011~2015년 12·5 규획의 핵심 의제인 에너지 효율화 목표를 설정하고 노력했으나 당시 경제 상황이 좋아 지방정부의 호응이 없었다.

---

21 3농문제: 삼농문제란 중국의 농촌이 안고 있는 3가지 문제, 즉 농촌, 농민, 농업 문제를 말한다. 개혁·개방 초기만 하더라도 도시와 농촌 간의 격차가 그리 크지 않았다. 하지만 덩샤오핑의 선부론과 시장경제체제의 도입에 의한 개혁은 도시와 동부에 편중된 발전을 낳았고, 이로 인해 발생한 것이 삼농문제이다. 농업 생산성이 낮고 국제경쟁력이 떨어지는 농업 문제, 도농 간, 농촌 내 소득격차가 벌어지는 농촌문제, 농민들의 소득이 감소함으로 도시로 불법 유입하는 농민 문제를 일컫는다.

⑦ 제7단계(2012년~)

제5세대 지도부로 시진핑習近平 당 총서기, 리커창李克強 총리가 선출되었다. 새로운 국내외 경제환경으로 인당 GDP $5,000~10,000 사이의 국가에서 나타나는 "중진국 함정"이 대두되었다. 새 지도부는 경제발전 수준의 상승 및 경제환경 변화로 기존의 성장방식으로는 지속 성장 불가능함을 인식하고 있었다. 제약 요인으로 임금 상승, 선진국 시장 침체, 환경 오염, 소득격차 심화, 성장률의 뚜렷한 하락 2012~2014년 연속 7%대 성장이 나타났으며 새로운 성장방식이 필요했다. 투자와 수출 견인 성장에서 궁극적으로 소비 견인 성장으로 전환해야만 하는 상황에 직면하게 된 것이다.

2008년 글로벌 금융위기 충격 극복 과정의 부작용이 현실화되었다. 당시 수출 감소를 대규모 투자 확대를 통해 극복하고자 했으나 부작용으로 인플레, 부동산 버블, 과잉 투자, 지방정부와 국유기업의 과도한 부채, 그림자 금융 등이 심각한 부담이 되고 있다.

신지도부는 새로운 개혁 드라이브를 걸고 있으며 18기 3중전회 2013년 11월 "전면적 개혁 심화에 관한 결정" 으로 다음과 같은 정책을 실시하기로 했다.

- "시장에 의한 자원 배분"
- "개혁 보너스改革紅利" 기대- 리커노믹스
- 개혁 심화를 통한 경제발전 방식 전환 추진
- 양적 성장에서 질적 성장으로

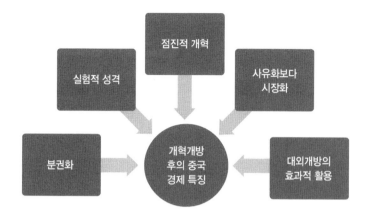

(2) 개혁·개방기 중국경제의 특징

중국의 개혁 개방의 특징은 점진적이고 실험적이며 사유화보다는 시장화에 우선을 둔 방향으로 정책 방향을 잡았다는 것이다. 아울러 지방정부 및 기업의 적극성 유도를 위해 분권화를 추진했으며 대내적 개혁과 대외적 개방을 효과적으로 연계함으로써 효과를 극대화했다는 점이다. 상세한 내역은 아래와 같다.

① 점진적 개혁

개혁 초기에는 체제 주변 부문 및 체제 외 부문의 경제활동 자유를 확대하고 체제의 핵심 부문은 개혁을 미뤘다. 대표적 체제 주변 부문 개혁으로 농촌개혁을 들 수 있으며 체제 외 개혁은 비국유기업인 개체호 및 외자기업을 먼저 대상으로 했다. 이중체제를 거친 후 단일 시장체제로 이행했으며 체제전환 자체보다 경제성장을 우선시했다. 동유럽이 급속한 체제전환을 시도하다가 단기적으로 난관에 봉착했음을 잘 알고 있는 중국 정부는 같은 실수를 반복하지 않기 위해 점진적이며 실험적인 정책 기조를 유지했던 것이다.

② 실험적 성격

중국은 특유의 조심성으로 "돌다리를 한 걸음씩 걸어 강을 건너는 방식"摸着石头过河을 택했으며 장기적 청사진에 따른 개혁이 아니라 시행착오를 거치는 방식으로 개혁을 진행했다. 높은 융통성과 실용성을 발휘하여 현장의 자생적 변화를 묵인하고 관찰 후 사후에 공인하는 방식을 채택했다. 예를 들면 집단농장 해체와 자영농 부활 및 사영 기업개체호육성을 들 수 있다. 또한, 경제특구에 국한해 각종 개혁 실험을 한 이후 전국적으로 점진적으로 확산 적용하였다.

③ 사유화보다 시장화 우선

경제체제의 두 핵심요소 개혁 중 사유화보다는 시장화를 우선적으로 실시하였다. 즉 시장을 통한 중앙계획을 대체하였으며 새로운 다양한 비국유기업의 등장을 허용하였다. 아울러 밑으로부터의 사유화를 추진하였다. 다만 생산수단 소유제 전환은 가능한 한 늦춰서 개혁의 충격을 최소화하고자 했다. 아직도 국유기업의 전면적 사유화는 공식적으로 수용하지 않고 있다.

④ 분권화

분권화를 통해 지방정부 및 기업의 적극성을 유도하는 방권양리放权让利정책[22]을 시행함으로써 지방정부의 경제적 권한을 대폭 확대하

---

22 방권양리放权让利는 지방 국유기업에 일정 범위의 경영 자율권을 보장하고, 일부

였으며 지역 간, 기업 간 경쟁을 유도했다. 결과적으로 고속 경제성장의 핵심 요인인 지방 주도 개발 프로젝트가 급증하였다. 그러나 분권화의 부작용 즉 지역 보호주의, 중복투자 등이 발생하면서 중앙정부가 거시적으로 강제 조정을 할 수밖에 없었다. 중앙정부 재정의 상대적 축소는 결과적으로 중앙정부 재정수입 증대를 위한 분세제[23] 分税制 개혁을 단행하게 만들었다.

⑤ 대외개방의 효과적 활용

대내적 개혁과 대외적 개방을 효과적으로 연계시킴으로써 정책의 효율성을 극대화하였다. 아울러 개혁 이전 경시했던 노동 집약적 산업을 급성장시킴으로써 비교우위 정책을 펼쳐 나갔다. 이는 결과적으로 2000년대 초반까지 경제성장 및 산업구조의 합리화에 기여하였다. 특히 2001년 WTO 가입이라는 대외개방을 통해 내부 개혁을 시도하기도 하였으며, 해외 화교의 자본, 경영능력과 중국의 노동력, 시장, 토지의 교환을 통해 중국경제발전에 기여하였다.

(3) 개혁·개방기 중국경제의 평가

① 성과

개혁·개방 시기 실질 GDP 증가율 연평균 9.5%[1978~2014]로 세계

이윤을 양도하는 정책으로 지방분권화의 대명사다.

23 지방정부가 세금의 일부를 중앙정부에 납부하고 나머지는 지방정부에 유보했던 제도를 고쳐 각종 세금을 중앙세와 지방세로 명확히 구분·실시함으로써 중앙정부의 재정 자립도를 높이고 지방 재정의 분권화와 신축성을 가져오기 위한 중앙정부의 새로운 징세제도로 1994년 전면 시행

최고의 초고속 성장을 하였으며 2003년부터 2007년까지 5년 연속 10% 이상 성장을 하였다. 몇 차례 진폭이 큰 경기변동이 있었으나 점차 축소되었다. 그러나 2010년 이후에는 성장률 하락 추세가 뚜렷하다. 이 시기 경제성장은 국민 생활 수준 향상을 가져왔다. 다만 가계소득 증가율은 경제성장률에 못 미쳤다. 이는 성장의 과실이 가계보다 기업, 정부 부문에 보다 많이 귀속되었다는 것을 의미한다. 내구 소비재 보급이 보편화됨에 따라 도시 지역에는 가전제품칼라TV, 세탁기, 냉장고 등 보급이 일반화되었고 농촌도 보급 확산되어 기초 가전제품이 60% 내외 보급되었다. 전통적 내구 소비재 고급화 및 새로운 내구 소비재가 보급되고 있는데 에어컨, 컴퓨터, 자동차 등으로 급속히 확산되고 있다. 결과적으로 절대 빈곤 인구는 축소되었으나 여전히 빈곤 인구가 적지 않다.

1978년 당시 18%에 불과했던 3차 산업이 2019년 54%로 확대된 것과 1978년 35%나 되었던 1차 산업이 2019년 7%에 불과한 것 역시 산업구조의 큰 변화로 볼 수 있으며 도농소득격차가 심화된 현대 중국의 문제점을 극명하게 보여준다.

② 중국경제의 문제들 : 개혁·개방의 한계

경제적 문제로 과잉투자, 과소소비, 지방정부 부채, 부동산 버블 등의 거시적 불균형으로 경착륙 발생 가능성을 배제하지 못한다. 에너지, 물, 환경 등이 지속적 경제성장의 병목 요소로 작용하고 있으며 금융, 민영기업 등 개혁 미흡 부문이 여전히 존재한다. 아울러 지역간, 도농간, 계층간의 심각한 소득격차는 사회불안을 초래할 가능성이 있다.

사회 문제로 무규범성을 들 수 있는데 구 규범이 약화되었으나 신 규범 미정착으로 심각한 수준의 무질서가 현실적인 문제점으로 등장하고 있다. 제 규범 미정착, 짝퉁, 신용질서 문란으로 시장질서가 무너지고 있으며 심각한 부정부패, 배금주의가 만연되어 있다.

4. 중국정치와 중국경제의 상관관계를 읽어야

(1) 정치경제의 사전적 의미

정치의 사전적 의미는 나라를 다스리는 일로 국가의 권력을 획득하고 유지하며 행사하는 활동으로, 국민이 인간다운 삶을 영위하게 하는 것이며 좋은 정치란 상호 간의 이해를 조정하며, 사회질서를 바로잡는 역할을 한다. 쉽게 말하면 좋은 정치란 궁극적으로 사람이 행복해지도록 하는 모든 시스템 및 행위를 말하며 중장기적으로 이를 보장하기 위해 법과 제도를 정비해 정치 지도자의 개인적 성향에 따라 이를 쉽게 고치지 못하도록 하는 것이다. 자유민주주의 국가의 헌법에서 일반적으로 국민 개개인의 행복을 추구할 권리를 중요한 기본권으로 못을 박고 있는 것도 우리가 눈여겨봐야 할 중요한 가치이다. 개개인이 자신의 행복을 추구할 권리와 자유 선택권을 가짐으로써 자신의 행복을 최대화한다. 사람이란 태어날 때부터 개개인의 특성이 뚜렷하게 다른 경우가 많기에 이를 일괄적으로 또는 평균적으로 표준을 잡아 전체를 위해 개인의 자유와 권리를 제한해서는 안 된다.

경제의 사전적 의미는 인간의 생활에 필요한 재화나 용역을 생산·분배·소비하는 모든 활동 또는 그것을 통하여 이루어지는 사회적 관계를 가리킨다. 사람이 필요로 하는 만큼의 재화나 용역을 생산해야 최적의 경제활동이 될 수 있으며 이를 위해서 '시장'을 통해 수요자 및 공급자가 자유롭게 활동을 하며 최적의 균형점을 찾는 것이 합리적 경제 행위가 될 것이다. 경제란 아주 쉽게 말해서 국민이 골고루 배불리 먹고 즐길 수 있는 사회에 구체적인 재화와 용역을 적정한 가격에 적기에 공급해 주는 행위라고 할 수 있다. 따라서 국가가 자유시장을 보장하고 공정성을 보장하며 생산자와 소비자를 경제활동에 전념할 수 있도록 투명하고 균형 있는 최소한의 법과 제도를 운영하며 관리하는 조정자 역할을 해야 한다. 인간의 행복에서 경제생활이 차지하는 부분이 상당한 것은 굳이 묻지 않아도 알 수 있다. 자신이 노력한 결과가 경제생활을 통해 구체적 잉여금으로 돌아오며 이를 통해 다른 사람과의 관계적 생활과 소비·문화생활을 함으로써 자신이 행복을 추구할 수 있기 때문이다.

따라서 경제와 정치는 불가분의 관계일 수밖에 없다. 다만 정치체제에 따라 추구하는 이데올로기와 방법이 다를 수 있다. 인류의 역사를 통틀어 인류는 행복해지기 위해 많은 노력을 기울였다. 소수 지배 집단의 행복만을 극대화하고 일반 대중의 행복을 경시하는 대표적 체제인 전제 봉건 왕조가 과거 수천 년간 지속되었다. 그 후 근세를 지나 국민국가가 출현하고 국가별로 근대화 과정을 통해 점차 공화제, 자유 민주, 사회주의 체제로 변혁과정을 거쳤다. 정치체제별로 다소간의 차이가 있으나 궁극적으로 국민을 행복하게 하기 위한 목표를 내세웠으며 이에 따라 정치와 경제의 상호 영향력은 차이가 있다. 개인보다는 전체를 중시하며 개인의 자유보다는 평등을 우선 가치로 여기는 사회주의 체제에서는 국가권력이 훨씬 강력했기 때문에, 사회적 변혁이 많았다. 자유민주주의 국가는 경제의 정치에 대한 영향력이 상대적으로 우위에 있어 경제 침체나 경제정책 실패는 곧 정권 교체로 이어지는 심판자의 역할을 한다.

중국과 같은 사회주의 국가 체제도 사실상 경제에서 자유로울 수 없다. 1949년 신중국 성립 이후 많은 경제정책이 있었으나 국제·국내적 정치 논리를 우선시함에 따라 세계사에서 유례없는 3,000만 명 아사라는 대참사를 가져왔다. 이는 중공업 우선의 추월전략과 대약진운동의 무리한 추진으로 인한 결과다. 내부 정적 제거를 위한 문화대혁명 역시 회복되기 시작한 경제에 찬물을 끼얹어 버리는 참담한 결과를 가져왔을 뿐이다. 국민의 행복을 무시한 제반 정책들이 실패할 수밖에 없음을 보여 준 것이다. 중국 현대사에서 보여 준 두 사건은 중국경제가 결과적으로 후진성을 면치 못하는 이유가 되었으며, 이는 모두 정치적 요인이었음을 부인할 수 없다.

(2) 헌팅톤의 정치발전론을 선택한 중국 공산당

정치개혁을 논의하는데 있어 이론적으로는 C.E.Black과 S.P. Huntington 두 학자가 정치발전과 경제발전은 밀접한 상관관계가 있음을 주장하며 오늘날 저발전국가들은 과거 서구국가가 거쳤던 저발전단계에 머물러 있다고 가정하고 이들 국가의 정치발전을 위해서는 Black은 정치 리더십을, Huntington은 정치 제도화를 강조한다. Huntington은 정치발전과 경제발전을 별개로 인식했으며 경제발전을 위해서 정치 민주화보다 정치 안정에 무게를 두었다. 근대화 이론은 원시통일·산업화·국민복지·풍요의 4단계를 거친다고 주장한다 W.W. Rostow. 참고로 종속이론은 근대화 이론을 신랄하게 비판하여 제3세계의 저발전이 자본주의 선진국들의 주변부 역할을 함으로써 발생한 것이므로 중심부인 선진국과의 관계를 단절해야 발전할 수 있다는 이론이다. 근대화 이론은 오로지 서구적인 시각이라는 것이다. 중국정치에서 공산당 일당체제는 불변의 전제조건이므로 근대화 이론 중 헌팅턴 정치발전론을 수용했다. 서구적 시각의 이론임에도 점진적·단계별·실험정신의 실사구시를 추구하는 공산당에게는 체질적으로 맞는 이론이었던 것으로 생각된다. 따라서 사민주의와 신권위주의가 공산당 지도부와 지식인 계층으로부터 폭넓은 지지를 받을 수밖에 없었다. 정치개혁보다는 경제개혁에 방점을 찍는 정치이론이기 때문이다. 일반 대중의 정치 직접 참여보다는 1당 체제의 정치 안정을 중시하는 이론으로 해석된다.

개혁·개방 초기에는 중국경제를 위한 정치개혁이 제도화를 통한 법제로 발전하면서 정치발전을 주도했으나 미래의 중국은 정치개혁의 방향에 따라 경제발전의 지속 여부가 결정될 것이다. 빈부격차·도농격차·지역격차·환경오염 등 사회문제, 다원화 사회 및 이익단체 출현 증가로 향후 국민들의 정치적 욕구분출 관리가 관건이며, 진정한 의미의 민주화를 위한 노력이 절실하다. 즉 제도 민주화와 선거 민주화가 동시에 균형적으로 이루어졌을 때 중국의 미래는 밝다.

(3) 덩샤오핑의 개혁·개방 정책의 배경

중국정치의 역할은 중국 공산당 권력강화와 유지 및 배분과 승계로 요약할 수 있다. 그러나 중국정치가 마오쩌둥 시기에 지나치게 이데올로기에 편중되어 경제가 활성화되지 못할 경우 중국 공산당이 위기에 처할 수 있음을 덩샤오핑은 잘 인식하고 있었다. 대약진운동 이후 문화대혁명 직전의 중국경제 조정기에 어느 정도의 개혁·개방 정책으로 중국경제의 잠재 발전 가능성을 확인했으며 이제는 경제발전이라는 성과물이 없다면 중국 공산당이 더는 국민으로부터 지지를 받을 수 없음을 잘 알고 있었다. 지금의 중국 국민이 압도적으로 중국 공산당을 지지하는 것도 경제발전과 그 성과의 분배를 실질적으로 누리지 않았다면 불가능했을 것이다. 물론 지금은 과도한 빈부격차의 확대, 도농 소득격차 확대, 지역격차 확대, 부패의 만연 등으로 분배의 공정성에 회의를 느낀 계층들이 증가하고 있어 정부가 이에 대한 대책 마련에 전전긍긍하고 있다. 그러나 민중들의 생활 수준 상승에 대한 만족도가 높기 때문에 아직은 우려할 만한 수준이 아니다.

정치와 경제의 상관관계에 대한 서구의 전통적인 사고는 상호 밀접한 관련이 있어 경제가 고도로 발전하게 되면 분야별·계층별 다원주의의 팽배로 자체 목소리를 내게 되고 이것이 자체 이익을 대변하기를 희망함으로써 민주화 과정을 거치는 것이 정설로 되어 있다. 권위주의 아래에서 경제발전을 이룬 동아시아의 싱가폴, 대만, 한국도 경제성장 후에 민주화 과정을 거쳤음은 물론이다. 그러나 중국의 경우는 40여 년 동안 경제적으로 고도성장을 했음에도 불구하고 괄목할만한 정치발전은 없었다. 개혁·개방 이후에 1979년 민주의 벽 사건과 1989년 천안문 사건을 겪은 것이 1919년 5·4운동 이후 대규모 학생운동이라고 할 수 있다. 앞서 언급한 것처럼 덩샤오핑은 경제를 위한 개혁·개방의 설계사로 전면에 나서 경제발전을 진두지휘했으나 정치적으로는 안정을 택해 민주화를 용인하지 않고 어떠한 희생도 무릅쓰고 공산당 일당체제를 고수했다. 후야오방의 실각, 자오쯔양의 실각을 가져온 것도 이러한 덩샤오핑의 의지의 표현이었다.

만일 개혁·개방의 성과물로 실질적인 경제발전이 없었다면 덩샤오핑의 오늘날의 중국 인민들의 평가도 없었을 것이며 마오쩌둥에 대한 덩샤오핑의 평가 즉 '과過보다 공功이 많다, 과過가 30 공功이 70'이라는 그의 평가도 유효하지 않았을 것이다. 덩샤오핑은 정치적인 성공을 위해서 개혁·개방을 활용한 경제발전에 집중함으로써 승부수를 던졌다고 할 수 있다. 중국 공산당이 스스로 국가 정체성을 '중국 특색 사회주의'로 규정하며 사회주의 시장체제로 개혁을 과감하게 단행한 것도 필연적인 조처였다고 할 수 있다. 덩샤오핑의 사회주의 초급단계론, 장쩌민 시기의 3개 중요사상 및 후진타오 시기의 조화사회론 등이 모두 국민들의 경제적 생활 수준을 높여 국민들의 행복을 증진시킴으로써 중국 공산당 일당체제를 더욱 공고히 하겠다는 것이 그들의 근본적 생각이다. 경제 규모가 커지면서 경제성장률이 떨어질 수밖에 없는 현실을 국민들에게 당위성을 입증하기 위해 2014년 5월 시진핑 주석이 처음으로 신창타이新常态 개념을 들고 나왔으며 과거 8% 성장 적극 유지에서 지금은 6% 성장유지를 위해 절치부심하고 있다. 경제발전의 후퇴는 곧 중국 공산당 권력 기반의 취약화를 의미하기 때문이다. 시진핑이 '중국몽'을 주창하며 위대한 중화민족을 강조하는 민족주의로의 회귀 역시 이와 무관치 않다.

중국경제에 대한 근원적 이해에 덧붙여 제3부에서 중국 경제와 금융의 현안 이슈에 대한 분석을 시도한 것은 중국정치와 마찬가지로 미래에 발생 가능한 일에 대한 예측을 함으로써 위기에서 벗어나 오히려 중국경제에 편승하여 지정학적 요소를 극대화하고자 함이다.

제3부

중국의 현안 이슈 이해

개요

앞서 설명을 통해 중국 내부에서 발생하고 있는 다양한 이슈에 대해 점검을 하기로 했다. 현안에 대한 직접적인 이해는 하나하나의 단위 사업뿐만 아니라 중국에 대한 올바른 이해 없이는 불가하다. 현안 이슈에 대한 올바른 이해는 곧 과거·현재를 기반으로 미래를 추정해볼 수 있는 근거를 제공해 줄 것이다. 따라서 추진하고자 하는 사업의 투자 적실성 검토에 필요한 필수적 사업환경을 판단할 수 있을 것이며 궁극적으로 성공적인 사업투자를 위한 자신감을 확보하는 과정이 될 것이다.

예를 들어 미·중 무역전쟁을 분석하는 것은 곧 패권 다툼에 대한 이해가 선행되어야 하며 여기에는 다양하고 포괄적인 정보가 전제된다. 미국과 중국이 추구하는 가치가 무엇인지에 대해 고민하는 계기가 될 것이며 세계질서의 제정자인 패권국으로서의 기본적인 요건 역시 알게 된다. 아울러 무엇보다도 정치, 경제의 리더십이 어떻게 결정되는지도 깨닫게 되며 양대 대국이 벌이는 패권 다툼 가운데 지정학적으로 연관될 수밖에 없는 우리나라의 상황이 자연스럽게 분석된다. 따라서 한가지 이슈를 점검하게 되면 우리가 처한 현실과 우리가 나아갈 방향이 대비되면서 크게는 정책 방향이, 작게는 투자 방향이 도출된다. 이처럼 현안 이슈마다 이미 숙지한 기본지식과 분석방법을 이용, 실전에 적용하는 테크닉을 익힐 수 있는 것이다. 특히 우리가 직접 부딪치는 것은 중국인들과 중국의 법과 제도로 현안 이슈에 대한 올바른 진단은 파트너사와 고객에게 가까이 갈 수 있는 지름길을 제공해 줄 것이다.

　시진핑 정부의 정책을 이해하기 위해서는 시진핑의 비전인 '중국몽'에 대한 깊은 이해가 선행되어야 시진핑의 리더십이 이해될 것이며 시진핑 지도력에 수직적 관계를 맺고 있는 중국 공산당과 정부의 간부들 생각을 직접 읽어낼 수 있을 것이다. 중국은 정치가 경제를 지배하는 대표적 권위주의 체제 국가이므로 개혁·개방 이후 제도화의 길을 걸어온 정치 엘리트의 권력 승계 과정과 리더십 체계의 변화가 국가 정책의 핵심을 좌지우지할 수 있음을 알아야 한다. 따라서 이에 대한 변화를 읽어내는 통찰력을 가져야 한다. 또한, 중국의 경제정책은 핵심 정치 엘리트에 의해 결정, 수행되므로 그들의 움직임과 정부 정책의 변화를 선행해서 분석해내야 사업에 성공할 수 있다. 정치 엘리트들의 리더십의 근원 역시 경제적 성과물로 뒷받침되어야 궁극적인 리더십의 원동력인 국민의 지지를 받을 수 있다는 점 역시 여느 보통 국가들과 다르지 않다.

중국정치의 현안 이슈

시진핑 신시대의 키워드(정치)

부패척결 운동	• 시진핑집권 1기(2012~20177) 내내 지속 • 지금도 "老虎苍蝇一起打"(지위고하불문)
중앙영도 소조	• 제도권 조직보다는 비선 정치에 의존 • 시진핑이 조장, 평당원 왕치산이 부조장
중국몽 (中国梦)	• 중화주의와 민족주의를 은연중 고취 • 미중 무역전쟁이라는 패권다툼의 도화선
중국발전모델	• 정치는 공산주의, 경제는 자본주의 모델 • 권위주의 형태의 국가들에게 모델전파

1. 중국 공산당의 집단 지도체제는 무너진 것인가?

시진핑은 2017년 10월에 개최된 중국 공산당 19기 전국 대표대회에서 '시진핑 신시대 중국 특색사회주의'를 공산당 당장에 삽입하고 2018년 3월 전국 인민대표자대회약칭 '전국인대'에서 국가주석 3연임 제한 규정을 삭제함으로써 법적으로 1인 장기 집권체제로의 완벽한 길을 구축했다. 덩샤오핑은 마오쩌둥 1인 장기 집권에서 초래된 각종 실정을 반복하지 않기 위해 집단 지도체제를 제도화했으며 덩샤오핑이 후계자로 지명한 장쩌민과 후진타오는 이 원칙을 준수하며 집단 지도체제의 전통을 확립하였다. 시진핑 역시 제도화된 권력 승계의 틀 안에서 중국의 최고 권력자가 되었다. 그런데도 시진핑이 제도화된 집단 지도체제를 무시하고 자신만의 시대적인 사명감과 당 위성을 토대로 장기 또는 종신 집권의 길로 들어설지 아니면 2기 5년의 임기 동안 후계자를 지명하여 집단 지도체제라는 제도화된 정치체제를 유지할지가 세계인의 관심거리다. 아니면 과도기적으로 3기 5년까지만 추가로 자신의 임기를 연장하고 1인 체제를 종식하는 절충안을 택할지 시진핑만이 답을 가지고 있을 것이다.

(1) 중국정치의 리더십에 어떤 변화가 올 것인가?

최근에 중국정치를 연구하는 학자들 사이에 중국의 변화에 고민하는 모습이 역력하다. 왜냐면 대부분의 학자들이 중국은 집단 지도체제의 형태로 소수 엘리트에 의해 통치되는 것으로 이해되었으며 이는 제도화된 정치체제로 자유민주주의 국가의 민주정치와는 전혀 다른, 일종의 공산당 내의 민주화라고 표현할 정도로, 덩샤오핑 이래

이 체제가 지속될 것으로 예상하였기 때문이다. 물론 중국의 제도상, 당 중앙 군사위원회 주석직을 중심으로 권력의 리더십이 세워지고 있으며 동 직위는 연임제한 규정이 명문화되어 있지도 않아 헌법상의 국가주석직 3연임 제한 철폐 여부와 관계없이 1인 장기 집권의 길이 불가능한 것은 아니라고 강변할 수도 있다. 그러나 정치적 관행과 국민적 동의 역시 정치적 리더십에 있어 중요하고 결정적인 변수이기 때문에 1인 장기 집권 체제에 대한 정당성이 결여되어 있으면 많은 정치적 도전에 직면할 수 있으며 이는 곧 불안정한 정치 리더십으로 귀결될 수 있는 것이다.

2018년 3월 5일~20일에 열린 제13기 전국인대에서 국가주석직 및 국가부주석직에 대한 3연임 금지에 대한 헌법 조항이 삭제되자 우리나라의 많은 중국정치 학자들은 극도로 당황하는 모습을 보인다. 왜냐하면, 그들은 중국이 1978년 이래 덩샤오핑이 개혁·개방의 길을 선택하면서 자본주의 국가보다 더 자본주의다운 시장경제를 운용하는 중국 공산당을 봐왔기 때문이다. 그들은 40년의 개혁·개방을 거쳐 중국경제의 눈부신 발전으로 중국의 정치체제 역시 공산당 내 소수 엘리트 리더십에 의한 당내 민주로 이미 제도화되었다고 믿었기 때문이다. 덩샤오핑은 마오쩌둥 1인 체제의 난맥상과 이로 인한 중화민족의 불행을 몸소 겪었기 때문에 역사적 과오를 되풀이하지 않기 위해 소수 엘리트 집단 지도체제 유지를 유훈으로 남겼기 때문이다. 이에 대한 학문적 확신이 있던 중국정치 학자들에겐 3연임 금지조항의 헌법 삭제는 청천벽력이요, 경천동지할 사건이었다. 어떤 경우에도 믿고 싶지도 않고 믿을 수 없는 사건이었다.

한 나라의 최고 통치자 리더십은 국가의 운명을 좌지우지한다. 우리나라의 근현대사를 봐도 최고 통치자의 리더십은 곧 국가의 이데올로기를 결정했고, 정치시스템을 결정했고, 사회 시스템을 결정했음을 알 수 있다. 중국이라는 나라는 한 이웃 국가가 아니라 과거 수천 년 동안 우리에게 지대한 영향력을 행사해 온 국가임을 우리는 역사를 통해서 익히 잘 알고 있다. 지금도 우리의 경제를 좌지우지하며 외교·안보·군사적 측면에서도 우리에게 절대적 영향력을 행사하고 있다. 따라서 중국정치의 리더십은 우리의 미래와도 밀접한 상관관계가 있으므로 중국정치의 리더십이 마오쩌둥 시대로 회귀하는 1인 종신집권체제로 갈 것인지, 아니면 집단 지도체제가 큰 틀에서 그대로 유지될 것인지 여부가 우리 미래와 깊은 관련이 있는 것이다.

일단, 중국의 기존 집단체제의 제도하에서는 한 지도자가 5년 임기를 중임하는 10년 임기를 원칙으로 해서 후계자 그룹을 사전에 내정하고 그들을 정치국 상무위원에 진입시켜 검증을 통해 최고 지도자, 차상위 지도자 등으로 결정해왔으며 이는 공산당 파벌 간의 협치를 통해 건설적 당내 민주화의 과정을 거쳤다고 할 수 있었다. 그러나 시진핑 2기 체제는 이와는 사뭇 다른 길을 걷고 있다. 1기 5년 동안에도 국무원 공식 조직을 통해 정책을 추진하지 않았고, 상당수의 영도 소조시진핑이 조장를 통해 시진핑 1인 독주체제를 굳혔으며 심지어 전통적으로 국무원 총리가 경제정책을 총괄해 왔음에도 이마저도 시진핑이 주관하여 왔음은 주지의 사실이다. 2기 5년의 임기가 시작되었음에도 아직 시진핑의 후계자는 선발되지 않았다. 대신 과거 같으면 七上八下 원칙[24]에 의해 공식 조직에서 은퇴를 했을

---

24 67세는 유임하고 68세는 은퇴한다라는 전통적인 중국 최고지도부 인사 원칙(출

왕치산王岐山이 시진핑에 의해 국가부주석으로 임명되었으며 그는 공산당의 평당원으로 외교통상 분야의 실질적 수장중앙외사영도 소조의 부조장, 조장은 시진핑이 되어 중국을 이끌어 가고 있다. 국가부주석은 모든 공산당 영도 소조의 부조장이 당연직으로 시진핑을 대리해서 실질적 권한을 행사할 수 있는 시스템적 권위를 확보했다. 더구나 13기 전국인대에서 국가주석직, 국가부주석직 3연임 제한 규정 철폐를 했다는 것은 바로 시진핑의 1인 장기 집권 독주를 위한 법적 장치를 마련했다고 보는 것이 합리적 추론일 것이다. 기존의 엘리트 집단 지도체제를 유지하려고 했다면 굳이 조야의 반대와 정치적 리스크를 무릅쓰고 헌법 조항 삭제를 통한 무리수를 두지 않았을 것이기 때문이다. 따라서 필자는 시진핑 신시대는 과거 집단 지도체제와는 전혀 성격을 달리하는 리더십을 갖는 '신시대'가 될 것이라고 믿는다.

일반적으로 한 국가의 발전을 논할 때는 립셋[25]이 말하는 근대화 이론을 많이 든다. 경제발전이야말로 정치발전의 가장 중요한 요소로 자본주의 발전이 민주주의발전에 이바지한다는 주장이다. 우리가 잘 알고 있는 자유민주주의는 민주적 선거제도와 언론·출판·집회·결사의 자유를 보장하는 정치제도이다. 이와는 달리 헌팅턴[26]의 근

처: http://www.sedaily.com/NewsView/1RX11OCF6N)

25 미국의 정치학자. 컬럼비아대학에서 박사학위를 취득한 후 캘리포니아대학 버클리교, 하버드 대학, 스탠퍼드대학 등에서 교편을 잡는다. 미국 정치학회 회장, 미국 사회학회 회장, 국제정치심리학회 회장을 역임.

26 새뮤얼 헌팅턴SAMUEL P. HUNTINGTON은 정치학 분야에 혁명적 패러다임을 제시하며 미래사회를 바라보는 시각의 틀을 제시한 세계적 석학. 군사정치학과 비교정치학 분야에서 뛰어난 학문적 성과를 올리고 이론정치와 현실 정치를 두루 체험한 정치학자로 평가받는다. 1927년 뉴욕에서 태어나 1946년 예일대학교

대화론은 제도화를 통해 설명한다. 그는 정치발전과 경제발전을 별개로 인식했으며 경제발전을 위해서 정치 민주화보다 정치 안정에 무게를 두었다. 경제발전이 먼저 이루어졌다고 해도 제도화가 제대로 되어 있지 않으면 퇴화한다는 것이다. 참고로 종속이론은 근대화 이론을 신랄하게 비판하여 제3세계의 저발전이 자본주의 선진국들의 주변부 역할을 함으로써 발생한 것이므로 중심부인 선진국과의 관계를 단절해야 발전할 수 있다는 이론이다. 근대화 이론은 오로지 서구적인 시각이라는 것이다.

　중국정치의 경우도 안정을 최고의 가치로 여기는 중국 공산당의 입장에서는 마오쩌둥 1인 장기 독재체제가 가져온 대약진운동의 실패, 문화대혁명의 폐단을 불식시키고자 개혁·개방을 결정했던 덩샤오핑은, 권력을 정치 엘리트가 분점함으로써 상호 견제와 균형을 도모하고자 했던 엘리트 '집단 지도체제'를 위해 '제도화'에 방점을 찍었다. 이를 관행화함으로써 1인 장기 집권을 예방하고자 한 것이다. 따라서 중국정치를 '제도화'의 관점에서 보는 것은 곧 공산당과 정책 집행기관인 국무원을 분리하는 당정분리를 의미했다. '당정분리'는 공산당 내에서 '당내 민주화'를 통해서만 가능한 것으로 인식한 공산당 지도부는 자오쯔양 총서기 때 이를 실제로 실행하려고 했다. 그러나 1989년 천안문 사태로 안정이 와해될 것을 우려한 덩샤오핑은 원로들과 협의 후 유혈 진압을 결정, 이때부터 공산당 지도부는 보수

를 졸업한 뒤 시카고대학교에서 정치학 석사학위, 하버드대학교에서 23세의 젊은 나이로 박사학위를 받았다. 1950년부터 1959년까지 하버드대학교, 1959년부터 1962년까지 컬럼비아대학교 정치학 교수로 일했고, 하버드대 국제관계연구소 소장과 존 올린 전략연구소 소장, 미국정치학회 회장 등을 역임했다.

화되었다. 당정분리는 물 건너갔고 후진타오 집권 때야 비로소 이에
대한 재논의가 시작된 바 있다.

(2) 그렇다면 시진핑은 왜 1인 장기 집권체제를 구축하려고 할까?

중국 공산당 제19기 전체회의 3중전(2018.2.26)

2017년 19차 당 대회와 2018년 13기 전국인대 이후 한국을 방문한
중국 학자들이 세미나에서 발표하기를, 중국은 과거 덩샤오핑 시대
이후 당정분리 즉 당내 민주화를 위해 노력해 왔으나 지금은 당정합
일을 넘어서 당정결합 체제로 전환되었음을 명확히 했다. 중국학자
들이 대외적으로 당정분리 즉 당내 민주를 부인하는 것은 곧 일사불
란한 시진핑 1인 리더십을 확인해주는 것으로 중국의 집단 지도체제
리더십의 제도화가 이미 무너져 내린 것으로 이해해야 하지 않을까?

1인 체제는 '나 아니면 안 된다'의 표현이며 이는 현실 제도나 관행을 부인하는 생각이기 때문이다. 아울러 추종 세력들이 이에 대한 지도자의 생각을 '신념'으로 변환시키는 역할을 맡는 것은 동서고금을 막론하고 지극히 당연한 수순이다. 1인 체제에서 필수 불가결한 것이 '카리스마'적 리더십이며 이를 위해서는 지도자가 일반 대중에게 주는 '비전'이 있어야 하며 그 '비전'이 허상이 되어서는 안 되며 국민과 공감 및 공유되었을 때만이 1인 체제의 역사적 당위성을 확보하게 되고 이 과정을 통해 국민에게 우리도 더욱 잘 살 수 있다는 '민생' 측면의 강력한 희망을 전달하고 지지를 받아야 1인 권위 체제는 그나마 살아 움직이는 에너지를 확보하게 된다. 시진핑과 추종세력은 여기에서 통치 정당성을 확보하고자 할 것이다.

아쉽게도 우리나라에는 명문화된 '국가의 핵심이익'이 없지만 중국에는 '6대 핵심이익'이 있다. 중국이 '국가 이익'을 언급할 때는 예외 없이 이 중 하나 또는 복수를 가리킨다. 중국은 2011년 9월 6일 발표한 '중국의 평화발전'이라는 백서에서 중국의 6대 핵심이익은 자신들의 대외정책의 근간인 '평화공존 5대 원칙'[27]을 기초로 하여

---

27 평화공존 5원칙Five Principles of Peaceful Coexistence은 중국 대외관계의 기본적인 틀이다. 1953년 12월 저우언라이 당시 총리가 인도대표단을 접견한 자리에서 처음 언급했다. 그 다섯 가지 원칙은 '영토주권의 상호 존중(후에 '주권과 영토 보전의 상호 존중'으로 수정), 상호 불가침, 상호 내정 불간섭, 호혜·평등(후에 '상호 이익 평등'으로 수정), 평화 공존'이다. 중국은 2014년 6월 평화공존 5원칙 발표 60주년을 맞아 성대한 기념 행사를 열고, 평화공존 5원칙이 현재에도 여전히 중국 외교 노선의 근간임을 천명했다.

<중국 핵심이익의 역사적 변화>

대일통천하	평화5원칙	평화6원칙	핵심이익
영토적 통합	영토 보전과 주권의 상호 존중	주권 평등	국가 주권
	상호 불가침	공동 안전	국가 안보
정치적 통합	상호 내정 불가침	공동 발전	영토 완정
	호혜·평등	공동 이익	국가 통일
문화적 통합	평화공존	포용	정치제도와 사회의안정
		공평 정의	지속적 경제발전

- 국가 주권

- 국가 안전

- 영토 완정

- 국가 통일

- 중국 헌법에 명시된 국가 정치제도 및 사회 안정

- 지속적 경제발전 보장

임을 대외에 선언한 바 있다.

시진핑은 이 핵심이익에 반하는 정책을 정면으로 위협하는 나라가 '미국'임을 인식하고 있다. 그는 미국의 '자국 우선주의'라는 신고립주의를 비판하며 세계질서 재편의 기회를 엿보고 있는 것이다. 최근 미·중 간의 무역전쟁, 남중국해 난사 군도 주변에서 '항행의 자유'를 내걸고 군사적 위협의 조장, 타이완과의 관계 개선, 북핵 문제를 빌미로 북한과의 관계 개선을 적극적으로 모색하는 미국 트럼프 정부에게서 강한 위협과 도전을 받는 것은 확실하다.

미국이 최근 중국에 사사건건 시비를 거는 듯한 모습을 보이는 행태는 중국 시진핑 정부가 '2개의 100년 비전'[28]과 이를 구체화하기 위한 '중국제조 2025'[29]에 자극을 받았다는 주장도 있다. 중국의 '중국몽'이 '제국몽'과 '강군몽'으로 미국에게 인식되어 미국을 자극했다고 하는 것이다. 1972년 닉슨 정부에서 중국과 외교 수립을 할 때, 당초 전문가들의 분석은 개혁·개방을 통한 경제발전이 궁극적으로 민주주의 체제로의 전환을 주도할 것이라는 '근대화 이론'에 입각했는데 전혀 다른 결과, 즉 고양이를 호랑이로 잘 못 키웠다는 미국의 새로운 인식으로 중국을 적극적으로 경계하기 시작했다는 것이다.

닭이 먼저인지 달걀이 먼저인지는 모르겠으나 양국 간의 갈등이 점차 심화되고 있음은 분명한 현실이며 우리나라는 이러한 현실 속에 둘러싸여 재앙적 위기로 빨려 들어갈 수도 있는 위험에 처한 것이 사실이다. 사드 문제에서 중국에 절감했듯이 그들은 우리와 확실히 다른 사고체계와 세계관을 가지고 있다. 미국 역시 우리에게서 이질감을 느끼고 있음이 틀림없다. 고래 싸움에 새우 등 터지지 않기 위해서는 현명한 시국관과 판단력이 필요한 시기다.

---

28 중국 공산당이 1921년 창당된바 100주년이 되는 2021년에는 '전면적 소강사회小康社会를 건설한다'는 비전과 중화인민공화국新中国건국100주년이 되는 2049년에는 이상사회인 선진국 수준의 '대동사회大同社会를 건설한다는 비전 2개를 가리키는 것으로 시진핑이 주창한 '중국몽'의 구체적 내용임

29 2015년5월8일 중국 국무원이 제조업 활성화를 목표로 발표한 산업고도화 전략을 말하며 과거 중국의 경제성장이 '양적인 면'에서 제조 강대국이었다면 앞으로는 혁신역량을 키워 질적인 면에서 제조 강대국이 되고자 하는 전략이다. 30년간 10년단위로 3단계에 걸쳐 산업고도화를 추진하는 전략으로 10대 핵심 산업분야와 5대 중점 프로젝트 계획을 제시 한바 있다.

(3) 중국은 어떤 길로 걸어갈 것인가?

시진핑의 중국몽은 시진핑 개인의 꿈이자 중국인들의 자존감을 깨우고 심장을 뛰게 하는 21세기의 대사건임에 틀림이 없다. 중국인들이 시진핑 1인 체제에 힘을 실어 줄 만한 비전인 것이다. 덩샤오핑이 주창했던 3단계 국가 발전전략 중 '전 국민이 배불리 먹는' 1단계 전략 온포溫飽사회는 이미 달성한 지 오래되었고 2단계 전략인 '전 국민이 골고루 살 만큼 사는' 전면적 소강小康사회 달성도 공산당 창당 100주년이 되는 2021년이면 완벽하게 달성된다. 마지막 3단계인 '선진국들과 나란히 어깨를 겨누는 이상적 사회인 '대동大同사회'도 신중국 건국 100주년이 되는 2049년이면 달성할 수 있는 자신감을 표출한 것이 바로 '중국몽'인 것이다. 중국 국민은 비약적 국가발전 전략의 열매를 향유하며 그 주체인 공산당을 적극적으로 지지하고 있는 것이다.

공산당 일당체제 하에서의 권위주의적 리더십이 오늘의 중국을 있게 한 것이고 그 결과로 국민으로부터 절대적 신임을 받고 있는 것이다. 서구 학자들이 예상한 국가발전 전략과는 거리가 먼 중국식 국가발전의 길중국모델론을 가고 있는 것이다. 개혁·개방의 방법도 구소련의 속전속결주의를 택하지 않았다. 자신들의 특성에 맞게 점·선·면 점진적 전략을 추진했으며 정치체제도 구소련이나 동구권처럼 급속한 민주화의 길을 걷지 않고 마르크스·레닌 사회주의를 자신들의 여건에 맞게 중국 특색의 권위주의적 정치체제를 유지함으로써 사회안정과 동시 점진적 국가발전의 토대를 마련한 것이다. 지금도 사회안정을 해치는 어떠한 행위에 대해서도 중국 공산당은 민감하며 단호한 조처를 하고 있다. 1989년 천안문 사건, 티벳 사건, 위구르족 등의 소수민족의 사회불안 조장 행위나 시위에 대해서는 인권에 대한 비난을 고려하지 않고 단호한 조처를 하고 있음은 주지의 사실이다. 파룬궁 사건도 같은 맥락에서 이해할 수 있으며 시진핑 2기 체제에 들어가면서 종교에 대한 과민 반응과 조처 등은 종교계에서 심각한 상황으로 인식하고 있다.

라모가 '베이징 컨센서스'[30]에서 주장한 '중국모델'이라는 자신들만의 국가발전 모델을 중국학자들은 주장하고 있으며 이를 동남아나 남미의 권위주의 체제 하의 국가들에게 전파하고 있다. 경제나 군사 외교 등의 하드파워에서 벗어나 역사·문화 강국임을 내세워 유학열을 불러일으키며 세계 많은 나라의 대학에 '공자학원'을 설립함으로써 대대적으로 소프트파워를 강화하고 있음은 중국이 자신들의 발전 전략에 강한 자신감을 가지고 있음을 표출한 것이다. 중국학자들은 '중국모델'을 '중국의 길'이라고도 부른다. 중국은 서구에서 주장하는 근대화 이론에 의한 국가발전 과정을 모두 부인하면서 자신들만의 특색 있는 '권위주의 정치체제'를 근간으로 '시장경제 체제'를 접목시키는 중국식 국가 발전의 길을 간 것이다.

---

30 베이징 컨센서스Beijing Consensus는 2004년 전 칭화대淸华大 교수 조슈아 쿠퍼 라모 Joshua Cooper Ramo가 중국의 발전과정을 설명하면서 사용한 용어다. 미국의 발전모델을 가리키는 워싱턴 컨센서스와 종종 대비되어 언급된다. 1989년 남미의 금융 위기에 대한 처방으로 제시되면서 1990년대에 주목을 받은 워싱턴 컨센서스는 신자유주의를 기조로 하는 발전방식이다. 이에 비해 2000년대 중국의 부상과 함께 확산되기 시작한 용어인 베이징 컨센서스는 국가의 역할과 특수성이 강조되는 발전방식이라는 차이가 있다.

(4) 중국은 샴페인을 너무 일찍 터뜨린 것은 아닐까?

앞서 언급한 것처럼 중국의 두 번째 100년에 대한 '중국몽'을 위해 중국은 '신창타이'와 '공급측 개혁'을 필두로 '중국 제조 2025'를 발표하면서 동시에 군사대국 굴기를 위해 '남중국해 난사군도' 군사기지화를 통한 동남아 주변 국가들과의 군사적 긴장, 인도와의 국경분쟁, 일본과의 '센카쿠 열도'중국어로는 釣魚島 영토 분쟁, 우리나라와는 잠재적으로 '이어도' 분쟁 등을 일으키고 있어 주변국들을 긴장시키고 있다.

중국몽

주권과 영토 문제는 중국의 '핵심 이익'이기도 하지만 주변 국가들에게도 한 치의 양보도 할 수 없는 '핵심 이익'이기 때문이다. 더구나 난사군도의 군사기지화는 미국을 자극해 미군이 공해상의 '항행의 자유'를 내세워 무력시위가 일어나고 있어 중국 주변에서는 군사적 위기가 항상 고조되곤 한다. 우리나라에도 중국이 일방적으로 선포한 '중국 방공식별 구역'을 빌미삼아 우리가 선포한 '한국 방공 식별구역’으로 깊숙이 위협적 비행을 함으로써 양국 간에 불편한 대치가 일어나곤 했다. 이런 일련의 군사적 충돌은 중국이 선포한 ‘일대일로’라는 대외정책을 수행하기 위한 사전 포석으로 해석하는 것이 맞을 것이다. 미국과의 패권 경쟁에 돌입 시 자신들의 유리한 입장을 선점하기 위한 전략이며 이는 개혁·개방 40년의 성공으로 인한 경제력이 군비 확장을 가능하게 하여 생긴 현상이다. 더구나 2049년의 건국 100주년을 위한 『중국제조2025』라는 고도의 산업화 전략은 미국을 긴장시켜 트럼프의 자국 우선주의와 충돌하면서 미·중 간에 무역전쟁을 빙자한 패권 경쟁까지 비화한 것이 오늘날의 현실이다.

앞서 언급한 시진핑의 1인 체제 리더십 강화를 위한 명분을 미국과의 경쟁에서 얻기는 했으나 중국이 아직은 미국을 직접 상대하기는 힘이 버거운 것 역시 현실이다. 그런데도 중국은 ‘신형 대국 관계’를 미국 오바마 정부에 요구했으나 긍정적 시그널을 받지는 못했다. 자신들을 신흥 강국이 아니라 신형 대국으로 당당하게 인정받겠다는 자신감의 발로였으나 결과적으로 미국에게 경각심만 주었을 뿐 공감을 얻지 못했다. 2018년 19차 전당 대회에서는 이를 포괄하는 ‘신형 국제관계’를 주장하며 주변국들과의 ‘인류공동 운명체’ 형성을 강조하면서 ‘일대일로’ 정책을 대외 전략의 구체적 실행방안으로 밀어붙이고 있으나 아직은 국제사회로부터 호응보다는 우려의 눈길을 받고 있다. 최근의 미·중 간의 무역전쟁 역시 이런 맥락에서 좀 더 이해될 수 있지 않을까 싶다.

전문가들은 중국의 군사력을 미국의 10분의 1에 불과하다고 의견을 모은다. 결과적으로 시간이 모든 것을 밝혀 줄 것이긴 하나 지금 상황으로 볼 때 G2가 정면충돌했을 때 양국 모두 큰 상처를 입을 것이 확실하며, 세계화 시대의 규칙으로 움직이는 글로벌 경제에 덮칠 쓰나미 같은 충격을 피할 수 없다. 더구나 대외경제에 크게 의존하고 있으며 미·중 양국 의존도가 절대적인 우리나라의 경우는 재앙일 수밖에 없다. 따라서 이러한 양국의 경쟁과 이에 어떻게 대응하는가에 따라 우리의 미래는 큰 영향을 받을 것이다. 개방 경제에 노출되어 살아가야 하는 우리에게는 편향적인 이데올로기 경쟁에 손놓고 있을 수 없는 것이다.

(5) 미국의 대중국 대응책은 무엇일까?

개혁·개방 성공으로 40년 만에 G2까지 단숨에 올라온 중국은 과거 세계의 공장에서 지금은 세계의 소비시장으로 변모하였으며 수출은 세계 1위, 수입은 세계 2위 규모에 도달할 정도의 세계 시장 점유율로 많은 나라들에게 위협적인 존재가 되었다. 우리나라의 경우도 대만·홍콩을 포함 시 대중국 수출은 우리나라 전체의 30%가 넘을 정도로 영향력은 대단하다. 이러한 경제력을 점차 군사 대국화를 위해 국방비를 늘려오던 중국은 급기야 미국의 견제를 받게 된다. 중국의 대외정책은 덩샤오핑 시기에는 '도광양회'韜光養晦로 힘을 드러내지 않고 숨어서 때를 기다린다는 의미의 사자성어로 기본 방향을 알 수 있다. 그러나 지금은 '중국몽'과 '일대일로'정책을 중심으로 전혀 다른 모습의 대외 전략을 보이고 있다. 소위 할 말은 한다는 '유소작위'有所作为로 표현할 수 있으며 지금은 구체적인 '중국제조2025'의 슬로건을 내걸며 2개의 100년 계획을 대대적으로 공산당 당 대회나 전국인대에서 거론하며 목소리를 크게 내는 중이다.

미국의 조지 부시 행정부는 2001년 9·11 사건에 따른 테러와의 전쟁으로 유럽 및 중동지역에 외교력을 집중하였으며 버락 오바마 행정부는 이에서 벗어나 동아시아로 무게중심을 옮기는 Pivot to Asia 정책을 구사했다. 중국이 동아시아 지역에서 일차적으로 지역 패권을 인정받으려고 신형대국관계 요청을 보냈을 때 시큰둥 부정적 시그널을 보낸 미국의 반응은 어쩌면 당연한 귀결이었다. 일찌감치 2011년 클린턴 미 국무장관이 인도에서 행한 연설에서 '뉴실크로드' 정책을 주장한 것 역시 시진핑 정부의 '일대일로'와는 대척점에 있다고 할 수 있다. 최근 트럼프 행정부는 자국의 이익을 최우선시하는 '고립주의'에 빠져 중국뿐만 아니라 유럽, 캐나다, 멕시코, 우리나라와 무역전쟁을 벌이는 등 한 치 앞도 예측할 수 없는 냉혹한 국제관계에 돌입하고 있다.

따라서 중국의 큰 목소리에 놀란 미국의 몸보신 전략이라고나 할까? 특히 트럼프와 같은 예측불허의 지도자 앞에서는 합리적 추론은 예기치 않은 난관에 부딪힐 가능성이 크다. 중국의 대외전략은 타이밍 면에서 그다지 올바른 선택이 아니었던 것으로 생각된다.

한편, 2019년 6월 1일, 미국 국방부에서 인도-태평양 전략 보고서 INDO-PACIFIC STRATEGY REPORT를 발표하였다. 이 보고서는 현재 태평양 지역에서 미국의 질서에 도전하는 중국을 상정하고 이에 대한 미국의 대응을 천명한 의의를 가진다. 여기서 '대만'을 국가Country로 지칭하여 미국이 하나의 중국 정책을 인정하지 않는 것인가에 대한 논란이 발생하였다. 또한, 이 보고서에서는 한국은 대상 국가에서 제외되어 있다. 단지 '한반도와 동북아에 있어서 평화와 번영의 축' linchpin of peace and prosperity in Northeast Asia, as well as the Korean Peninsula동북아 평화의 축으로만 기술되어 미국의 인도 태평양 전략에서 한국은 논외의 국가로 볼 수 있다. 인도 태평양 전략의 축은 미국-인도-일본-동남아시아국가들이다. 중국의 '일대일로' 정책에 대해 미국은 대외경제정책이라기보다는 중국의 대외 팽창전략으로 인식하는 경향이 강하므로 우리나라가 이에 대해서는 현명한 대처를 해야 할 필요가 있다.

(6) 우리에게 던지는 함의는 무엇일까?

미·중 간 경쟁이 우리에게 미치는 의미는 무엇일까? 이에 대한 고민이 곧 우리 미래의 모습에 대한 고뇌라고 할 수 있다. 과거 우리나라 역사 5000년 동안 지정학적으로 우리에게 큰 영향력을 행사했던 중국은 앞으로도 다양한 모습으로 우리의 운명에 관여할 것이다. 그들이 주창한 신형 국제관계나 '운명공동체'를 선의로 해석하고 그들의 유학열을 소프트파워에 대한 선의로 해석한다 해도 우리는 역사를 직시해야 할 것이다. 한미 동맹 관계 역시 냉철한 이해와 자세가 필요하다. 우리나라가 곤경에 처했을 때 우리를 도운 혈맹을 잊는 배은망덕한 국가는 국가가 아니다.

인간사회에도 국가 간에도 최소한의 예의범절이 있게 마련이다. 그러나 시대 상황에 따라 변화의 흐름을 예의주시해야 한다. 우리만이 짝사랑하는 일방적 관계는 국가 간에는 성립할 수도 성립되어서도 안 된다. 요즘 유행하는 일방적 갑질을 당하는 것은 우리가 우리를 지킬 수 있는 역량이 없기 때문일 것이다. 그것은 개인도 기업도 국가도 동일한 규칙을 적용할 수 있을 것이다. 중국의 사드 보복에서도 미국의 한미FTA재협상요구 및 무역폭력에서도 우리가 절실히 느끼고 있는 무력감은 바로 상대국의 '갑질'에서 오는 우리의 현실인 것이다.

최근의 미·중 간의 북핵 관련 전략에서 보듯 우리의 안보이익 역시 찾아보기 쉽지 않다. 사실 그것은 지극히 당연한 것이기도 하다. 우리의 생명과 재산은 우리의 손으로 지켜낼 수 있는 것이 최선이며 이를 위한 내실 있는 준비와 인내가 필요할 것이다. 민족주의가 바람직한 것은 아니나 때로는 큰 힘을 발휘하기도 한다. 중국의 '중국몽'은 '전형적인 민족주의'의 발로이며 트럼프의 신고립주의도 사실상 내 나라 먼저라는 '신민족주의'라 할 수 있을 것이다. 국가의 역량을 하나로 모으고 거듭나기 위해서는 과거 우리가 경험했던 '민족중흥'이라는 의미를 되새겨볼 때다. 민족이라는 말이 '상상의 공동체'[31]라는 말을 어느 정도는 수긍하지만 그래도 민족은 이데올로기보다 앞서야 한다는 주장에는 공감을 보낸다. 우리를 우리 손으로 지키고 자랑스러운 나라를 후손에게 물려주기 위해서 우리는 '하나'가 되어야 한다.

2. 시진핑 시대를 어떻게 봐야 하나?

(1) 2012년 시진핑 1기 체제 하에서의 주요 활동

1) 부패척결 운동

시진핑이 권좌에 오른 2012년은 이미 30여 년 성장일변도로 인한

---

31 민족 혹은 민족주의에 대한 논쟁은 크게 민족을 고대로부터 존재해 온 원초적인 실재로 보는가, 아니면 근대 자본주의 발전 과정에서 생겨난 역사적 구성물로 보는가로 나뉜다. 민족을 왕조국가가 쇠퇴하고 자본주의가 발달하는 시기에 나타나는 특정한 '문화적 조형물'로 보는 베네딕트 앤더슨은 후자에 속한다. 앤더슨은 이를 '상상의 공동체'라고 부른다.

불평등과 피로감, 빈부격차의 심화, 공무원들의 부정부패, 부실한 사회안전망에 대한 국민의 불만이 상당한 수준에 달했다. 이를 깊이 인식한 시진핑은 이를 해소하기 위해서는 가장 먼저 해야 할 일로 정풍운동과 부정부패 척결을 선택했으며 7년이 지난 2019년까지도 이 문제를 전방위적으로, 체계적이며 지속적으로 전개함으로써 국민의 지지를 받고 있다. 특히 원로였던 보이보의 아들 보시라이의 척결, 금기시되었던 저우용캉 상무위원의 구속, 군사위 쉬차이호우 부주석의 구속 등은 파리뿐만 아니라 호랑이까지 때려잡겠다는 시진핑의 강력한 반부패 의지를 확인시켜준 사건이라 할 수 있다.

공직사회의 4대 풍조인 관료주의, 형식주의, 향락주의, 사치풍조 '4풍 척결'을 통한 공직사회 규율 강화, 2019년 말,^{八項規定} 위반한 관리 194,124명 처벌, 2020년 7월까지 200명의 반부패 장·차관급 인사 등 부패 척결운동은 국민경제에 미치는 부정적 영향에도 관계없이 시진핑 임기 내내 지속할 것으로 전망되고 있다.

2) 중앙영도 소조 및 핵심영도 호칭

중국에서 집단 지도체제는 '집단지도'^{集体领导}와 역할분담^{个人分工}이 적절하게 결합된 형식의 통치제도를 의미한다. 의사결정 방식은 공산당 조직원칙인 '민주집중제'^{民主集中制}와 연관되어 있다. 집단 지도체제는 많은 장점에도 불구 '봉건영주'와 같이 직무분담 영역 간 정보교환과 소통이 이루어지지 않아 지도부 내 통일적 리더십을 행사할 수 없었다는 지적이 있다_{보시라이 사건과 저우용캉 사건이 집단 지도체제가 갖는 문제점 노출}. 집단 지도체제의 문제점 개선, 공산당 통치의 효율성 제고를 위해서는 집단 지도체제 안에서 정치국 상무위원 간의 소통을 원활하기 위해 많은 영도 소조를 만들었다.

집단 지도체제의 특징인 엘리트 정치에 있어 엘리트 간의 각 업무 분장역할분담에 있어 상호 견제 가운데 상호소통이 결핍되어 중요정책 의사결정과 집행에 있어 효율성이 결여된 것이다. 이 문제점을 깊이 인식한 시진핑이 이를 조정하고자 7인 상무위원 중 첫 번째 상무위원에 불과했던 후진타오 주석의 전철을 밟지 않고 정책 조정능력을 강화하고자, 마오쩌둥, 덩샤오핑, 장쩌민에게 수식어로 붙여졌던 '핵심 영도'라는 위치까지 권력을 강화하게 된 것이다. 그러나 2017년 당시까지의 시진핑의 행적을 봤을 때 그가 1인 체제를 위한 권력 강화를 도모했다고 보는 학자들보다는 오히려 집단 지도체제의 원활하고 효율적인 정책 결정 및 집행을 위한 변화를 추구한 것이지 시진핑 자신의 절대권력을 위한 1인 체제나 또 다른 통치 체제를 위한 권력 강화라고 볼 수 있는 근거가 없다는 것이 중론이었다. 강력한 반부패 운동을 실시함으로써 국민에게 높은 지지를 받고 있어 그의 권위가 높아진 것은 사실이나 다른 정치국 상무위원의 직위 권력을 압도할 정도는 아니라고 일부 학자들은 주장했었다. 즉 집단 지도체제를 다른 제도로 바꾸기보다는 탄력적인 운영을 통해 통치의 효율성을 높였다는 것이다. 그러나 중앙 전면심화개혁 영도소조, 국가 안전위원회를 중심으로 통일적 리더십 확보와 동시에, 각종 영도 소조의 조장을 맡아 정책 영역 간 정보교환과 소통을 원활히 함으로써 시진핑 1인 체제의 권력을 강화했음이 결과적으로 드러났다.

(2) 2017년 시진핑 2기 체제에서 리더십 완성

중국의 시진핑 국가주석은 2017년 10월 19기 중국 공산당 전국

대표 대회에서 당장에『시진핑 신시대 중국 특색사회주의 사상』을 삽입하는 데 성공함으로써 마오쩌둥 이래 새로운 1인 독주 체제의 근거를 마련하였으며 2기 체제 집권 기간2017~2022 동안의 리더십 강화에 성공했다. 동시에『중국몽』이라는 국가 비전을 제시함으로써 중국식 제도와 규범을 강화함과 동시에 대외적으로는 민족적 자존감을 높이고 대내적으로는 강력한 개혁을 추진할 기반을 마련했다.

개혁·개방 40주년을 맞아, 2021년 중국 공산당 창당 100주년에 샤오캉小康 사회를 전면적으로 실현하는 것을 국가 목표로 하고 있다. 장기적으로는 2049년 신중국 "중화인민공화국" 건국 100주년을 사회주의 부강, 민주, 문명, 조화를 이룬 사회주의 현대화 국가를 수립하는 것을 목표로 하고 있으며, 그 중간 단계인 2035년을 중기 목표로 설정,「중국 제조 2025」를 발표함으로써 2035년까지 세계 제1의 제조 경쟁력을 달성하는 구체적 로드맵을 명확히 했다. 2049년 신중국 성립 100주년까지는 미국을 넘어서는 세계 패권 국가로의 변모 의지를 대내외에 과시함으로써 미국에 도전장을 내민 것이나 다름없는 것이다. 따라서 시진핑 '신시대' 중국 특색 사회주의로 특징지운 것은 시진핑 2기 체제의 위상이 하나의 '시기'가 아니라 '시대' 정신의 변화로 역사적 전환을 이루겠다는 신호탄을 쏘아 올렸음을 의미한다.

이러한 중국 공산당의 비전 설정은 곧 "중화민족의 위대한 부흥을 실현"하는 것과 직결되며 시대정신의 정점에『중국몽中国梦』을 올려놓은 것이다.『중국몽』은 1840년 아편전쟁 이후 근 100년 동안 서구 열강의 침략에 의해 전락하고 말았던 반半 봉건, 반半 식민지 상태의 역사적 굴욕을 치유함으로써 민족적 자긍심을 고취하고 과거 중화제국의 위상을 되찾기 위한 행보이며 나아가 세계 패권 국가로 거듭나겠다는 『제국몽帝国梦』으로 이해하는 것이 옳다. 중화사상을 기반으로 한 중화제국의 민족주의를 주창한 것이라고 생각되며, 현대 중국이 주장하는 6대 핵심이익을 내세우는 것은 미국의 신고립주의인 자국 우선주의와 크게 다르지 않다고 생각된다. 중국이 표면적으로는 원래 미국의 트레이드 마크였던 '신자유주의'하에서의 '세계 자유무역주의'의 전도사요 선도자인 것처럼 주장하고 있으나 자국의 이익을 위해서는 조금도 양보가 없는 자국 우선주의임을 우리는 중국의 '사드 보복'을 통해 이미 통감하고 있는 중이다.

(3) 미·중 간 무역전쟁의 연원

현재 복잡다단하게 진행되고 있는 미·중 간의 무역전쟁 역시 연원을 거슬러 올라가 보면 중국의 2개의 100년에 담긴 『중국몽』 선포와 무관하지 않다. 미국은 '중국몽으로부터 제국몽'의 위협을 '투키디데스의 함정'으로 인식하고 있는 것이다. 이란 핵 재협상 문제에 있어 미국과 유럽주로 프랑스와 독일의 이해관계가 엇갈리는 것도 바로 경제적 이익과 밀접한 관련이 있음이 보도되고 있다. 우리의 안보를 중대하게 위협하는 북핵을 둘러싸고 남북·북중·북미·한미·한중·한중일·한미일 간에 벌어지고 있는 숨 가쁜 각국 정상들의 외교전도 각국의 핵심이익과 정치 경제적 이해관계가 얽혀 있기 때문이다. 시진핑 2기 체제에서의 1인 지배체제 강화는 궁극적으로 미국의 경각심을 불러일으켜 중국이 제어할 수 없는 강자가 되기 전에 싹을 잘라야 한다는 국가적 컨센서스를 유도했다고 볼 수 있다. 이의 구체적 발현이 바로 미·중 무역전쟁인 것이다.

3. 시진핑의 중국몽은 중화주의 부활의 신호탄인가?

시진핑 주석이 집권하기 전, 후진타오 정부 때인 2010년에 중국은 이미 일본의 경제력을 추월하여 미국에 이은 세계 제2의 경제 대국이 되었다. 이미 G2 반열에 들어감으로써 중국의 세계적 위상은 누구도 넘볼 수 없는 확고부동한 대국의 위치로 발돋움하는 데 성공했다. 1840년 아편전쟁 이후 '동아시아의 병자'로 절치부심하던 과거의 치욕을 덮고 영광을 되찾을 수 있다는 자신감과 비전도 갖게 되었다. 중국은 대국이 되었으나 아직은 강국이 된 것이 아님을 잘 인식하고 있어 미래의 중국을 명실공히 강국으로 만들고 더 나아가 미국을 능가하는 패권 국가로서의 면모를 갖추기 위해 만반의 준비가 필요했다. 이런 시대적 배경하에서 시진핑은 2012년 집권하자마자 '제국몽'이요 '강국몽'이며 '강군몽'이기도 한 과거 '중화주의'의 다른 표현인 '중국몽'을 외치게 된 것이다. 미국, 유럽을 중심으로 한 '서구 중심주의'에 도전장을 내민 것이다.

'중국몽'은 시진핑习近平 중국 국가주석이 2012년 18차 당 대회에서 총서기에 오른 직후 내세운 중화민족의 위대한 부흥을 실현하겠다는 비전을 말한다. 덩샤오핑邓小平이 대외정책의 원칙으로 제시한 '도광양회韬光养晦; 빛을 감추고 은밀히 힘을 기른다'와의 결별을 선언한 것으로 받아들여졌다. 이후 중국의 대외정책은 중국에 이익이 되는 일이면 적극 영향력을 행사하겠다는 '분발유위奋发有为; 떨쳐 일어나 해야 할 일을 한다'로 바뀌었다.

시 주석은 2017년 전당 대회에서도 중국몽을 서른 두 차례나 언급하며 2050년까지 세계 최강국으로 우뚝 서겠다는 목표를 제시했다.

그러나 시 주석은 '중국은 절대로 헤게모니를 추구하거나 팽창정책을 추진하지 않을 것'이라고 했다. 집권 1기 국제사회 곳곳에서 '중국위협론'이 제기된 것을 의식한 발언으로 풀이된다. 미국을 직접 거론하진 않았지만 '어떤 국가도 홀로 인류가 직면한 모든 도전 과제에 대응할 수 없다'며 트럼프 대통령의 보호주의 정책을 우회적으로 비판했다. 이에 따라 시 주석 집권 2기엔 '미국을 다시 위대하게'를 앞세운 미국 트럼프 정부와의 패권 경쟁의 형태로 나타난 것이 곧 '미·중 무역전쟁'으로 미·중 간에 장기간의 갈등이 불가피할 것으로 전망된다.

4. 시진핑의 신시대 중국 특색 사회주의란 무엇을 의미하나?

시진핑习近平 중국 국가주석이 2017년 10월 18일 개막한 중국 공산당 제19차 전국 대표대회당 대회에서 주창한 통치 철학治国理政·치국리정으로 법치依法治国가 근본임을 강조한다. 덩샤오핑邓小平이 제기한 '중국 특색 사회주의'에 '신시대'라는 수식어를 달았는데 이는 시 주석이 집권 2기2018~2022년에는 과거 지도자들과의 차별화를 통해 1인 지배체제를 더욱 공고히 할 것임을 예고한 것이라는 분석이다. 신시대 중국 특색 사회주의'의 핵심은 전면적 샤오캉小康·모든 국민이 풍족하고 편안한 생활을 누리는 사회 실현과 중화민족 부흥이란 '중국몽中国梦'으로 요약된다. 2021년부터 2050년까지 두 단계로 나눠 국가발전의 청사진을 제시했다.

우선 공산당 창당 100주년이 되는 2021년까지 샤오캉 사회를 건설하고 중산층 비율을 대폭 끌어올려 도농 간 소득격차를 줄이겠다고 밝혔다. 1970년대 말 덩샤오핑이 '선부先富론'을 제시하며 전면적인 개혁·개방에 나선 뒤 중국경제는 40년간 고속 성장을 했지만 빈부 격차가 크게 확대됐다. 중국의 지니계수소득불평등 지수는 유엔이 제시한 '사회 불안을 초래할 수 있는 수준'인 0.40을 넘어선 0.468로 이에 대한 처방전으로 시 주석이 제시한 게 샤오캉 사회다.

시 주석은 "지금부터 2020년까지가 샤오캉 사회의 전면적인 실현을 위한 결정적인 시기"라며 "2035년엔 모든 국민이 평등하게 발전하는 권리를 보장하고 도시와 농촌 간 격차를 현저하게 줄이겠다"고 약속했다. 이어 "문화 등 소프트파워를 곁들여 2035년부터 21세기 중반까지 부강하면서도 아름다운 사회주의 강국을 건설하겠다"면서 "그렇게 되면 중국은 종합적 국력과 영향력이 앞자리를 차지하는 국가로 부상할 것"이라고 말했다.

시진핑 신시대는 중국몽을 이루기 위한 시대적 인물로 시진핑을 덩샤오핑을 뛰어넘어 마오쩌둥과 동일한 반열에 올려놓은 것으로 평가되며 이는 중국의 실제 국력이 아직 미국에 훨씬 못 미치는 상황에서 너무 일찍 속내를 드러낸 전략적 실수일 수 있다. 역사적으로 보면 청나라도 지나치게 자국의 우위를 자신하다가 결국 산업혁명과 자본주의, 제국주의를 앞세운 서구에 아편전쟁으로 무너졌으며 100여 년에 걸친 혼란 속에서 갈피를 잡지 못하다가 마오쩌둥 집권 초기에 '조급주의'에 빠져 신민주주의 포기, 대약진운동과 문화대혁명이라는 대과오를 범했던 전력이 있다. 덩샤오핑의 '점진적 개혁'이 성공을 거둔 것을 잊어서는 안 될 것이다. 어쨌든 중국의 미래는 결국 중국 공산당 리더십에 달려 있으며 과거 공산당 집단 지도체제로 나름대로 잘 훈련된 소수 엘리트의 분권 형태로 운영되던 중국 공산당의 시스템이 지금은 시진핑 1인체제로 굳어져 가는 모양새로 자칫하면 마오쩌둥이 범한 오류를 되풀이할 가능성이 상존하는바 지켜봐야 할 일이다.

5. 시진핑의 부패 척결 의지와 중국경제의 상관관계

2014년 7월 3~4일 우리나라에 국빈으로 방문한 중국의 시진핑习近平관련 특집뉴스로 온갖 언론들이 바빴다. 중국, 그중에서도 베이징 특파원들이 그 누구보다도 바쁘게 기사를 쏟아 내고 있었다. 시진핑에게는 공식직함이 많다. 중국인들이 가장 많이 본다는 '바이두百度'를 검색해 보면 그의 직함 순서가 1) 중국 공산당 중앙위원회 총서기 2) 중국 공산당 중앙군사위원회주석 3) 중화인민공화국 주석 4) 중화인민공화국 중앙위원회 주석과 같은 네 가지 직함이 대표적으로 소개되고 있다. 그 밖에 중요한 직책으로는 18기 3중전에서 신설 조직으로 확정된바 있는 5) 중앙 전면심화개혁 영도소조의 조장국가의 전면적인 개혁핵심기구의 책임자 및 6) 중국 공산당 중앙 국가안전위원회의 주석우리나라의 국정원 원장, 1년에 두 차례 중국경제를 점검하고 전략과 실행을 주관하는 7) 중앙 재경 영도소조의 조장경제 수장으로 법적으로는 당총서기가 겸임했으나 사실상 국무원총리가 경제를 총괄하다시피 했던 게 과거의 관행까지도 겸임하며 중국의 공산당·정부·군부党, 政, 軍를 총괄하는 명실상부한 중국의 1인자인 시진핑이 그동안 공산당 집단 지도체제에서 1인 독주체제로 강한 지도자가 될 수 있었던 배경에는 부패 척결에 대한 강한 의지와 국민의 전폭적인 지지가 있었다고 할 수 있다. 시진핑의 직함에서 느낄 수 있지만, 중국은 그 무엇보다 그 누구보다 공산당이 우선한다는 것이다. 중국 국기인 오성홍기五星红旗에도 가장 큰 별은 공산당으로 중국 공산당이 작은 별 4개에 해당하는 농민, 공장근로자, 소자산계급, 민족자본계급 국민을 이끌어 대단결을 함으로써 혁명을 완수한다는 뜻을 담고 있다.

시진핑의 우리나라 국빈방문 직전인 2014년 6월 30일, 중국발 부패 척결 뉴스 하나가 필자의 관심을 자극했다. 중국 공산당 중앙위원회 정치국원이며 보수파의 수장인 보시라이薄熙来의 실각에 이어 그와 동급으로 정치국원이며 중국 공산당 중앙군사위원회 부주석이었던 쉬차이호우徐才厚의 실각 관련 뉴스의 주인공이었다.

6월 30일자로 쉬차이호우와 동시에 공산당 당적을 박탈당한 전 국무원 국가자산 관리위원회 주임 쟝지에민蒋洁敏 전 중국석유집단 부총경리 왕용춘王永春 전 공안부부부장 리동셩李东生은 모두 전 중국 공산당 중앙위원회 정치국상무위원 조용캉周永康의 측근이었던 점을 고려할 때 시진핑을 반대하는 세력들에 대한 마무리 작업에 들어간 것이 아닌가 하는 생각이 들었다.

공산당에 입당하는 것이 중국인들에게는 영광이기도 하지만 당적을 박탈당한다는 것은 곧 중국 사회에서 파문을 당하는 것과 같다. 그 다음 수순은 끝없는 추락과 형사 및 민사 처벌이 그들을 기다리고 있을 뿐이다.

필자가 느끼는 것은 중국정치가 집단 지도체제에서 1인 독주체제로 넘어가면서 그 누구도 예기치 못한 일들이 많이 일어날 수 있다는 것이며 불확실성이 고조될 수 있다는 것이다. 물론 모든 게 마무리가 잘 되면 정책실행의 신속성, 일관성 등이 뛰어나 그 어떤 나라보다도 쾌속 성장을 할 수 있는 기반을 마련해 시진핑 주석이 그리는 '중국의 꿈'中国梦을 조기에 실현할 수도 있을 것이다. 경제는 덩샤오핑의 기조를 이어받아 개혁·개방의 기치를 내걸고 있고 대외적으로는 강한 중국을 앞세워 확실한 G2 국가로서 미국에 버금가는 국가를 건설하겠다는 비전을 가지고 있는 것이 곧 '중국의 꿈'의 실체이기 때문에 우리나라는 다각적이고 중장기적인 대책을 마련해 나가야 할 시점인 것이다. 우리 수출시장의 36%나 되는 중화권 시장의 핵심지역인 중국이라는 점을 우린 예의주시해야 한다. 중국이 감기라도 걸리는 날에는 우린 몸살이 아니라 폐렴을 앓을지도 모를 정도로 경제적 밀착 관계와 의존도가 훨씬 심각한 수준에 있다. 중국은 정치적인 논리가 경제적 논리에 우선하는 나라이기 때문에 이에 대한 올바른 이해가 매우 중요하다. 부패 척결은 정치적인 목적을 가지고 실행되며 단기적으로는 경제에 부정적인 영향을 줄 수밖에 없다. 중국의 내수가 그 어느 때보다 힘든 것도 이로 인한 것이라 할 수 있다.

중국의 값싼 노동력이나 낮은 땅값도 이젠 옛 얘기가 됐다. 일반적으로 공장근로자들의 임금은 동남아 근로자의 3배까지 치솟았으며, 땅값 역시 부동산 거품으로 천정부지로 올랐다. 경제전문가들이 지방정부의 부채, 그림자 금융 부실 우려 등을 하는 이유도 여기에 있다. 따라서 과거 중국경제의 견인차 역할을 했던 수출경쟁력에도 빨간불이 켜진 것이다. 중국 내수마저 장기적으로 위축된다면 중국경제의 경착륙이 우려될 수 있는 것이다.

우리는 시장 다변화를 통해 대중국의존도를 적정한 수준으로 조정하는 것을 국가 중장기 과제로 가져가야 하며, 이를 위한 상품 및 서비스를 개발해야 함과 동시에 일사불란한 정부와 민간의 커뮤니케이션이 절대적으로 필요한 시점이다. 우리가 오천 년 역사 가운데 한때 번영했던 세대로 머물지 않고, 지금보다 나은 국가를 후손들에게 물려 주기 위해서는 각고의 노력과 인내가 필요하다.

6. 중국식 발전모델은 실제 존재하는가?

2016년 새해 들어 중국발 이슈들이 많이 터졌다. 중국이 그만큼 세계에서 차지하는 비중이 크다는 것을 방증하고 있다. 중국 정부의 위안화 평가절하는 중국경제의 어려움을 중국 정부가 스스로 인정한 것으로 생각한 투자자들의 투매로 기록적인 주식시장의 폭락사태를 일으켰고, 동시에 중국금융당국의 서투른 대응이 더 큰 화를 자초했다. 이에 놀란 세계 증권시장의 투자자들이 동조 투매를 했고 미국마저도 주간 낙폭이 1920년대 대공황 이후 최대라고 하니 중국의 세계경제 영향력은 이미 커질 대로 커져버린 것이다.

중국이 원하건 원하지 않건 상관없이 정치·경제·군사·외교·안보 등 세계 모든 이슈에 중국이 깊이 관여하고 있으며 동시에 중국의 이해관계가 밀접하게 얽혀있다. 미국과의 핵 협상 타결 후, 떠오르는 신규시장으로 각광받는 이란을 최초로 방문한 것도 중국의 시진핑 주석이었다. 미국 등 서방과의 대립 시기에 모든 것이 불안정하고 불확실한 가운데 중국이 공을 들인 결과라고 할 수 있다. 남들이 다 다녀간 후 다녀오는 것은 가지 않은 것보다는 낫겠지만 그만큼 얻는 것이 적을 것이다. 시장이 불안한 가운데 모든 것이 불확실할 때 투자하는 자가 대박을 터뜨리거나 쪽박을 차거나 둘 중 하나일 텐데 중국이 대박을 터뜨리는 것을 보면 정보수집력과 이에 대한 치밀한 분석 등 전략적 의사결정력이 없으면 불가능한 일일 것이다. 중국이 중동의 시아파와 수니파 간의 대립 가운데 시아파의 종주국인 이란과 수니파의 종주국인 사우디아라비아 사이에서 줄다리기 외교를 하는 모습은 정말 놀랍다.

중국인들은 자국의 역사를 말할 때 곧잘 5,000년 역사라고 한다. 황하 문명의 역사의 기원을 기원전 3,000년으로 보는 것이다. 하지만 5,000년 역사 가운데 1840년 아편전쟁 이후 신중국중화인민공화국 건국까지 100여 년은 치욕스러운 역사로 부끄러워한다. 100여 년 동안 서구 열방과 일본에게 짓밟힌 치욕의 역사를 잊지 못하는 것이다. 시진핑 정부가 표방하고 있는 2개의 100주년, 즉 2021년 공산당 창당 100주년 즈음에 중국을 중진국 수준인 전면적인 小康사회로 진입시키고 2049년 중국 건국 100주년에는 선진국 수준인 大同사회에 도달시키겠다는 야심찬 비전을 제시하고 있는 것도 과거 100년간의 치욕적인 역사의식에 근거하고 있다. 중화민족의 단결을 위해 민족주의로 회귀하는 것은 결코 우연이 아니다.

일본계 미국인인 프란시스 후쿠야마는 '역사의 종말'을 통해 자유민주주의 정치체제와 자본주의식 시장경제가 인류에게 마지막 이데올로기라고 단언하고 있다. 철저한 서방 논리라고 할 수 있을 것이다. 이와 관련 중국학자들은 워싱턴 컨센서스와 대응되는 개념인 베이징 컨센서스에 기초한 '중국모델론'을 주장하고 있다.

장웨이웨이, 푸단대 중국연구원 원당

　장웨이웨이張维为 같은 학자는 최근 중국의 굴기에 자신감을 가지고
사회주의 정치체제와 자본주의식 시장경제를 기초로 한 중국 특색의
사회주의가 경제발전의 모델이 될 수 있다고 강력히 주장하고 있다.
1991년 소련 해체 후 급진적 충격요법에 따른 자유민주주의+시장경
제가 결국 러시아를 경제발전에 실패한 국가로 이끌었으며, 동구의
사회주의 국가들 역시 같은 길을 걸었다는 것이다. 중국은 워싱턴
컨센서스에서 권장한 길로 가지 않고 점진적 개혁·개방 정책을 전개
함으로써 중국만의 발전을 이뤄낼 수 있었다고 주장한다.

　케임브리지대 장하준 교수도 신자유주의에 의한 과도한 세계화,
자유무역, 정부 정책개입 최소화, 보호무역 최소화 등을 반대하는 것
은 중국모델론과도 어느 정도 일맥상통하는 부분이 있다. 서구의 근
대화 이론이 무차별적으로 모든 현대 국가에 적용될 수는 없다고
하는 것이다. 이에 대해 중국모델이란 있을 수 없다고 주장하는 예일
대 종신교수 천쯔우陈志武의 주장도 있으니 누구의 주장이 옳은지는
작금의 경제위기를 중국이 어떻게 헤쳐 가느냐에 따라 달라질 것이

다. 국가마다 독특한 역사와 문화, 민족성이 있는 것이며 시대별로
어떤 국제적 상황에 부닥쳐 있는지도 경제발전 방식과 깊은 관계가
있을 것이다. 통신·교통의 발달, IT 및 ICT의 발달 등 역시 현대 국가
들에게는 경제발전 방식에 있어 중요한 환경 중 하나가 될 것이다.

서방에서는 중국에 대해 끊임없이 '중국위협론', '중국위기론'을
가지고 중국을 견제해 오고 있다. 이에 따라 중국도 덩샤오핑·장쩌
민 시대에는 '도광양회' 후진타오 시대에는 '화평굴기'로 외교정책이
나 자신의 모습을 포장해야 했다. 시진핑 시대에는 남중국 문제 등
미국의 첨예한 이해관계인 '아시아로의 회귀'Pivot to Asia 정책에 정면
도전하는 '군사굴기'의 모습을 보이는 것은 G2로서의 중국의 모습을
보는 듯하다.

현재 중국은 막강한 외환 자금을 활용, 세계 굴지의 기업을 인수하
고 '일대일로'一帶一路를 위한 AIIB를 출범시키며 동시에 '위안화'를
IMF의 SDR 기축통화로 편입시키는 등 위안화 국제화를 위한 큰 행
보에 나서고 있는 가운데 세계 불경기의 역풍과 북핵문제로 어정쩡
한 태도를 보임으로써 한·미·일 vs 북·중·러의 신냉전시대를 자초
하고 있는 모습이다. 사실 중국이 쌓아 놓은 외환보유고도 국제사회

나 투자자들의 실망을 초래하면 급감할 수도 있다. 유가가 하락할 때는 외환 수급이 큰 문제가 되지 않으나 산유국들의 감산 합의 또는 중동 정정불안에 따라 유가가 급등하고 주요 무역 상대국인 미국·일본·EU로부터 의도적인 통상압력을 받게 되면 3조가 넘는 외환 보유고도 결코 안심할 수는 없다.

아직은 중국이 G2로서 미국과 견줄만한 군사·외교·경제·금융·통상·기술 수준을 가지고 있다고는 할 수 없다. 미국과 극한 대립에 들어가는 신냉전을 자초해 과거 미·소 관계처럼 양극체제로 복귀하게 된다면 중국으로서는 감내할 수 없는 결과를 초래할 것이다. 다만 이 경우 미·중 관계 속에서 한·미 관계 및 한·중 관계의 합리적 등거리 관계를 모색하는 것이 현실적으로 불가능할 것이며 우리는 어떤 형태든 선택을 강요받을 것이다. 우리는 이 과정에서 엄청난 고통을 겪을 것이다. 신냉전 체제는 우리에게 전혀 이익이 되지 않는다는 의미다. 지금은 무척 위태스러운 국제관계가 형성되고 있다. 우리는 현명한 대중 관계를 유지하는 지혜와 전략을 개발해내야 할 것이다.

2000년대를 사는 중국인들에게 자부심을 불어넣은 국가발전 모델인 '중국모델론'에 대해 어느 정도의 지식을 가지고 있는 것은 현대 중국을 이해하는 데 필수적이다.

중국이 1978년 개혁·개방을 결정한 이래 대내적으로는 사회주의 체제임에도 시장경제를 채택함으로써 농촌개혁과 국유기업 개혁을 진행하고 동시에 대외개방을 진행하여 차관보다는 외국인 투자를 유치하고, 선진기술을 받아들임으로써 산업경쟁력을 끌어 올릴 수 있었다. 90년대 세계화 추세와 맞물려 세계시장을 개척함으로써 무역

대국으로서의 위업을 달성하고 무역규모가 4조 달러를 넘어가고, 한때는 보유 외환이 4조 달러를 넘는 등 30여 년 동안 연평균 9.5%가 넘는 경이적인 경제성장률을 기록했다. 이러한 중국의 경제발전모델은 다양한 형태로 중국연구자들에게 회자되었다. 즉 '중국 특색의 사회주의', '중국식 발전경로', '베이징 컨센서스', '중국모델' 등으로 불렸으며 특히 제3세계나 권위주의 국가들의 경제발전모델로 떠오르게 된 것이다. 중국이 개혁·개방을 진행하는 과정에서 진행한 여러 특징을 망라하는 과정으로 초창기에는 중국 특색의 사회주의, 사회주의 상품경제, 사회주의 초급단계, 사회주의 시장경제론 등의 이데올로기적 체계화를 통해 정치적으로는 사회주의 체제와 경제적으로는 시장경제체제를 동시에 끌고 갈 수 있는 동력을 확보함으로써 정치적 안정과 경제적 발전을 동시에 이룰 수 있었다.

개혁·개방 후 사회적으로 봇물 터지듯 들어온 서구식 민주화 논쟁은 공산당 리더들에게 곤혹스러움을 안겨주었다. 그렇다고 서구식 민주주의를 순순히 인정할 수 없었던 그들은 결국, 동아시아의 권위주의적 정부 모델을 근거로 '신권위주의' 담론을 이끌어냈으며, '선 경제발전, 후 정치 민주화'를 도모하는 전략으로 나아갔다. 신권위주의는 90년대의 민족주의적 정서를 배경으로 '신보수주의'로 진화했으며 '정치 안정'을 최고의 목표로 삼았다. 90년대 말, 아시아 외환위기로 암묵적인 동아시아 모델이 도전을 받게 되자 중국 지도부는 대안을 모색해야 할 필요성을 느꼈으며 당시 남미나 동아시아에 강요되었던 워싱턴 컨센서스에 기반한 '신자유주의'의 문제점을 집중적으로 연구 검토하기도 했다. 워싱턴 컨센서스의 권유로 개혁을 시도했던 남미, 구소련, 동구권 사회주의 국가들의 경제발전이 실패로 귀결된 것과는 달리 이를 거부한 중국의 경우는 경이적인 경제성장을 기록함으로써 중국식 발전모델이 주목을 받기에 이른 것이다.

중국식 발전모델의 특징은 크게 두 가지로 나눌 수 있다.

첫 번째는 체제전환 과정에서의 특징이다. 계획경제에서 시장경제로 전환되는 과정에서 나타난 중국식 발전모델은 점진적·실험적 개혁, 사유화보다는 시장화를 우선실시, 지방분권화, 대외개방을 대내 개혁에도 효과적으로 이용한 점으로 요약할 수 있다. 이는 '중국경제 이해'에서 기술한 '개혁·개방기 중국경제의 특징'과 같다. 독자의 편의를 위해 간략히 설명하면 다음과 같다.

점진적·실험적 개혁으로 주변 부문인 농촌개혁을 우선적으로 진행하고 체제 외 개혁 대상인 비국유기업인 개체호나 외자기업의 경제활동의 자유를 확대해 나갔다. 체제 핵심 부문인 국유기업 개혁은 미루어 놓은 것이다. 지역적으로도 점·선·면의 점진적 개방 정책을 취했다. 따라서 摸着石头过河 식 실험적 개혁을 추진했다. 장기적 계획에 의한 개혁이 아니고 시행착오를 거치는 방식이다. 현장의 자생적 변화를 묵인하고 관찰한 후 공인하는 방식이다. 다음은 사유화보다 시장화 우선 정책을 폈다. 즉 자본주의 경제체제의 근간인 시장화와 사유화를 놓고 무엇을 먼저 개혁할 것인가를 고민한 결과 시장화를 우선적으로 개혁하기로 하고 계획경제를 시장화를 통해 점진적으로 개혁해나갔다. 동시에 다양한 소유제의 비국유기업 진입을 허용했으며 밑으로부터의 사유화를 점진적으로 허용했다. 한편 분권화를 통해 지방정부 및 기업의 적극성을 유도해 나갔다放权让利. 이를 통해 지방정부의 경제적 권한이 대폭 확대되었으며 자연스럽게 지역간, 기업 간 경쟁을 유도할 수 있었으며, 지방 주도 개발 프로젝트들이 급증하게 되었으며 이로 인해 중국의 고속 경제성장의 핵심 요인이 되었다. 마지막으로 대내적인 개혁에 대외개방을 통한 학습 효과를 연계시킴으로써 효율성을 제고시켰다. 즉 경쟁력 비교우위 정책을 활용함으로써 개혁 이전 경시했던 노동 집약적 산업이 급성장하게 되었다. 이는 한국 대만 등의 비교우위 전략을 모델로 추진되었다. 결과적으로 비교우위의 경공업 제품 수출이 급증하게 된 계기가 되었다.

두 번째로 동아시아 모델과 비교하면, 동아시아 금융위기 전만 해도 중국이 본받고자 했던 경제발전 모델인 동아시아 모델과의 유사점과 차이점은 다음과 같다. 유사점으로 '권위주의적' 국가로서 시장 친화적인 제도와 정책을 수립하여 경제발전 성공한 점과 신자유주의자워싱턴 컨센서스들의 권고를 거부하고 중국 정부가 선택한 국가 주도의 산업정책이 효과적이었으며 기술관료로 대표되는 엘리트 관료들이 산업정책을 수립·집행 개혁기 경제정책 주도한 점이 유사하다. 한편 차이점으로는 동아시아는 차관도입으로 국내 기업 중심으로 발전했으나 중국은 FDI도입을 기반으로 외자기업을 중심으로 경제발전에 성공하였다. 동아시아 모델은 자국 산업 보호를 위한 보호 색채가 농후했으나 중국은 국내시장 개방과 경제 자유화를 기반으로 국제 시장에 진출하였다. 낮은 인건비를 비교우위로 했던 외자기업의 수출 전략은 미국과 무역마찰을 유발함으로 인해 수정이 불가피한 기로에 있다. 최근의 미·중 무역전쟁이

이 점을 웅변적으로 대변하고 있다.

중국모델론의 모순을 언급하면 아래와 같다. 중국 지도부는 현재 사회주의 정치체제와 자본주의의 꽃인 '시장경제'를 두 축으로 해서 국가경영을 하고 있다. 공산당 1당 통치 체제는 거역할 수 없는 '중화인민공화국'의 DNA와 같은 국가 기제이며 '시장경제'는 자본의 자유화, 노동력의 시장화, 지방의 분권화, 소유권의 사유화를 전제조건으로 하는 자유민주주의 국가의 시스템이므로 양자가 균형을 이루는 또 다른 사회적 기제를 만들어내지 못하면 사회주의라는 정치체제가 급격히 붕괴할 수 있다는 잠재 가능성을 부인할 수 없다. 공산당 일당체제의 사회주의는 시민사회의 발전을 통제해야만 하고, 언론·출판·집회·결사의 자유를 억압해야만 하며, 때로는 인권유린을 서슴지 않아야 한다는 속성을 지닌 정치체제로, 지금과 같이 지구화가 이루어지고 IT나 ICT 산업이 1년 앞을 예측하지 못할 정도로 급변하는 환경하에서는 언제 시민사회가 폭발할지 모른다는 잠재 리스크를 안고 있다. 2006년에 65%였던 중국의 대외 수출의존도가 2015년도에는 36%에 불과하고 GDP 성장에 대한 IT·ICT 산업의 공헌도가 2014년에 58%에 이르는 '소통' 사회에서는 더더욱 그렇다. 따라서 중국의 발전 모델은 14억이라는 거대하고 권위적인 사회주의 체제 기반의 국가에서나 일사불란한 효율성 제고를 위해 적용 가능하다고 할 수 있다.

조영남 교수는 다만, 일부 아시아, 라틴 아메리카, 아프리카의 저발전 국가에 중국의 발전 경험은 의미 있는 학습 대상이 될 수 있으며 권위주의 체제에서 고도의 경제성장을 이룰 수 있다는 것은 비민주국가의 통치 엘리트들에게는 큰 매력일 수 있으며 이런 면에서

베이징 컨센서스는 중국의 소프트파워를 증대시키는 요소가 될 수
있다고 주장한다. 중국이 지금처럼 제3세계 국가에 대한 경제지원과
협력을 강화한다면 베이징 컨센서스가 이들 국가에서 워싱턴 컨센서
스를 대체하는 경제발전모델이 될 수 있을 것으로 전망한다.

7. 인터넷과 중국 정치·경제의 상관관계

중국은 2019년 6월 인터넷 사용자가 8억 5400만명으로 중국 전체
인구의 61.2%, 이 중 스마트폰 사용자가 99.1%인 세계 최대 규모의
스마트폰 사용자와 네티즌을 보유한 정보화 대국이다. 인터넷이 보
급되며 다양한 정보가 신속하게 전달, 공유됨에 따라 중국 네티즌들
은 알 권리와 함께 표현의 자유를 원하고 있다. 이를 통제하기 위해
중국은 철저한 모니터링으로 검열을 하며 정부만의 온라인 활동을
구축하고 있다.

(1) 중국 정부는 왜 인터넷 통제를 하는가?

중국 당국은 정보산업화의 근간인 인터넷 발전은 불가피하다고 보
고 있으나 인터넷 여론의 확산과 속도로 인해 공산당 일당체제에
대한 사회의 부정적 시각을 우려함으로써 정보산업화와 정치 안정화
간의 딜레마에 빠져있다.

인터넷 시대의 도래는 국가가 어떻게 대응하느냐에 따라 해당 국
가의 미래 경쟁력을 좌지우지하는 중대 사안임을 누구나 다 인지하
고 있다. 따라서 인터넷 확산을 통한 경제발전을 세계 모든 정부가
꾀할 것은 당연하다고 할 수 있다. 다만 인터넷 확산은 전자정부나,

ERP, 전자상거래, 사물인터넷, 빅데이터 산업, 물류 혁명 등의 경제 영역만 확대되는 것이 아니라 소셜 미디어SNS를 통한 쌍방향의 소통이 일반화되어 가상공간을 통한 시민사회가 형성될 것이라는 점이다. 권위주의 체제 국가들의 경우 국민의 언론, 출판, 집회, 결사의 자유를 제한하고 있어 급속한 인터넷의 확산은 자칫 권위주의 정부에 대한 반체제 시민운동 확산을 초래할 가능성이 있다. 따라서 인터넷 통제는 체제 유지를 위한 불가피한 선택이다.

중국도 국가의 모든 권력이 공산당에 집중되어 있다. 따라서 공산당 지도부는 경제발전을 위해 인터넷 확산이 불가피한 것을 인지하고 있으나, 동시에 정치 안정을 위해서 인터넷 감시 및 통제가 불가피하다고 생각한다. 정치 안정과 경제발전이라는 두 마리 토끼를 잡아야 하는 중국 정부로서는 체제 유지 및 안정이 최우선이지만 체제 유지의 전제조건인 '경제발전' 역시 포기할 수 없는 딜레마에 빠진 것이다.

(2) 중국 정부의 인터넷 활용

习大大는 중국 시진핑 국가주석의 애칭이다. '大大'는 중국 샨시성 말로 '아저씨'보통화 '叔叔'라는 뜻이다. 시진핑 주석이 문화대혁명 시기 샨시성 농촌 토굴에서 청소년기를 보내며 중국 농민과 동고동락한 진정한 중국 지도자임을 암시하는 애칭이다. 중국 인터넷 검색 엔진인 바이두에서 习大大 사진을 검색해 보면 동네 아저씨 이미지를 전달해 주는 부드러운 미소의 시진핑 주석의 사진과 부인 펑리유안 여사와의 사진, 심지어 중국에 돌풍을 일으켰던 '김수현'과 시 주석 청년 시절 사진이 대비되어 시 주석의 친근함을 나타내고 있다.

중국 최고 지도자의 이미지 관리를 위해서 중국 공산당이 인터넷 공간을 훌륭하게 활용하고 있는 현장인 것이다.

일사불란하게 중국의 정치·경제를 끌고 갈 수 있는 원동력은 삼권분립 없이 공산당 일당으로 국가를 끌고 가는 집단지도체제의 리더십이다. 이러한 원동력을 얻기 위해 사회불안 요인이 될 수 있는 세력을 원천적으로 색출하여 뿌리 뽑는데 중국 정부는 정권의 사활을 걸고 매진하고 있다. 정치 안정이 경제발전과 민생안정을 가져온다고 믿기 때문이다.

(3) 거대한 새장과 제한된 표현의 자유

중국 인터넷은 국가 인트라넷 안에서의 제한된 범위 내에서의 표현의 자유가 보장되어 있으며 자기검열을 전제조건으로 하고 있다. 이민자 교수는 중국 인트라넷을 '거대한 새장'[32]으로 표현하였으며 중국 네티즌의 자유는 새장 안에서의 제한된 자유라고 정의하였다. 중국 정부의 인터넷 관련 조직과 감시 활동을 이해하고 표현의 임계점을 알게 되면 중국 정부의 인터넷 관련 정책을 폭넓게 이해할 수 있을 것이다. 중국 정부는 체제 유지에 위협이 가해지지 않는 범위 내에서 최대한 표현의 자유를 보장하려고 노력하고 있다. 이는 인터넷 사용인구의 증가와 적극적인 활동이 신성장 동력인 IT 및 ICT, 사물인터넷, 빅데이터의 발전으로 전자정부와 전자상거래B2B, B2C, C2C 물류 등의 발전을 가속화할 것으로 믿고 있기 때문이다.

---

32 이민자 『중국 인터넷과 정치개혁 - 새장 속의 자유』 2015, 서강대학출판 p.81

① 제한된 표현의 임계점

중국 정부는 국내 정치적으로 인터넷의 정치적 외부효과에 효과적으로 대처할 수 있는 능력을 보유하고 있다. 인터넷의 정치적 외부효과에 대해 국가는 이슈의 성격에 따라 차별적으로 대응한다. 인터넷을 통해 제기되는 이슈가 개인적인 표현의 자유의 신장이나 공공생활과 관련하여 의견 수렴과 토론이 이루어지는 경우, 국가는 이를 허가 또는 묵인하고 있다. 반면 체제의 정당성을 부정하거나 체제 전복적인 정치적 이슈인 경우는 온라인뿐만 아니라 오프라인까지 발본색원하여 철저하게 탄압하고 있다. 따라서 중국은 이슈의 성격이 국가의 '핵심적인' 정치적 이익, 즉 직접적으로 체제를 위협할 수 있는 이슈인가 아니면 체제위협과 거리가 있는 '주변적인' 이익과 관련된 일상적인 공공생활 이슈인가에 따라 대응 방식을 달리하고 있다.

② 제한된 표현을 묵인하는 이유

그렇다면 국가는 왜 이러한 사이버 공론장의 형성과 발전을 허가 또는 묵인하는 것일까? 네트워크의 복잡성이 증가함에 따라 정보의 흐름을 통제하는 정부 능력의 감소 때문인가? 우선 지적할 수 있는 것은 중국 정부가 사이버 공론장을 통해 중요한 국가적 의제들을 국민들에게 효과적으로 홍보할 뿐만 아니라 공산당의 권력 강화나 국가적 외교적 이슈에 대한 네티즌들의 여론 수렴의 창구로 활용하려는 목적이다. 그러나, 더욱 중요한 정치·사회적 함의를 갖는 것은 인터넷 확산과 함께 최소한의 사회적 담론을 위한 공간을 제공하겠다는 의도 때문으로 보인다. 언제든지 통제 가능한 공적인 공간은 국가에 대한 도전을 방조하기보다는 상대적으로 자유로운 공간의 허용을 통해 체제의 정당성을 개선할 수 있다. 중국이 선별적 통제방식에 따라 제한적이나마 열린 사이버 공간을 유지하려는 이유는 인터넷의 경제적 활동을 제약하지 않으면서 '효과적인' 인터넷 통제를 통해 '중국식 인터넷 공간'을 건설하기 위한 전략적 선택의 결과로 볼 수 있다. 우선 주변적인 사회정치적 이슈들과 관련된 사이버 활동은 중국 정부가 의도하는 인터넷 발전의 초석이다. 전자정부와 전자상거래 같은 국가적 차원의 정보화 프로젝트는 모두 사이버 공간의 활성화를 토대로 한다. 따라서 과도한 인터넷 통제는 중국 정부가 의도하는 인터넷의 경제적 활용에 제약 요인으로 작용할 수 있기에 개방적 사이버 공간의 형성을 방임 또는 조장하는 것이다.

③ 중국의 민족주의 이데올로기

정부는 인터넷에 반미감정이나 반일감정을 국가 이익과 연계시키는 민족주의 담론을 조장함으로써 중국 공산당에 대한 국민의 불만을 외부의 적들로 돌리고 있다. '강국논단'이라는 인민일보의 대화방은 처음부터 이런 목적에서 출발했다. 1999년 5월 미국의 B-2 폭격기의 유고주재 중국대사관 오폭 사건에서 중국 관영 미디어들은 오폭이 아니었다는 식으로 분위기를 몰고 갔다. 인민일보는 후일 '강국논단'이 된 '항의 논단'이라는 대화방까지 만들어서 이를 더 부추겼다. 또한, 2001년 미국 정찰기 사건도 인터넷 대화방은 그 어느 때보다 뜨거운 민족주의 열기로 들끓었고 공식 기관지들까지 이에 동조했다. 일본 기업인들의 광동성 동관의 대규모 섹스파티 역시 반일감정을 갖게 함으로써 민족주의에 불을 붙인 것이다. 동북공정 역시 같은 논리라고 할 수 있다. 2006년 바이두의 '고구려 카페'에는 중국 네티즌이 올린 2750건의 주장과 29329건의 댓글이 달렸다. 이러한 인터넷 활동을 조장하여 민족주의를 불러일으킴으로써 미래의 역사 분쟁에서 유리한 고지를 점하고자 하는 것이다.

인터넷에서 민족주의를 자극함으로써 적을 지목하고 국민의 분노를 정치적 도구로 이용하는 것이다. 중국 정부는 의도적으로 인터넷에 중국 민족주의를 접목시켜 중국의 체제 유지와 국가 이익을 수호하는 데 활용하는 것이다.

(4) 중국식 인터넷 발전모델

인터넷 발전은 민주주의 체제에서만 가능하다는 기존의 서구적 가정과 달리 권위주의 국가의 정부들도 인터넷에 대한 효과적인 통제를 확고히 할 수 있는 동시에 인터넷의 경제적 활용도 촉진함으로써 인터넷 발전과 권위주의 체제의 양립이 가능할 수도 있다는 것을 보여주고 있다. 서구와는 다른 정치·경제적 맥락을 가진 발전지향적 권위주의 체제의 인터넷 발전모델로 발전할 가능성도 배제할 수는 없다.

그런 만큼 인터넷 발전과 정부의 역할이라는 관점에서 중국의 인터넷은 정치와 관련된 주요 관심사 중의 하나가 될 것이다. 이런 점에서 '인터넷이 중국에 어떤 영향을 미칠 것인가가 아니라 중국이 인터넷에 어떤 영향을 미칠 것인가'하는 문제가 새롭게 등장하고 있다는 지적은 더욱 의미 있게 들린다. 결과적으로 중국 인터넷 발전모델이 새롭게 등장할 수도 있기 때문이다.

경제발전의 성과는 공산당 집권의 전제 요건이므로 중국 공산당의 입장에서 미래산업의 원동력인 인터넷, 즉 정보산업을 포기할 수 없을 것이다. 서구사회가 볼 때 상호 모순적인 '중국모델'로 나아갈 수밖에 없을 것이다. 30여 년 동안 이미 잘 준비된 중국만의 모델이므로 인터넷 기반의 인터넷 + 신성장 산업도 강력한 정부의 지원하에 추진될 것이라 예상된다. 다만 인터넷이라는 가상공간 안에서의 정치적 자유는 제한된 범위 내에서만 허용될 것이다. 중국 네티즌들은 이미 '자기검열'에 잘 적응되어 있으므로 정부와 네티즌과의 묵계가 지켜질 것으로 전망된다. 따라서 인터넷 발전모델도 정치·경제와 마찬가지로 일종의 '중국모델'이 유효할 것으로 보인다. 다만, 신창타이新常态 중속 성장으로 들어가고 있는 중국경제가 연착륙하지 못하고 경착륙한다면 잠재되어있는 중국인들의 민주화에 대한 욕구가 분출될 가능성이 크다는 점은 주의해야 할 것이다.

중국경제의 현안 이슈

8. 신창타이 정책의 대내외적 배경

지금의 중국경제 상황을 이해하기 위해서는 소위 '새로운 정상상태'New Normal, 뉴노멀라는 뜻의 '신창타이新常态'라는 말과 그 말이 등장하게 된 배경을 먼저 이해해야 한다. 이 말이 등장한 배경과 당시 경제 상황에 대한 분석을 이해함으로써 지금의 중국경제가 처한 상황과 미래의 중국경제를 예측 가능할 것이다. 이는 곧 중국 공산당의 당장을 '계급투쟁'에서 '경제발전'으로 바꾼 이후 최고의 가치가 된 경제성장과 그 열매인 국민 생활 수준의 향상으로 국민의 절대적인 지지를 받아온 중국 공산당에게 경제성장률의 하락은 정치적 안정을 해칠 수 있다는 위기감과 불안감에서 새로운 정치·경제적 논리를 개발함으로써 국민을 설득하고 지속적인 지지를 통한 정국의 안정을 도모해야 할 당위성이 생긴 것이다. 덩샤오핑의 개혁·개방이라는 '대전환'을 통해 '사회주의 시장경제'라는 옷을 입은 현대중국이 '중진국의 함정'과 '체제전환의 위험'에 대한 고민을 하지 않을 수 없었을 것이다.

2014년의 중국경제를 설명하는 키워드로 떠오른 것이 '새로운 정상 상태'New Normal, 뉴노멀라는 뜻의 '신창타이新常态'다. 시진핑习近平 총서기가 2014년 5월 처음 사용한 이후 중국에서 광범위하게 사용되고 있는 이 개념은 중국경제의 성장률 하락이 새로운 상황이지만 정상적이라는 점을 강조하고 있다. 또한, 성장률의 하락이 경착륙으로 이어지지 않고 안정적으로 관리될 수 있다는 것을 시사한다. 먼저 2014년 전후의 중국경제 현황을 살펴봄으로써 중국 정부가 신창타이라는 '중속성장'을 선택할 수밖에 없었던 배경을 이해할 수 있을 것이다. 당시의 중국경제를 성장 속도 측면, 구조적 측면산업·수요·분배 성장동력 측면과 위험요소를 살펴보자.

(1) 신창타이의 배경 이해

<중국의 2010~2015 거시경제 지표 추이>

구분	2010	2011	2012	2013	2014	2015
경제성장률	10.6	9.3	7.7	7.7	7.4	6.9
도시등록실업률	4	4	4	4	4	4
고정자산투자 증가율	24	24	20	20	16	10
소비재소매 판매증가율	18	17	14	13	12	11
CPI 상승률	3.3	5.4	2.6	2.6	2	1.4
수출증가율	30	20	8	8	5	-1.8
수입증가율	39	25	4	7	-0.6	-13.2
무역수지 (10억 달러)	185	158	233	269	382	598

1) '속도' 측면

첫째는 속도 측면으로, 두 자릿수 고속 성장에서 한 자릿수 중속 성장으로 성장률이 일정 정도 하락했다. 중국의 경제성장률은 개혁·개방 이후 30년 이상 연평균 10%를 상회하였으며 특히 2007년에는 14.2%로 정점에 달했다. 그러나 2008년 미국발 세계금융위기의 충격과 이에 대응한 4조 위안 경기 부양으로 성장률은 2010년 10.6%를 기록한 후 계속 하락하고 있으며 2012년부터 3년 연속 7%대에 머물렀다.

2) 구조적 측면

① 산업구조

중국경제의 구조변화 중에 가장 뚜렷한 현상은 '서비스화'이다. 고속성장기에는 제조업이 경제성장을 견인했는데, 제조업이 중심이 되는 2차 산업의 GDP 비중은 2006년에 48%로 정점에 도달했고, 2012년부터 서비스업의 성장이 뚜렷해지면서 2013년에는 처음으로 3차 산업의 비중이 2차 산업의 비중을 넘어섰다. 2014년에는 3차 산업의 비중이 48.2%에 달하며, 2차 산업42.6%과의 차이를 더욱 벌려놓았다. '서비스화'로 요약되는 산업구조의 변화는 고용 측면에 영향을 미쳤다.

② 수요구조

중국의 경제발전방식 전환의 핵심은 투자와 수출의 비중을 낮추고 소비의 비중을 높이는 것이다. GDP 대비 수출의 비중은 2007년의 35%로 정점에서 2014년에는 23%로 감소했다. 반면 가계소비의 GDP 비중은 2010년에 35%, 2013년에는 36%로 소폭 상승하였다. 고정자산 투자증가율은 16%로 전년 대비 4% 포인트 하락하였지만, 소비재 소매판매 증가율은 12%로 전년 대비 1%포인트 하락하여 투자에 비해 하락 폭이 훨씬 적었다. 즉 2014년에는 투자 비중의 하락과 소비 비중의 상승이 더욱 뚜렷해졌음을 알 수 있다.

③ 분배구조

도농 간 소득격차도 축소되고 있는 것으로 보인다. 2014년에는 농민의 소득 증가율은 9%로 도시민 소득 증가율 7%를 상회하였다. 또한, 지니계수도 2008년의 0.49를 정점으로 2014년에 0.47을 기록하였으며 2015년에 0.46으로 7년 연속 하락했다. 중국의 경제구조에 '신창타이'에 부합하는 변화가 나타나고 있는데, 이 변화가 산업구조 측면에서는 보다 빠르고 명확한 반면, 수요구조와 분배구조 측면에서는 다소 느리게 진전되고 있는 것으로 보인다.

3) 성장동력

'신창타이'의 세 번째 기준은 성장동력으로 제도개혁과 기술혁신을 통한 생산성 향상인 성장동력으로 등장한다는 것이다. 단지 정보통신ICT 분야 기업의 성장이 두드러지고 있고, 연구개발R&D 투자가 계속 증가하여, 2014년에는 GDP 2% 수준에 도달했다는 점에 비추어 향후 기술혁신의 속도가 빨라질 개연성이 확인되고 있을 뿐이다. 한편 중국은 대외정책을 통해서도 새로운 성장동력을 창출하려고 하는데, 대표적인 것이 2014년에 본격화된 '일대일로一帶一路'구상이다.

4) 위험요소

성장률 하락과 구조변화가 진행되는 과정에서 불확실성이 증대되고 있다. 위험요인으로는 부동산 시장침체, 공급과잉 설비, 과도한 부채로 인한 금융부실 문제가 있다.

(2) 신창타이 배경의 대외적·대내적 요소

1) 대외적 요소

신창타이에 가장 큰 영향을 미친 요소는 2008년 미국발 세계적 금융위기일 것이다. 당시에 중국은 경제 대국으로서 세계 경제 불경기 극복에 일조하기 위해 중국 내수 진작에 4조 위안의 정책자금을 쏟아 넣었다. 이로 인해 중국 자체는 공급과잉 등 구조적인 문제를 겪게 되나, 상대적으로 세계 경제를 안정화하는 데 이바지했다. 중국 수출의 급격한 둔화도 신창타이에 큰 영향을 주고 있다. 중국의 대외 무역의존도는 여전히 40% 정도로 그 중 수출증가율은 30%에서 2014년 5%로 급격히 위축되고 있으며, 아울러 수입도 격감하고 있는 것 역시 이 사실을 보여주고 있다. 일대일로, AIIB 은행 설립, SDR기축 통화 편입 등의 대외적 요인들은 향후 중국경제의 중장기 전망을 밝게 한다.

2) 대내적 요소

대내적 요소는 거시경제지표를 가지고 설명할 수 있다. 즉 성장 속도가 급격히 떨어지고 있으며, 고정자산 투자증가율이 2010년 24%에서 2014년 16%로 감소한 것은 그만큼 중국경제에서 투자가 점차 비활성화되고 있음을 나타내고 있다. 그러나 소비재 소매판매 증가율이 나름대로 감소 폭이 상대적으로 주는 것은 긍정적이라고 할 수 있을 것이다. 소비자 물가지수가 2%대에서 안정을 이루고 실업률 역시 4.1%대에서 안정을 이루는 것은 경제성장이 산업구조에 있어 서비스산업 비중이 커지고 있어 고용이 확대되었기 때문이다.

(3) 신창타이 이후의 중국경제

2010년 10.5% 두 자릿수 경제성장을 마지막으로 2011년 9.3%, 2012년 7.7%, 2013년 7.8%, 2014년 7.3%, 2015년 6.9%, 2016년 6.7%, 2017년 6.9%, 2018년 6.6%, 2019년 3분기 6.0%로 지속적인 GDP 성장률 하락에서 벗어나지 못하고 있다. 신창타이라는 중속 성장도 점

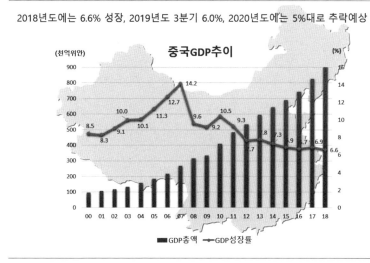

이제는 중속 성장新常态

(자료: 중국국가통계국)

2018년도에는 6.6% 성장, 2019년도 3분기 6.0%, 2020년도에는 5%대로 추락예상

중국GDP추이

(천억위안)

(%)

8.5 8.3 9.1 10.0 10.1 11.3 12.7 14.2 9.6 9.2 10.5 9.3 7.7 7.8 7.3 6.9 6.7 6.9 6.6

■GDP총액 ■GDP성장률

차 무색해지는 방향으로 나아가고 있다. 더구나 2018년 4월 미국과 무역전쟁을 벌인지 이미 1년 반이 지났는데도 뚜렷한 합의점이 나오지 못하고 오히려 패권 다툼의 양상이 더욱 거세지고 있다. 중국 위기론자들은 미·중 무역전쟁이 타결되지 않으면 중장기적으로 중국의 상처가 깊어질 것이며, 경제성장이 2%대까지 곤두박질치고 외환위기와 금융위기가 도래할 수도 있음을 경고하고 있다.

9. 미·중 무역전쟁의 본질은 무엇일까?

(1) 미·중 간 패권 다툼의 근원

서양의 역사는 원시-고대-중세-근대-현대로 분류하는 것이 일반적이나 중국의 역사는 원시-고대-근대-현대로 분류하는 것이 보통이다.

중국은 왕조를 중심으로 시대 구분을 한다. 중국의 진관타오라는 학자는 심지어 중국의 봉건사회는 진시황이 중국을 최초 통일한 이후 청나라까지 약 2,000년간 통일 왕조를 중심으로 한 봉건사회가 지속하였다고까지 주장하고 있다.

전통적인 의미의 봉건사회는 오히려 땅을 제후에게 분봉했던 주나라 시대부터 시작되었으나 천하통일을 이룬 진나라 때에는 중앙집권제인 군현제가 시행되었던 것을 고려하면 서양의 역사 구분이 더 합리적이지 않나 하는 생각이 든다. 진관타오는 다만 2000년간 초안정적으로 통치되었던 통일왕조 중심의 사회를 봉건사회로 규정했으며 이를 고대로 분류한 것으로 판단된다. 1840년 아편전쟁을 기점으로 중국 역사가 극심한 혼란으로 점철되면서 중국의 근대가 시작되었다고 하는 견해에 대해서는 이견이 없다. 중국의 GDP를 전문가들이 추정한 바에 의하면 1800년~1840년에도 전 세계의 1/3을 차지할 정도의 G1 국가였던 중국이 서구 열강 제국의 침입으로 半봉건 半식민지 상태로 전락함에 따라 국력이 급전직하로 약화하여 개혁·개방 전후인 1978년에 전 세계의 1.8% 정도밖에 안 되는 약소국가로 전락해버렸다. 중국이 공산화되면서 1949년 중화인민공화국이라는 사회주의 국가로 거듭났으나 마오쩌둥 지도하의 중국은 대약진운동의 실패, 문화대혁명을 거치면서 국가발전이 더욱 피폐해졌다.

그러던 중국이 1978년 덩샤오핑의 개혁·개방의 기치를 올리고 당장党章의 '계급투쟁'을 '경제발전'으로까지 개정할 정도로 GDP성장을 제1의 가치로 내세우고 독려했다. 그 결과, 2010년 세계 제2 경제 대국이었던 일본을 추월하여 미국과 나란히 G2 반열에 오르는 기염을 토했다. 지금은 비록 중저속 성장 모드인 '신창타이新常态' 뉴노멀

중국 경제 발전 추이

중국은 '12 세계 최대 무역국으로 부상

40年後

2018년
중국의 세계 GDP Weight
(세계은행기준)

15.9%

1978년
중국의 세계 GDP weight:

1.8%

*'18년 미국의 세계 GDP Weight: 24%
**3위 일본 5.8% 12위 ***한국 1.9%

상태로 진입했으나 중국의 세계 경제성장 기여도는 여전히 30%대로 영향력이 가장 큰 국가이다. 명목 GDP 기준 2018년 전 세계 15.9% 점유를 했으며 구매력 기준 GDP는 이미 25조 달러에 달해 미국을 추월했다. 세계은행은 2050년, 중국이 전 세계의 20%를 차지하고 미국은 12% 수준에 머물 것으로 전망하고 있다. 중국이 명실공히 G1 국가로 우뚝 설 것을 예상해본다.

바로 이런 중국의 '사회주의+시장경제'의 성공 모델을 '중국모델' 이라고 주장하는 일련의 중국학자들이 출현하고 있다. 미국의 라모 라는 학자는 이를 베이징 컨센서스라고 표현, 워싱턴 컨센서스 라고 하는 '신자유주의'를 기치로 하는 자유무역 경제모델과 대응되는 경제발전모델로 '중국모델'이 권위주의형 개발도상국에게 매력적인 이데올로기가 되어가고 있다.

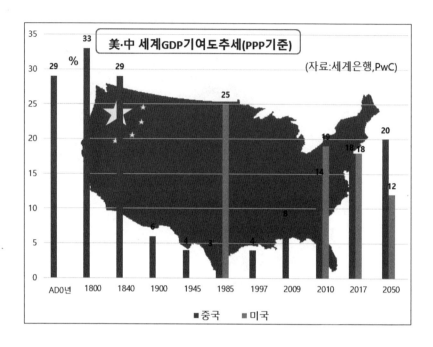

美·中 세계GDP기여도추세(PPP기준)

(자료:세계은행,PwC)

■중국 ■미국

프란시스 후쿠야마는 자신의 저서 『역사의 종말』에서 사회주의는 이미 자유민주주의와 자본주의 앞에 무릎을 꿇은 것으로 묘사하고 있지만 '중국모델'이 이에 정면으로 도전하는 것이다. 특히 최근 트럼프의 '미국 우선주의'는 스스로 신자유주의를 부정하는 양상으로 가고 있어 중국이 오히려 WTO의 수호자인 것처럼 보이는 현상까지 나타나고 있음은 역사의 아이러니라 할 수 있다.

중국은 바로 이 시점을 미국 중심의 단극체제에 역공을 날릴 절호의 기회로 여기고 있는 듯하다. 이러한 기회를 이용하는 데 필요한 역동적 리더십 확립을 위해 중국 공산당은 2018년 3월 '전국인대'라는 정치행사를 통해 주석직 연임제한 조항에 대해 헌법을 수정함으로써 명실공히 '시황제'로 등극하는 1인 독주 체제를 합법화한 것이다. 강력한 리더십 확보를 통해 중국 공산당이 주장하는 '중국몽'을 완성해 나감으로써 2개의 100년 즉 2021년 공산당 창립 100주년에 맞춰 전면적 소강사회 완성 및 2049년 중화인민공화국 건국 100주년을 맞이하여 비대칭의 G1으로 우뚝 서겠다는 야심을 드러낸 것이라고 볼 수 있다. 미국은 바로 이러한 중국의 패권에 대한 꿈을 사전에 저지하기 위해 그들의 성장축인 경제발전의 청사진을 뿌리부터 흔들겠다는 전략을 구사하겠다는 것이다. 이번 미·중 통상마찰의 근본적 배경이 여기에 있다.

미국은 중국이 중국몽에 이어 그들이 제국몽으로, 즉 G1이라는 단극체제를 향해 거침없이 나가는 것이 여러모로 부담스러웠고, 이를 저지하기 위해 미국은 최근 TPP 재가입추진이라는 카드를 빼내 들었다고 할 수 있다. 아울러 중국의 미래 비전인 2개의 100년 중 2049년의 꿈을 저지하기 위해 중국의 100년 대계 경제전략인 덩샤오핑의 점진적 三步走 전략, 시진핑의 新常态 상황에서의 공급측 개혁, 4차 산업혁명에서의 우위를 점하기 위한 중국제조2025 산업 업그레이드 전략 등 각종 국가 전략을 뿌리째 흔들겠다는 것이다. 구체적 조치로 지적재산권, 환율조작국 지정, 수퍼301조 등을 통한 강한 압박은 중국 정부를 긴장케 하고 있음이 분명하다. 이러한 미·중 간의 패권싸움에 우리는 선택을 강요받고 있다. 우리의 선택이 잘못되었을 때 우리 민족의 운명은 태풍 앞의 촛불이 될 수 있다. 모두가 지혜를 발휘해 위기촉발의 순간을 피하며 장기적 안목에서의 대안을 강구해야 한다.

(2) 미·중 무역전쟁의 서막

미국이 1972년 중국과 수교 당시 양국은 각자의 이유로 서로를 필요로 했다. 중국은 자신들의 이데올로기 체제 종주국인 구소련과의 노선 갈등으로 중소분쟁으로까지 이어져 누군가 대국과의 연대가 절실했으며, 미국은 2차 세계 대전 이후, 소련과 냉전국면에 대치한 지 20여 년이 되어 데탕트에 대한 염원이 있었다. 또한, 당시만 해도 국가발전론으로 근대화론이 우세하였으며 미국은 자유민주주의 국가의 리더 격인 나라로 중국을 도와 경제가 발전하게 되면 자연스럽게 중국이 민주화될 것으로 기대하였다.

중국은 1949년 신중국 성립 이후 경제발전의 방식을 소련에 의존하여 1차 경제발전계획을1953~1957 추진하였으며 철저하게 소련경제를 모방함으로써 소기의 성과를 얻었으나 1958년에 시작되는 2차 5개년 계획 역시 적극적으로 후원하겠다던 소련이 실천에 옮기지 않았다. 타이완 해협 위기 시에도 겉으로는 지지하는 것처럼 했으나 실질적으로는 전혀 관여하지 않았고, 중국과 인도 사이에 국경분쟁이 일어났을 때도 소련이 중립적 태도를 보이는 등 중국에게는 소련에 대한 오랜 불만이 축적되어 있었다. 또한, 당시 유럽과 평화공존을 주장하던 소련 흐루쇼프의 수정주의 지향은 중국의 교조주의적 마르크스·레닌주의와 충돌했다. 급기야는 1969년 우수리강 국경분쟁까지 번지면서 심각한 국면에 접어든 중·소 관계가 배경이 된 것이다. 따라서 양국의 접근은 서로에게 자연스럽고 상호 윈윈할 수 있는 환경을 갖춘 것으로 1972년 미국 닉슨의 중국방문을 계기로 양국관계 발전의 계기가 마련되어 1979년 수교에 이르게 된다.

그러나 중국의 1978년 개혁·개방 이후 40년이 흐른 시점에서의 중국은 미국의 기대와는 전혀 다르게 여전히 중국 공산당이 지배하는 사회주의 체제의 국가로 남아 있으며, 민주화 과정을 겪기는커녕 1989년 톈안먼 사건으로 민주화를 무력으로 진압했으며 오히려 시진핑 1인 장기집권 체제를 헌법에 명문화하는 등 갈수록 교조화되고 있다. 더구나 중국경제의 규모는 이미 미국의 2/3 수준까지 육박해 명실공히 G2로서의 면모를 과시하며 미국을 압박하고 있는 실정으로, 중국이 새로운 패권 국가로 나아가고 있는 징후가 곳곳에서 감지되고 있다.

한편 미국은 미국 우선주의를 내걸며 당선된 트럼프 정부가 2017년 들어섰으며 미국의 2017년 대중 무역적자가 4,000억불에 육박하자 트럼프 정부는 중국에 무역전쟁의 포문을 열게 된 것이다. 아편전쟁이 일어난 1840년 직전까지만 해도 중국의 GDP는 세계의 1/3수준을 점유했었으나 서구열강의 강점으로 인한 혼란과 공산화를 거쳐 1.8% 수준까지 추락했었다. 그러나 덩샤오핑 개혁·개방 이후 세계경제점유율이 2017년 명목 15% 실질 18%로 급상승함으로써 2개 백년대계가 완성되는 2050년에는 명실공히 G1으로 우뚝 설 것으로 전망됨으로써 미국은 이를 버려둘 수 없기에 중국에 강력한 태클을 거는 것이다. 특히 지적재산권 문제와 중국의 4차산업 장기 프로젝트인 '중국제조 2025'까지 문제삼으며 전방위로 중국을 압박하고 있다.

세계 양대 경제 대국 미국과 중국 간 무역 전쟁의 포문은 미국이 먼저 열었다. 도널드 트럼프 미국 대통령은 중국산 수입품에 고율 관세를 물리고 중국의 대미 투자를 제한하라는 지시를 담은 행정명령에 2018년 3월 22일 서명했다. 시진핑의 장기집권을 위한 전국인대 헌법 수정안이 2018년 3월 11일 통과된 직후, 트럼프가 2018년

3월 22일 미·중 무역전쟁의 선전포고와 다름없는 행정명령에 서명한 것은 역사적 의미가 크다.

이 같은 명령은 500억 달러약 54조원 상당의 중국산 수입품에 25% 고율 관세를 부과하는 조치이며 중국도 24시간이 지나기도 전에 바로 보복관세로 맞받아쳤다. 30억 달러약 3조원에 이르는 미국산 철강, 돈육 등에 관세를 부과한다는 것이 골자다. '눈에는 눈, 이에는 이'로 맞선 형국이다. 이에 따라 세계가 미·중 무역전쟁의 소용돌이에 휘말리게 된 것이다. 양국은 수차례에 걸쳐 협상을 시도했으나 결국 타결은 불발로 끝났으며 2019년 6월 1일부터 미국에 도착하는 중국 상품에 대해 25% 고율 관세 부과가 시작되었다. 무역전쟁이 본격적인 개전으로 치달은 것이다. 중국 역시 미국산 대두에 대해 고율 관세를 매김으로써 트럼프의 지지 텃밭을 공략하기 시작했다. 양국 간의 무역전쟁이 얼마나 오래, 광범위하게 전개될지는 아무도 예단하지 못하고 있다.

(3) 미·중 무역전쟁에서 미국은 왜 화웨이 카드를 맨 먼저 꺼낸 것일까?

미국은 2010년 중국이 일본을 추월하고 2017년 실질 구매력 기준 GDP에서 자신들을 위협하며, 중국몽의 구체적 실행계획인 '중국제조 2025'의 대표적 선두 기업인 화웨이를 꺾지 않으면 중국의 굴기를 제동하기 어렵다고 판단했으며, 궁극적으로 기술패권 전쟁에서 이겨야 중국을 제압할 수 있을 것으로 판단한 듯하다. 특히 화웨이가 백도어 프로그램을 통해 정보 훔쳐내기와 기술 도용을 해왔음을 문제삼아 안보 문제화하여 화웨이의 공급사슬 망을 파괴하기로 결정한 것이다. 화웨이에 대한 공격은 시작에 불과하며 전방위적으로 중국을 압박하기 위해 관세전쟁을 벌이고 있다. 양국이 협정에 서명한다 해도 결국 협상 결과를 실제로 실행하는 것에 대한 확실한 보장을 받기 위해 미국은 중국 정부에 Implementaion이 아닌 Enforcement, 즉 강제하기 위해 행정명령을 넘어 법제화하라고 압박하는 중이다. 더구나 미국은 중국이 합의 내용을 제대로 이행하지 않았을 때 '자동으로 언제라도 제재가 복원된다'는 징벌적 의미가 녹아 있는 Snapback 조항 삽입을 주장하고 있다. 중국은 이에 대해 아편전쟁 후 맺은 '난징조약'과 같은 굴욕적 불평등조약으로 여기고 있으므로 양국 간의 무역 협상이 조기에 원만하게 타결되는 것은 기대하기 어렵다. 1년 전의 ZTE 사건 등 중국의 정보통신 기기 업체 공급제품 대부분에서 백도어 프로그램이 발견되어 많은 나라에서 문제가 되고 있다. 이는 모든 소비자를 불안하게 만들어 궁극적으로 중국 네트워크 관련 통신기기 제품은 세계 시장에서 신뢰를 회복하기 쉽지 않으리라고 판단된다.

(4) 미·중 간 무역전쟁의 후폭풍이 심상치 않다

우리나라의 미국과 중국에 대한 수출액은 홍콩을 포함하면 근 44%에 달할 정도로 절대적이다. 한국의 GDP 대비 미·중 양국 무역의존도는 무려 69%에 이를 정도로 치명적이다. 아무리 긍정적으로 이해하려 해도, 모든 것이 우리의 뜻대로 움직인다 해도 두 나라에 우리의 운명을 맡긴 형국이다. 더욱 심각한 문제는 이 두 나라가 무역전쟁을 넘어서 패권전쟁의 양상을 띠고 있다는 것이다. 근대사를 보면 패권국가가 바뀔 때마다 전쟁이 일어났음을 우리는 잘 알고 있다. 더구나 여기에는 셈법을 더욱 어렵게 하는 북핵 요소까지 있다.

우리가 붙들고 있는 두 기둥이 서로 샅바를 잡고 생사를 위협하면서 서로 마주 보고 달리는 자동차처럼 치킨 게임을 벌이는 주체들임에 우리의 낙담은 더욱 크다. 거기에다 한 나라는 우리의 동맹국이요 다른 한 나라는 북핵의 주역인 북한과 혈맹이다. 정치·외교·군사적으로 입장이 확연히 다를 수밖에 없는 그런 두 나라를 우리가 상대하고 있으니, 평화 시대에는 위험을 극복할 방안이 있을 수도 있으나 지금과 같은 냉전 시기에는 묘안이 있을 수 없다. 오로지 선택만이 있을 뿐이다. 선택할 때는 장기적인 국익을 최우선으로 고려해야 할 것이며, 국민에게 합리적 공감을 얻는 선택을 해야 할 것이다. 아울러 역사에 부끄럼이 없는 선택이 되어야 후세에도 당당할 것이다.

미·중 간의 통상마찰은 우리에게 중대한 후폭풍을 가져올 수 있는 모든 조건을 다 갖추고 있다. 50~60%라는 치명적인 숫자 앞에서는 신북방 정책, 신남방 정책 등이 현실적인 대안이 될 수 있을지 의문시된다. 우선적으로 해야 할 일은 합리적 선택이며 지역 다변화는 차선책일 것이다. 한미FTA 재협상에서 왜 환율문제까지 엮여야 했는지 우리를 더욱 당혹스럽게 만든다. 일본의 플라자 협정에 의한 소위 '잃어버린 20년'을 떠올리는 미국의 환율조작국 지정 문제는 우리를 깊은 수렁 속으로 밀어버릴 수 있는 심각한 파괴력을 가지고 있다. 미국은 사실상 중국을 겨냥하는 동시에 우리나라를 엮어 넣으려고 하는 것은 그들의 전략일 수 있다. 미국의 대중 무역적자는 무려 2017년 3752억 달러로 무역적자 전체의 47%에 달했으며 대한 무역적자는 적자 전체의 2.9%인 229억 달러에 지나지 않았다는 사실이 이를 뒷받침한다.

트럼프는 필드에 강한 경제전문가다. 신자유주의를 주장하던 미국이 자국 우선의 보호무역주의자가 되고 중국 공산당 당장과 중국 헌법개정을 통해 시진핑 주석에게 절대 권력자요 종신 집권의 길을 열어 놓은 중국이 국제사회에서 보호무역주의에 대항하는 자유무역주의자의 대표자 역할을 자임하고 나선 것은 역사적 아이러니라 할 수 있다. 미국이 중심이 되어 만들어 놓은 WTO에 2001년 가입 이후 무역 G1으로 성장한 중국이 미국과 패권 다툼을 하는 모습이 이를 웅변적으로 보여준다. 프란시스 후쿠야마가 '역사의 종언'에서 주장했던 이데올로기의 종말이 아직 끝나지 않았음을 방증한다고나 할까?

우리가 앞으로도 먹고 살 수 있는 길은 세계 시장을 상대로 우리의 상품과 서비스를 파는 일일 것이다. 4차 산업혁명이나 제조업 혁신을 일궈낸다 해도 결과물을 거래할 수 있는 거대한 시장의 틀과 규칙 변화를 예견하고 깊숙이 관여할 수 있는 위치까지 나아가지 못하면, 우리의 미래는 장담할 수 없을 것이다.

10. 중국경제는 지속발전 가능한가?

(1) 대중국 낙관론자들과 비관론자들 사이에서 우리는 어디에 서 있는가?

중국의 지속적 발전에 대해 낙관적 견해를 갖는 사람들과 비관적 견해를 갖는 사람들의 의견은 상호 극단적인 경우가 많다. 어느 의견이 옳은지는 역사가 증명해주겠지만 현재를 사는 우리는 선택을 해야만 하는 중대한 기로에 서 있으며, 올바른 선택을 위해서는 우리들의 주관적 견해를 가지는 것이 무엇보다 중요하다. 모든 의견과 예상은 각자 자신의 입장과 시각과 가치관에서 바라보고 판단하고 결정하기 때문에 그렇다. 내 삶의 동반자를 선택할 때 부모님이나 친구들 시각에서 선택할 수 없고 모든 것을 고려한 나만의 주관적 시각과 판단에서 배우자를 선택해야 하는 이치와 같다. 평생을 같이 살며 사랑하며 아이도 낳아 가정을 이루며 삶을 마무리하기까지 내 삶의 중심인 가정을 이루는 일이기 때문이다.

모든 견해에는 그럴싸한 논리와 사례가 있기 마련이다. 중국의 발전 전략이 돌다리도 두들기며 건넌다는 신중한 실험적 성격과 점진적 발전이라는 전략을 가지고 성공한 것은 사실이나 40년이라는 기간으로 놓고 보면 세계사에 유례가 없는 급속한 성장을 이룬 것 역시 부인할 수 없다. 따라서 이 과정에서 성장통이라는 그늘이 생길 수밖에 없었으나 중국은 사회주의 체제를 견지하고 있어 권위주의 리더십이 발휘되므로 일사불란하게 이를 잘 극복해낼 것이라는 낙관론이 있다. 낙관론자들의 특징은 이들이 대부분 중국의 관변학자들로 '중국모델론' 또는 '중국의 길'이라는 용어로 중국의 개혁·개방이 성공적이었으며 미시적인 것보다는 거시적 발전에 주안점을 두고 있다. 덩샤오핑이 중국 공산당의 중국발전 핵심 가치를 '계급투쟁'이 아닌 '경제발전'에 두면서 대표적 KPI로 GDP 성장률을 정부 관료들 평가지표로 삼으면서 발생한 것이다. 해외 차관보다는 해외 대기업들의 중국 투자를 적극적으로 유치함으로써 점진적 발전 전략을 채택한 결과 중국식 사회주의 시장경제로 우뚝 선 중국발전모델이라는 것이다. 중국이 과거 40년 동안 눈부신 성장을 한 것에 대해 이견을 말하는 사람은 아무도 없다. 다만 눈부신 성장 역시 특별한 중국식의 발전이 아니라 서구의 자본주의 시장경제에 따른 성장 결과라고 하는 것이며 문제는 눈부신 성장 이면의 부정적 측면을 적절하게 해결해

내야 지속적 성장이 가능할 것이라는 우려가 크다는 것이다. 이 우려가 확대 재생산되어 중국위기론, 중국붕괴론까지 발전된 것이며 그 과정에서 필연적으로 '중진국의 함정'에 빠질 것으로 우려하는 것이다. 이들은 그 후유증으로 인해 중국이 계층 간, 지역 간, 민족 간 분열이 될 것이며 국유기업과 지방정부의 부채 폭증, 부동산 과열로 인한 거품 붕괴로 인한 금융위기로 내몰릴 것이라는 비관적 시각을 보이는 것이다.

애초 미국이 중국과 외교 관계를 수립하며 적극적으로 중국을 지원한 것은 자본주의 시장경제가 발전하게 되면 중국의 정치체제 역시 자유민주주의 체제로 변화할 수밖에 없을 것으로 믿었기 때문이었다. 그러나 예상과 달리 지난 40여 년 동안 중국의 정치체제는 중국 공산당이 전권을 장악하여 국가를 운영하는 당국체제로서 견실한 사회주의 체제를 유지하고 있으므로 자유민주주의 서방 세계는 중국을 위협의 대상으로 보게 됨으로써 '중국위협론'이 대두한 것이다.

(2) 미·중 무역전쟁을 패권 다툼으로 인식해야 한다.

중국을 어떠한 대상으로 보든 그것은 각국의 위치에서 장기적 관점으로 중국과의 관계를 설정해야 할 것이다. 다만 우리나라의 경우 미국과 동맹 관계에 있어 100% 우리만의 입장에서 관계 설정을 하기는 사실상 쉽지 않다. 부모 동의 없이 배우자를 선택함으로써 발생할 수 있는 각종 불협화음을 감수해야 하듯, 다방면의 입장을 연구하여 최종적으로, 장기적으로 국익에 합치하는 선택을 해야 할 것이다.

사실 중국과 미국은 지난 40여 년 동안 상호 의존적으로 발전해 나온 대표적 사례다. 미국은 세계의 소비시장으로, 중국은 세계의 공장으로 상호 보완적 기능을 하며 서로에게 없어선 안 될 의존적 관계에 있었다. 2008년 미국발 금융위기 발생을 중국의 경제력과 공조로 통제하지 못했다면 세계적인 피해는 이루 말할 수 없이 확대되었을 것이다. 당시 중국 정부의 무리한 대응은 궁극적으로 공급과잉을 불러일으켜 중국경제를 취약하게 만들어 중국으로서는 '공급측 개혁'이라는 산업구조 조정 과정을 거쳐야 했으며 그 여파가 완전히 해결된 것도 아니다. 그로 인해 중국도 소비와 서비스 중심의 경제구조 체질 개선을 강력하게 추진하고 있으며, 수출주도형의 경제성장에서 방향전환 중이다. 이에 따라 성장률 둔화에 처함으로써 '신창타이'라는 뉴노멀 전략을 새로운 거시경제 전략으로 꺼내 들었으며 이에 대한 구체적 국가 전략으로 '중국제조 2025'를 공표하기에 이른 것이다. 명목 GDP 규모가 2010년에 이미 일본을 넘어섰으며 2013년에는 실질 GDP마저 미국을 능가함으로써 규모 면에서 머지않아 명목 GDP마저 미국을 추월할 것이라는 공포가 미국인들에게 잠재해 있는 것을 아무도 부인하지 못할 것이다.

(3) 미·중 간 호혜적 관계의 토대 위에서 중국은 지속적 발전 가능

미·중 간에 벌어지고 있는 무역마찰은 이제 무역전쟁을 넘어서 환율전쟁, 안보전쟁으로 비화하며 패권전쟁으로까지 확전되는 양상이다. 미국이 동맹국들에 화웨이와의 거래 단절을 종용하고 있는 모습이 심상치 않으며 미·중 양국은 우리 수출의 40%가 넘는 우리 경제의 아킬레스건이다. 따라서 우리의 의사결정이 우리의 흥망을 가를 수도 있음을 명심하여 국가의 씽크탱크들이 머리를 맞대고 장기적으로 최선인 안을 선택해야 한다. 실기하는 우를 범해서도 안 되므로 슬기롭게 대처해야 한다. 이의 후과는 사드의 중국 경제보복과는 급이 다를 것임을 명심해야 한다. 중국 정부 고위급 관료들과 화웨이 임원진들이 한국 기업에 방문하여 협박성의 압력을 넣고 있다는 소문도 심상치 않다.

돌이켜 보면 중국의 시진핑 주석이 샴페인을 너무 일찍 터뜨린 것 같다. 잠자고 있는 미국이라는 사자의 코털을 건드린 것으로 왕자의 자리를 노리는 중국의 본심을 미국이 읽어낸 것이 문제의 발단이었다. 중국은 2012년 시진핑 체제에 들어서면서 중화주의를 표방하는 '중국몽'을 세계만방에 공표하며 2개의 100년 즉 2021년 중국 공산당 창립 100주년 2049년 중화인민공화국 성립 100주년을 향한 국가 비전을 선포한 것이다. 이에 구체적 실현을 위한 산업전략인 '중국제조 2025'는 내용에 있어 미국의 미래전략과 완전히 일치하는 것으로, 미국은 '중국제조 2025'를 일종의 선전포고로 인식한 것이다.

중국이 '중진국의 함정'에 빠지지 않고 지속적인 발전을 하는것도 쉽지 않은 일인데, 이보다 훨씬 위협적인 세계 최강 국가로부터 직접적이고 구체적인 공격에 직면하고 있다. 중국이 미국과의 관계를 상호 보완적이고 호혜적인 관계로 되돌려 놓지 않으면 중국 자체의 지속적 발전은 물론 세계 경제에도 큰 암운을 드리울 것이다. 중국이 1840년 아편전쟁의 치욕이나 1950년 한국전쟁을 들먹이는 것은 미·중 양국의 발전적 관계에 전혀 도움이 되지 않는 것으로 보인다.

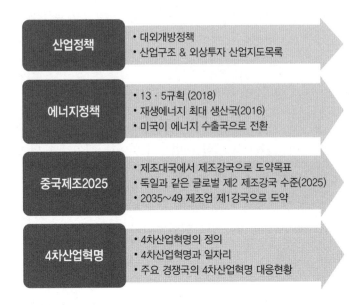

중국 산업정책

산업정책	• 대외개방정책 • 산업구조 & 외상투자 산업지도목록
에너지정책	• 13·5규획 (2018) • 재생에너지 최대 생산국(2016) • 미국이 에너지 수출국으로 전환
중국제조2025	• 제조대국에서 제조강국으로 도약목표 • 독일과 같은 글로벌 제2 제조강국 수준(2025) • 2035~49 제조업 제1강국으로 도약
4차산업혁명	• 4차산업혁명의 정의 • 4차산업혁명과 일자리 • 주요 경쟁국의 4차산업혁명 대응현황

11. 중국의 산업정책

(1) 대외개방 정책의 변천과정

청나라에 개방을 권유한 영국의 조지 3세에게 건륭제는 1793년 보낸 서신에서 청나라 영토는 넓고 넓어 모든 게 다 있다(地大物博)라고 하며 굳이 영국과 무역을 하지 않아도 좋다고 쇄국정책을 견지하였다. 그는 산업혁명으로 인한 생산성의 급속 제고로 인한 공급과잉으로 서구열강들이 대외 팽창정책에 의존해야 하는 당시의 국제 정세를 전혀 이해하지 못하는 우물 안 개구리였다. 이로 인해 청나라는 결국 1840년 아편전쟁에 참패하고 강제로 개방을 당하도록 만드는 난징조약이라는 불평등조약에 서명하지 않을 수 없게 된다. 그런데도 마오쩌둥이 통치한 신중국 30년 동안, 중국은 여전히 죽의 장막으로 쇄국정책을 견지했을 뿐만 아니라 구소련과의 대립 기간에는 '자력갱생'이라는 일종의 자급자족 경제를 지향함으로써 중국은 대약진운동 기간 3천만 명이 넘는 아사자가 발생하는 등 비극적 상황이 연출되었다.

중국의 근대는 치욕스러운 역사로 얼룩졌으며 마오쩌둥이 사망한 후 1978년이 되어서야 덩샤오핑이 개혁·개방을 단행함으로써 40여 년 동안 부단히 성장하여 오늘날 미국과 맞상대가 될 정도의 국력을 신장시킬 수 있게 된 것이다.

대중국 투자와 중국 시장 이해를 위해서는 중국의 산업정책의 근간이 되는 관련 법률의 변천 과정을 파악하는 것이 중국의 산업과 시장을 이해하는데 좋은 방법이 될 수 있다.

중국의 개방화의 첫 시도는 4개 경제특구를 설치하는 것으로 시작되었다. 1980년 초 선전深圳특구를 시작으로 주하이珠海 특구, 1981년에는 샤먼厦门특구와 산토우汕头 특구를 설치하였으며 1983년에는 하이난 섬海南岛을 추가로 개방하였다. 이어서 1984년 14개 연안 도시를 경제개발구로 지정하였다. 이들 경제개발구에 대한 특혜도 기존 경제특구와 유사한 준경제특구적 수준을 유지했다. 이러한 중국의 개방 정책은 점진적이면서 점·선·면으로 확대되는 특징을 가지고 있었다. 중국은 차관보다는 점차 외국기업 직접투자를 선호하여 외국기업 투자유치를 위한 각종 노력을 기울였다.

필자가 근무하던 회사의 베이징, 상하이, 광저우, 홍콩 지사 등 모든 지사가, 심지어는 타이완의 타이베이 지사마저도 한때는 1990년대 중반 산토우에 집결하여 내부 수주 경쟁을 벌였던 우스꽝스러운 기억이 지금은 추억이 되었다. 개혁·개방을 했다고는 하나 중앙정부의 계획경제가 여전히 중국경제를 좌지우지했으며 경제특구를 경유해야만 관세 혜택 등 가격경쟁력을 확보할 수 있었기 때문에 중국에 방문한 대부분의 실수요자들은 특구를 거쳐 구매를 했었다.

중국은 경제개발구에 입주할 외국기업의 투자를 유치하기 위해 중외합자경영기업법을 제정하였고, 외국 기업에게 많은 투자 인센티브 정책을 제정하였으며 특히 법인세를 중국 내국 기업의 50% 이하로 특혜를 주는 각종 우대정책을 취하게 된 것이다. 필자가 2000년대 초 근무했던 텐진 법인의 경우도 이러한 세제 혜택 덕분에 경영실적이 좋아 이익을 유보하여 재투자함으로써 법인의 규모를 키워나갈 수 있었다.

(2) 중국투자와 관련 법규 ; 산업구조조정지도목록 vs 외상투자산업지도목록

대중국 투자 검토 시에 가장 먼저 해야 할 일은 투자하고자 하는 상품이나 서비스에 대해 중국 정부에서 규정하고 있는 정책을 이해하는 일이다. 이에 대한 이해가 있고 나서 회사 설립 등은 관련 법률에 따라 진행하면 되는 것이다.

1) 산업구조 조정지도목록과 외상투자 산업지도목록产业结构调整指导目录 & 外商投资产业指导目录

사업성 검토를 위해서 찾아봐야 할 법 규정이 두 가지가 있음을 먼저 알아야 한다. 즉 중국 산업 전반에 대해 중국기업이 투자하든 아니면 외국기업이 투자하든 또는 중외합자 기업이 투자하든 반드시 찾아봐야 하는 것이 "산업구조 조정지도목록"이며 외상투자기업은 동시에 "외상투자 지도목록"을 필히 참고해야 한다. 동 법 규정에는 상품이나 서비스를 투자 장려, 투자 제한, 투자 금지로 나눠서 명확히 언급하고 있으며 이에 들어 있지 않으면 일반적으로 투자가 가능한 허가 품목이나 서비스에 해당한다. 관련 규정이 매년 개정되는 것은 아니며 필요시에 개정되는데, 개정 방향은 점차 자국 산업을 보호하는 방향으로 바뀐다. 즉 시장 진입 시기를 놓치거나 시장을 제대로 읽지 못하면 올바른 의사결정을 할 수가 없다. 어제의 투자 장려 제품이 투자 제한을 거쳐 투자 금지가 될 수도 있는 것이다.

산업구조 조정지도목록은 내자 기업이든 외자 기업 전체를 아우르는 법규인 만큼 외상투자 지도목록의 상위법과 같은 개념이라 할 수 있다. 따라서 산업구조조정지도목록을 먼저 살펴보면 관련 제품이나 서비스에 대한 중국 정부의 개괄적인 정책 방향을 알 수 있다. 그러한 지침을 숙지한 후 외상투자산업지도목록을 본다면 외국인 투자의 조건을 좀 더 명확히 알 수 있는 것이다. 그러나 두 가지 법규정의 역사적 연원을 찾아보면 아이러니하게도 외상투자산업지도목록이 1995년 6월 '외상투자 방향지도 잠정규정'과 1997년 12월 '외상투자 산업지도목록'이라는 이름으로 먼저 제정된 것을 알 수 있다. 산업구조 조정지도목록은 2005년 12월 국무원 비준을 거쳐 국가 발전개혁위원회가 최초로 공포한 것이다.

이에 대한 개략적인 그림이 그려지고 나면 관련 사업이나 산업에 대해 다른 유관 법규를 주관 정부의 홈피 등을 통해 조사하면 큰 도움이 될 것이다. 대기업의 경우엔 대부분을 법무법인이나 회계법인에 의뢰해서 진행하면 전문가 서비스를 받을 수 있지만, 중소기업이나 개인 기업 또는 자영업자인 경우엔 비용문제가 있어 만만치 않을 수 있다. 어쨌든 법률적으로 중국이 환영하는 사업인지 아니면 제한하는 사업인지 금지하는 사업인지를 알아야 다음 단계로 넘어갈 수 있다.

금지나 제한인 경우는 투자하지 않는 것이 현명하다. 설사 권장이나 허가 품목이라 하더라도 머지않아 제한이나 금지로 바뀔 수 있으므로 이에 대한 조사는 시장조사 시 필수 점검 사항이기도 하다.

현재의 법규는 언제 개정된 것일까?

산업구조조정지도목록은 2005년 판을 2011년 판으로 전면 개정했으며 이를 2013년에 부분 개정했다. 2014/2016년 부분적 수정이 있었으나 2011년 개정판이 여전히 주가 되고 있다. 외상투자산업지도목록은 1997년 최초 제정된 이후 2002년, 2004년, 2007년, 2011년판이 전면 개정되어 네거티브 리스트만을 제한 또는 금지하는 2015년 판이 나왔으며 이를 다시 수정한 2017년 판이 최신판이다. 필요 시 국가발전개혁위원회에서 전면개정 또는 부분개정을 해서 중국의 산업구조조정을 지속적으로 시행하고 있다.

특히 2015년 판에서는 2013년 상해 자유무역구에 한정하여 처음으로 도입한 외국인 투자 관련 네거티브리스트 제도가 2016년도 10월 1일부터 전국적으로 확대 시행하게 되었다. 외국인 투자 관련 네거티브리스트는 외국인의 투자가 금지되거나 제한되는 업종, 영역 등을 리스트 형식으로 나열한 것으로, 해당 리스트에 포함되지 않은 업종, 영역은 중국 내국인과 동등하게 투자할 수 있다. 이로써 기존 외상투자 산업지도목록을 통하여 외국인 투자에 대하여 전반적으로 시행되던 인허가제도는 네거티브리스트 상의 항목으로 제한적으로 적용되고 해당 항목을 제외한 기타 항목은 인허가제에서 신고제로 대폭 갈음하게 된 것이다. 2017년 7월 28일에 공포된 최신 목록에서도 추가로 제한 및 금지조항이 축소되었다.

2015년 판에서 기존 2011년 판의 제한 및 금지 조항이 당초 180 조항에서 93 조항으로 감소했으며 2017년 판에서는 다시 63개 조항으로 감소함으로써 2011년 판 대비 65%를 대폭 감축한 것이다.

中方控股의 의미

외상투자 산업지도목록에서 中方控股중국측이 경영권 행사한다는 의미라고 표현되어있는 것은 일반적으로 국가 전략 사업군으로 설사 50:50으로 중외 지분이 구성된다 해도 중국파트너사에 경영권이 있음을 말한다. 매출도 중방측에게만 잡히며 외상 투자자에겐 지분법에 의한 이익만이 잡힐 뿐이라는 것을 알아야 할 것이다. 에너지 사업, 석유화학의 에틸렌 사업이나 자동차 사업 등이 이에 해당한다.

2) 시장조사

어쨌거나 중국에서 해볼 수 있겠다 싶은 사업이라면 다음 단계는 시장조사다. 시장조사는 인터넷상의 데스크 리서치와 현장을 방문해서 관련 기업 또는 사람들을 만나서 직접 조사하는 방법이 있다. 현장 조사가 많은 것을 빠르게 깨닫게 하는 측면이 있는 것도 사실이나, 시장을 전혀 모르는 상태에서 현장 조사를 한다는 것은 그만큼 시간적, 경제적 낭비를 초래할 수 있음을 망각해서는 안 된다.

반드시 다양한 인터넷과 문헌 조사를 하고, 이에 대한 나름대로의 결과를 바탕으로 알리바바 등의 온라인 시장에 들어가 실제 거래 상황을 점검해 보는 방법이 있다. 알리바바는 세계 중소 무역상들을 위한 플랫폼이며 타오바오는 중소상인 개인 자영업자를 위한 플랫폼이며 티엔마오는 일종의 프리미엄 온라인 시장이라고도 할 수 있을 정도로 브랜드 있는 기업들의 공식 온라인 점포들로 구성되어 있다. 알리바바 그룹의 플랫폼은 말 그대로 Market place인바, 거래 기회를 시스템적으로 알선해 주는 시장으로 거래에 직접적인 책임이 없다. 대금결제만 'Alipay'를 통해 결제해야 하므로 소비자는 품질이나 기타 서비스에 대한 확신을 할 수 있어 거래가 원만하게 이루어지고 있다. 타오바오나 티엔마오가 창고 등의 물류를 운영하는 것은 아니다. 이와는 달리 징동京东이라는 온라인 업체는 자체 물류시설을 가지고 있어 배송 등이 훨씬 빠른 장점을 가지고 있기도 하다. 자신이 하고자 하는 상품에 대한 Market place의 시장조사는 현실적으로 많은 것을 깨달을 수 있게 하며 실제 공급업자나 수요 업체를 발굴하여 만나볼 수도 있다.

기본적인 시장조사가 이루어진 후 시장조사 전문기관에 의뢰하여 Cross check를 한다면 금상첨화일 것이다. 이를 바탕으로 사업의 주체가 직접 시장을 최종확인해 보는 단계로 나아가야 한다. 대부분 사업에 실패하는 경우는 바로 이러한 사전 준비를 소홀히 하기 때문이다. 신규사업의 ABC를 망각한다는 것은 더구나 중국 같은 해외시장에서 또한 세계 일류상품들이 각축을 벌이는 글로벌 마켓에서 그야말로 자살행위나 다름없다.

3) 회사 설립
시장조사 후 재무적 사업성 검토가 이루어 지면 필요에 따라 회사의 형태나 기능에 따라 법인으로 할 것인지 여부 및 재고 비지니스를 할 것인지 여부 등에 대해 의사결정을 한 후 그에 합당한 회사형태를 결정하고 설립에 들어가면 된다.

12. 중국의 에너지 정책

중국의 경제성장과 에너지와의 관계는 떼려야 뗄 수 없는 불가분의 관계에 있다. 에너지 공급이 뒷받침되지 못한 경제체제는 사상누각이나 다름없기 때문이다. 에너지의 안정적 확보는 중국의 경제를 뛰어넘어 국가 안보와 직결되는 중대 사안이라고 할 수 있다. 따라서 중국의 에너지 수급 상황을 분석하고 이해하는 것은 미·중 무역전쟁이 장기화되고 있는 현시점에서 의미가 적지 않다. 중국 공산당의 장기집권 생명력은 경제발전에 있으며 지속 가능한 발전은 곧 중국 공산당의 안정적 권력 기반의 전제 조건이다. 중국 정부가 GDP '바오빠'保八' 바오치'保七' 바오료'保六를 외쳐 오면서 경제성장률이 지속적인 내림세를 그리자 뉴노멀신창타이, 新常态 정책을 들고나온 배경에 바로 이러한 고민이 녹아 있다고 할 수 있다. 2019년 2분기에 GDP성장률 6.2%로 천안문 사태 직후를 제외하곤 최악의 성적표를 쥔 중국 정부는 이제 5%대 경제성장률에 대한 논리를 준비해야 할 것이다.

중국과 패권 다툼으로 각을 세우고 있는 미국은 에너지 자립을 넘어서 수출국으로 우뚝 서며 사우디아라비아가 가지고 있던 스윙 프로듀서Swing Producer[33]의 지위를 가져와 지금은 세계 석유 수급과

---

[33] 석유공급의 변화에 맞춰 석유생산량을 자체적으로 줄이거나 늘리면서 시장의 안정을 꾀할 수 있는 능력을 가진 산유국을 뜻함

가격을 주도하고 있음은 주목할만한 사안이다. 산유국 미국은 오랜 기간 원유 수출을 금지할 정도로 석유 소비량이 많아 원유 순 수입국이었으며 최근 셰일가스 생산 급증으로 원유수출국으로 변신했다. 따라서 미국과 날 선 대립각을 세우고 있는 중국으로서는 에너지 안정적 확보 전략은 국운을 건 사안이라고 할 수 있다. 중국은 심지어 미국으로부터 원유를 수입하고 있으며 원유 수입의존도가 날로 높아져 70%를 이미 돌파할 정도이며 중국 내 원유 생산량은 유정이 오래되어 오히려 줄어들고 있는 상황이다.

리커창 총리가 랴오닝 성 당 서기 시절 성의 경제발전을 실감하게 해주는 지표로 전력 소비량, 운송 물동량, 은행대출액의 증감을 토대로 개발한 인덱스를 사용하였으며 지금은 이를 커창지수Keqiang Index라고 명명하여 중국경제를 객관적으로 조망해 보는 분석 수단이 되고 있기도 하다.

중국의 정책에 대한 의지를 가늠해볼 때 맨 먼저 파악해 보는 방법으로 일반적으로 관련 정부 기구의 정체성과 역사를 짚어 보면 느낌이 올 때가 많다. 물론 이는 중국 국유기업 대표나 주요 경영진을 만날 때도 적용할 수 있는 방법이다. 중국은 근본적으로 사회주의정치체제하의 국가로 국유기업과 정부 기구 사이에 큰 구분이 없다. 국유기업의 CEO가 정부 주요 기구의 장으로 가고 정부의 인사가 국유기업 CEO로 오는 것이 다반사이기 때문이다. 따라서 이들에게는

- 그간 전통적인 스윙 프로듀서 스윙 프로듀서스윙 프로듀서 역할은 사우디아라비아가 담당해 왔음
- 유가의 급등락시 OPEC내 국가들은 국별 산유량 쿼터를 정하되, 사우디아라비아는 가변 산유국으로서 시장의 추이를 보면서 자체적으로 산유량을 조절

공통적으로 인사명령을 받을 때 해당 직책의 직급이 무엇인지는 매우 중요하다. 장관급正部级 차관급副部级 국장급局长级 등으로 정부 부서나 국유기업의 등급이 정해져 있어 책임자를 임명할 때 역시 직급을 기준으로 해서 인사이동을 시키는 것을 원칙으로 한다. 다양한 협업을 해야 하고 이를 위한 회의 및 행사를 해야 하기에 좌석 배치나 의전상 문제로 중국인들에게는 몹시 민감한 사안이기도 하다.

따라서 지금의 중국의 에너지를 총괄하는 부서인 국가에너지국의 중국 정부 내 위치를 보면 중국 정부가 에너지에 대한 정책 의지가 어느 정도인지를 짐작해 볼 수 있다. 국가에너지국이 지금은 국무원 산하 장관급 부서인 NDRC국가발전개혁위원회, 발개위 소속 1개국에 지나지 않는다. 그러나 1988~1993년에는 에너지부로 존재감을 가졌던 적도 있다. 모든 정부 부서가 부침의 역사가 있는 것은 사실이나 에너지 총괄 부서가 '국'局에 지나지 않는 것은 뭔가 정부 내에서의 협업이나 총괄하는 업무에서는 전혀 격에 맞지 않는 게 사실이다. 2018년 초 전국인대가 열리기 전 에너지국局을 에너지 부部로 승격시키는 논쟁이 있었던 것은 사실이나 성사되지는 못했다. 이는 중국의 에너지 정책의 현주소를 말해주고 있다. 유명한 초대형 석유, 화공 관련 국유기업인 中石油CNPC 中石化SINOPEC가 각기 과거 한때, 석유부, 화공부로 장관급 부서였으며 지금도 두 국유기업의 CEO는 장관급 인사로 임면되는 것을 감안해 볼 때 국가 에너지국의 국장급이 장관급 국유기업을 진두지휘한다는 것은 어불성설일 것임은 자명하다. 물론 현 에너지국의 서기는 장관급이기는 하나 여전히 한계가 있다. 이에 반해 미국의 경우에는 1970년대 오일쇼크 후 에너지부Department of Energy를 설립하고 산하에 에너지관리청Energy Information Administration,

EIA을 두고 에너지 관련 세계 정보를 조사, 총괄하고 있을 정도로 일사불란하게 움직이는 것과 대조적이다.

(1) 중국의 13·5규획과 에너지 핵심정책

중국 국가에너지국의 2018년 에너지 업무지도의견^{2018.2.26}은 2018년 중국의 에너지 정책 기조로
- 에너지공급부문 개혁 지속
- 에너지 공급의 양적 성장에서 질적 성장 전환
- 청정에너지 확대 등을 제시하고 있다.

중국 정부는 2018년을 13·5규획의 전환점이 되는 해로 인식하고 2017년까지의 정책추진 성과를 평가하는 한편, 2018년에 중점적으로 추진할 정책과제를 설정하고 있다.

(2) 에너지 수급구조 개선

중국이 추진하고 있는 석탄 의존도 감축 정책은 기후변화대응 및 자국의 대기 환경개선을 위해 지속해서 추진하고 있으나, 에너지 공급 안전성을 고려할 때는 현실적으로는 에너지 자급률을 점차 떨어뜨려 원유수입의존도를 매년 올릴 수밖에 없는 처지에 있다.

원유의 자체 생산량이 1.9억 톤에 머무르고 있는 것은 오래된 유정과 낮은 생산성 때문이며 이로 인해 원유수입의존도는 이미 70%에 이르고 있다.

***1차 에너지란, 자연계열로는 태양열·조력·파력·풍력·수력·지열, 화석계열로는 석탄·석유·천연가스, 핵에너지계열로는

원자력^{우라늄}, 식물성 계열로는 장작 숯 목탄 등 자연으로부터 얻을 수 있는 에너지를 말한다. 석탄·석유·천연가스 등과 같은 화석 에너지는 그 양이 한정되어 있으나, 태양열·조력·수력 등과 같은 자연 에너지는 그 양이 무한하여 에너지 이용에 따른 기술적·경제적·환경적 어려움만 극복한다면 오늘날의 에너지 부족 현상을 해결하기에 충분할 것이다. 2차 에너지란, 1차 에너지를 변환·가공하여 수송이나 에너지 전환이 쉽게 한다. 일상생활이나 산업 분야에서 이용할 수 있는 형태로 만든 에너지를 말한다. 2차 에너지에는 전기, 도시가스, 석유 제품, 코크스 등이 있다. 최종에너지로서 열, 빛, 동력으로 이용된다.***

(3) 중국은 2016년 최대 재생 에너지 생산국& 투자국

중국은 2016년 말에 발표한 '제13차 5개년 규획'을 통해 에너지 관련 정책을 추진하고 있으며, 그중에서 에너지 부문 핵심정책은 '석탄 과잉 생산 해소' 및 '청정에너지 이용확대'라는 두 축으로 이루어지고 있다.

첫 번째 축은, 석탄에 대한 과잉생산 해소이다. 세계 최대 에너지 소비국이며, 과도한 석탄 의존으로 대기오염이 심각한 중국은 자국의 석탄산업 구조조정을 위해 우선적으로 낙후된 석탄 생산설비를 폐쇄하고 있다. 이에 따라 계획 중이거나 공사 중인 103기^{120GW}석탄 화력발전소 건설사업 취소를 발표했다^{2017.6.} 향후 설비개조 후에도 에너지효율 및 환경보호기준에 부합하지 않는 설비를 폐쇄할 계획으로 이러한 기조는 2018년에도 이어질 전망이다.

두 번째 축은, 청정에너지 보급확대이다. 세계 3위의 셰일가스 생산 국가인 중국은 앞으로도 '천연가스 이용 촉진계획^{2017.06}'하에 셰일가스 개발에 적극적으로 투자할 예정이며, 송전망 구축 등을 통해 신재생에너지 활용에 효율성을 제고할 계획이다. 2016년 기준 중국의 재생 에너지 생산설비 신규투자금액은 783억 달러로 세계 1위이며, 최근에는 남미와 아프리카 지역 중심으로 해외투자가 증가하는 추세이다. 2018년에도 정부 차원의 강력한 정책 지원과 빠른 기술 발전 등으로 중국 재생 에너지 산업은 지속적으로 경쟁력이 강화될 전망이다. 다만, 빈약한 전력망으로 발생하는 전력손실, 정부 보조금 축소로 인한 기업의 자금조달 리스크 등은 앞으로 해결해야 할 과제다.

(4) 중국의 에너지 자급률 추이

2004에 94.0%였던 에너지 자급률이 2008년에는 91.2%로 떨어졌으며 2013년 90.7% 2014년 84.5% 2015년 84.2% 2018년에는 80%에 지나지 않아 2020년에는 70%대의 자급률을 보일 것으로 자체 전망하고 있다. 따라서 2020년에 에너지 순 수출국으로 세계 에너지 시장에 전면 등장하는 미국과 대조적인 에너지 불안정성을 보인다. 1차 에너지 자원으로 가장 풍부한 석탄사용량은 대기오염 등 환경 문제로 줄일 수밖에 없는 중국으로서는 재생 에너지에 집중할 수밖에 없는 상황으로 내몰리고 있어 미국과의 패권전쟁에서 결정적인 약점을 안고 있다.

(5) 미국의 에너지 수급의 대변혁이 가져오는 세계질서의 변화

세계 초강대국 미국이 셰일 원유를 등에 업고 생산, 수출도 세계 1위가 되면서 국제질서에 근본적인 변화를 예고하고 있다. 2020년이면 미국이 명실공히 에너지 순 수출국으로서의 위용과 스윙 프로듀서로서의 면모를 여실히 드러낼 것이라고 미국에너지부 산하 미국에너지관리청EIA은 AEO2019[34]에서 밝히고 있다. 특히 단기 전망에서는 2018년에는 원유 생산이 하루 평균 1,100만 배럴이었으며 이는 2017년 대비 160만 배럴 증가한 것이다. 2019년에는 다시 140만 배럴 증가한 1,240만 배럴, 2020년에는 하루 평균 1,330만 배럴까지 생산할 수 있을 것으로 전망하고 있다.

미국은 과거 중동지역 산유국들과 이스라엘 간의 전쟁 및 OPEC 회원국들의 원유 감산 담합 등으로 에너지 안보에 심각한 위협을 느껴 수송로인 호르무즈 해협의 자유로운 항행을 위한 세계 경찰국가로서의 소임을 자처하고 같은 지역의 안보와 질서유지를 위해 큰 노력을 기울여 왔다. 물론 이는 미국 자체의 에너지 안보를 위한 것이었지만 세계 경제 안정에 이바지한 것 또한 부인할 수 없다. 개혁 · 개방 이후 40여 년에 걸쳐 10% 가까운 경제성장을 해온 중국의 관점에서 산업발전의 원동력인 에너지의 안정적 확보와 지속적 보장은 경제발전의 전제조건으로 중국 공산당에게는 최우선의 정책과제이다. 중국이 남중국해 근해 바위섬에 온갖 핑계로 인공섬을 만들고 동남아 주변국들 더 나아가 미국과 군사적 긴장 국면을 조성하고 있는 것 또한 근저에는 자국의 안정적 에너지 확보를 위한 핵심이익을 지키기 위함이라고 이해할 수 있다. 호르무즈 해협에서 말래카 해협을 지나 남중국해로 이어지는 에너지 수송로 역시 미국이 에너지 순 수출국으로 전환되면 뭔가 지금과는 다른 양상의 동아시아 내 지역 질서가 편성될 수도 있을 것이다.

에너지 및 식량의 자급률 100%는 세계 경찰국으로서의 당위성과

---

34 미국 에너지관리청에서 매년 초 발간하는 에너지 관련 연간보고서

역할을 축소해 미국의 자국 우선주의를 더욱 부추길 것이므로 한미동맹 관계에도 근본적인 변화가 발생할 수 있으며 방위비 분담에 대한 막대한 요구가 거세질 것으로 전망된다. 다만, 코로나 19로 인한 에너지 수요감소로 셰일가스 위상이 흔들릴 가능성을 배제할 수는 없다.

(6) 국내 NCC기반 기업과 미국의 ECC 기반의 석화 기업 경쟁력 비교

한편, 국내 화학기업들은 가스 기반 에탄에서 에틸렌제품을 생산하는 미국기업들ECC[35]과는 달리 석유에서 추출한 나프타로 에틸렌을 생산해왔다NCC[36]. 그러나 미국 내 원유가격이 배럴당 $50일 때 나프타 가격은 톤당 $500 정도지만 에탄은 약 $170에 불과하여 원가 차이가 상당하다. NCC와 ECC 수익성을 비교한 결과 ECC의 이윤이 NCC 이윤 대비 톤당 $250 정도 높은 수준으로 2020년대 중후반까지 셰일가스 공급 증가세 지속 전망에 따라 에탄가스 초과 공급도 지속하여 현 수준의 에탄가스 가격경쟁력을 중장기적으로 유지할 전망이다. 국내기업 중 롯데케미칼의 경우 2016년 6월 미국 루이지애나Lousiaina주 레이크찰스Lake Charls에서 에탄 및 에틸렌글리콜EG의 생산공장 착공을 하여 2019년 5월 연간 100만톤의 에틸렌과 70만톤의 에틸렌글리콜을 생산설비를 준공하였다. 그러나 당초 투자시 예측했던 원유, 에탄가스가격 스프레드가 코로나19로 인해 불리한 방향으로 전개됨에 따라 2020년 상반기에 영업손실을 냈다고 한다. 코로나

---

35 Ethane Cracking Center
36 Naphtah Cracking Center

19가 종식되어 시장이 정상화되면 당초 예측한대로 가격경쟁력을 확보할 것으로 보인다.

(7) 전문가들 중국의 에너지 관련 폭 넓은 의견교환

중국 샤먼대 린보챵林伯强교수가 2019년 7월 22일 발표한 중국의 에너지 구조 전환과 에너지 문제가 미·중 무역전쟁에 미치는 영향 분석이라는 주제를 가지고 발제 및 토론을 진행하는 과정에서 중국이 환경 오염 및 저탄소 협약을 준수하기 위해 석탄 위주의 에너지 구조를 석탄 감축하기 위해서는 재생 에너지 비중확대 외에는 다른 선택지가 없음을 분명히 했다. 린 교수는 중국이 시종일관 중공업 위주의 에너지 사용에서 벗어나지 못해 구조적인 문제에 직면해 있으며 이 문제를 풀기 위해서는 청정에너지 중 수력발전 구성비 8% 는 거의 불변의 수치이므로 태양광·풍광·바이오매스 등의 재생 에너지 비중을 늘려야 하나 현재 5% 내외의 구성비로 청정에너지의 에너지 구성비 합계는 2018년 13% 정도로 예상되는 상황으로 13·5 규획 청정에너지 목표인 15% 달성은 사실상 불가함을 피력하였다.

그는 전기자동차의 지속적인 비중확대만이 미래 중국의 화석 에너지 사용을 줄일 수 있는 유일한 길임을 누차 강조했으며 중국 정부의 지속적인 보조금 지급을 주장했다. 셰일가스 개발 관련해서도 중국 정부는 원유가격이 $100까지 갔던 호기를 놓침으로써 지금은 적극적인 보조금 정책 없이는 셰일가스 기술개발 및 채굴 가능성은 거의 없음을 고백했다.

13. 중국제조2025

앞서 언급한 시진핑 신시대의 비전인 중국몽의 구체적 핵심 프로
젝트가 곧 '중국제조 2025'다. 미국이 중국과의 무역전쟁에서 구체적
으로 지목하고 있는 것도 바로 이 '중국제조 2025'이며, 이에 대한
철회까지 요구하는 실정이다. '중국제조 2025'는 산업경쟁력 제고를
위한 4차산업 등 미래 성장동력을 찾기 위한 대내적 노력이라고 할
수 있으며 '일대일로'는 세계 패권국을 지향하는 대외정책이라고 할
수 있다. 물론 대내적으로 공급자 측 개혁을 위한 공급과잉 산업의
출로를 모색하기 위한 것이기도 하며 이는 서구 제국들이 18, 19세기
신시장을 찾아 나선 것과 유사하기도 하다. 새로운 세계의 보편적
질서 구축을 위한 시동을 걸기 위함이라고도 할 수 있을 것이다. '일
대일로'에 대한 상세 내역은 별도로 서술할 것이다.

12.5규획에서 빌표된 7대 신흥산업

7대 신흥산업	세부 분야
에너지절약과 환경보호	고효율에너지절약, 선진 환경보호, 자원재활용
신세대정보기술	차세대 통신네트워크, 사물 네트워크, 집적회로, 평판 디스플레이
바이오	바이오 의약, 바이오 농업, 바이오 제조업
첨단장비제조	우주항공산업, 지능화 통제시스템, 철도교통 장비
신에너지	원자력발전, 풍력발전, 태양광발전, 바이오 연료
신소재	탄소섬유, 반도체소재, 고온합금소재, 초전도재료 등
신에너지자동차	플러그 인식 하이브리드 자동차, 순 전기자동차

'중국제조 2025'는 중국의 10대 핵심 산업 육성 프로젝트로 2015년 리커창 총리가 처음 발표했으며 시진핑 국가주석이 역점을 두고 있는 차세대 산업이다. 10대 전략산업에는 정보기술IT, 우주항공, 해양공학, 선박·철도 교통, 신에너지, 로봇, 전력설비, 바이오의약, 농업기계 설비, 신소재 등이 포함되어 있다. 이 전략은 제조업 기반을 육성하고 첨단 설비와 핵심 기술의 대외 의존도를 낮추는 기술혁신, 에너지효율을 높이는 녹색 성장 등을 통해 질적 성장을 이루기 위해 마련됐다. 2020년까지 핵심 부품과 자재의 국산화율을 40%로 높이고, 2025년까지 글로벌 제조업 강국 대열에 합류하기 위해 국산화율 70%를 달성하며, 2035년까지 중국을 제조업 강국 중등 수준으로 끌어올린 후 2049년까지 세계 시장을 선도하는 국가가 되는 것이 목표다. 중국 정부는 이를 위해 각종 보조금과 혜택을 지원하고 있다.

한편, 미국은 미·중 무역전쟁의 일환으로 2018년 4월 3일현지시간 중국산 수입품 1333개 품목에 대해 25%의 관세를 부과하겠다고 밝혔는데, 그 품목 중 중국제조 2025 산업이 대다수 포함돼 논란을 빚었다. 미국이 중국제조 2025를 겨냥한 것은 제조업 국가에서 기술 선진국으로 탈바꿈하려는 중국을 선제적으로 견제하기 위한 것으로 분석된다. 2019년 리커창 중국 총리의 전국인대 정부 보고에서는 미국을 의식했는지 '중국제조 2025'가 아예 빠져 버렸다고 한다. 물론 실제 4차산업 컨텐츠는 그대로 있고 '중국제조 2025'만 사라진 것이다.

14. 중국의 4차 산업혁명

(1) 4차 산업혁명의 정의

위키피디아의 4차 산업혁명 관련 정의와 설명을 빌리면 아래와 같다.

> "제4차 산업혁명(第四次 産業 革命, Fourth Industrial Revolution, 4IR)은 정보통신기술(ICT)의 융합으로 이루어낸 혁명 시대를 말한다. 18세기 초기 산업혁명 이후 네 번째로 중요한 산업 시대이다. 이 혁명의 핵심은 빅 데이터 분석, 인공지능, 로봇공학, 사물인터넷, 무인 운송 수단(무인 항공기, 무인 자동차), 3차원 인쇄, 나노 기술과 같은 6대 분야에서 새로운 기술 혁신이다."

제4차 산업혁명은 세계경제포럼World Economic Forum, WEF, 일명 다보스 포럼의 창시자인 클라우스 슈밥Klaus Schwab이 2016년 다보스에서 주창한 용어이다. 제4차 산업혁명은 물리적, 생물학적, 디지털적 세계를 빅 데이터에 입각해서 통합시키고 경제 및 산업 등 모든 분야에 영향을 미치는 다양한 신기술로 설명할 수 있다. 물리적인 세계와 디지털적인 세계의 통합은 O2O 를 통해 수행되고, 생물학적 세계에서는 인체의 정보를 디지털 세계에 접목하는 기술인 스마트워치나 스마트 밴드를 이용하여 모바일 헬스 케어를 구현할 수 있다. 가상현실VR과 증강현실AR도 물리적 세계와 디지털 세계의 접목에 해당할 수 있다. 4차 산업혁명은 3차 산업혁명을 기반으로 디지털, 생물학, 물리학 등의 경계가 없어지고 상호 융합되는 기술혁명을 의미하며 인간 삶의 전반적인 변화를 야기할 것으로 예상된다. 4차 산업혁명은 쉽게 말해 사람과 사물, 데이터 등 모든 게 서로 긴밀히 이어진

'초연결사회'다. 따라서 객체가 무엇이든 핵심 가치는 연결과 접속의 강도일 수밖에 없다.

또한, 삼성뉴스룸에 의하면 4차 산업혁명 관련하여 "총론은 있는 데 각론이 없다, 가설은 있지만 검증이 없다, 말은 많으나 행동이 없다… 4차 산업혁명에 대한 내 총평은 대략 이렇다. 누가주어, 뭘목 적어 하는지조차 불분명한 이 용어는 '어떤 현상이든 쉬 긍정하거나 부정하지 않고 보편적 시각을 견지하려는' 선생인 내 입장에서도 선 뜻 정의 내리기 어렵다."라는 언급이 있는데 차라리 솔직하고 이해 하기 쉽다. 어쩌면 3차 산업혁명이 진행 중이며 4차 산업혁명 운운하 는 것은 시기상조라고 주장하는 제러미 리프킨Jeremy Rifikin과 같은 학자의 말에 공감이 가는 이유이기도 하다.

(2) 4차 산업혁명은 일자리를 감소시킬 것인가

4차 산업혁명이 마냥 반가운 것만은 아니다. 앞으로 10년 후, 20년 후면 없어질 직업이 많을 것이다. 무인 자동차나 무인비행기가 일반 화되면 택시기사나 항공기 조종사는 직업을 유지할 수 없을 것이다. 사물인터넷의 발전으로 드론이 피자를 가져다주는 등 택배업계의 대 혁신이 일어날 때, 지금의 온라인 택배의 대명사인 쿠팡맨들은 대부 분 직업을 잃을 수도 있다. 이밖에도 수많은 증권맨, 은행원들이 자 신의 직업에 위협을 받게 될 개연성이 충분히 있다. 스마트 팩토리가 가시화된다면 공장의 단순 노동자들은 인공지능으로 무장한 로봇에 게 자리를 잃게 될 것이다.

4차 산업혁명 가운데 새롭게 생길 직업군과 사라질 직업군을 비교 한다면 아무래도 잃어버릴 직업이 더 많지 않을까 우려된다. 인간들이 산업혁명을 지속적으로 일으켜 온 것은 인간이 좀 더 행복해지기 위한 것이었으나, 과연 그렇게 될 것인지에 대해서 깊은 성찰을 해보아야 할 것이다. 그렇다고 4차 산업혁명의 물결을 거부하는 것은 그 사회, 국가의 공멸을 가져올 것이므로 4차 산업혁명의 환경 아래서 인간은 진퇴양난에 직면하게 될 것이다. 우리나라에서 아직도 공유 경제가 사회적 갈등을 겪고 있으며 이에 대한 솔루션을 도출하지 못하는 우리 사회의 구조적 문제점이 4차 산업혁명의 큰 걸림돌이 되지나 않을까 염려가 된다. 그렇다고 해서 임시방편으로 고용 문제에 대한 이슈를 봉합해버린다면 다른 나라들과 경쟁해야 하는 우리나라 산업 전 분야의 경쟁력이 저하될 것이 자명하여 이에 대한 사회적 합의와 정부의 역할이 무엇보다 중요한 시점이다.

(3) 기존의 1차·2차·3차 산업혁명이란?

- 제1차 산업혁명

최초의 산업혁명제1차 산업혁명은 유럽과 미국에서 약 1760년에서 1820년 사이에 걸쳐 일어났다. 주로 농업과 농촌 사회에서 산업과 도시로 전환되었다. 철강 산업은 증기 엔진의 개발과 함께 산업혁명에서 핵심적인 역할을 수행했다.

- 제2차 산업혁명

제2차 산업혁명은 1870년에서 제1차 세계 대전 직전인 1914년 사이에 일어났다. 기존 산업의 성장기였고 철강, 석유 및 전기 분야와 같은 신규 산업의 확장과 대량 생산을 위해 전력을 사용했다. 이때 진보한 주요 기술으로는 모터, 전화, 전구, 축음기 및 내연 기관 등이 있다.

- 제3차 산업혁명

제3차 산업혁명 또는 디지털 혁명은 아날로그 전자 및 기계 장치에서 현재 이용 가능한 디지털 기술에 이르는 기술의 발전을 가리킨다. 1970년대에 시작된 이 시대는 계속되고 있다. 제3차 산업혁명의 발전에는 개인용 컴퓨터, 인터넷 및 정보 통신 기술ICT이 포함된다.

- 제4차 산업혁명

제4차 산업혁명은 기술이 사회와 심지어 인간의 신체에도 내장되는 새로운 방식을 대표하는 디지털 혁명 위에 구축되고 있다. 제4차 산업혁명은 로봇공학, 인공지능AI, 나노 기술, 양자 컴퓨팅, 생명 공학, IoT, 3D 인쇄 및 자율차량을 비롯한 여러 분야에서 새로운 기술 혁신이 나타나고 있다.

세계경제포럼 창립자 클라우스 슈밥Klaus Schwab의 저서 《제4차 산업혁명》에서 이 4번째 혁명이 기술 발전에 의해 특징지어졌던 이전의 3가지 혁명과 근본적으로 다른 점을 언급하고 있다. 이러한 기술은 수십억 명의 사람들을 계속해서 웹에 연결하고 비즈니스 및 조직의 효율성을 획기적으로 향상시키며 더 나은 자산 관리를 통해 자연환경을 재생산할 수 있는 커다란 잠재력을 가지고 있다. "제4차 산업혁명 마스터하기"는 스위스 Davos-Klosters에서 열린 세계경제포럼 연례회의World Economic Forum Annual Meeting 2016의 주제였다. 2017년 소비자 가전전시회에서 4차 산업혁명으로 가기 위한 기술들이 대거 전시되었다.

(4) 4차 산업혁명의 본질

4차 산업혁명은 연결, 탈중앙화·분권, 공유·개방을 통한 맞춤 시대의 지능화 세계를 지향한다. 이 지능화 세계를 구축하기 위해 빅데이터, 인공지능, 블록체인 등의 여러 가지 기술들이 동원된다. 맞춤 시대의 지능화를 위해 현실 세계의 모든 내용을 가상세계로 연결한 다음, 가상세계에서 빅데이터·인공지능 분석을 통해 예측과 맞춤을 예상하고 이를 현실 세계에 적용하면 된다.

(5) 4차 산업혁명의 요소 기술

Consumer Electronics Show에서 다루어진 기술을 중심으로 언급하면 다음과 같다.

1) 빅 데이터Big Data Statistical Analysis

4차 산업혁명은 한마디로 컴퓨터를 기반으로 하는 생산 방식의 혁신을 말한다. 또한, 인공지능을 중심으로 한 소프트웨어와 방대한 데이터를 처리하는 빅 데이터 기술, 최신 로봇 기술이 합쳐져 근로 형태가 혁신적으로 변화하는 것을 의미하기도 한다. 그러므로 빅 데이터 통계분석Statistical Analysis 즉, 많은 양의 데이터Data 정보가 기본이다.

2) 인공지능Artificial Intelligence, AI

작게는 장치가 더 똑똑해져서 나의 생활 패턴을 이해하고, 스스로 알아서 동작하는 약한 인공지능부터, 생태계 전체의 생활 및 환경으로부터 최적의 해법을 제시하는 강한 인공지능을 이용하여 인간의 생산성을 최대한 올려주는 도구이다.

3) 로봇공학Robot Engineering

사람을 도와주는 로봇예: 청소 로봇, 노인 보조 로봇 등에 의해 사회 전체의 생산성이 올라갈 것이다.

4) 양자암호Quantum Cryptography

기존에 있던 암호체계가 대부분 수학적 복잡성에 기반하는데 비해, 양자암호는 자연현상에 기반하고 있는 특징을 띠며, 암호에 사용되는 원타임 패드를 생성하는 이상적인 방법 중 하나다. 중간에 도청자가 난입할 경우 그 존재가 드러나며, 신호가 왜곡되어 도청자도 정확한 정보를 얻을 수 없는 보안을 지니고 있다. 다른 말로 양자키 분배Quantum Key Distribution체계라고도 한다. 보안업계도 양자 난수를 모든 IT 기기에 적용할 수 있다면 해킹 불가능한 암호체계를 구현할 수 있을 것으로 내다보고 있다.

5) 사물인터넷Internet of Thing, IoT

실생활에 해당하는 오프라인의 모든 정보를 온라인으로 넘기는 O2O를 통해, 인터넷을 이용한 최적의 해법을 제시하고, 시행하게 하여 생산성을 최대한으로 올리는 도구이다. 그 예로, 병원의 모든 행동이나 사물들을 인터넷에 연결한 뒤, 최적화를 한다면 정보가 늦거나 서로 기다리는 손실을 줄일 수 있다. 따라서 환자도 빠른 조치를 받아서 좋고, 병원도 생산성이 올라서 좋을 것이다.

6) 무인 운송수단

인간이 운전을 직접 하지 않음에 의해 그사이에 다른 일을 더 할 수 있고, 안전하게 이동할 수 있기에 생산성이 향상될 것이다.

7) 3D 프린팅3D printing

대부분 자기에게 맞지 않는 기성품을 구입하여 그 기성품에 맞추어 제작/생활해왔다. 이제는 개인 맞춤형 시대이므로, 3차원 프린터를 이용하여 싸고 빠르게 본인에게 맞는, 본인만의 장치를 만들 수 있다. 예를 들자면 본인만의 음식, 본인만의 집, 본인에게 맞는 인체조직, 본인에게 맞는 약 등이 있다. 이런 것들을 통해 생산성이 향상될 수 있다. 나노 기술Nano Technology, NT은 의학, 전자 공학, 생체재료학, 에너지 생산 및 소비자 제품처럼 광대한 적용 범위를 가진 새로운 물질과 기계를 만들 수 있어, 생산성 향상에 지대한 공헌을 할 수 있다.

8) 연결 및 표시 기술

연결 기술은 매체와 매체를 보다 효율적으로 연결하는 것으로, 5G와 LTE4G 등이 있다. 그리고 눈으로 보는 표시 기술은 고정형으로 보는 UHD-TV와 이동형으로 보는 VR, AR 등이 있으며, 이를 통해 좀 더 빠르게, 좀 더 편리하게, 좀 더 많이 접속access할 수 있어 생산성을 향상시킬 수 있다.

(6) 중국의 4차 산업혁명

중국의 4차 산업혁명은 '중국제조 2025'를 중심축으로 인터넷+ 전략을 구체화해 나가고 있으며 ICT 기업들은 전통제조업과의 융복합 발전을 위해 노력을 기울이고 있다. Big Data, AI, IoT 분야에서 글로벌 수준의 기술력 및 경쟁력 확보를 위해 과감한 민간 투자를 하고 있으며 중국 정부는 이를 제반 정책으로 적극적으로 지원하고 있다.

※ '전략적 신흥산업 7개 분야' 프로젝트는 12·5규획 및 13·5규획
　에 의해 지속적 실행

중국 정부는 2010년 10월 '신흥전략산업 육성 및 발전에 관한 결정国
务院关于加快培育和发展战略性新兴产业的决定을 발표하고 '7개 분야'를 국가
중점 육성 전략산업으로 결정하였다. 새롭게 선정된 '7개 분야'는

① 에너지 절약과 환경보호,
② 신흥정보화산업차세대 IT기술; 차세대 통신 네트워크, 물류 네트
　워크, 3대 네트워크 융합三网融合; 방송, 통신, 인터넷의 결합, 평면 모
　니터, 고성능 집적 전기회로, 하이테크 소프트웨어, 사물인터넷
　IoT, 신형 디스플레이
③ 바이오산업,
④ 하이테크 장비제조업첨단장비제조
⑤ 신에너지
⑥ 신에너지 자동차그린카
⑦ 신소재

이다.

금번 전략적 신흥산업 7개 분야 프로젝트는 중국 정부가 2008년
글로벌 금융위기 직후 시행한 '4조 위안 부양정책' 이후 최대 규모의
산업계획이라고 평가되고 있으며, 엄청난 자금이 투자되어 시장에서
도 많은 기대를 걸고 있다. '전략적 신흥산업 7개 분야' 프로젝트가
'4조 위안 부양정책'과 큰 차이점을 보이는 점은 중국의 발전방식을
양적 성장에서 질적 성장으로 바꾸는 근본적 변혁을 추구한다는 것

이다. 따라서 7대 신흥산업은 12·5규획2011~2015년과 맞물려 중점 추진되는 핵심 국가 경제발전 전략이 되었다. 국가의 전략산업은 국가 경쟁력과 국가 안보와 깊게 관련되어 있고 중국의 글로벌 지위에 영향을 줄 수 있는 핵심 미래산업으로 우리나라는 물론 미국, 독일, 일본 등 선진국들이 전략적으로 중점 추진하고 있는 영역들과 대부분 겹칠 수밖에 없다. 따라서 중국이 7대 신흥산업으로 선정, 집중적으로 육성하겠다고 하는 분야는 장기적인 관점을 가지고 국가의 역량을 쏟아 넣을 것으로 전망된다. 4차산업과 관련 아래 표에 나타나 있듯이 국무원에서 구체적 KPI와 기술 수준에 대한 목표까지 설정한 것은 중국 정부의 강한 의지를 천명한 것이라고 할 수 있다.

2016~2020년 까지 진행되고 있는 13·5규획에서도 7대 신흥전략 산업은 모두 포함되었으며 이 중 차세대 IT기술신흥정보화산업 분야는 첨단장비제조 분야 및 신에너지 자동차 산업과 더불어 4차 산업혁명의 핵심 영역이 되고 있다. 2015년 5월 '중국제조 2025'를 발표함으로써 제조 대국에서 제조 강국으로의 도약을 공식화했다. 공산당 창당 100주년인 2021년 이전인 2020년 샤오캉사회小康社会 진입, 신중국 건국 100주년인 2050년 선진국 반열에 진입하는 것을 목표로 구체적 산업경쟁력 강화 로드맵을 제시한 것이다. 1단계로 2015~2025년까지의 발전계획을 수립하였다. 구체적으로 2020년까지 제조업의 IT경쟁력을 강화하며 노동생산성을 제고하며 인터넷+ 정책을 강력히 실행하여 인터넷+전통산업의 경쟁력 강화를 목표로 구체화하였다. 또한, 에너지 효율화, 오염 배출 감축을 선진국 수준으로 제고함으로써 2025년까지 독일과 같은 제조업 제2 강국 진입을 목표로 하였다. 이를 위해 2015.7.4 발표한 《国务院关于积极推进"互联网+"行动的指导意

见》는 ICT를 중심으로 한 4차 산업혁명에 시동을 걸었다고 할 수 있을 것이다. 2016~2020년 5년간 실시되는 13·5규획의 성공적 수행을 위한 전략적 기반을 2015년도에 마련했다고 볼 수 있다. 더구나 2015년 12월 중앙경제공작회의의 주요 의제로 '공급측 개혁'을 채택하고 대대적인 국유기업 개혁, 철강 및 석탄산업 등에 대한 구조조정 등을 통해 뉴노멀신창타이, 新常态 성장전략을 개념화한 것도 4차 산업혁명을 위한 사전 포석이라고 할 수 있다. 아래 도표와 같이 13·5규획에서는 4차산업 연관 산업에 대한 2020년 생산액 목표까지 구체화함으로써 각 프로젝트에 대한 강한 실행력에 대한 의지를 대내외에 과시하고 있다.

5대 전략형 신흥산업	2020년 목표생산액	구체적 내용
정보기술 산업	12조 위안	인터넷 강국의 기초설비 구축 '인터넷+' 행동촉진 국가 빅데이터 전략실시 정보기술핵심산업 강화 인공지능 발전 인터넷경제 관리방식 정비
첨단장비 및 신소재산업	12조	스마트 제조 첨단 브랜드 창조 항공산업의 새로운 돌파구 실현 위성 및 응용 산업 강화 해양공사 장비의 글로벌 경쟁력 육성 신소재 기초 지탱능력 제고
바이오산업	8-10조	바이오의약의 새로운 체계 설립 바이오의학공정 발전 수준 제고 바이오농업의 산업화 발전 가속화 바이오제조의 규모화 응용추진 바이오서비스의 새로운 운영형태 개발 바이오에너지 발전 모델 개발

5대 전략형 신흥산업	2020년 목표생산액	구체적 내용
신재생에너지자동차, 신재생에너지와 에너지절약 및 환경보호 산업	10조	신재생에너지 자동차 규모 응용 실현 신재생에너지 산업 발전 추진 고효율 에너지절약 산업 발전 선진적인 환경보호 산업 발전 가속화 자원순환 이용 추진
디지털 크리에이티비티 산업	8조	디지털 크리에이티비티 기술 및 장비 창조개발 디지털 크리에이티비티의 풍부한 내용 및 형식 개발 창조혁신 디자인 수준 제고 연관산업의 융합발전 추진

자료원: 13·5 국가전략형 신흥산업 발전규획, 천풍증권연구소

과학기술부 과학기술발전 전략연구원의 설명에 따르면, 7개 분야 프로젝트의 제정 및 실시에 있어서 핵심 문제는 다음 4가지 다.

첫째, 자금의 출처이다. 우선 정부 주도하에 자금을 유치할 예정이나 정부의 100% 부담은 불가능하다.

둘째, 기술의 확보이다. 해외에만 의존할 경우 산업 피라미드에서 하위계층에 머물게 되는 기존의 방식에서 탈피할 수 없게 된다.

셋째, 주체의 선정이다. 정부와 기업 중 누가 일을 주도적으로 추진할 것인지를 결정해야 한다.

넷째, 산업응용의 주체이다. 시장의 각도에서 본 산업응용의 주체를 결정해야 한다.

특히 지방발전과 실질적으로 결합할 수 있는지의 여부 및 지방발전의 진정한 원동력이 될 수 있는지의 여부에 따라 산업의 성공과

실패가 결정된다.

현재 전략적 신흥산업분야가 점차 구체적으로 가시화됨에 따라 지방 곳곳에서 신흥산업 발전의 붐이 일기 시작했고 지방의 전략적 신흥산업발전계획이 제정되고 있다. 하지만, 일부에서 제기하고 있는 문제점은 신흥산업의 투자비용이 너무 많고, 효과가 나타나는 데 시간이 오래 걸린다는 것이다. 또한, 핵심기술이 부족하고 시장에서 별 반응을 보이지 않는 데다가 기업의 감당 능력이 부족한 상황이다. 이를 해결하기 위해서는 정책성과의 평가모델을 변화시켜야 하고 앞을 내다보는 정책 구축 및 정책의 지속성과 일관성 확보가 필요하다.

(7) 주요국의 4차 산업혁명 대응 현황

2016년 1월 스위스의 다보스 포럼을 통해 4차 산업혁명에 대한 관심이 유발되었으나 주요국에서는 이미 수년 전부터 본격적으로 준비되고 있었다. 전통적 ICT 강국인 독일, 미국, 일본, 한국의 4차 산업혁명에 대한 각 정부의 대응현황은 아래와 같다.

1) 독일

Industry 4.0의 선도적 추진을 통한 제조강국의 경쟁력 향상에 노력하였다. 글로벌 경쟁 및 고령화 등에 따른 사회변화에 위기감을 느끼고 미국, 일본, 중국 등의 기업에 앞서 경쟁력 강화를 위해 4차 산업혁명에 선도적이며 주도적인 정부 정책을 시행하였다. 2006년부터 이미 '하이테크' 전략을 지속적으로 실시했으며 이를 지속적으로 보완한 것이 곧 2010년의 하이테크2020 전략이었으며 2011년 Industry 4.0으로 주요 미래 프로젝트를 통합한 것이다. 2014년에 다시

신'하이테크'전략을 제정함으로써 4차 산업혁명에 적극적인 행보를 걷고 있다. Industry4.0의 주요 내용은 제조업과 ICT의 융합에 의한 수직, 수평 통합을 통하여 제조업을 고도화시키는 것이었으며 구체적 사례로 스마트제조시스템의 수직통합, 글로벌 밸류체인에 의한 수평 통합, 첨단기술을 통한 고속화 등을 들 수 있다.

2) 미국

미국은 4차 산업혁명에 대응하는 정부 차원의 로드맵이 없이 제도 보완 측면에서의 대응, 정부와 민간의 역할 구분을 통한 정책의 실행 가능성 제고, 시장 지향적 4차 산업혁명 추진이라는 특징을 갖는다. 2014년 미국 Making in America에 의거 제조업 경쟁력 강화를 추진하고 있으며 첨단기술과 자금력을 보유한 민간 주도로 4차 산업혁명을 선도하는 가운데 정부도 사물인터넷, 인공지능, 무인자동차, 3D프린팅 등의 4차 산업혁명 관련 다양한 지원책을 펴고 있다. 기초연구에 집중하면서도 민간의 참여를 유도하여 기술개발부터 상업화까지의 시간을 최소화하고 있다. 미국의 4차 산업 지원책이 시장 지향적인 것과 관련 이것이 가능한 것은 엔젤투자와 대규모 벤처캐피털이 기존 기업이나 스타트업에 자금을 원활히 공급할 수 있는 생태계 시스템을 갖추고 있기 때문이다.

3) 일본

2012년 12월 출범한 현 아베 내각은 소위 아베노믹스의 성장전략을 '일본재흥전략'으로 명명하고 매년 각의에서 전략을 의결하고 있다. 2015년 6월 '일본재흥전략 2015'에서 처음으로 4차 산업혁명이 사회를 근본적으로 변화시킬 것으로 예상하고 이에 대한 대응책을 발표했다. 4차 산업혁명에 대한 국가 총체적 대응을 통해 변화를 선도, 첨단기술 개발 지원뿐만 아니라 교육, 노동, 금융 등 경제사회 전반에 걸쳐 4차 산업혁명을 총체적으로 준비하는 전략을 추진하고 있다. 2015년 재흥전략에서는 로봇기술에 사물인터넷, 빅데이터, AI을 신기술로 추가했으며 2016년 4월 '신산업구조비전: 중간정리'에서 일본은 4차 산업혁명 관련 국제경쟁구도에서 '갈림길'에 있음을 고백하였다. 일본기업이 빅데이터 플랫폼을 해외기업에 의존할 경우 일본산업은 '하청업체'로 전락할 것임을 스스로 경고하면서 데이터 플랫폼의 구축, 빅데이터 활용으로 4차 산업혁명을 주도할 IoT, AI, 로봇 등의 기술혁신을 추진함으로써 대담한 사회, 경제 시스템 개혁을 주문했다.

4) 한국

2015년 3월 한국 제조업 3.0전략 - 2024년까지 세계 제조업 4강으로 도약을 목표로 하고 있다. 2016년 1월 다보스포럼에서 4차 산업혁명이 화두가 된 이후 2016~2017년에 걸쳐 정책을 구체화하였다. 즉 '4차 산업혁명에 대응한 지능정보사회 중장기 종합대책'이 확정되었으며 2017년 3월 4차 산업혁명 관련 중장기 정책과제를 발표한 바 있다. 첫째, 민간중심의 유연하고 개방적인 혁신 생태계로 산업구조 전환, 둘째, 4차 산업혁명에 따른 환경변화에 능동적으로 대응할 수 있는 창의적 인재 양성, 셋째, 산업 전반의 일자리 재편과 고용, 근로형태 변화에 대응해 고용창출력 제고 및 노동시장의 유연 안정성 강화 등을 제시한 바 있다. 문재인 정부의 100대 국정과제를 포함한 '국정운영 5개년 계획'에 4차 산업혁명과 관련된 것으로 소프트웨어

강국, ICT 르네상스로 4차 산업혁명 선도기반 구축, 고부가가치 창출 미래형 신산업 발굴 및 육성 등이 포함되어 있다.

15. 일대일로는 경제정책인가?

(1) 일대일로의 연혁

일대일로란一帶一路 , One belt, One road중국 주도의 '신新 실크로드 전략 구상'으로, 내륙과 해상의 실크로드 경제벨트를 지칭한다. 35년간2014~2049 고대 동서양의 교통로인 현대판 실크로드를 다시 구축해, 중국과 주변국의 경제·무역 합작 확대의 길을 연다는 대규모 프로젝트다. 다양한 지역의 경제회랑과 실크로드를 연결하고자 하는 구

일대일로 연혁
丝绸之路
21世紀海上丝绸之路

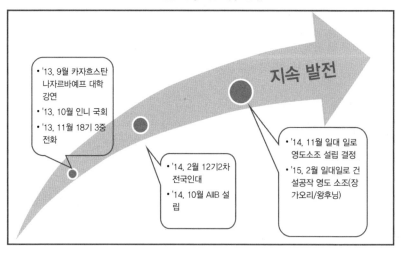

체적인 계획이 세워짐에 따라 일대일로의 공식 영문명칭도 The Belt & Road[B&R]로 변경되었다.

중국의 '신 실크로드'정책이 처음 모습을 드러낸 것은 베이징대 왕지스 교수[37]의 2012년 글로벌 타임스에 게재된 '중국의 서진정책' Marching Westwards이라는 글에서였다. 왕 교수는 중국이 미국의 아시아 재균형전략의 동아시아에 집착하지 말고 서아시아로 향하는 서진정책을 취하여 남아, 중앙아, 중동을 연결하는 실크로드를 건설하자고 주장한 바 있다. 마침내 중국의 시진핑 국가주석은 2013년 9월 7일 카자흐 나자르바예프 대학교 연설을 통해 '실크로드 경제벨트' 구축에 관한 구상을 처음 발표하였고, 같은 해 10월 인도네시아 국회 연설에서는 해양 실크로드 경제벨트를 구축하자고 제안하면서 일대일로의 서막이 열렸다. 한 달 후인 2013년 11월 제18회 중국 공산당 중앙위원회 3차 전체회의에서 일대일로 건설을 위한 각종 정책이 결정되었다. 2014년 4월 10일 보아오포럼에서 리커창 총리는 아시아 지역 경제 협력 전략으로 '일대일로' 건설 추진을 강조한 바 있다. 2019년 4월 30일 현재 131개 국가 및 30개 국제기구가 참여하고 있다. 내륙 3개, 해상 2개 등 총 5개의 노선으로 추진되고 있다.

(2) 일대일로의 구체적 내용과 표면적 목표

중앙아시아를 통해 유럽과 중국을 하나의 경제권으로 연결하겠다고 하는 구상일대과 동남아를 통해 유럽과 아프리카를 해상루트로

---

[37] 왕지스王缉思는 1948년생으로 베이징대 국제관계학부 학장을 지냈으며 미국문제 전문가다.

연결하겠다는 구상일로이다. 중국은 이 구상의 실현을 위해 런던-파리-베를린-바르샤바-모스크바-만주-베이징을 연결하는 고속철 건설 구상을 펼치는 중이다. 실크로드 경제벨트는 중앙아시아와 동·서유럽 등을 중국과 연결하기 위한 육로이며 이는 지중해, 페르시아만, 중동, 남아 그리고 동남아를 중국과 연결하는 것이다.

육로의 목적은 2가지가 있다.

❶ '유라시안 랜드브리지' 구축- 중국 동부해안에서부터 서유럽에 이르는 물류 체인을 구축

❷ 몽골과 러시아, 중앙아시아, 그리고 동남아시아를 중국과 연결하는 다수의 경제회랑 개발

(자료:연합뉴스)

21세기 해상 실크로드는 남중국해와 인도양을 거쳐 유럽으로 연결되며 중국 동부 연안에서부터 서쪽으로 향한다.

해양노선의 목적은
❶ 세계 각지의 주요 항만과의 효율적인 수송로를 구축하는 것과,
❷ 인도양을 통한 경제회랑 개발 그리고 더 나아가 남아메리카, 중동, 아프리카, 지중해를 중국과 연결하는 것이다.

중국의 일대일로 정책은 최초 구상 시 60여 개국에 걸쳐 6개 경제회랑으로 구성된다. 세계 인구 60%와 세계 부의 33%에 해당하는 규모이다.

6개의 경제회랑은 다음과 같다.

*경제회랑[Economic Corridor, 经济走廊]의 정의는 중국 정부가 일대일로一带一路 연선국가들과 중국을 철도 도로 송유관 등으로 연결하겠다는 구상을 말한다. 6대 경제회랑 건설 계획은 주요 경제권의 인프라 통합, 인적 네트워크의 교류, 체제 및 기제의 연동을 기본원칙으로 추진되고 있다.

❶ 신유라시안 랜드 브리지New Eurasian Land Bridge

신 유라시아 대륙의 교량으로 알려진 이 회랑은 강소성의 연운항에서 서유럽 로테르담까지 운영된다. 이 회랑은 중국의 7개 지역을 통과하고 세 가지 철도를 통해 목적지에 도착하며 해상수송보다 빠르고 항공 노선보다 저렴하므로 중국에서 유럽으로 가는 주요 물류

통로가 될 것이다.

❷ 중국-몽골-러시아 회랑 China-Mongolia-Russia Corridor

이 회랑은 고속철도와 도로 연결을 포함하여 두 개의 노선으로 나뉜다.

- 베이징/톈진/허베이에서 러시아로내몽고 자치구 후허하오터 통과
- 대련에서 러시아, 치타로선양, 창춘, 하얼빈, 네이멍구자치구 만저우리 통과

국제화물열차는 광저우, 선양, 쑤조주와 톈진을 포함한 국제 목적지들이 연결된 길을 따라 이미 운행하고 있다. 북부노선은 보하이 경제권을 연결하는 중국-몽골-러시아 회랑을 통해 건설될 것이며 이는 서유럽과 베이징, 따리엔, 톈진 등 주요 도시를 포함한다.

❸ 중국-중앙아시아-서아시아 회랑 China-Central Asia-West Asia Corridor

중국-중앙아시아-서아시아 회랑은 석유와 천연가스의 중요한 관문이다. 아라비아반도, 터키, 이란에서 신장으로 이어지는 회랑이다. 중국-중앙아시아 가스 파이프 라인은 세계에서 가장 길다. 이 노선은 투르크메니스탄과 우즈베키스탄 국경에서 시작하고 우즈베키스탄과 남부 카자흐스탄을 통해 이어져 신장의 호르고스에서 끝나는데 그곳에 건설 중인 중국의 두번째 동서 가스 파이프 라인과 연결된다.

❹ 중국-인도차이나반도 회랑 China-Indochina Peninsula Corridor

중국-인도차이나반도 회랑은 캄보디아, 라오스, 미얀마, 태국, 베트남 등의 동남아 국가들과 주강삼각주 경제권광조우, 홍콩, 선전을 둘러싼

을 연결한다. 새로운 고속철도와 고속도로는 중국 남부의 주강 삼각주로부터 광시지역의 난닝과 베트남의 하노이를 거쳐서 싱가폴로 연결될 것이다.

❺ 중국-파키스탄 China-Pakistan Corridor

신장 카슈가르와 파키스탄 과다르의 심해 항구를 연결하는 이 회랑은 말라카 해협을 우회하여 두바이와 오만을 통해 중동과 아프리카로 가는 지름길을 제공한다. 하지만 카슈미르를 통과하는 것에 대해 인도 정부는 반대하는 입장을 표명했다. 2015년 시진핑 주석의 파키스탄 방문 동안 중국과 파키스탄은 약 460억 달러의 가치가 있는 에너지, 정보 통신 및 교통 등을 포함하는 프로젝트 계약을 체결했다.

❻ 방글라데시-중국-인도-미얀마 회랑 Bangladesh-China-India-Myanmar Corridor

방글라데시-중국-인도-미얀마 회랑은 남아시아와 중국을 연결한다. 중국은 서아시아와의 통합을 위해 인도를 중요한 파트너로 보고 있다. 철로 건설, 산업협력 및 전문교육 서비스를 추진할 것으로 예상된다. 2015년 5월 인도 모디 총리의 중국방문 당시, 양측은 통신, 철강, 태양에너지, 영화산업을 포함하는 220억 달러의 계약을 체결했다. 하지만 이 계약은 회랑의 발전에 관한 것이 아니라 인도에 대한 중국의 투자에 국한된다.

(3) 일대일로의 명시적 목표는 다음과 같다

- 중국의 일부 낙후된 지역을 발전시키고자 하며 특히 서부지역을 그 대상으로 한다
- 상품, 서비스, 정보 그리고 인적 및 문화교류 등의 활동을 통해 지역연계와 경제발전을 증진한다
- 중국과 주변국의 통합을 추구한다
- 수입통로의 다변화를 통한 에너지 안보를 확보한다
- 중국 국내 생산과잉 및 해외투자에 대한 출구를 확보한다
- 중국제품과 서비스를 위한 새로운 시장을 창출하고자 한다

(4) 일대일로의 국내 및 국제 정치·경제적 함의

일대일로의 추진은 국내적으로 중국 동부 및 연해 지역 발전에 이은 서부 개발로 균형발전을 이루기 위한 전략으로 개혁·개방 고속성장시대 마감에 따른 성장방식 전환의 계기를 마련하기 위함이기도 하다. 신창타이라는 중저속 성장시대를 맞이하여 국토균형발전 전략이며 이는 중진국 함정 및 체제이행의 함정으로부터 탈피하기 위한 절실한 전략이기도 하다. 중국 공산당 통치의 정당성 확보를 위해서는 지속 성장만이 계급투쟁을 포기하고 경제발전을 이념화한 중국 공산당 당장에 부합하기 때문이다.

일대일로는 겉으로 보면 일견 통상 확대를 위한 전략으로 보이지만, 세계패권 장악을 위한 대외적 행보라고 보는 시각이 많다. 특히 미국의 경우 일대일로보다 앞서 오바마 행정부의 힐러리 클린턴 국무장관이 2011년 7월 인도에서 먼저 뉴 실크로드 구상을 선언한 바 있으며, 2013년에는 아시아 회귀전략Pivot to Asia을 선언하면서 아시

아에 Rebalancing 전략을 전개했다. 인도 역시 동진 정책을 발표하여 중국의 서진 정책인 일대일로에 대해 적대적 태도를 취하고 있다. NATO의 중앙아시아로의 동진 정책 역시 넓은 의미에서 중국의 서진 전략에 대한 일정한 견제 역할을 하고 있다고 할 수 있다. 강대국들의 시각에는 중국의 일대일로가 중국의 주장과는 달리 미래 패권을 향한 신외교정책의 주축이 될 것으로 생각하고 있는 듯 하다. 더구나 트럼프 행정부에 들어서 추진하고 있는 인도·태평양 전략은 미국과 동맹 중심의 동진 전략으로 중국의 일대일로 서진 전략과 정면으로 대치된다. 트럼프가 대통령으로 당선되었을 당시만 해도 중국인들은 미국 우선 정책을 전개하는 미국 정부가 아시아에 관한 관심을 상대적으로 소홀히 할 것으로 기대했으며 중국이 아시아의 강자로 군림하는 데에 크게 도움 될 것이라 분석했었지만 결과적으로 미·중 무역전쟁을 겪으면서 크게 오판했음을 알게 되었음은 국제정치의 난해함을 알 수 있게 해준다.

중국이 일대일로 연선국가들에게 적용할 기본 원칙으로 시진핑은 2013년 카자흐스탄 연설에서 5통五通원칙 즉 첫째, 정책을 공유한다沟通. 둘째, 교통 및 통신 인프라를 구축 연결한다联通. 셋째 무역과 통상을 확대한다畅通. 넷째, 이를 통해 경제회랑 내 국가들 간의 화폐 유통을 활성화한다流通. 다섯째, 연선국가들간에 사회문화적 교류를 확대한다相通를 제시한 바 있다.

중국경제의 양적 성장 한계로 질적 성장으로의 전환이 불가피하며 지역 간, 계층 간, 도농 간 빈부격차 심화 및 부정부패 만연으로 국내 사회정치적인 위기에 직면해 있는 중국 공산당으로서는 일대일로 장기전략을 채택한 것이며 일대일로의 성공을 위해서는 민간 부문 육성을 위해 국유기업개혁 및 산업구조 조정 및 공급과잉 산업 조정, 외환의 효율적 이용을 기해야 한다. 또한, 중국 정부는 이를 위해 중국제조2025 및 인터넷+ 등 미래 고부가가치 산업으로의 전략을 추진하고 있다. 소비와 생산이 유기적으로 상호 추동 가능한 경제구조를 구축하기 위한 전략이기도 하며 일대일로 전략으로 연선국가들의 대규모 인프라 건설 수요를 창출하며 저부가 사양산업을 이들 국가로 이전함으로써 밸류체인을 구축할 수 있다고 중국 정부는 판단하고 있다. AIIB를 통한 위안화 유통 제고로 위안화 국제화에 기여할 수 있을 것으로 기대하고 있으며 중화경제권을 중심으로 이익공동체 및 운명공동체를 구축하는 것을 목표로 하고 있기도 하다.

(5) 일대일로 추진과 한계

그러나 일대일로 연선국가들과의 정치적 갈등 극복이 큰 과제이다. 우선 유라시아 연합 추진하는 러시아와의 문제와 중앙아시아, 동남아시아, 인도 등 서남아시아 등지에서 공통적으로 정치적 난관이 예상되고 있으며, 실제로 2016년 5월에는 파키스탄 과다르 항에서 중국인들을 대상으로 반정부 단체의 테러가 발생하기도 했다. 인도와의 국경분쟁, 남중국해에서의 아세안 국가들과의 영토분쟁 등도 큰 갈등을 제공하고 있으며 동 지역에서 미국과 '항행의 자유'를 놓고 군사적 충돌까지 우려하는 상황까지도 전개되고 있는 것이 좋은 예다.

일대일로 전략은 중국의 국내정치 경제적 딜레마를 극복할 수 있는 통로를 제공해 줄 수 있는 측면이 강한 것은 사실이다. 따라서 중국 지도부는 일대일로 전략에 사활을 걸 것이며 성공을 위한 금융 플랫폼 AIIB, 일대일로 펀드 조성, 외환보유고 제고 등 일대일로 전략 추진을 위해 환경조성에 주력하고 있다, 그러나 미·중 경쟁 구도 및 주변 연선국가들의 친미 및 자국의 이해관계 고려 시 중국이 원하는 방향으로 순항하는 데 많은 갈등과 어려움이 있을 것으로 전망된다.

(6) 우리에게 주는 함의

중국의 일대일로 전략은 경제정책일 뿐만 아니라 미국과의 패권 경쟁 전략이기도 한만큼 우리의 심도 있는 경제, 외교 양면 전략이 절실하다. 한편 중국 지도부는 일대일로 전략에 사활을 걸 것이 확실시되므로 지정학적 이익을 확보할 수 있도록 자세히 득실관계를 연구해야 하며 결과적으로 미·중 관계에서 등거리 전략의 실효성 여부를 자세히 검토해야 할 것이다. 등거리 전략이 미·중 모두를 잃을 수 있는 위험한 전략이 될 수 있으므로 장기적으로 국익에 합치되는 의사결정을 해야 할 것이다. 중국의 급부상은 개혁·개방 40년의 성공으로 인한 것이나 그들이 중진국 함정이나 체제이행의 함정에 빠져 경제가 경착륙할 수도 있음에도 대비하여 단기적 이해관계보다는 장기적 국익에 방점을 찍어야 할 것으로 사료된다.

16. 중국과 코로나 19

중세 유럽을 혼돈의 세계로 몰고 갔던 흑사병 이후 2020년 들어 반년 넘게 세계인을 꽁꽁 묶어 놓은 코로나 19는 전대미문의 전염병이다. 중국 우한에서 발원한 코로나 19는 순식간에 전세계로 번져 유럽, 미국 등 세계 선진국들을 코로나 19 앞에 맥도 못추는 삼등국가로 전락시키고 말았다. 코로나 19는 금세기를 사는 우리 모두에게 한 번도 경험해보지 못한 충격과 거대한 변화를 체험케 했으며 지금도 이러한 충격파가 언제 종료될지 예측할 수 없다. 면역을 위한 백신이 개발된다 해도 변종 바이러스가 출현해 세계인을 다시 무력화시킬 수도 있다. 전염병의 특성상 비대면의 생활을 강요당했으며 조금만 방심해도 즉각 집단감염으로 이어져 모든 일상을 일거에 파괴하곤 한다.

코로나19는 소위 선진국이라는 1등 국가들을 초토화했으며 세계 지도자들 역시 감염에서 자유로울 수 없다. 경제활동을 극도로 제한함으로써 세계 상품 및 서비스망을 무력화시켜, 후폭풍으로 세계적 경제위기가 쓰나미처럼 몰려올 것이 확실시된다. 더구나 미국의 코로나19 감염자는 2020년 8월 17일 현재 확진자 549만 명 및 사망자가 17.2만여 명으로 압도적으로 많아 정치적 위기에 몰린 트럼프가 코로나19 책임을 중국에 떠넘기는 등 미·중 간에 코로나19 책임론과 미·중 무역분쟁이 맞물리면서 양국관계는 시계 제로 상태가 되었다. 어렵게 합의된 미·중 간의 합의서에 중국 측이 재협상을 시사하고 미국 측은 합의에 따른 미국 상품 수입이 충족되지 않을 경우 추가적인 대중 무역보복을 하겠다고 위협의 수위를 높이고 있어 전운이 감돌고 있다.

IMF 6월 수정경제전망에 의하면 미국 및 유럽의 2020년 경제성장률은 -8~-10% 전후가 될 것으로 예상되고 있으며 중국 역시 6%대에서 1%대로 급락할 것으로 전망되고 있어 전 세계의 경제성장률이 -4.9%로 예측되고 있다. 따라서 무역의존도가 100%에 가까운 우리나라의 경제에는 직격탄이 될 것이다. IMF는 한국의 GDP성장률 역시 -2.1%로 예상하고 있다. OECD에서는 세계 경제성장율을 -6%까지 예상하고 있으며 2차 펜데믹이 올 경우에는 -7.6%[38]까지 떨어질 것으로 전망하고 있다. 우리 정부에서는 0%대 플러스 성장을 기대하고 있지만, 이는 코로나 19가 이대로 잠잠해지는 것을 전제로 한 것이다. 4분기에 2차 펜데믹이 오면 우리나라도 -2.5로 악화될 것으로 보고 있다. 미국은 11월에 대통령 선거가 있어 어떻게든 경제활동 재개를 서둘러야 하는 입장이며, 중국 역시 뒤늦게 개최된 양회에서 불확실성으로 인해 어떤 목표도 제시되지 못했다. 일본의 경우도 코로나 확진자가 2020년 8월 17일 기준 56,000명을 넘어서자 다급하게 한중 양국에 코로나 19 극복 경험을 공유하고 싶어 유화 제스처를 보내고 있다.

한마디로 혼돈 속의 소용돌이 가운데 코로나 19가 몰고 온 국가 간 여행 금지, 지역 간 이동금지, 지역봉쇄, 비대면 활동 강화 등으로 전 산업에서 수요가 급감하면서 세계무역의 기본 축이 흔들리고 있다. 에너지 수요 급감은 감산에 대한 산유국 간 갈등으로 비화되었으며 순풍에 돛단 배 같던 미국의 셰일가스혁명에 된서리를 안겨주고 있다. 사람들의 이동이 급감함으로 인해 항공업, 관광업, 여행업 등 수많은 서비스 산업이 붕괴하고 있으며 그 축의 맨 밑인 자영업이 무너지고 있는 현실은 우리에게 암울한 전망을 예견하게 한다. 아래와 같은 관점에서 코로나 19를 분석해보는 것은 코로나 19의 심각성을 이해하는 데 도움이 된다. 또한, 본서의 중요 의제와 연계해서 살펴보는 것이 책을 마무리하는 데 필수적이라는 생각이 들었다.

---

38 [https://biz.chosun.com/site/data/html_dir/2020/06/10/2020061003603.html]

(1) 미·중 무역전쟁 격화

2018년 3월 22일 트럼프 미국 대통령이 서명한 행정명령은 중국산 수입품에 고율 관세를 물리고 중국의 대미 투자를 제한하라는 지시를 담고 있다. 그 후 수차례에 걸친 미·중 간의 협상 끝에 2020년 1월 1단계 합의함으로써 중국이 향후 2년간 2,000억 달러의 미국산 제품을 추가 구매키로 했다.

그러나 코로나 19의 영향으로 오히려 중국의 금년 1분기 대미 수입은 전년 대비 10% 감소했으며 트럼프는 이에 대해 1월 중 합의한 1단계 합의대로 수입하지 않는다면 무역 합의를 파기할 것이라고 으름장을 놓았다. 나바로 무역국장 역시 연일 중국에 맹공을 퍼붓고 있다. 코로나 19가 미·중 간 합의를 무효화하는 데 기폭제가 되었으며 양국 간의 무역분쟁을 재개시키는 전운이 감돌게 된 것이다.

스인홍 중국 인민대 교수는 지난 5일 홍콩 사우스차이나모닝포스트SCMP에 "미국과 중국은 사실상 신냉전 시대에 들어섰다"며 "미국과 소련 간 냉전과 달리 미·중 신냉전은 전면적인 경쟁과 급속한 디커플링탈동조화이 특징"이라고 분석했다[39]. 더구나 최근 여론 조사에서 미국인들의 40%가 코로나 19 여파로 향후 중국산 제품을 사지 않을 것이며 미국 기업이 중국산 제품이나 부품을 사용하지 않는 경우, 해당 기업 제품을 더 많이 쓰겠다는 응답자가 78%나 되었다고 한다. 이는 블룸버그 통신이 컨설팅 회사 FTI와 함께 5.12~14일까지 1,012명의 미국 성인들을 조사한 결과라고 한다. 미국인들의 트럼프의 보호무역에 점차 동조하고 있는 모습이다.

---

39 [http://www.donga.com/news/article/all/20200508/100954589/1/]

(2) 세계 에너지 수급과 미국 셰일가스 산업의 위기 봉착

코로나 19로 사람들의 이동이 봉쇄 또는 제한되자 에너지 수요가 급감하고 있으며 원유 수요는 사상 최대폭 감소한 전년 대비 하루 380만 배럴이 줄어들 것으로 전망되고 있다. 이는 IHS마킷 전망이며, 골드만삭스 역시 같은 기조로 하루 210만 배럴 감소할 것으로 예상하고 있다. 수요급감으로 재고가 넘쳐 원유 가치가 마이너스로 떨어지는 등 세계 원유 시장은 혼돈의 늪으로 빠져들었다. 사우디 아라비아를 중심으로 한 OPEC 산유국들은 감산을 주장하고 있으나 러시아의 경우 이에 동조하고 있지 않아 공급자 간의 갈등도 심화되고 있어 원유가격은 예측할 수 없는 지경에 이르렀다. 자체 노력으로 45달러까지 생산비용을 낮췄던 미국의 셰일가스 업체들은 심각한 위기에 처함으로써 수많은 업체가 줄도산 직전까지 내몰리고 있는 실정이다. 원유 순 수출국으로 전환되어 세계 시장에서 막강한 영향력을 행사해 오던 미국이 자칫 정치적 리더십에까지도 상처를 입을지 모른다는 우려감이 팽배하기에 이르렀다.

"셰일기업을 포함한 세계 천연자원 시추회사의 50%가 2년 내 파산할 수 있다." 미국 셰일기업 파이어니어 내추럴리소시스의 스콧 셰필드 최고경영자CEO는 최근 월스트리트저널WSJ 인터뷰에서 세계 에너지업계의 부도 위험이 가시화했다며 이렇게 밝혔다.[40]

미국은 세계 에너지 최대 소비국으로 중동산 원유 의존이 불가피했기 때문에 '화약고' 중동의 갈등에 개입함으로써 경제외적인 정치적 비용을 치러야 했다. 그러나 오바마 대통령 재임 시 고유가의 기

---

40 [http://www.donga.com/news/article/all/20200508/100954589/1]

회를 이용, 셰일가스 혁명에 주력함으로써 2018년에는 에너지 자립을 하였고 이를 기반으로 지금은 에너지 순 수출국으로서 과거와는 다른 세계적 리더십을 확보함으로써 최근에는 중동 갈등에서 발을 빼는 모습을 보여온 것이 사실이다. 따라서 셰일가스 산업의 붕괴는 곧 미국 리더십의 혼돈이라는 또 다른 빅 이슈를 세계 경제에 던지는 것이므로 이에 대한 새로운 시각의 접근이 필요한 시점이다.

(3) 중국의 경제성장 침체

중국의 2019년 경제성장률은 6.1%로 소위 바오류保六, 6%대 성장 지키기목표를 달성한 바 있다. 2020년 목표 역시 바오류 기조를 유지하자는 것이 중국 관변학자들의 주장이었으며 외부 전문가들도 6% 내외가 될 것으로 전망하였다. 그러나 이는 코로나 19가 본격적으로 창궐하기 전 예측이었고, 2020.1분기의 성적표는 -6.8%로 발표되었다. 그러나 2분기는 예상과 달리 +3.2%의 반등을 보였다.

그렇지만 중국의 2020년 경제성장은 당초 예상치를 크게 밑돌 수밖에 없는 상황이며 현재 중국이 과거 우한 코로나 사태와 같은 위기 상황이 재발하지 않는 조건으로 1% 내외의 경제성장에 머물 것으로 예측한다. 실제로 IMF는 지난 6월 발표한 세계 경제 전망에서 세계 경제 성장률 전망치를 1930년대 대공황 이후 가장 낮은 -4.9%로 제시해 1월 전망치에서 8.2%포인트 내렸다. 미국은 -8.0%, 중국 1%, 독일 -7.8%, 일본 -5.8% 한국의 경제성장률 전망치도 -2.1%로 낮췄다. 다만 내년에는 코로나 19가 해결되고 경제활동이 정상화될 경우 글로벌 성장률이 5.8%까지 반등할 것으로 예상했다. 시간이 흐름에 따라 점차 2차 펜데믹까지 우려할 정도로 2020년 8월 17일 현재 전 세계 감염자가 2,000만 명을 넘어서면서 최악의 시나리오로 가고 있다.

(4) 실업 문제

미국과 중국의 코로나 19발 고용 문제가 심각하다. 5월 7일 미국 노동부에 의하면 최근 미국에서 7주 동안 실업수당 누적 신청 건수가 3천 300만 명을 기록했다고 한다. 이는 노동인구 5명 중 1명이 일자리를 잃은 것으로, 1967년 이후 최고 수준이라고 한다. 전문가들은 미국의 4월 실업률이 대공황 수준인 22%로 급증할 것으로 보고 있다. 400만여 명으로 추정되는 신규 대학 졸업생들의 취업 문제 역시 암울하기만 하다.

중국의 경우 연말 실업률이 9% 대까지 치솟을 수도 있다는 홍콩매체SCMP가 5월 11일 보도했다. 도시의 일자리 수는 평년보다 2천만 개가 줄어들 것으로 내다보고 있으며 하반기 870만 명에 이르는 대학 졸업생들의 일자리가 크게 위협받을 것으로 예상하고 있다. 중국

정부가 평소에 발표해 온 실업률은 4%대로 이는 2억 명 가까운 농민공과 1.5억 명에 달하는 자영업자 등은 포함되어 있지 않다고 한다. 코로나 19여파로 우리의 양대 시장이 심각한 고용 문제에 처한다는 것은 곧 수요가 급감할 것을 예고하고 있으며 순차적으로 우리에게 실업대란에 처할 것임을 알려 주는 참혹한 뉴스다.

(5) 금융문제

실업대란과 부실 및 부도 기업 속출로 금융기관 역시 위기감이 고조되고 있으며 IMF 외환위기나 미국발 금융위기 때보다도 실질적 체감하는 위기감은 훨씬 더 큰 것으로 조사되고 있다. 다소 누그러지고 있는 코로나 확진 환자 및 사망자가 다시 늘어나는 2차 팬데믹 상황이 도래하면 세계 경제 및 금융위기는 걷잡을 수 없이 확산될 것으로 예상된다.

(6) 향후 전망

유럽에서 금융부실 현상이 심화될 가능성이 충분히 있으며 에너지 폭락으로 인한 추가적 금융위기가 재현될 가능성이 러시아 등을 중심으로 재현될 수 있다. 올해 초까지만 해도 중국은 6% 성장률을 목표로 했으나 5월 22일 개최된 양회에서 리커창 총리는 개혁 개방 이후 최초로 구체적인 수치를 제시하지 못했다. 시진핑은 중국경제가 안정세를 취하고 있어 큰 문제는 아니라고 강변하고 있으나 이는 허세일 수도 있다.

IMF는 금년 초만 해도 세계 경제 성장률을 3% 정도로 예측했으나 코로나 19 여파로 지금은 -4.9% 정도의 역성장을 예상하고 있다. 이것도 제2차 팬데믹 상황이 오지 않는다는 전제조건인 바, 실제로 최악의 팬데믹 현상이 재현된다면 세계 경제는 도저히 헤어 나올 수 없는 깊은 수렁에 빠질 것이다.

(7) 우리에게 주는 함의

미·중 간의 불협화음과 세계 경제 침체 및 금융위기로 우리나라의 대외 수요가 격감함으로써 수출이 줄어 무역수지가 적자로 돌아서면서 금융 위기뿐만 아니라 외환위기까지도 우려된다. 이에 따른 실업자 증가는 국내 소비를 위축시켜 투자위축, 가계/기업/국가부채 급증을 가져와 대외 신인도가 급격히 악화될 가능성을 배제할 수 없으며 아울러 미·중 간의 무역분쟁에 따라 양국 중 한 곳을 불가피하게 선택해야 하는 상황으로 치달아 국가 경제가 큰 위기에 빠질 가능성도 배제할 수 없다. 이에 대한 대응 방안을 철저하고 신속하게 준비하여 만전을 기해야 할 것이다. 실제로 2019년 11월 미국은 우리 정부에 중국을 배제한 공급망 사슬 체제를 구축하고자 하는 체제[41]에 합류할 것을 종용하고 있음이 보도된 바 있으며 실제로 정부 관계자도 이에 대한 애로사항을 공식 인정한 바 있다.

---

41 경제번영 네트워크EPN: Economic Prosperity Network를 가리킨다.(https://www.yna.co.kr/view/AKR20200522082100022)

중국 금융

자본시장 자유화	• 1990년 상해 증권거래소, 1991년 선전 증권거래소 • 2005 증권시장개혁, 외국인 투자는 극히 제한적
금리 자유화	• 금리자유화–자본시장개방과 위안화국제화의 전제 • 2015년 1년 이상 정기예금 이자율 상한선 폐지
위안화 국제화	• 2009년 위안화 국제화 추진 공식화(기축통화목표) • 2019년 3월 현재 SWIFT에서 위안화 1.89%(미화40%)
그림자 금융	• 2008~2012년 3배로 폭증 20조 위안으로 GDP의 20% • 재테크 자산관리상품(WMP), 위탁대출, 기업채권
부동산	• 부동산 이슈는 토지문제를 이해하는 것이 전제조건 • 1998년 주 택분배제도를 폐지함으로써 주택 시장화

17. 중국의 자본 자유화는 어디까지 와 있나?

(1) 자본시장이란?

일반적으로 자본시장은 장기적인 산업 자금의 수요와 공급이 발생하는 시장을 말한다. 금융시장을 넓게 해석하면, 기업의 운전 자금이 거래되는 화폐시장과 설비 자금이 거래되는 자본시장으로 나뉜다. 또 거래 기간의 구별에 따라서 1년 이내의 단기 금융시장과 1년 이상의 장기 금융 시장으로 나뉜다. 그래서 화폐시장은 단기 금융 시장에, 자본시장은 장기 금융시장에 각각 대응하고 있다. 또 자본시장은 장기 대부 시장과 증권의 발행 시장으로 나뉜다.

자본시장에는 자본을 찾는 사람과 자본을 제공하는 사람들로 구성되어 있으며 자본을 필요로 하는 사람은 공상기업과 정부이며 자본을 제공하는 사람은 자산을 빌리거나 구매를 통해 이익을 남기고자 하는 사람이다. 자본은 경제학적으로 말하면 생산의 기본 생산요소로 즉 자금, 공장, 설비, 자재 등 실물 자원을 말한다. 금융학과 회계 영역에서 자본은 통상 금융재로 대표되며 특히 사업이나 기업을 설립하고자 하는 데 소요되는 금융자산이다. 넓은 의미에서 자본은 인류가 만들어내는 물질 및 정신적 부의 각종 사회경제적 자원의 총칭이다. 자본시장은 시장형태의 하나로 시장이 매도인과 매수인으로 구성되어 있고 때로는 유형의 공간 안에서 농산물 시장이나 대형 상가, 때로는 온라인쇼핑몰의 형태로 존재한다. 금융시장은 금융상품을 거래하는 시장으로 화폐시장은 각국 화폐 간 가치의 교환비율에 따라 시장 거래가 되며 시장참여자는 각종 화폐의 교역을 통해 수요를 만족시키며 투자를 진행하기도 한다. 마찬가지로 상품 선물

시장과 자금시장 역시 매매자 쌍방 간의 각기 다른 금융 수요를 만족시키기 위한 것이다.

자본시장의 교역대상은 주식, 채권 및 펀드로 증권시장은 주식, 채권 및 투자 펀드 등 유가증권 발행 및 거래 장소로서 자본시장의 대부분이며 전형적인 형태이다. 자본시장에서 자본의 계약 기간은 일반적으로 1년 이상이며 이는 자본시장과 단기의 화폐시장 및 파생상품시장이 구분되는 점이기도 하다.

(2) 화폐시장과 비교 시 자본시장의 특징

첫째, 융자기한이 길다. 최소 1년 이상이며 몇십 년인 경우도 있으며 심지어 유효기간이 없는 예도 있다. 예를 들면 중장기 채권의 기한은 모두 1년 이상이며 주식은 유효기일이 없어 영구성 증권에 속한다. 폐쇄형 펀드는 존속기한이 일반적으로 15~30년이다.

둘째, 유동성이 상대적으로 나쁘다. 즉 자본시장에서 모집한 자금이 중장기 융자로 많이 사용되며 이에 따라 유동성과 환금성이 상대적으로 약하다.

셋째, 위험도는 크나 수익성은 비교적 높다. 융자기한이 비교적 장기이므로 중대한 변화가 발생할 가능성 역시 크다. 즉 시장가격이 쉽게 요동칠 수 있으며 투자자는 비교적 큰 위험부담을 감수해야 한다. 동시에 위험에 대한 대가로 높은 수익을 돌려준다. 자본시장에서 자금 공급자는 주로 저축은행, 보험회사, 신탁투자회사 및 각종 펀드와 개인투자자이다. 자금수요처는 주로 기업, 사회단체, 정부기구 등이다. 교역대상은 주로 중장기신용수단은 주식, 채권 등이다. 자본시장은 주로 중장기신용대출시장과 증권시장을 포함한다.

넷째, 자금 대출과 차입 규모가 크다.

다섯째, 가격 변동 폭이 크다.

(3) 중국의 증권시장

중국 상하이 증권거래소는 1990년 12월에 선전 증권거래소는 1991년 7월에 설립되어 오늘에 이르고 있다. 주식은 A주와 B주로 구분되는데 A주는 위안화로만 거래되는 중국 내국인 투자 전용이고 B주는 미국 달러와 홍콩 달러로 투자가 가능한 시장이다. 홍콩시장은 중국본토 이외의 지역에서 설립되어 홍콩에 상장된 홍콩레드칩 Red Chip시장과 중국본토에 설립된 국유기업으로 홍콩에 상장된 H주식 시장으로 나뉜다.

(4) 중국 증권시장의 개혁股权分值

1990년대 초 증권거래소가 설립되었을 당시만 해도 대부분 상장기업은 국유기업으로 주식보유량의 2/3는 비유통주로 거래가 되지 않았으며 1/3 정도만 민간 부문에서 유통 가능했다. 이로 인해 상하이, 선전 두 거래소는 사실 거래가 활발하지 못했으며, 비유통주가 시장에 풀릴 때마다 물량의 압박에 대한 시장 위축으로 거래가 활성화되지 못했다. 증권시장에 대한 구조개혁은 자본시장의 개혁·개방과 안정적 발전을 목표로 한 것이며 이는 A주시장의 상관 주주 사이에서 이익 평형 문제를 해결해야 하며 이를 위해 취해진 조처이다.

2/3나 되는 비유통주인 국유주 또는 법인주를 무리없이 유통주로 전환시키는 것이 중국 개혁·개방이 성공하는 길로 인식하고 이를 위해 여러 차례 시도했으나 주가 폭락 현상이 반복되자 이를 포기했

던 중국 당국은 2005년에 다시 도전하게 된다. 비유통 주식 물량 추가공급에 대한 보상을 주식 및 현금으로 해줄 것을 확약하면서 주식시장의 개혁이 본격적으로 이루어져 지금은 90% 이상의 주식이 유통되고 있다. 필자가 당시 톈진 법인에 근무 당시 본건이 중국경제신문에 매일 게재되었던 것을 지금도 기억한다.

(5) 중국의 자본 자유화는 어느 단계에 와 있을까?

한 나라의 '자본 자유화' 정도는 양적 '자본 개방도'를 나타내는 대외자산 및 대외부채의 대 GDP비율과 '법률적·제도적 자본 개방도'를 의미하는 자본거래에 대한 규제 정도와 외국 자본의 국내기업 지분 소유 제한 정도로 평가된다. 중국은 양적 자본 개방도는 높은 편이나 외환보유액을 제외한 민간 부문의 양적 자본 개방도와 법률·제도적 자본 개방도가 매우 낮은 것으로 평가되고 있다.

한국은행 자료에 의하면 중국 자본 자유화의 진전이 저조한 것은 ① 환율의 신축성 미흡, ② 과도한 금융규제, ③ 사회적 제도의 미성숙 등으로 자본 자유화의 비용예: 경제위기이 편익예: 경제성장보다 크다고 추정되는 데 주로 기인한다. 그러나 중국경제가 무역 규모 확대 등으로 글로벌 시장과의 연계가 크게 좋아진 반면 금융부문은 규제를 통한 보호 아래서 국영은행을 중심으로 성장해 옴에 따라 직접금융시장 발달 저해, 그림자 금융의 만연, 은행업의 발전 가능성 제약 등의 부작용이 누적된 상태이다. 이러한 점에서 중국은 IMF 등이 환율제도 등을 개혁하고 금융규제를 완화해야 한다고 주장하는 점에 유의하여 금리자유화, 환율 자유화, 위안화 국제화化를 연계하여 추진할 필요가 있다.

중국이 자본 자유화를 통한 위안화의 통용 확대 등의 편익을 잘 알고 있음에도 불구하고 자본 자유화를 서두르지 않는 것은 그에 따른 금융불안과 금융위기의 촉발 가능성을 우려하기 때문이다. 자본 자유화로 인해 투기성 단기자금의 유출입이 늘어나 경기반동이 단기화되고 경제위기가 발생하는 등의 부작용을 우려하고 있다. 중국 금융당국은 G2 경제 대국의 위상에 맞춰 기축통화국이 되어야 사실상 경제 강국이 되며 미래의 패권국이 될 수 있음을 1997년 동아시아 금융위기 및 2008년 미국발 금융위기를 통해 잘 알고 있다. 기축통화국이 되려면 위안화의 국제화가 이루어져야 하며 위안화 국제화의 전제조건은 자본시장의 자유화이며 자본시장의 자유화를 위해서는 금리의 시장화가 선결 조건임을 잘 알고 있다. 금리의 자유화를 기반으로 자유 변동환율제도를 실시함으로써 환율의 자유화를 기해야 함 역시 잘 알고 있다. 이러한 제반 금융시장의 자유화가 곧 자본시장의 자유화를 가져오면서 자연스럽게 위안화의 국제화를 향해 나아갈 수 있는 것이다. 문제는 자본시장의 개방도가 커져 외국 자본의 자유로운 유출입을 감당해낼 수 있을지에 대한 자신감이 결여되어 있다는 것이다. 현재의 시스템은 중국 공산당이 모든 것을 좌지우지할 수 있는 통제 시스템이 작동되고 있어 자신감 있게 경제발전을 지속적으로 추진할 수 있지만, 규제가 제로화되는 금융의 자유화가 자칫 아직은 경직된 시스템의 중국 실물경제의 독이 될 것을 우려하고 있으며 과거 40년간 개혁·개방의 성공적 방법이었던 점진적 개방의 수순을 밟을 것으로 전망되는 이유다. 중국이 아직도 개발도상국의 지위를 포기하지 않은 채 국제사회에서 각종 우대 조건을 누리고자 하는 것을 봐도 속내를 읽을 수 있다. 2012년도에 분석한 자료에 의하면 중국의 당시 자본시장의 개방도는 일본의 1970년대 수준으로 분석하고 있는 것만 봐도 가야 할 길이 멀어 보인다. 더구나 최근 미·중 무역전쟁에서 미국의 금융 자유화에 대한 압박 및 탈개도국 지위 주장 등은 중국이 진퇴양난에 빠지게 하고 있다.

자본거래는 크게 FDI, 포트폴리오 투자, 파생금융상품투자, 기타투자로 분류되는데 중국은 일차적으로 장기자본FDI 유입 거래에 대한 규제를 완화하는 방향으로 자본 자유화를 추진했다. FDI 유입은 1990년대 초부터 단계적으로 개방을 시작하여 현재는 전략적 산업 등에 일부 제한 외에는 대부분 자유화되었다. 외국인 투자를 규정한 외상투자산업지도목록을 2016년 네거티브 리스트로 전면 개정하였다. 동 목록의 2015년 판에서 당초 2011년 판의 제한 및 금지조항이 180 조항에서 93 조항으로 감소했으며 2017년 판에서 다시 이를 63개 조항으로 감소함으로써 2011년 판 대비 65%를 감축할 정도로 외국인 직접투자는 핵심 산업을 제외하고는 모두 투자 제한이 철폐된 것이나 다름없다. FDI유출은 1999년부터 자국 기업의 해외자원 확보를 위해 규제를 완화하기 시작하여 2008년 금융위기 이후에는 국외 대출, 보조금 제공 등을 통해 여러모로 지원했다.

포트폴리오 투자는 2002년부터 외국인의 중국 내 투자QFII제도를, 2006년부터 내국인의 해외투자QDII제도를 제한적으로 허용함에 따라 2011년말 QFII 135개사 216억달러, QDII 75개사 749억 달러로 총 유출입 허용 규모가 GDP 대비 1.5% 정도였다. QFII의 2002년 최초 허용 한도는 40억 달러에 불과했으나 점진적으로 100억 달러, 300억 달러, 800억 달러, 1,500억 달러까지 한도 상향되었다가 2019년 1월 14일에는 3,000억 달러까지 한도 상향하였다. 실제 정부가 비준한

QFII 2018년 말 현재 누계1,010억 달러에 달했다. 2018년 9월 말 현재 QFII, RQFII 및 개인투자자 포함한 해외투자자가 보유하고 있는 주가 총액은 1,890억 달러로 A주의 2.4% 유통주 시가총액의 3.52%에 달함 으로써 아직도 자본개방 수준이 미미하나 QDII제외한 해외투자자의 중국A주에 대한 투자의 가치가 GDP대비 1.4%에 달한바 어느 정도는 자본개방 수준이 개선되고 있다. 중국 금융당국은 최근 QFII와 RQFII 를 일원화시켜 운용할 방안을 검토하고 있다.

자본 자유화의 정도는 양적 자본 개방도와 법률적·제도적 자본 개방도로 구분하여 평가할 수 있다. 양적 자본 개방도는 자본 자유화 의 편익을 분석하는 대부분 경제모형에서 대외자산 및 대외부채의 GDP 대비 비율로 측정된다. 법률적·제도적 자본 개방도는 국제금 융기구가 측정하여 발표하고 있는 자본거래에 대한 규제 정도, 외국 자본의 국내기업 지분 소유에 대한 제한정도 등의 지표를 이용하여 평가한다. 중국의 양적 자본 개방도는 높은 편이나 외환보유액을 제 외한 민간 부문의 양적 자본 개방도는 낮은 수준이다. 양적 자본 개 방도는 2000년대 들어 외환보유액이 빠르게 늘어난 데 힘입어 2000 년 69.9%에서 2010년 109.9%로 크게 상승 — 2010년 말 국제 적정투 자를 보면 대규모 외환보유액에 기인하여 대외자산이 대외부채보다 많으며 대외부채는 FDI 유입이 대부분이다. 그러나 외환보유액을 제 외한 민간 부문의 양적 자본 개방도는 낮은 수준이며 2006년 이후 정체 상태를 보이고 있다. 이는 경상거래가 빠르게 늘어난 데 비해 민간 부문의 자본거래가 확대되지 못하고 있음을 나타낸다.

법률적·제도적 자본 개방도는 국제금융기구가 측정하여 발표하 고 있는 자본거래에 대한 규제 정도, 외국 자본의 국내기업 지분 소유에 대한 제한 정도 등의 지표를 이용하여 평가한다. 미·중 무역전쟁의 핫 이슈가 중국의 자본시장 개방 확대에 집중되어 있는 것을 봐도 아직은 중국 자본이동의 자유도는 다른 선진국이나 일본, 한국 등과 비교 시 상당한 온도 차가 여전히 있음을 알 수 있다. 미·중 무역전쟁이 진행되는 동안 중국 당국이 내놓는 상당한 양보가 금융시장의 개방과 관련되어 있으며 교착상태에 빠진 것은 중국 정부가 제시한 일정대로 이루어지지 못했을 때 미국 정부의 관세보복조치 즉각 재발동 등에 관한 '법률시스템에 의한 강제실행 여부'enforcement 에 여전히 이견이 좁혀지지 않고 있기 때문으로 알려져 있다.

미·중 무역전쟁 가운데 중국이 추가로 발표한 자본시장 개방 관련 구체적 내용을 금융투자, 직접투자, 자본통제로 구분하면 다음과 같다.

1) 금융투자

2018년 3월 이후 미국이 대중국 통상압박을 대폭 강화함에 따라 실물경제에 비해 상대적으로 폐쇄적인 금융 분야 개방이 가속화되고 있다. 2017년 4월 미·중 간 100일 계획에 합의된 10대 항목 중 금융 관련금융 서비스·파생상품 거래·전자결제 서비스·채권 발행·은행 감독이 절반을 차지하였다. 홍콩-본토 간 상호 투자는 기존 주식시장후강통, 선강통에서 채권시장채권통으로 그 범위를 넓히고 있다. 후강통 및 선강통은 기존 QFII, RQFII[42]와 달리 투자자별 한도가 아닌 총 쿼터제로 관리

---

42 QFIIQualified Foreign Institutional Investor; 적격해외기관투자자 RQFIIRMB Qualified Institutional Investor; 위안화적격외국인투자자. 2019년, 중국외환관리국은 성명을 통해 QFII와RQFII

하고 투자대상도 주식으로 제한하고 있다는 점에 차이가 있다. 특히, 2018년 4월 시진핑習近平 주석이 보아오 포럼에서 강한 시장개방 의지를 표명한 직후 인민은행장이 대외 금융개방 로드맵을 발표하면서 후강퉁·선강퉁의 일일거래 허용 한도를 기존 130억 위안에서 520억 위안으로 4배 확대남향 105억→420억하여 2018년 5월 1일부터 시행하고 있다. 채권시장의 경우, 2017년 7월부터 홍콩-본토간 은행간 채권시장 교차 투자를 허용하는 채권퉁을 시행하였는데 본토 투자수요 촉진을 위해 우선 북향만 허용하고 향후 남향도 점진적으로 허용할 계획이다. 한편 자국 금융회사의 해외투자 허용QDII은 자본유출 압력이 커진 '15년부터 동결하다가 2018년 4월부터 소폭의 한도 확대를 재개하였다. 이는 아직까지 중국 정부의 자본시장 개방 정책이 외자유치에 무게중심이 있음을 반영한다.

트럼프 대통령이 첫 방중 일정을 마친 2017년 11월 10일 당시 주광야오朱光耀 중국 재정부 부부장차관이 미·중 정상회담 경제성과를 설명하는 기자회견에서 금융개방 확대 조치를 발표했다. 미국의 월가가 줄기차게 요구해온 내용이 담겼다. "증권사, 자산운용사, 선물회사 등에 대한 외국인 지분한도를 현행 49%에서 51%로 상향 조정한다. 이 조치 시행 3년 뒤엔 지분한도를 아예 폐지한다. 생명보험사에 대한 외국인 지분한도 역시 51%로 높이고, 이후 5년 후에는 지분한도를 철폐한다. 은행에 대한 외국인 지분율 상한을 단일 지분은

의 한도를 폐지한다고 발표했다. 2019년 9월 11일 기준 QFII한도는 3천억 달러였으나 실제 신청금액은 1,113억8천만 달러에 불과했다. RQFII한도는 1조 900억 위안이었으나 실제 투자금액은 6,933억 위안이었다. 따라서 한도 폐지가 가져올 외국기관투자들의 투자 활성화에 대한 효과는 제한적이다.

20%로, 합산 지분은 25%로 제한하고 있는데 이 규제도 철폐한다"

하지만 이들 조치가 언제 시작할지에 대한 언급은 없었다. 트럼프 대통령이 500억 달러 중국산 상품에 관세 폭탄을 예고하고 중국도 맞보복을 발표한지 6일 만인 2018년 4월 10일 하이난海南성에서 열린 보아오博鰲포럼 개막식 기조연설에서 시진핑习近平 국가주석은 금융 개방에 속도를 내겠다고 공언했고, 다음날 이강易綱 인민은행 총재는 구체적인 금융시장 개방 시간표를 제시했다. 증권사, 자산운용사, 선물회사, 생명보험사 외국인 지분한도 51%로 확대와 은행 외자 지분 제한 철폐를 수 개월내 단행할 것이라고 약속한 것이다.

그런데도 미·중 무역전쟁이 종식되지 않고 점차 확전으로 치닫는 것은 상호 간에 신뢰가 없기 때문이다. 중국이 연일 발표하는 조치들을 과연 이행할 것인지에 대한 미국 측의 신뢰와 확신이 없기에 이를 중국이라는 국가의 통제 시스템에 그들의 약속을 번복할 수 없도록 법제화하고, 그렇게 해도 제대로 이행하지 않았을 때 즉시 보복할 수 있는 견제장치를 두고자 하는 것이 미국의 주장이며 이는 불평등 조약으로 중국의 내정 간섭이라는 것이 중국 측의 주장인 것이다. 중국으로서는 절대 양보할 수 없는 국가의 자존심을 건 싸움이다. 그러나 미국도 수없이 중국의 만리장성과 같은 눈에 보이지 않는 장벽을 경험해 왔기 때문에 이에 대한 장치 마련이 되지 않으면 전쟁을 종식시킬 수 없다는 패권 국가로서의 우월적 힘을 이용해 중국을 압박하고 있는 것이다.

2) 직접투자
직접투자는 14년부터 외자 유입 둔화에 대응해 외국인 직접투자

심사기준 완화, 첨단기술 인정 범위 및 권장산업에 대한 세제 우대 확대 등 외자 유치 정책을 시행하고 있다. 외자 은행에 대해서는 지점 개설 신청과 신용카드 등 영업 범위 제한을 완화한 바 있다.' 16년부터는 외자기업 설립 및 변경 관리 방식을 '허가제'에서 '등록제'로 전환하였다. 특히, 17년에는 상무부가 외국기업 투자지도 목록에서 네거티브 리스트 제도를 기존 11개 자유 무역구에서 전국으로 확대한 조치는 외자 이용 정책의 전환점이 된 것으로 평가된다. 상해 자유무역구의 경우 외자기업에 대한 내국민 대우와 회사 유형, 자산규모 등에 있어 네거티브 관리 방식을 도입한 바 있다. 또한 상무부와 12개 유관 부처가 공동으로 외자기업의 지식재산권 보호를 위한 11개 방안을 처음으로 발표하였다. 특히 2017년 11월 북경에서 개최된 미·중 정상회담을 계기로 금융회사 및 자동차 등 전반적인 외국인 투자에 대한 개방을 한층 더 구체화하였고 금융회사에 대한 외국인지분 한도도 향후 3~5년간 시차를 두고 철폐할 계획을 발표하였다. 참고로 기존에는 은행 단일 지분 20%합산 25%, 증권 49%상장사의 경우 단일 20%, 합산25% 생명보험 50% 등으로 제한하였다. 2018년 4월 시진핑 주석의 보아오 포럼 발언 직후, 인민은행장은 대외개방 3대 원칙과 함께 수개월 및 연내 이행할 12개 개방조치를 발표하였다.

3) 자본통제

　중국 정부는 2015년 하반기부터 거주자 중심의 자본유출에 대응해 자본통제를 크게 강화했다. 16년부터 외환 보유액 축소 등을 경계하여 개인 외화매입 등 자본거래 및 기업의 해외 직접투자 규제에 초점을 두고 역외 위안화 유동성도 축소 조절하는 등 자본통제를 대폭 강화한 바 있다. 대표적인 통제 조치를 간략히 살펴보면, 다음과 같다. 개인의 연간 외화매입 한도1인당 5만 달러 준수 및 투자목적 외화매입 금지, 은행 자본거래 신고 기준 강화50만 달러→5만 달러, 해외 보험 매입 제한연 5천 만 달러 등 규제를 시행하였다. 기업부문은 100억 달러 이상 해외 M&A비 핵심사업 10억 달러 이상 및 국유기업 10억 달러 이상 해외 부동산 매입 승인을 유보하고 자유무역지구의 음성적 자본 유출 감독도 강화하는 한편, 직접투자 관계가 아닌 기업 간 역외 대출을 금지하고 본·지사간 위안화 및 외화 대출 한도도 자본금의 30% 이내로 제한하였다. 그밖에 창구지도와 함께 역외 위안화 예금 지준 부과 등을 통해 역외 위안화 공급량을 조절하였다.

그러나 2017년부터는 자본유출 압력이 완화됨에 따라 내국인의 자본유출 제한 조치를 부분적으로 철회하고 있고 그 내용은 다음과 같다. 시중은행을 통한 국경 간 위안화 유출·유입 비중 제한조치를 시행 4개월 만에 이전 수준으로 환원하면서 해외송금 제한조치를 해제하는 등 자본통제를 완화하였다. 2016년부터 역내 은행과 동일한 수준으로 적용되던 홍콩 역외 위안화 예금 지준율을 면제하였다. 또한, 2015년 10월부터 역내 은행에, 2016년 8월부터 역외 은행에 적용된 달러 선물환 매수 포지션에 대한 20%의 예치비율 규정을 폐지하였다. 다만, 기업의 해외직접투자에 있어 금지·제한·권장산업을 명확히 규정하면서 관리 기조를 유지하고 특히, 신용카드의 경우 1천 위안 이상 해외사용 결제액 보고 의무화 및 해외현금 인출의 연간 인당 한도를 10만 위안 이하로 제한하는 등 규제를 강화하였다.

18. 금리의 자유화는 자본시장 개방과 위안화 국제화의 전제 조건

(1) 금리의 자유화

금리 시장화는 금융기관이 통화시장에서 융자를 운용하는 이자율 수준을 시장 수급에 의해 결정하는 것을 말한다. 그것은 금리 결정, 금리 전도, 금리 구조와 금리 관리의 시장화를 포함한다. 사실상 금리 결정권을 금융기관에 맡기고, 금융기관 스스로 자금사정과 금융시장 동향에 대한 판단에 따라 자율적으로 금리 수준을 조절해 중앙은행 기준금리를 바탕으로 통화시장 금리를 중개해 시중 수급에 따라 대출 금리를 결정하는 시장 메커니즘이 만들어진 것이다.

(2) 중국이 금리자유화를 추진하는 배경

중국위기론이나 중국붕괴론을 주장하는 학자들은 그 이유로 중국 금융 시스템이 낙후되어 있어 은닉된 부실이 많고 과도한 그림자 금융의 부담으로 중국경제가 언제 터질지 모르는 시한폭탄으로 묘사 되기도 한다. 중국 정부가 은행시스템을 지배하는 비자율적이며 억압적인 사회주의 국가이며 이를 해결할 수 있는 유일한 길은 자본시장을 개방하는 것만이 중국이 장기적으로 발전할 수 있는 길임을 주장한다. 물론 이와는 달리 중국경제의 핵심 경쟁력은 오히려 공산당과 국유기업 그리고 국유은행으로 이루어지는 '계획금융'과 자본시장 개방화를 위한 '시장금융'이 병행되어 점진적인 개혁을 이룸으로써 '중국의 길'을 가고 있는 중국만의 전통적인 쌍궤제 형식의 체제가 오히려 거대한 중국경제를 과거 40년 동안 개혁·개방할 수 있었던 원동력이었다고 주장하는 학자도 있다. 그러나 냉정하게 중국경제를 평가할 때 과거 40년은 저수준의 경제를 권위주의적 리더십에 의한 억압적 개혁이었기 때문에 경제발전을 이룰 수 있었다고 해도 미래의 30년은 완전한 의미의 자본시장화 없이는 중국경제의 자정능력과 지속발전이 가능한 경제체제로의 전환이 쉽지 않을 것임은 분명하다. 일정한 단계를 지나면 자율이 타율을 압도하기 때문이다.

중국은 금리규제 등의 정부개입을 통해 금융자원을 특정부문에 집중시키는 금융정책인 '금융억압'을 장기적으로 실시해 오고 있어 금융부문이 실물경제에 비해 낙후되어 있다. 즉 대형 국유은행들은 금리규제에 따른 예대차익을 통해 막대한 수익을 거둬들이며 독점적 지위를 누려왔다. 2013년 '중국 금융안정보고서'에 따르면 5대 국유은행이 중국 금융기관 총자산에서 차지하는 비중은 약 30%에 달했다. 채권시장은 경제 규모에 비해 상대적으로 작은 편이다. 중국의 채권 발행 잔액은 세계 4위 규모이나 GDP 비중이 절반에도 미치지 못해 미국230% 일본250%보다 낮은 수준을 보이고 있다.

금융억압은 중국 국가부채 및 그림자 금융 문제의 근본적 원인이다. 금리 왜곡으로 만성적인 초과 자금 수요가 발행하여 과도한 국가부채와 과잉투자 문제가 초래되었다. 경제 고속성장이 지속되면서 개인 자산관리수요도 급증하였으나, 예대차익에 의존해 온 기존 국유 상업은행들은 이러한 투자수요를 충족시키지 못한 것이다. 이에 따라 중국 정부는 금리자유화를 통해 수출, 투자 위주의 성장방식을 내수 소비위주로 전환하고 구조조정을 추진한다는 계획이다. 금리자유화는 금융 전반의 효율성을 제고하고 자본시장 개방 및 위안화 국제화를 본격화하기 위한 선결 과제로 인식한 것이다. 금리자유화가 심화되면, 과잉투자 산업으로의 신규자금 유입이 축소되어 산업 구조조정 효과가 나타날 것으로 기대하고 있는 것이다.

그러나 금리자유화를 급속히 진전시키지 못하는 것은 과거 다른 나라의 경험을 보면 금리자유화가 금융 불안을 야기하여 중국의 금융위기를 초래할지도 모른다는 불안감을 가지고 있기 때문이다. 금리자유화 추진국들은 금융회사 간 경쟁 심화와 고수익 투자상품 확대 과정에서 단기적 금리 상승을 경험하게 되며 리스크 관리에 취약한 금융회사들은 파산 위기에 내몰릴 수도 있음을 잘 알고 있다.

(3) 중국의 금리자유화는 어느 단계까지 와 있나?

중국의 금리자유화는 외화에서 위안화로 대출에서 예금, 거액에서 소액 순으로 점진적으로 진행되고 있다. 인민은행이 주도하는 디레버리징 정책도 금리자유화의 일환이다. 중국의 금융회사들은 가격 결정 능력 및 유동성 리스크 관리 수준이 현저하게 낮다. 그들은 금리규제에 따른 예대차익으로 안정적 이자수익을 유지할 수 있었기 때문에 금리 민감도가 낮은 편이다. 인민은행은 2012년 하반기 이후 공개시장조작을 통한 단기금리 및 단기 유동성 조정으로 디레버리징 정책을 수행하고 있다. 지금은 공개시장조작이 주요 통화 정책도구로 부상하였다.

위안화 예대 금리자유화는

- 2004년 예금금리 하한과 대출금리 상한 폐지 이후 소강상태였으나
- 2012년을 기점으로 위안화 예대 금리자유화 조치가 재개되었다. 2012년 6~7월 위안화 예금금리 상한을 기준금리의 1.1배로 확대하고 대출금리 하한은 기준금리 0.9배에서 0.7배로 확대하였다.

- 2013년 대출 금리자유화를 완료했으며 즉시 대출이자율 0.7배의 하한선을 철폐하였다.

동시에 어음 할인율 통제도 철폐함으로써 금융기관이 자율적으로 결정하는 것으로 전환되었다. 농촌 신용사에 대해서는 대출이자율 상한선규제를 철폐하였다.

- 2014년 11월 인민은행은 금리자유화 개혁을 지속해서 추진하기로 했으며 예금이자율 상한선을 기준금리의 1.1배에서 1.2배로 조정
- 2015년 3월 예금이자율의 상한선을 1.2배에서 1.3배로 조정
- 2015년 5월 예금이자율의 상한선을 1.3배에서 1.5배로 조정
- 2015년 8월 거치 기간이 1년 이상1년만기는 불포함인 정기예금의 이자율 상한선을 철폐하며 자유출납예금 및 1년 이하의 정기예금 이자율 상한선 1.5배를 유지한다.
- 2015년 10월 상업은행과 농촌합작금융기관들은 예금이자율 상한선을 두지 않는다.

리커창 총리는 2019년 3월 양회 정부 보고의 금융 관련 부분에서 금리자유화를 위한 지속적인 개혁을 추진하겠다고 강조하였다. 2020년까지 예금금리가 완전 자유화가 된다해도 채권시장과 기업들의 조달비용 상승에 따른 재무적 리스크의 충격은 제한적일 것으로 판단하는 의견도 있지만 아직은 중국 금융시스템의 불안정성과 금융당국의 억압적 의사결정 프로세스 상존으로 중국 정부가 과감하게 자본 자유화를 단행하기는 어려울 것으로 보는 견해도 만만치 않다.

19. 위안화의 국제화

중국은 과거 40년 개혁·개방을 통한 경제발전을 추진하는 과정에서 기축통화국들의 위력과 위세를 뼈저리게 느껴왔다. 경제 규모가 아무리 커져도 비록 세계 최대 경제 대국이 된다 해도 중국 위안화의 기축통화화 없이는 중국이 진정한 의미의 경제 강국이 될 수 없음을 누구보다 잘 알고 있다. 따라서 이를 위한 구체적 행보로서 '위안화의 국제화'를 이뤄내야만 중국경제 규모에 걸맞는 리더십과 발언권을 가질 수 있을 것임을 잘 알고 있다. 따라서 중국이 '위안화 국제화'를 향한 구체적 전략과 배경에 대한 이해는 곧 중국 금융을 이해하는 데 필수적 과정이다. 달러화와 같은 기축통화로 발돋움하기 위해 가야 할 길은 멀고도 험한 가시밭길이다. 또한, 미국을 위시한 경제 강국들의 저지 전략도 만만치 않을 전망이다. 지금 목전에 진행되고 있는 미·중 무역전쟁도 '위안화 국제화'를 막고 있음은 분명하다. 미국이 '환율조작국'으로 중국을 지정하면서 쥐락펴락하고 있는 것이나 미북 북핵 협상 과정에서 중국 국방부장관에게 미국의 국방장관대행이 북한 제재 위반 사례를 적시한 사진첩을 직접 건네며 세컨더리 보이콧을 암시하는 위협적 외교 행각을 보인 것도 사실상 달러화가 기축통화이기 때문에 가능한 것이다.

위안화 국제화의 현주소를 알기 위해서는 먼저 위안화 국제화가 지향하는 목표인 기축통화의 필수 요건과 위안화의 현주소를 알게 되면 위안화 국제화 추진의 성공 여부를 이해할 수 있을 것으로 생각한다.

(1) 위안화 국제화 추진의 배경

2009년 3월 양회에서 위안화를 기축통화로 끌어 올리기 위해 위안화의 국제화 추진을 공식화하였다. 당시 미국 서브프라임 모기지 발 금융위기가 한참 진행되고 있던 시기로 국제금융위기 상황이 오히려 위안화 국제화에 좋은 계기로 판단, 위안화의 동아시아 역내 무역증 가를 기반으로 한 무역결제 사용 증대 및 세계 1위 규모의 보유 외환을 바탕으로 위안화의 스왑거래 확대 등으로 위완화의 국제화에 박차를 기할 수 있을 것으로 중국 금융당국은 판단했다. 중국이 양회를 통해 밝힌 위안화 기축통화 추진 이유는 첫째, 국가재산 규모의 증대와 둘째, 시뇨리지 이득화폐 주조이득을 추구하기 위한 것이다.

(2) 기축통화로서의 필수 요건

위안화 국제화는 위안화가 거주자와 비거주자간, 나아가 비거주자 간 경상 및 자본거래에서 자유롭게 사용되도록 하는 것으로 위안화가 국제적으로 화폐의 일반 기능 즉 계산단위Unit of Account, 결제 Means of Payment 및 가치저장Store of Value 수단으로서의 기능을 원활히 수행할 수 있도록 하는 것을 의미한다. 이 중 경제 규모와 무역 규모가 중요한 결정 변수인 결제수단으로서의 위안화 국제화는 빠르게 진전될 수 있다. 그러나 미 달러화가 2015년 기준 45%, 유로화 27%, 파운드화 8.5%, 엔화 2.8%인 상황 하에서 중국 위안화의 세계무역 결제통화 비중은 2.8%에 불과해 엔화 수준으로 기축통화로의 길은 여전히 멀다. 2016년10월1일부터 중국 위안화가 국제통화기금IMF의 특별인출권SDR통화 바스켓에 정식으로 편입되었으며 통화 바스켓 내 위안화 비중이 10.92%로 달러화41.73%, 유로화30.93%에 이서 세 번째로 높은 비중임에도 불구하고 위안화의 SDR편입으로 자본 유동성, 위안화 환율, 자산가격 및 무역 결제에 미치는 영향은 제한적일 것으로 전망되고 있다. 중국이 세계1위의 교역국이란 것을 고려하고 2009년 이래 위안화 국제화에 매진해온 것을 감안할 때 세계무역 결제통화로서 위안화의 위상은 아직 미미한 수준이라고 할 수 있다. 위안화의 2018년 CIPS중국위안화 국제결제시스템 국제결제액이 매년 급증하고 있으나 현재 국제무역의 주류 국제결제시스템인 SWIFT에서 미 달러화의 점유율이 40%가 넘고 있으나 위안화의 비중은 2019년 3월 1.89%에 지나지 않아 아직은 존재감이 거의 없다고 할 수 있다. 다만 중국경제가 견실해지고 무역 결제가 늘어난다면 장기적으로는 위안화 결제 비중이 점진적으로 늘어날 것으로 전망되기도 한다.

위안화가 아시아에서 지역통화로 자리 잡고 향후 세계 시장에서 기축통화로 자리 잡으려면 무엇보다 해외수요가 높아야 하며 이를 위환 통화의 태환성 및 안정성이 보장되어야 한다. 해외수요는 구체적으로 두 가지로 나누는데 하나는 공적 수요인 가치저장 수단으로서의 준비통화에 대한 수요와 다른 하나는 민간 수요인 투자통화로서의 수요이다. 공적 준비통화 수요에 미치는 결정적 영향 요소는 경제 규모, 네트워크 외부효과, 국제정치역학 관계 등이 있으며 민간 투자수요의 변수는 경제 규모 외에도 물가안정성, 금융시장 발달 여부가 중요한 변수가 되고 있음은 주지의 사실이다. 그러나 이러한 변수에 대한 전제적 요건이 자유변동환율제, 위안화의 태환성, 선진국 수준의 물가 안정성이 되어야 함을 의미하며 이는 또한 다른 말로 하면 금리의 자유화 등 자본시장의 자유화가 선행되어야함을 의미하기도 한다.

중국 금융당국은 위안화의 국제화를 추진하기 위한 제도개혁이 필요함을 누구보다 잘 인식하고 있다. 즉 자유로운 태환을 위한 관련 법률 개정 및 외환제도 개혁뿐만 아니라 자본시장화의 최대 요건인 금리자유화를 위해 점진적인 노력을 오랫동안 기울여 왔음은 주지의 사실이다. 문제는 이 모든 것을 결정하는 주체가 권위적 소수 집단지도 정치체제인 중국 공산당으로 패권국인 미국 뿐만 아니라 역내 주변국마저도 일대일로 정책으로 인한 경제 피폐화, 남중국해 영토 분쟁을 주도하는 중국에 대한 신뢰 상실 등 국제사회에서의 지도자적 전범을 보여주지 못하는 것은 소프트파워의 약화를 초래함으로써 위안화 국제화 수요에 큰 걸림돌이 되고 있다. 결과적으로 중국 위안화 국제화는 경제 규모의 확대 이외는 긍정적 요인이 없어 미래 성공여부가 그리 밝지 않다. 물론 기축통화로서의 길은 더욱 요원함은 물론이다.

20. 중국 그림자 금융

(1) 그림자 금융의 정의와 형성 배경

그림자 금융Shadow Banking은 무엇인가? 사람마다 정의가 각각이지만, 누구나 공통으로 말하는 것은 기존 전통 은행들의 예금 및 대출 업무 이외의 복잡다단한 금융 행위라고 하는 데는 이견이 없다. 다른 말로 하면 그림자 금융은 은행과 유사한 자금중개 기능을 수행하면서도 은행과 같은 엄격한 건전성 규제를 받지 않는 금융시스템을 말한다. 2008년에서 2009년 글로벌 금융위기로 인하여 정규 전통 은행들이 신용상태가 조금만 위험하다고 느끼면 자금 대출을 꺼려 그림자 금융이 오히려 확대되는 계기가 되었다는 주장도 있다. 세계금융안정위원회는 2011년 말 26개 주요국가에 대해 조사한 결과 그림자은행의 대출총액이 이미 67조 달러를 넘어섰음을 발견하였으며 대부분 국가 총자산의 1/4에서 또는 GDP 2배를 넘어섰다. 중국의 그림자은행은 역사가 짧지만 증가 속도가 빨라 2008~2012년 그림자은행의 규모는 3배로 확대되었으며 GDP의 20%까지 차지했다. 중국의 그림자은행은 3가지로 크게 분류할 수 있는데 첫째, 은행이 판매하는 다양한 재테크 자산관리 상품Wealth management product, WMP, 위탁대출, 기업채권 등을 들 수 있으며 이는 대부분 은행의 부외 업무로 장부에 기입되지 않는다. 둘째, 비은행금융기관으로 소액 신용대출회사, 담보회사, 신탁회사, 재무회사, 사모투자펀드, 금융리스회사 및 신형 온라인 금융사를 들 수 있다. 셋째, 민간 대부회사로 중소기업과 신용정도가 낮은 개인 소비자에게 대출 서비스를 제공한다. 그림자은행이 급속도로 확대된 것은 인민은행의 여신에 대한 긴축 강화였으며 전통 상업은행들이 중소기업의 복잡 다양한 지속적 자금 수요를 만족시킬 수 없어 부득이 그림자은행이 출현할 수밖에 없었으며 다른 한 편으로는 그림자 금융의 존재가 전통 상업은행에게 경쟁압력으로 작용하기도 했다. 증권회사들은 어느 정도는 상업은행과 그림자은행 사이에서 중개인 역할을 했으며 정확히 말하면 3개 기관이 중첩되었다고 할 수 있다.

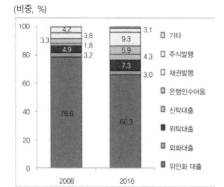

중국의 사외융자총액 구성 비중

(비중, %)

2008: 기타 4.2, 주식발행 3.3, 채권발행 4.9, 위안화 대출 78.6
(values shown: 4.2, 3.3, 4.9, 78.6)

2016: 3.1, 3.8, 1.8, 3.2, 9.3, 5.9, 7.3, 66.3

범례:
□ 기타
□ 주식발행
□ 채권발행
□ 은행인수어음
□ 신탁대출
■ 위탁대출
□ 외화대출
□ 위안화 대출

자료 : CEIC 자료로 현대경제연구원 재구성.
주 : 사회융자총액이란 2011년부터 도입된 새로운 유동성 지표로 위안화 신규대출을 대체하는 개념.

중국의 그림자 금융 추정

구분	규모	GDP 대비 비중
IMF (2014)	19.9조 위안 (3.2조 달러)	35% ('14년 GDP)
UBS (2013)	28.4~39.8조 위안 (4.7~6.6조 달러)	50~70% ('13년 GDP)
Moody's (2015)	58조 위안	80% ('15년 GDP)
JP Morgan (2013)	46조 위안 (7.5조 달러)	80.9% ('13년 GDP)
CASS	16.9조 위안 (3.0조 달러)	36% ('12년 GDP)

자료 : Brookings(2015.3), Moody's(2017.1)

중국의 전통적인 투자 융자 시스템은 국유은행이 국유기업에게 대출해주는 시스템이었으나 비은행 금융기관의 발전이 빠르게 이루어지면서 사회융자구조에도 변화가 일어나고 있다. 중국의 자본시장은 엄격한 통제를 받고 있어 외부 금융위기를 피할 수 있으나 규모가 날로 커지고 있는 그림자금융은 중국경제에 뇌관이 될 수도 있는 잠재 리스크가 있음을 유의해야 한다.

그림자 금융에 대한 문제의식은 2011년 4월부터 중국 저장성 원저우시 19개 중소기업이 연쇄 파산하면서 고금리 리스크 문제가 부각되었다. 급격히 팽창된 WMP 규모가 바로 그림자 금융의 주요 리스크 요인이었다. 이 구조는 은행이 신탁자산을 신탁회사를 통해 WMP상품으로 변경한 후 신탁이나 위탁방식으로 은행 대출이 어려운 지방정부 융자플랫폼, 부동산 개발업체, 중소 제조업체에게 고금리로 대출을 해주는 것이다. 중국 그림자 금융의 고금리 프로세스를 도식화하면 다음과 같다. 은행예금자 ← 국유상업은행3%대 금리 지불 ← 신탁회사8~15% 금리 지불← 부동산, 중소 제조업체20~30%고금리 지불

중국 그림자 금융의 이러한 구조가 형성된 원인은 국유 금융기관의 독점으로 대형기업은 경영 효율성, 수익성과 상관없이 저금리로 대출을 할 수 있고, 반면 개인 기업의 유동성 문제는 사금융을 통해 해결할 수밖에 없다는 데에 있다. 이 때문에 고금리 그림자 금융시장이 존재할 수 있는 것이다. 더구나 중국 부동산 과열 후의 버블 붕괴 및 내수시장 강화정책 및 위안화 강세로 인한 장기적인 수출 부진, 지방정부의 기초 인프라에 대한 과잉투자 등의 현상은 대출기업의 수익성을 악화시켜 고금리를 부담할 수 없게 만든다.

중국은 미국의 서브프라임 모기지 발 금융위기로 2009년부터 대규모 경기부양정책을 실시했으며 그 결과로 인플레이션과 자산버블의 후유증들이 나타나자 2010년부터 은행의 대출 제한 및 지방정부 채무에 대해 엄격한 관리를 실시하였으며 중국 은행업감독 관리위원회는 은행의 자기자본비율 및 유동성에 대한 요구를 높였기 때문에 은행들은 부외대출이나 기타 금융기관과의 협력을 통해 궁극적으로 그림자 금융 규모를 확대시킨 것이다. 자금난에 직면한 중소 제조업체는 유동성 해소를 위해 그림자 금융을 이용해야 되는 상황이 되자 수요와 공급이 반비례로 움직여 궁극적으로 대출금리가 지속적 상승하는 결과를 초래하였다

(2) 중국 그림자 금융의 규모

중국의 그림자 금융 규모가 사회 융자총액에서 차지하는 비중과 세계 주요 금융 관련 기관이 추정하는 중국 그림자 금융 규모는 아래

와 같이 GDP 대비 35%에서 80%까지 년도 별로 기관별로 편차가 크다. 물론 연구자들 간에도 규모에 대한 의견차가 큼은 물론이다.

(3) 최근의 중국은행들의 변화

최근 중국 은행들은 그림자 금융에 대한 당국의 규제가 강화되고 핀테크 기업들이 금융권 진출을 확대하고 있는 시점에서 새로운 고객자금 확보 채널인 구조화 예금의 판매를 확대하고 있다. ELS등으로 우리에게 잘 알려진 구조화예금은 연계 자산에 대한 투자 수익률에 따라 예금금리가 확정된다. 구조화 예금은 중국 은행권 전체 예금의 약6%에 달하고 있다. 중국에서는 자산관리상품은 원리금 보장이 안 되나, 구조화 예금에 대해서는 홍콩이나 싱가포르 등 역외시장과는 달리 원금을 보장하게 되어 있다. 한편 지난 2015년 예금금리자유화에도 불구하고 중국인민은행은 창구지도 등 비공식 채널을 통해 예금금리가 기준금리의 1.5배 이상을 상회하지 않도록 억제하고 있다. 중국은행들은 고객예금 확보를 위해 서로 경쟁해야 할 뿐만 아니라 상대적으로 높은 수익을 제공하는 제2금융권이나 핀테크 기업들과도 경쟁해야 하는 상황에 직면해 있다. 이로 인해 중국 은행권의 보통예금계좌를 통한 수신증가율은 지난 수년 사이에 두 자리 수에서 한 자리 수 이하로 둔화되는 모습을 보이고 있다.

(4) WMP의 감소로 그림자 금융 규모도 크게 축소[43]

중국의 WMP는 2018년 22조 위안으로 감소하면서 GDP대비 그림

---

[43] 현대경제연구원. 2019.4 '2019년1분기 중국경제 동향과 시사점'

자 금융 규모도 2017년 69%에서 2018년에는 51%로 무려 18% p 해소되었다. 다만 분기별 WMP 잔액 규모가 2018년 3, 4분기 연속 소폭 증가세로 돌아선 추세여서 향후 흐름을 지속적으로 관찰해야 할 것이다. 분기별 WMP 잔액 규모는 2018년 1분기 21.5조 위안에서 2분기 20.9조 위안으로 감소했다가 3분기 21.8조 위안, 4분기 22조 위안으로 소폭 증가한 것이다.

최근 5년간 그림자금융 추이

(자료: 中国人民银行, 国家统计局, 中国银行业协会 자료로 현대경제연구원 추정)

21. 중국 부동산발 금융위기는 올 것인가?

중국의 부동산 문제는 중국 특색의 사회주의의 큰 특징 중 하나인 토지 소유제도를 이해하지 못하면 이해가 불가하다. 또한 여느 자본주의 국가들과는 전혀 달리 토지 소유자체는 근본적으로 국유이며 여기에는 토지사용권이라는 개념이 들어와 경우에 따라 토지사용권의 공여기간과 조건이 달라, 이에 대한 이해가 곧 중국 부동산에 대한 이해의 지름길이다. 따라서 중국 토지제도에 대한 이해를 위해 먼저 중국 토지제도에 대한 역사적 변천과 실태를 이해해야 한다.

(1) 중국 토지제도에 대한 역사적 고찰

중국은 1949년 10월 신중국 설립으로 타이완을 제외한 전역이 통일되었으며 청나라가 1911년 신해혁명 당시 가지고 있던 영토를 전부 승계함으로써 원나라 당시의 영토를 제외하면 중국 5,000년 역사상 가장 넓은 영토를 지니게 되었다.

전통 중국 사회에서의 토지는 봉건 지주 토지 점유제가 오랫동안 주도적 위치에 있었고 전체토지의 약 80% 내외를 차지하고 있었다. 봉건 지주 토지 점유제가 봉건사회의 생산관계를 결정짓는 기초였으며 청나라 말기에는 토지가 소수의 지주나 부농에게 집중되는 현상은 더욱 가속화되었다. 아울러 서구 열강의 압박과 청 왕조 정부의 부패로 그 정도가 갈수록 심해졌다. 따라서 토지소유 불균형과 참혹할 정도로 높은 소작료는 농민의 생산의욕을 떨어뜨려 국가 주요 산업인 농업의 악화를 가져왔기 때문에 중국 공산당이 토지개혁을 이끌게 된 직접적인 원인이 되었다. 신중국 설립 이후 당초 신민주주의를 15년 정도 실시한 후 단계적으로 사회주의 체제로 가려고 했으나 마오쩌둥은 이를 수정 1956년까지 농촌사회를 호조조, 초급합작사, 고급합작사를 만들어 토지 및 생산수단을 점진적으로 국유화해 나감으로써 집단소유제인 인민공사화의 기반을 마련하였다. 도시 지역 역시 기업의 국유화를 단행함으로써 전국 토지의 국유화를 이뤄, 사회주의 체제를 완성하였다.

토지공유제 하에서의 토지의 권리체계는 2개의 이원적 구조로 형성되어 있다. 특 토지에 대한 권리는 토지소유권과 토지사용권으로 이원화되어 있으며, 토지소유권은 도시 토지는 국가 소유로, 농촌토지는 농민 집체소유로 이원화되어 있다. 농촌토지개혁 초기에는 역사적으로 처음으로 자신의 토지를 갖게 된 농민들이 의욕에 찬 생산활동으로 생산성 향상이 눈에 띄게 개선되었으나 사회주의 체제의 농촌 토지 소유의 집체화 및 도시 토지의 국유화는 노동 의욕을 감퇴시켰으며 설상가상 격으로 1958년 시작된 대약진운동으로 중공업 우선정책이 실시되자 농촌의 피폐는 이루 말로 표현할 수 없을 정도로 악화되었다. 아사자가 3,000만 명에 달하는 비극적 상황이 발생하자 마오쩌둥은 이에 대한 책임을 지고 이듬해 2선으로 물러날 수밖에 없었으나, 정치적으로 완전하게 퇴진한 것은 아니었다. 1959년 이후 주자파인 류샤오치와 덩샤오핑의 시장화 개혁정치로 중국경제가 점차 회복되자 자신의 권력 기반 와해를 우려한 마오쩌둥이 1966년 홍위병을 동원한 문화대혁명을 일으켜 전면에 실세로 재등장하는 정치적 결단을 내림으로써 중국의 정치, 경제는 꽃도 제대로 피워 보지 못한 채, 다시 10여년 간의 암흑기로 진입하였다. 1976년 마오쩌둥 사후 덩샤오핑이 집권하면서 1978년 전격적인 개혁·개방 선언으로 점진적 시장경제 도입으로 농촌경제 역시 시장화로 진입하게 되었으며 그동안 불법시 되었던 토지 도급제가 활성화되면서 농촌의 생산성은 급증하게 되었다. 아래 그림은 신중국 설립 이후 개혁·개방 이후의 토지제도의 변화와 농업 경영 시스템에 대한 개념을 한눈에 보여주고 있다.

중국 농촌 토지제도의 변화와 농업경영시스템 개념도

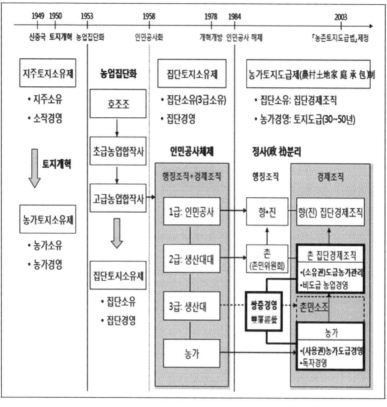

(자료 : 전형진, 2008), p.21

(2) 중국 토지개혁의 입법 내역

1949년 신중국이 설립되면서 중국 정부가 추진한 중점 사항은 세 분야이다.

첫째, 관료자본의 몰수,

둘째, 재정경제업무의 통일적 관리,

셋째, 토지개혁의 철저한 진행으로

이 중 토지개혁과 관련된 내용을 요약하면 다음과 같다.

중국 공산당은

'토지문제당강초안(1927.11)',

'징강산토지법(1928.12)',

'싱궈현토지법(1929.4)',

'중화쏘비에트토지법(1931.11)',

'항일 근거지에 있어서 토지개혁에 관한 결정(1942.1)',

'중국토지법대강(1947.10)' 등에 근거하여

'토지개혁법(1950.6.30)'을 제정 공포하였다.

이 토지개혁법 제1장 총칙에서 그 목적을 세 부분으로 구분하여 제시하고 있다.

❶ 지주계급에 의한 봉건적 수탈의 대상인 토지에 대해 종래의 토지소유제를 폐지하고 새로운 농민적 토지소유제를 실행한다.

❷ 농업생산력을 발전시킨다.

❸ 신중국의 공업화를 위한 토대를 마련한다.

토지개혁으로 인해 사회구조가 변하고 동기부여가 되면서 생산성 회복이 두드러졌다고는 하나 대부분의 농촌 인구가 빈곤의 수준을 탈피한 것은 아니었다. 이를 극복하기 위해 공산당과 정부는 사회주의화를 서두르고 농업부문의 집단화, 협동화 사업을 구체화해 나갔다. 그 과정은 초기의 농업생산 호조조 결성에서 시작하여 초급 및 고급합작사를 거쳐 인민공사체제로 변모하였다. 이 과정을 통해 토지소유권뿐만 아니라 종래 농민 소유의 모든 물적 생산수단을 인민공사 공유로 귀속시켰다. 2007년 제정된 중국의 물권법은 민법에 해당되며 국민의 재산권에 대해 정리를 했다. 물권법은 토지사용권 형태로 토지도급 경영권, 건설용지 사용권, 택지사용권, 지역권이라는 4가지 용익물권을 규정하고 있다.

(3) 개혁·개방으로 인한 과도한 분권화放权让利에서 분세제分税制로의 변화 초래

개혁 이전 중국의 재정체제는 고유한 특성을 가지고 있었다. 즉 국세와 지방세의 구분이 없었으며 세율이나 조세기초를 포함한 조세권은 중앙정부의 배타적인 권한에 속했지만, 조세액의 확정이나 징수는 지방정부의 관리 아래 있었다. 1978년 중앙정부는 국가 재정수입에서 15.5%, 재정 지출에서 47.4%를 차지함으로써 지방정부의 상납에 의존하였다. 개혁·개방 전 계획경제 하에서의 중앙정부의 절대적 통제력이 있었을 때는 전혀 문제가 될 수 없었다. 그러나 개혁·개방에 따른 분권화로 지방정부의 시장경제에 대한 자율권이 강화되면서 상황은 점차 반전되었다. 분권화로 지방정부 권력의 강화에 힘이 실렸으며 이는 지방정부가 수행하는 정책 권한의 자율성 증가와 재정통제 능력의 강화를 가져오게 되면서 상대적으로 중앙정부의 지방에 대한 통제력이 약화되고 있음을 의미한다. 즉 放权让利라는 개혁이 과도한 분권화로 이어지면서 중앙정부가 통제기능 회복을 위해 1994년 분세제를 도입한 것이다. 분세제는 이제까지 지방의 재정수입으로 분류되었던 주요 조세를 중앙의 수입으로 재분류하고 지방

정부의 관할 하에 있던 조세 관리를 중앙에 직속된 조세관리 체제로 전환하는 것을 주된 내용으로 하였다. 특히 분세제는 중앙정부가 국가 재정수입에 대한 비중을 기존의 30~40%에서 60~70%로 끌어올릴 수 있는 제도적 장치로서 중앙과 지방의 재정관계를 구조적으로 조정한 것이었다.

(4) 1978년 개혁·개방 전후의 주택제도 변화 추세

한편 개혁·개방 전 주택제도는 국가가 주택을 공급하는 주택분배제도를 실시함으로써 주택과 관련 모든 과정을 국가가 진행하고 국민은 분배받은 주택과 관련 월세 개념의 임차료를 지급했으며 비용은 급여의 2~7%에 불과했다. 다만 주택공급이 수요에 못 미쳤으며 특히 개혁·개방으로 농촌 인구의 도시로의 이동이 많아지자 공급부족이 점차 심화되어 1980~1998년 사이에는 주택분배제도와 어느 정도의 주택 상품화가 이루어졌다.

1998년에는 주택분배제도를 폐지하고 시장을 통해 주택을 구매하도록 함으로써 주택제도의 시장화가 정식으로 열려 이로부터 중국 부동산 시장이 본격화되었다. 중국 정부는 부동산 시장 안정화를 위해 보유세보다는 거래세를 강화하였다. 즉 양도소득세인 영업세를 부과하였으며 부동산시장 침체, 과열에 따라 영업세를 조절하는 정책을 펴면서 시장의 신뢰를 잃어 결국 부동산 가격이 급상승한 결과를 초래했다. 이는 결과적으로 사회의 빈부격차를 심화시켜, 도농 간, 지역 간 빈부격차로 이어져 심각한 사회문제를 야기했다.

(5) 지방정부의 재정 토지출양금 의존도 심화

이 부동산 과열 과정을 통해 특기할 만한 사항은 지방정부가 토지출양을 소위 '시장화'라는 핑계로 2004년 모든 영리목적의 토지거래에 경매제도를 도입함으로써 토지가격 상승의 주도적 역할을 했으며 비싼 땅을 출양받은 부동산 개발업자들은 분양가를 올릴 수밖에 없는 악순환 고리를 만들었다. 이 과정에서 지방정부의 재정수입 중 토지출양금이 차지하는 비중은 급격히 증가하여 2006년부터 2014년 기간 동안 지방재정수입에서 차지하는 토지 출양금의 비중이 최소 36%에서 최대 68%로 매우 높은 수준이었다. 분세제의 여파로 지방정부의 재정 자립도가 낮아진 것도 큰 이유였음은 물론이다. 결과적으로 지방정부의 주요재원인 토지출양금이 토지자원의 고갈로 대폭 축소될 경우 지방재정에 심각한 타격을 줄 수 있음을 예상할 수 있다. 지방정부수입의 토지출양금에 과도한 의존과 최근 출양대상 토지의 정체 또는 감소 추세는 지방 재정수입 구조 측면에서 새로운 대안 모색이 필요하다는 주장에 힘을 실어 주고 있다. 토지출양금에 의존하는 현재 상황을 개선하기 위해서는 새로운 지방재정 수입구조를 전환해야 한다는 결론에 이른다. 선진국들과 달리 직접세보다는 간접세 의존율이 압도적으로 높은 중국의 세입구조하에서 부동산 관련 거래세인 영업세 가지고는 부동산 투기를 잡기는 어려우며, 궁극적으로 재산세 등의 보유세제를 대폭 도입함으로써 묻지마식의 부동산 과열을 방지할 수 있을 것이다. 현실적으로는 부동산 급랭이 가져올 주택부채 발 금융위기를 두려워하는 중국 정부가 이를 적극적으로 도입하지 못하고 있다.

(6) 중국 부동산업의 중국경제 안에서의 위치

부동산업의 GDP 비중이 1991년 3.5%에서 2017년 6.5%로 높아졌으며 건설업을 포함할 경우 2017년 13.2%를 차지하고 있다. 부동산 개발투자는 총 고정자산투자의 24.0%2010~2017년 평균를 차지하고 있다. 중국 부채의 40%가 부동산업, 건설업, 임대업 등 부동산 시장과 직간접적으로 연계된 것으로 추정되며AMRO, 2017.11월 중국경제의 지속가능 성장과 부동산 시장의 안정은 불가분의 관계에 있음을 말해준다. 이는 곧 중국 부동산시장이 양면적 특성을 가질 수밖에 없음을 설명하고 있는데 빈부격차 해소 등 사회안정을 위해 주택가격 급등 억제를 해야 함과 동시에 부동산 경기 부양을 통한 경제성장이라는 상호 모순된 정책과제를 안고 있음을 보여준다.

베이징, 상하이 등 대도시 주택가격은 세계 주요 도시와 비교해도 높은 수준을 유지하고 있다.

세계 주요 도시의 가처분소득대비 주택가격 비율(PIR)

홍콩	베이징	상하이	벤쿠버	시드니	LA	런던
19.4	14.5	14.0	12.6	12.9	9.4	8.5

* 베이징 및 상하이는 2016년3분기 여타 도시는 2017년3분기 기준
* 자료: Demographia Int'l Housing Affordability Survey(2018.1월)

1978년 개혁 개방 이후 2017년까지 부동산, 건설업은 연평균 16.8% 성장하면서 중국경제의 고도성장연평균 9.7%을 주도하였다.

(7) 최근 중국 부동산시장 현황과 전망

1998년 주택거래 자유화 이후 중국 부동산 시장은 정부 정책에

따라 과열과 조정 국면을 반복하고 있다. 2016년 9월 중국 정부의 부동산 시장 안정화 대책을 발표하는 등 부동산 시장의 버블 억제를 위해 노력하고 있다. 이의 여파로 2017년에 이어 2018년 상반기까지도 주택가격 및 거래량이 둔화하였으며 신규 분양 시장도 위축되고 있는 모습을 보인다. 대책 발표 이후 70대 도시 주택 가격 상승률은 지속적으로 하락세를 보인다.

70대 도시 주택가격 변화 추이

시기	'16.6	9	12	'17.3	6	9	12	'18.3
전년동기대비, %	13.2	16.1	15.7	12.7	9.9	5.0	4.2	3.7

(자료: CEIC)

(8) 중국 정부 대도시와 중소도시를 분리하여 이원화 정책 실시

주택가격 양극화에 대응하여 대도시1·2선도시는 투기수요 억제를 위한 규제 강화, 중소도시3·4선도시는 미분양 주택 재고 해소를 위한 규제 완화의 이원화 정책을 실시하고 있다. 즉 1·2선 도시에서는 외지인의 주택 구매제한, 대출금리 인상 등을 통해 주택가격의 급격한 변동을 억제하는 한편, 3·4선도시는 보조금 지원 및 주택 구매요건 완화 등을 통해 주거수요 확대 노력을 지속하고 있다.

(9) 부동산발 금융위기는 올 것인가?

중국 부동산 경기 악화에 따른 성장 둔화 가능성과 주택가격 버블 확대로 인한 금융 리스크 증폭 등의 리스크 요인이 잠재하고 있다. 특히 가계, 지방정부 및 부동산 개발기업이 과도한 금융 부채를 보유하고 있어 금융위기라는 시한폭탄을 끌어안고 있음은 사실이나 중국 사회주의 특색의 정치구조에 의한 통제력으로 단기적인 문제가 노출될 것 같지는 않다는 것이 전문가들의 견해다. 다만 미·중 간의 무역분쟁이 가져올 불확실성이 중국경제로 옮겨 옴으로써 부동산 과열의 폭탄과 상승작용을 할 경우를 완전히 배제하지는 못할 것이다.

중국의 일부 비관적 시각을 가진 전문가들은 2019년 하반기에 주택담보대출 금리 인상을 예상하고 있다. 2019년 6월 20일 중국은행 항저우에 주택대출 금리를 기본금리 상한선 5%에서 8%로 인상한 것을 예로 들고 있으며 난징, 청두 등의 2선 도시에서도 이미 대출금리를 올리기 시작했음을 예로 들고 있다. 또한, 5월17일 은행·보험 감독위원회에서 발표한 부동산 난개발 방지를 위한 규제책으로 구체

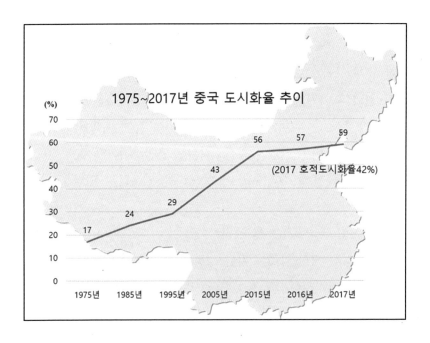

1975~2017년 중국 도시화율 추이

적 정책을 발표한 것을 예로 들며 부동산 개발기업들이 생존할 수 있는 길은 주택 재고를 최소화하기 위해 2019년 안으로 주택 분양가를 인하 처분해야 할 것이라고 경고하고 있음은 주시할 만한 내용이다. 아울러 어느 개발지역에서는 2기 분양가격을 1기 분양가 대비 할인하여 분양하고 있어 기 분양자들과의 분쟁과 시위에 대해 언급하고 있는 점은 중국 부동산이 거시적 관점에서 침체기로 돌입했음을 보여준다.

다만 도시화율의 지속적 상승2018년말, 60% 및 가계소득 증가 등을 감안할 때 중국 부동산 경기의 악화로 인한 금융위기 발생 가능성은 크지 않을 것으로 보는 견해도 있다. 농민공 등 도시 유입, 인구 증가세, 주택 업그레이드 욕구 등이 주택 실수요를 견조하게 뒷받침하고 있으며 가계의 가처분소득 증가는 주식 등의 대체투자수단이 부족한 상황에서 부동산시장 자금유입으로 이어질 동인은 충분하다는 낙관론이 있는 것도 사실이다.

제**4**부
한중관계의 바람직한 미래

개요

한중관계는 5천 년의 역사가 있다. 5천 년의 세월 속에서 한국은 오랜 시간 중국의 침략과 간접적인 지배를 받았다. 중국의 직접적인 지배를 받은 것은 아니나 중국의 소위 '중화주의'에 의해 조선 시대에는 선비들 스스로 조선을 '소중화'라고 생각하며 '중화사상'에 매몰된 채 사대 행위를 서슴지 않았다. 그래서 사대주의라는 말도 생겨났으며 사대 행위는 우리의 민족 문화와 영토를 보존하기 위한 불가피한 선택이었음을 스스로 자위하고 합리화했다. 조선 시대의 지식인이라고 할 수 있는 선비들은 철저하게 중국의 유학 경전을 탐구했으며 어렸을 때부터 암송한 논어, 맹자 등 사서삼경 또는 사서오경을 자랑스럽게 생각했으며 이에 대한 지식과 깨달음을 과거제도의 프레임을 거쳐 등용됨으로써 관직에 나갔다. 정부의 고위직을 차지한 선비들이 완전히 '유학'에 경도되었으니 조선의 정치사상의 근원은 중화사상일 수밖에 없는 태생적 사대성을 지니고 있었다.

이미 우리는 구한말에 열강의 틈바구니에 끼여 우왕좌왕하다 올바른 의사결정 한 번 제대로 하지 못한 채 망국의 설움을 겪어야 했다. 역사적으로 고려 시대의 서희 장군이나 조선 시대의 이순신 장군 같은 훌륭한 선각자들에 의해 백척간두의 국가위기를 극복하기도 했으나 그 뒤에는 어리석은 군주가 있었다. 임진왜란 당시의 선조의

의주파천, 병자호란 당시의 인조의 '삼전도 굴욕' 및 구한 말 고종의 아관파천 등은 결과적으로 국가의 통수권자로서 소임을 다하지 못함으로써 국가를 위기로 몰아넣은 실패한 리더십의 표상이다.

한중관계는 단순히 한중간의 관계만 가지고 양국의 미래를 결정짓는 의사결정을 할 수는 없다. 구한말 당시 한반도를 둘러싸고 중국, 일본, 미국, 러시아 4대 강국과의 대외관계를 올바르게 끌고 가는 것이 관건이었으나 당시 조정의 내분에 의해 혼란을 겪으면서 임오군란 직후 청나라를 불러들임으로써 명분을 얻은 일본이 한반도에서 청일전쟁을 벌이도록 방조한 것 역시 씻을 수 없는 외교의 실패이자 미래를 내다보지 못한 우물 안 개구리식 의사결정이었다. 또한, 당시 서구 열강 중 약체였던 러시아 공사관으로의 파천을 단행했던 고종의 어리석음이 구한말 대한제국의 대외관계를 더욱 어렵게 만들었다. 최근 한반도를 무대로 벌어지고 있는 강대국들의 세력다툼은 구한 말 당시의 대외 관계가 한반도에서 재현되고 있음을 주시해야 한다. 더구나 남북 분단 상태에서 핵 보유를 위해 절치부심하고 있는 북한과의 관계까지 중층으로 겹쳐 우리나라의 외교는 더욱 어려운 난맥상에 처하고 있다.

미중관계, 북중관계, 미북관계, 미일관계, 중일관계, 북일관계, 한미일관계, 북중러관계 등의 복잡한 외교 함수관계 어느 것 하나 한중관계에 영향을 주지 않는 것이 없다. 심지어 최근에는 중러 군사연합훈련 중 두 나라 항공기의 KADIZ 침입, 러시아공군기의 독도 상공 2회 침입 등이 발생함으로써 전대미문의 사건들이 한반도 및 주변에서 발생하고 있음은 우리의 국가 안보에 심각한 균열이 생기고 있음을 가리킨다. 게다가 한국대법원의 징용공 배상 판결에 따라 한일 양국 간에 상호 무역보복을 넘어서 한국 측이 지소미아 종결까지 선언하는 등 지역 안보가 심각한 위기 국면으로 치닫고 있다.

바람직한 한중관계를 위해서는 한반도 및 주변 강국들에 대한 올바른 이해가 전제되어야 할 것이다. 그런 연후에야 한중관계의 합리적 외교가 가능할 것으로 여겨지기 때문이다.

1. 한중관계의 역사적 연원

1910년 일본의 한반도 강점으로 대한제국 멸망 후 82년만인 1992년 8월 24일 한국의 노태우 정부와 중국의 덩샤오핑 정부 간에 역사적인 한중 수교가 이루어졌다. 당시에 '선린우호 협력관계'로 외교 관계가 이루어졌으며 실로 4개월 정도의 짧은 수교협상 끝에 극적으로 수교가 이루어질 정도로 양국 간에 파격적인 속도의 협력이 이루어진 것이다. 이러한 한중 양국의 급속한 수교 배경에는 1989년의 미소간의 몰타 회담에 의한 냉전 종식이 있었으며 중소 간의 관계 정상화, 1990년 9월 한·소 외교 수립 등이 한·중 수교의 밑거름이 되었다고 할 수 있을 것이다. 물론 한·중 수교 과정에서 북한의 반발, 한국의 경우 대만과의 국교 단절 등 어려운 과정이 있기도 했음은 물론이다. 한국이 유엔이 인정한 한반도 유일의 합법 정부임에도 1991년 9월에 남북한 유엔 동시 가입이라는 역사적 사건이 있기도 했다.

한중 양국 간의 관계는 1998년 협력동반자 관계, 2003년 전면적 협력동반자 관계, 2008년 전략적 협력동반자 관계 등으로 격상이 되었다. 한중관계의 성격과 중요성이 제고된 듯 보이지만 왜 대통령이 바뀌는 5년마다 반드시 이런 형식의 변화가 있어야 하는지는 여전히 의문으로 남는다. 이런 변화에 조응될 만큼 한중간에는 과연 차원이 다른 분쟁 해결과 협력의 기제가 만들어지고 있는지, 중국과 지역적 협력을 수행함에 있어 한미 동맹에 부딪힐 가능성에 대해서는 충분한 검토가 있었는지 등에 대한 답이 필요한 시점이다.[44]

2. 한중간 경제교류의 획기적 증대

과거 조선 시대만 해도 명나라, 청나라와는 조공무역의 형태로 양국 간의 교역이 이루어졌다. 중화주의하에서 중국에게 조공을 바쳐야 했으며 조선 국왕의 책봉을 승인받아야 했다. 당시 조선이 조공의 형태로 중국 조정에 가져가는 물품보다 훨씬 많은 양의 상품들이 대국의 하사품 형태로 내려졌는데 통상 3~4배의 물품을 가지고 돌아왔다. 이로 인하여 조선에서는 가급적이면 조공을 1년에 자주 바치겠다는 의사를 표명하곤 했으나 중국으로서는 부담이 커서 오히려 조공무역의 횟수를 줄이고자 했다. 조공무역은 중화주의하에서 주변의 다른 독립국가들과의 정상적인 교역이었다고 할 수 있다.

1992년 한중 외교 관계 수립으로 양국관계는 더할 나위 없는 발전에 발전을 거듭했다. 개혁·개방으로 사실상 사회주의 정치체제 하에서의 자본주의 경제체제를 도입, 경제발전에 집중하고 있던 중국 정부로서는 미국이나 일본과 같은 선진국의 경제모델보다는 한강의 기적을 이룬 한국의 개도국 경제발전모델에 깊은 관심을 가지고 협력을 원하고 있었다.

---

44 정재호, 2011, 『중국의 부상과 한반도의 미래』 서울: 서울대학교 출판문화원.

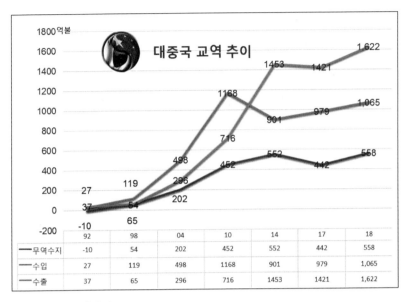

	92	98	04	10	14	17	18
무역수지	-10	54	202	452	552	442	558
수입	27	119	498	1168	901	979	1,065
수출	37	65	296	716	1453	1421	1,622

자료 : 한국무역협회

1992년의 한중 교역 규모는 64억 달러에 불과했으나 2012년 2206억 달러로 35배 증가한 것은 획기적인 양국관계의 밀월이었다고 해도 과언이 아니다. 한·중 수교 26주년 이었던 2018년 한중 교역 규모는 수출 1,622억 달러 수입 1,065억 달러로 교역규모 2,687억 달러, 무역수지 558억 달러 흑자 규모로 교역 규모는 무려 42배 규모로 확대되었다. 같은 해 우리나라의 전체수출은 6,049억 달러, 수입은 5,352억 달러 무역총액 1조1,401억 달러, 무역수지 697억 달러 흑자로 중국의 점유율은 수출 27% 수입 20% 교역액 24% 무역수지 흑자액의 근 80%에 이르는 대중국 의존도가 심각한 수준을 보였음에 유의해야 한다. 따라서 중국과의 교역에 문제가 발생한다면 우리나라의 무역흑자 기조는 즉각적으로 부정적 영향을 받을 수밖에 없게 된다. 사드 문제에도 대중 수출의존도가 오히려 심화하는 구조적 문제점을 하루속히 풀어야 할 것이다. 정치체제가 근본적으로 우리와 다른 중국과 미래에 안보 이슈 등으로 대척점에 서게 되면 교역을 무기화했을 때 대안이 없기 때문이다. 중국의 과거 26년 동안 한중관계는 크게 보면 상호 보완적인 역할로 서로에게 큰 도움이 되었음을 부인할 수 없다. 그러나 대국굴기에 성공한 중국이 대외적으로 선포한 중국몽과 그 구체적 실행방안인 '중국제조 2025'의 내용을 들여다보면 대부분 우리가 미래 성장동력으로 육성하겠다는 전략산업들이다. 중국과의 교역이 이제는 상호 보완적이 아니라 경쟁 관계로 전환되었음을 뜻한다. '중국제조2025'를 직접 겨냥한 미국의 대중 무역전쟁은 관세전쟁에서 기술전쟁으로 다시 환율전쟁으로 확전일로에 있음을 상기하면 우리의 대중 교역 의존도 심화는 이미 돌이킬 수 없는 위기에 처해 있음을 말해준다.

3. 한중간 이슈와 쟁점

수교 25년 동안 양국 간에 밀월관계만 있었던 것은 아니다. 소프트 파워적인 측면에서 역사 관련 분쟁인 동북공정 관련 다툼이 있었으며 하드파워적인 분쟁으로는 북한의 천안함 폭침, 연평도 포격 도발에 대해 중국이 미온적이고 전략적 모호성을 보였음을 기억한다. 또한, 미국의 사드 한국 배치로 한중관계가 급속도로 악화함으로 인해 중국 여행객 급감, 한국 연예인들의 방중 불허 등 인적 교류에 심각한 타격을 받았다. 그러나 실물경제 교역은 2018년에도 과거와 같은 기조를 유지한 것은 안보 등의 정치 이슈가 경제의 직접적 타겟이 되진 않았다는 교훈을 던져 주고 있다. 최근 한일관계에서 오는 정치 문제가 경제 문제로 번져 양국 간에 파국을 몰고 오는 어리석음을 범하지 않았음은 유의할 만하다.

한중간에 두드러진 이슈는 이미 언급한 바 있는 교역의 구조적 문제 외에 안보 이슈가 두드러진다. 중국은 비록 자본주의적 시장경제를 채택하고 있으나 일정한 수위를 넘을 경우 강력한 공권력에 의해 개인과 기업의 자유가 억압되는 사회주의 정치체제를 근간으로 하고 있다. 공산당 1당이 견제 세력 없이 무소불위의 정치경제 권력을 휘두른다. 아울러 경제 논리가 정치 논리에 우선할 수 없는 체제다. 그래서 전문가들은 중국을 또 다른 봉건시대 전제왕조의 연속이라고까지 혹평을 하고 있기도 하다.

중국은 자신들의 국방백서에서 밝힌 바와 같이 중국의 6대 핵심이익 가운데 영토보전과 주권 보전을 그 무엇보다 큰 가치로 우선하고 있다. 이러한 원칙이 있어 그들의 영토에 대한 집착이 대내적으로는 소수민족들과의 내분, 대외적으로는 주변국들과의 분쟁으로 이어지고 있다. 우리가 익히 아는 티벳분규, 신장 위구르족 분규 등이 중국 내부 불안의 대표이며 일본과의 센카쿠열도 분쟁, 난사군도의 동남아 베트남, 필리핀, 타이완 등과의 분쟁이며 우리와는 이어도 및 KADIZ 침입 등의 분쟁이 끊이지 않고 있다. 심지어 최근에는 중러 연합 군사훈련 도중 러시아 공군기가 독도 영공을 두 차례나 침범함으로써 동북아시아에서의 한미일 군사 공조체제를 시험하는 의도적 무력시위를 벌였으며 유사 훈련을 지속해서 하겠다는 의사를 분명히 하며 한미 군사동맹을 와해시키고자 하는 의중을 보인 것으로 해석된다. 독도 영해 침범과 동시 일본 자위대도 군용기를 출격시킨 것은 독도를 자국 영토라고 주장하는 일본 입장을 보여준 것으로 동해가 분쟁의 중심으로 국제무대에 등장할 수도 있겠다는 생각이 든다. 어떻게든 독도 문제를 이슈화해서 자국에 유리하게 끌고 가겠다는 일본의 전략에 우리가 말려들어선 안 될 것이다.

4. 한중관계에 변수가 될 수 있는 요소

우리나라의 경제성장을 견인해온 것은 수출기반의 대외무역이었음은 주지의 사실이다. 따라서 우리나라의 대외교역을 중심으로 한중관계에 영향을 줄 수 있는 요소를 점검해 보는 것은 중요하다. 아울러 우리나라는 북한과 대치하고 있는 세계 유일한 분단국가로 북핵으로 점증하고 있는 안보 이슈 역시 우리에게 주는 영향이 적지 않다. 한반도를 중심으로 미국, 중국, 일본, 러시아 4강의 이해관계가 걸려 있고 미·중 간에도 패권전쟁으로 치닫고 있는 무역전쟁이 상호 간 안보 이슈에도 영향을 크게 받고 있다. 특히 화웨이에 대한 미국의 제재는 서방 세계를 중심으로 광범위하게 전개되고 있는 안보 이슈의 대명사가 되고 있다. 한일 무역분규에도 GISOMIA 폐기 여부가 등장하면서 한미일 간의 군사협정이 위협을 받는 등 첨예한 이해관계가 대립 중이므로 이에 대한 면밀한 관찰과 적절한 대응책 강구는 중요하다.

(1) 중국의 급부상으로 인한 한중관계의 비대칭화

한중관계에 영향을 크게 주는 요인으로 중국이 종합국력을 배경으로 G2로 급부상하면서 유엔 안보리 상임이사국에 걸맞은 국력을 지니게 되므로 인해 세계적 이슈에 대한 발언권이 강화되었음은 부인할 수 없다. 따라서 한중간에도 중국의 협상력이 강화되었다고 할 수 있다. 개혁·개방을 한 1978년과 비교 시 2018년의 중국은 괄목할 만한 국력 신장이 있었다. 당시 중국의 GDP는 1,495억 달러로 미국 2조 3,570억 달러의 6%에 불과했으며 우리나라는 517억 달러로 중국의 35%에 달했으나 40년이 지난 2018년 중국의 GDP는 12조 2,377억 달러로 40년 만에 82배로 성장하였으며 세계 1위 미국 19조 3,906억 달러의 63% 수준으로 뒤를 바짝 쫓고 있다. 한국은 1조 5,308억 달러로 중국의 12.5% 수준으로 40년 전과 비교 시 1/3 수준으로 떨어졌다. GDP의 급성장은 중국 위상이 급부상하는 결정적 역할을 하였으며 2018년3월부터 전개되고 있는 미·중 무역전쟁이 미·중 패권전쟁으로 비화하고 있음을 부인할 수 없다.

(2) 미·중 간 무역전쟁

현재 중대 현안으로 떠오른 미·중 무역협상이 어떤 식으로 흘러가느냐에 따라 한·중 관계 역시 영향을 받을 수밖에 없다. 따라서 미·중 양강 구도가 세계패권 질서에 어떤 그림을 가져올 것인가에 대한 예측과 전망이 없이는 올바른 한·중 관계를 논하기는 사실상 불가능하다. 어떤 형태로든 우리에게 선택을 강요하는 모양새로 가고 있으며 말하기 좋은 등거리 외교 또는 양다리 외교는 최악의 경우 양측으로부터 백안시되는 외교적 고아 또는 미아가 될 수 있는 위험성을 안고 있어 그야말로 철저하게 국익 우선의 외교가 요구되는 시점이다.

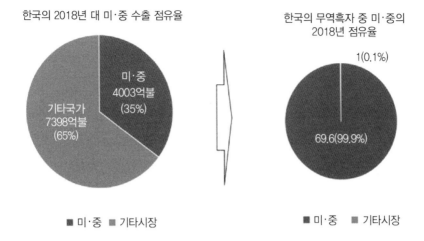

한국의 2018년 대 미·중 수출 점유율

미·중
4003억불
(35%)

기타국가
7398억불
(65%)

■ 미·중 ■ 기타시장

한국의 무역흑자 중 미·중의
2018년 점유율

1(0.1%)

69.6(99.9%)

■ 미·중 ■ 기타시장

　2018년 한중 교역 규모는 2,687억 달러로 수출 1,622억 달러 수입 1,065억 달러, 대중 무역흑자는 558억 달러의 흑자였다. 한미 간의 교역 규모는 1,316억 달러로 수출 727억 달러, 수입 589억 달러로 대미 무역흑자는 138억 달러였다. 우리나라의 미·중 양국과의 교역규모는 4,003억 달러, 수출 2,349억 달러, 수입 1,654억 달러, 무역수지 697억 달러 흑자로 우리나라 대외무역에서 차지하는 비중이 교역 규모 35%, 무역수지 흑자의 99.9%를 차지할 정도로 미·중 양국의 우리에 대한 교역 임팩트는 상당하다. 특히 양국에서 가져오는 무역흑자는 절대적이어서 미·중 양국과의 교역에 문제가 생기면 우리의 무역흑자 기조는 심각한 타격을 받을 수 있음을 유의해야 한다. 고래싸움에 새우 등 터진다는 속담이 그대로 적용된다고 할 수 있다. 중국의 직접적인 영향권에 있는 홍콩, 타이완까지 감안하면, 중국과의 교역 비중은 30%내외가 되며 미국을 합하면 40%를 넘을 정도로 위협적이다.

　따라서 미·중 간의 패권전쟁은 상호 간에 상처를 입혀 심각한 경우 일방의 경제가 붕괴할 수 있는 폭발성을 안고 있다. 더구나 미·중 양국의 세계 경제에서 차지하는 비중이 2018년 37.3%에 달해 양국 간의 파국이 세계 경제에 미치는 영향은 파격 그 자체가 될 것이다. 중국이 미·중 간의 관세전쟁으로 인한 대응책으로 위안화 환율을 평가절하함으로써 경쟁력을 확보하는 전략을 쓰자 미국이 중국을 25년 만에 환율조작국으로 지정한 것은 미·중 간의 패권전쟁이 제어 불능의 상태로 확전되어 가고 있음을 보여주고 있다. 미국과 일본의 환율 전쟁 결과 1985년 체결한 플라자 협정으로 일본이 잃어버린 20년을 경험한 것을 잘 알고 있는 중국으로서는 이에 대해 철저히 대응할 것임을 보여주고 있다. 환율조작국 지정 이후 중국이 공식적인 미 달러 대비 위안화 환율을 7.0이 넘어가는 소위 '포치'破七 위안화 평가절하 전략으로 맞서고 있어 양국의 치킨게임이 어디까지 갈지 예측하기 쉽지 않다.

더구나 양국의 패권 경쟁이 20년 넘게 지속할 수 있다는 전망은 세계 경제를 불확실성의 늪으로 밀어 넣는 것이며 매년 양국 간의 관계 여하에 따라 한국 경제의 근본적 토대인 대외무역이 영향을 받을 수 있으므로 이에 대한 다각적 케이스 스터디와 케이스별 대응 방안을 우리의 장기적 국익 관점에 따라 수립해야 할 것이다. 미국과는 한미동맹으로 묶여 있으며 중국과 북한과는 소위 혈맹이라는 끈끈한 관계 속에 있어 대립적인 프레임이 형성되어 있는 가운데 한중 관계가 경제적으로 밀착되어 있는바 국가적인 지혜와 역량을 모아야 할 것이다. 이를 위한 국가의 씽크탱크의 운영은 물론 전략적 인재육성의 틀 위에 국익을 수반하는 전략적이고 합리적인 중장기적 정책 방향을 수립해 놓아야 할 것이다.

(3) 한일 간 무역분규

한일간에 벌어지고 있는 무역분규가 부정적 요인으로 작용할 수 있다. 일본에 대한 무역적자는 2010년에 361억 달러까지 치솟았으며 2018년 241억 달러 적자를 냈으나 이는 대부분 중요 소재를 일본에 절대적으로 의존하고 있음으로 인한 것이다. 따라서 부품 소재 수입에 문제가 생기면 국내 생산 및 수출에서 상응하는 손실을 입을 것이다. 따라서 한일 무역 분규가 장기화할수록 우리의 수출 전선에 문제가 생길 수 있으며 조기에 타결되도록 양국 정부가 배전의 노력을 해야 할 것이다. 한국 수출에 문제가 생기면 타이완이나 중국이 오히려 덕을 볼 수 있다는 분석도 유의해서 살펴야 할 것이며 수출 전선의 피해를 최소화할 수 있는 방안을 민·관·학이 공동으로 구축해 나가야 할 것이다. 특히나 양국 간에 긴장을 가져올 수 있는 GISOMIA 연장문제는 한반도 안보지형을 통째로 흔들어 놓을 수 있는 사안이므로 정부는 신중한 의사결정을 해야 할 것으로 보인다.

(4) 북핵 문제

북한이 한·미·일·중을 가운데 놓고 벌이는 핵 협상은 결과 여부에 따라 이해관계 당사국에게 많은 부정적 영향을 줄 것으로 보인다. 북한이 최근 미사일 발사 등 한미일 3국을 긴장시키고 있으며 한일 간의 GISOMIA 군사정보 보호협정까지도 파기한다면 한미동맹 관계를 심각하게 훼손시킬 수 있으며 어부지리로 북한의 입지는 더욱 강화될 수 있을 것이다. 한반도의 긴장은 결과적으로 전 산업에 불확실성을 배가시켜 투자에 부정적 결과를 가져올 것이며 국가 및 기업의 신인도와 원화 환율에 타격을 줌으로써 금융위기의 전조를 만들어 낼 수 있음을 깨달아야 할 것이다. 북한의 핵 문제는 그들이 이를 생존전략으로 여겨 국제적 제재에도 불구하고 자력갱생의 구호를 외치며 결사항전 태세이므로 북핵 문제를 상수와 변수로 나누어 케이스별 전략을 세워야 한다.

5. 한중관계의 올바른 길

정재호 교수는 "미중 양 강에 둘러싸인 한국이 믿을 건 외교적 명민함 뿐"이며 그가 직접 조어한 '명민외교'明敏外交를 주장한다. 정 교수에 따르면 '명민외교'는 말 그대로 '명석한 이해와 준비에 바탕을 두되 민활한 대처를 할 수 있는 능력을 가진 외교'를 뜻한다. 이를 실현하기 위해서는 우선 타국과의 관계가 '어쨌든 잘 풀릴 것이다'라는 안일한 태도의 낙관론을 경계하고 신중론에 의거해 문제 발생 시 구체적으로 어떻게 대응할지 경우에 따른 시나리오를 사전에 대비해야 한다고 한다. 또 지금까지 한국 외교사에서 빈번하게 나타났던 '상황'에 따른 임기응변적 대처에서 '현안'마다 원칙을 마련해 그에 대한 지속적인 문제의식 제고와 일관된 입장을 취할 수 있도록 외교 인적 자원 구성을 재편해야 한다고 그는 주장한다.

이중 중대 현안으로 떠오른 미·중 무역협상이 어떤 식으로 흘러가느냐에 따라 한중관계 역시 영향을 받을 수밖에 없다. 따라서 미·중 양강 구도가 세계패권 질서에 어떤 그림을 가져올 것인가에 대한 예측과 전망이 없이는 올바른 한중관계를 논하기는 사실상 불가능하다. 어떤 형태로든 우리에게 선택을 강요하는 모양새로 가고 있으며 말하기 좋은 등거리 외교 또는 양다리 외교는 최악의 경우 양측으로부터 백안시되는 외교적 고아 또는 미아가 될 수 있는 위험성을 안고 있어 그야말로 명민외교가 요구되는 시점이다. 미·중 양강 구도는 상수임에도 불구하고 새로운 변수로 북핵 문제, 한일 무역분규 문제, 한미일 vs 북중러 안보 대립까지 변수로 떠올라 한반도 문제는 역사상 가장 복잡한 방정식을 가진 동아시아 최대 이슈로 떠올랐으므로 장기적 국익을 최우선적 가치로 하여 대응책을 풀어나가야 할 것이다.

소위 '등거리' 외교는 속된 말로 '양다리 걸치기' 외교를 뜻한다. 한미관계는 한미동맹에 근거하여 끈끈하게 다져진 관계로 자유민주주의가 뿌리를 내리며 번영을 구가해온 한국에 대한 든든한 후원자 역할을 해왔다. 이에 반해 중국은 6.25전쟁 당시 침략군으로 한미 모두에게 적군이라는 정체성을 지울 수 없는 나라다. 앞서 언급한 바와 같이 1978년 개혁·개방 이래 급속한 경제발전으로 대국굴기에 성공한 중국은 1992년 우리나라와 수교 이후 밀접한 교역국으로 부상하였으며 우리나라의 최대 투자국이 되었다. 따라서 경제적으로는 오히려 중국에 더 경도되어 있는 현실이 우리에게 선택지를 강요할 경우 엄청난 고민을 하게 만든다. 미·중, 중·일, 한·일 관계에서 역사적으로 경험했듯이 정치적 이슈와 경제적 이슈를 상호 결부시켰을 때에는 양국 국민경제에 엄청난 고통을 안겨줌을 알게 되었다. 원칙적으로 민족 감정을 동원한 민족주의에 의거해 이슈를 확대하는 것은 상처를 깊게 하고, 이를 치유하는데 상당한 시일이 소요됨을 우리는 알고 있다. 따라서 이를 피할 수 있는 국가의 핵심이익과 관련된 우선순위와 원칙을 확립하고 이에 따라 사안에 따라 판단하여 명분 있는 대외관계를 정립하고 선례를 만들어 나가며 양국 간에 좋은 관습적 외교 관계를 만들어가는 것이 유일한 해결책이다. 매사에 강대 강은 파국을 몰고 올 수 있음을 명심하되, 우리의 원칙에 충실하며 원칙이 우선하는 정책집행이 최선의 방책일 것이다.

에필로그

지역연구는 지역 역사 공부로부터 시작한다.

본서를 집필하기로 마음먹었을 때와는 전혀 다른 느낌이 들게 된 것은 '중국역사'에 대한 연구와 고찰을 하면서부터다. 고대에서 근대까지 토막토막 알고 있었던 중국역사가 퍼즐을 꿰어맞추듯 연결되어 가면서 가졌던 느낌은 감동 그 자체였다. 역사 속의 한 인물로만 인식하고 당시의 시대상이나 역사 안에서의 호흡을 전혀 느끼지 못했던 필자로서는 역사와의 교류, 과거 영웅들과의 교류를 갖는 듯한 환상과 현실화 된 느낌이 만감을 교차케 했다. 역사학도가 아닌 사람으로서 한 나라의 역사를 정리하며 내 나름대로 공부하고 이해하는 것이 지역학 연구에 좋은 방법일 수 있다고 확신을 하는 계기가 되었다. 따라서 역사서술이 다소 왜곡되거나 오해한 부분이 있을지라도, 개괄적인 흐름을 좇을 수 있도록 관련 지역의 역사서술을 하는 것이 무척 중요함을 깨닫게 되었다. 혹여 잘못된 이해로 기술된 부분이 있더라도 독자들의 넓은 혜량을 부탁드린다.

역사를 공부하면서 자연스럽게 솟구치는 의문점, 깨달음은 시대적 사명감과 지역연구의 당위성을 강화해 주었다. 특히 중국역사를 개괄하면서 근대에 관한 관심은 자연스럽게 당시의 주도 세력이었던 '서구'와 '동아시아'의 비교를 유도하였고 필자가 살아가는 오늘의 모습이 어디에서 비롯되었는지 어렴풋이나마 알게 만들어 주었다.

이 호기심으로 결국 '서구중심주의'와 '중화주의'에 대해 사유하게 되었고, 두 세계가 여러 방면에서 극명한 차이점을 보이게 된 연원을 탐구하면서, 자연스럽게 우리나라 역사에 대한 여러 의문점과 호기심을 가지게 되었다. 결과적으로 중국을 공부함으로써 세계를 사유하게 되었고, 직접적으로는 내가 나고 자란 '내 나라'에 대해 더욱 객관적인 시각과 파이프라인을 갖게 되었음은 예상치 못한 큰 수확이라 할 수 있을 것이다. 책을 마무리할 무렵 찾아온 코로나 19는 전 세계인의 사고와 생활습관을 바꿔 놓았다. 뜻하지 않게 '중국과 코로나 19'라는 내용을 추가하면서 우리가 생각하지 못했던 요소로 인해 세계질서가 뒤집힐 수 있음을 깨닫게 되었음은 불확실성에 대한 예측이 얼마나 어려운지 체험하게 되었다.

처음엔 중국을 공부하고자 하는 동학에게 작은 도움이나 드리고자 집필을 시작했으나 수많은 결점투성이인 졸저를 끝내면서 오히려 스스로가 가장 큰 수혜자임을 고백하면서 후기를 마친다.

참고문헌

강정인·안외순, 2000, 「서구중심주의와 중화주의의 비교 연구」, 『国际政治論丛』, 제40집 3호, 101-122.

고경민, 2003년, 『사회주의 국가의 인터넷 통제전략: 쿠바모델과 중국모델』

고재모, 2011, 「중국의 토지제도 변천과정과 실태」

곽복선외, 2014, 『중국경제론』 서울: 박영사.

김덕삼, 2012, 「중국中国 교육教育 패러다임의 변화 -과거제도科舉制度를 중심으로-」, 『中国学論丛』, 제37집 -호, 257-277.

김도경, 2016, 「1990년대 중국 주택제도 개혁과 도시 기득권의 확립」, 『역사비평』, 48-72.

김도희金都姬, 2008, 『(社会科学徒를 위한) 중국학 강의』, 고양: 인간사랑.

김동하, 2011, 『차이나 소프트 파워China Soft Power: 세계를 뒤흔든 중국의 동력』, 서울: 무한.

김애경, 2014, 「중국의 대외정책 결정과정에서 공산당의 변화된 역할」, 『EAI 프로젝트 리포트』, 1-25.

김애경, 2010, 「세계금융위기와 베이징컨센서스의 대외적 확산?」 『동서연구』, 제22집 2호, 1-29.

김영진, 2012, 「세력전이와 미국의 대중국 인권외교」, 『EAI 프로젝트 리포트』, 1-22.

김영진, 2009, 「중국에서 정치체제의 분권화와 유교의 변용变容에 관한 고찰」, 『한독사회과학논총』, 제19집 1호, 269-298.

김영진, 1998, 「중국의 국유기업 구조조정과 고용문제」, 『아태연구』, 제5집 261-296.

김영진, 1996, 「개혁기의 중국에 있어서 중앙정부에 대한 지방간 차별적인 재정관계의 전개」, 『한국정치학회보』, 제29집 3호, 607-629.

김태완·전용주·김도경·김상원, 2010, 「한중일 해양갈등 연구」, 『국제정치연구』, 제13집 1호, 77-99.

김태호, 2013, 「한중관계 21년의 회고와 향후 발전을 위한 제언」, 『전략연구』, 5-37.

나종석, 2015, 「전통과 근대: 한국의 유교적 근대성 논의를 중심으로」, 『사회와 철학』, 제-집 30호, 313-348.

남종호, 2014, 「중국 사회질서 유지 기능으로서의 유가 정치이데올로기」, 『한중미래연구』, 제3집 -호, 93-111.

노명우, 2008, 『프로테스탄트 윤리와 자본주의 정신: 노동의 이유를 묻다』, 파주: 사계절.

류승완, 2010, 「한국유교에 나타난 전통과 근대의 불연속성」, 『儒学研究』, 제23집 -호, 169-225.

리쩌허우·류짜이푸, 2003, 「고별혁명」, 서울: 북로드.

门洪华, 성균중국연구소, 2014, 『중국의 매력국가 만들기: 소프트파워 전략』, 서울: 성균관대학교출판부.

문흥호, 2012, 「한·중 관계의 딜레마를 직시하다 『중국을 고민하다』」, 『동아시아 브리프』, 제7집 2호, 92-93.

문흥호, 2010, 「중국의 강대국화 전략과 한·일 관계China's Grand Strategy and the Future of Korea-Japan Relations」, 『중소연구』, 제34집 3호, 41-69.

문흥호, 1999, 「중국은 과연 하나인가?」, 『한국인』, 제18집 10호, 21-25.

문흥호, 1992, 「중국공산당과 소련공산당의 체제개혁 비교연구: 정치민주화와 공산당의 역할변화를 중심으로」, 『世界地域研究論丛』, 제4집 -호, 87-110.

문흥호, 1989, 「중국유혈사태의 배경과 전망」, 『월간말』, 82-86.

문흥호, 1989, 「중국의 소수민족 정책」, 『北韩』, 제-집 208호, 95-104.

민두기, 1999, 「时间과의 竞争」, 『전국역사학대회』, 제-집 1호, 30-58.

박광득, 1998,「개혁·개방이전의 중국경제정책에 관한 연구」,『영남정치학회보』, 제9집 9-58.

朴箕錫, 1997,「『热河日记』와 燕巖의 对淸观」,『論文集』, 제-집 5호, 219-238.

박범수朴范洙, 2001,「한국중소기업의 대중국 투자입지 선정에 관한 연구」, 서강대학교 대학원.

박정원, 2015,「중국 국유석유기업의 성장요인」, 이화여자대학교 대학원 국내석사학위논문.

박진서, 2006,「미국 통상법 301조에 관한 연구」, 서강대학교 대학원 국내석사학위논문.

박철현, 2016,「개혁기 위계적 시민권과 중국식 도시사회의 부상」,『역사비평』, 11-44.

박철홍, 2005,「유가사상 발생연원의 문화사적 시탐」,『윤리문화연구』, 제1집 -호, 143-171.

백승욱, 2016,「문화대혁명 50주년, 지속되는 쟁점들」,『지식의 지평』, 20호, 1-11.

백승욱, 2014,「'해석의 싸움'의 공간으로서 리영희의 베트남전쟁」,『역사문제연구』, 32호, 45-105.

백승욱, 2011,「중국문화대혁명을 다시 사고한다」,『문화과학』, 제67집 93-111.

백승욱, 2011,「중국 지식인은 '중국굴기'를 어떻게 말하는가」,『황해문화』, 제72집 300-312.

백승욱, 2007,「동아시아 속의 민족주의—한국과 중국」,『문화과학』, 제52집 155-167.

백승욱, 2007,「현 시기 평가에 작용하는 중국 노동자의 문화대혁명의 기억」,『경제와사회』, 39-69.

백승욱, 2003,「중국의 사회문제 -빈부격차와 실업문제-」,『계간 사상』,

138-159.

백승욱·이지원, 2014, 「1960년대 한국의 발전 담론과 '사회개발' 정책의 형성」, 2014/06.

백우열, 2017, 「중국 일대일로一帶一路 정책의 국내 정치경제적 추동 요인 분석」, 『동서연구』, 제29집 3호, 185-208.

백우열, 2016, 「동남아시아와 일본의 대중국 남중국해 전략 대응: 다층적 분석 수준에서의 종합적 연구 필요성」, 『성균관대학교 동아시아학 술원 성균중국연구소』, 제4집 3호.

백우열, 2014, 「현대 중국의 부동산 개발, 사회불안정, 신형도시화」, 『한국 정치학회』, 제48집 4호, 27-48.

백우열, 2014, 「미국의 중국연구 동향」, 『성균관대학교 성균중국연구소』, 제2집 2호.

백우열, 2013, 「미국의 중국연구기관」, 『성균관대학교 동아시아학술원 성 균중국연구소』, 제1집 3호.

서봉교·이동률, 2012, 「중국정치·경제의 변화와 안정성 전망」, 『EAI 국가 안보패널 연구보고서』, 54호, 1-30.

서정경, 2016, 「'강대국의 꿈'을 담은 중국의 '일대일로'」, 『성균관대학교 동아시아학술원 성균중국연구소』, 제4집 4호.

서정경, 2016, 「신 기후체제 하 중국의 에너지 정책과 외교」, 『성균관대학교 동아시아학술원 성균중국연구소』, 제4집 1호.

서정경, 2014, 「안정과 도전의 이중주: 평화발전과 핵심이익 수호」, 『성균관 대학교 동아시아학술원 성균중국연구소』, 제2집 2호.

서창배·오혜정, 2014, 「중국의 문화산업화 정책과 소프트 파워 전략」, 『문 화와 정치』, 제1집 2호, 1-33.

성균중국연구소, 2014, 『차이나 핸드북China Handbook: 늘 곁에 두는 단 한 권의 중국』, 파주: 김영사.

소셜미디어연구포럼, 2014년, 『소셜미디어의 이해』

송기섭, 2003, 「논문:『프로테스탄트 윤리와 자본주의 정신』에 나타난 “막스 베버의 칼빈주의”에 대한 고찰」, 『宗敎学硏究』, 제22집 -호, 111-134.

신윤환·이성형, 1996, 「한국의 지역연구 현황과 과제」, 『학술대회자료집』, 제1996집 1호, 5-30.

신종호, 2016, 「시진핑 시기 중국의 대외전략 변화와 한반도 정책에 대한 영향」, 『통일정책연구』, 제25집 2호, 133-157.

안치영, 2011, 「중국의 정치엘리트 충원메커니즘과 그 특성」, 『아시아문화연구』, 제21집 1-31.

얀샨핑, 2014년, 『중국의 도시화와 농민공』, 한울.

양갑용, 2016, 「시진핑 주석의 ‘핵심’ 지위 획득의 의미」, 『EAI 논평』, 1-3.

양갑용, 2012, 「중국의 최고 정치엘리트 변화 연구」, 『중국학연구』, 제59집 127-157.

양재열, 2012, 「20세기초 미국에서의 포디즘Fordism과 아메리카니즘Americanism으로의 변용」, 『전북사학』, 제40호, 291-315.

양창삼, 1986, 「막스 베버의 프로테스탄트 윤리와 자본주의 정신에 관한 비판적 연구」, 『경제연구』, 제7집 1호, 143-177.

양철, 2016, 「중국과 미국 국력 Index」, 『성균관대학교 성균중국연구소』, 제4집 3호.

吳敬璉, 2010, 「中国模式应思考的问题」

왕후이·백승욱, 2000, 「근대성의 역설 - 중국, 근대성, 전지구화」, 『진보평론』, 6호, 319-359.

왕후이·이욱연, 2000, 「신자유주의와 중국 지식인의 대응」, 『창작과비평』, 제28집 4호, 334-353.

왕후이·이욱연, 1994, 「중국 사회주의와 근대성 문제」, 『창작과비평』, 제22집 4호, 56-75.

왕휘·김관도·조경란, 1997, 「중국 지식인의 학문적 고뇌와 21세기의 동아시아」, 『역사비평』, 제-집 38호, 266-288.

유용태, 2013, 「신민주주의, 20세기 중국의 정치유산」, 『역사와 현실』, 제-집 87호, 71-104.

유희문柳熙汶, 2004, 『현대중국경제』, 서울: 교보문고.

尹炯振, 2015, 「社會主义 改造와 北京의 주택 문제」, 『동양사학연구』, 제 130집 233-268.

이강표, 2009, 「중국의 지역 보호주의 및 산업구조 조정에 대한 一考察」, 『무역학회지』, 제34집 2호, 117-140.

이남주, 2007, 『마오쩌둥 시기 급진주의의 기원_신민주주의론의 폐기와 그 함의』

이민자, 2015, 『중국 인터넷과 정치 개혁: 새장 속의 자유』, 서울: 서강대학교 출판부.

이민자, 2015, 「중국 호구제도 개혁과 농민공農民工 2세의 시민화」, 『신아세 아』, 제22집 1호, 90-115.

이민자, 2009, 「밑으로부터의 저항과 "중국 특색의 시민사회"」, 『중소연구』, 제32집 4호, 13-43.

이민자, 2008, 「중국 발전모델의 특징 - 동아시아 발전 모델과의 유사성과 차이점 분석」, 『신아세아』, 제15집 1호, 68-94.

이민자, 2007, 『중국 호구제도와 인구이동』, 서울: 폴리테이아.

이민자, 2003, 『중국 인터넷, 정보공개와 통제의 딜레마』

이민자, 2001, 「중국의 중국연구: 사회학 분야의 현황을 중심으로」, 『중소연 구』, 제25집 3호, 85-105.

이민자, 1989, 「중국식 사회주의로서의 『사회주의 초급단계론』」, 서강대학 교 대학원 정치외교학과.

이상국, 2009, 「중국 사이버공간의 정치적 경쟁 구도에 관한 연구」, 『한국정 치학회보』, 제43집 4호, 275-300.

이상만, 2015, 「특집논문: 일대일로一帶一路 -해양海洋실크로드의 정치경제적政治经济的 함의含意-」,『중국지역연구』, 제2집 1호, 47-96.

이상옥, 2001,「유가정치사상의 정치질서」, 대동철학회논문집『대동철학』
제15집.

이영학, 2010,「중국의 소프트파워에 대한 평가 및 함의」,『아태연구』, 제17
집 2호, 199-219.

이욱연, 2015,「인문정책연구총서 2013-19 g2시대 중국 지식인의 '중국'
재발견과 한국 인문 중국학의 과제」,『[공공저작물 연계] 경제인문
사회연구회 발간자료』.

이욱연, 2013,「동아연구: 중국 비판적 지식인 사회의 새로운 분화; 첸리췬
과 왕후이의 경우」,『东亞 硏究』, 제64집 -호, 73-103.

이욱연, 2008,「전통부정에서 전통부활로」,『플랫폼』, 24-27.

이욱연, 1999,「세기말 중국 지식계의 새로운 동향 -'신좌파'를 중심으로」,
『실천문학』, 199-223.

李旭淵, 2006,「시대와 정전-루쉰의 '아큐정전'의 경우」,『중국현대문학』,
39호, 221-247.

李旭淵, 2003,「개혁 개방 이후 지식인의 사회적 위상과 문화적 역할」,
『중국현대문학』, 26호, 293-319.

李旭淵, 2001,「소설 속의 문화대혁명」,『중국현대문학』, 20호, 283-310.

이중천易中天·박경숙 역, 2008,『이중톈, 중국인을 말하다』, 서울: 은행나무.

이중희,「단위체제의 변화: 배경, 결과 및 전망」, 전성흥 편, 단행본 [전환기
의 중국사회 II] (서울: 오름, 2004), pp. 183-218.

이홍규, 2011,「중국의 소프트 파워 평가에 대한 시론적 연구」,『중국학연
구』, 제57집 271-308.

이홍규·하남석·조성호, 2011,「중국경제성장에 있어서 중앙과 지방정부
의 역할에 관한 연구」,『정책연구』, 1-120.

이희옥, 2017,「한중관계의 주요쟁점」,『중국학연구회 학술발표회』, 제2017
집 4호, 145-151.

이희옥·왕원, 2017, 「중국의 '전략적 동반자 관계' 외교의 유형화 시론试论 A Study on the Classification of China's Strategic Partnership Diplomacy」, 『中国学研究』, 제82집 -호, 229-256.

이희옥·장웨이웨이·김도경, 2015, 「파워 인터뷰: 장웨이웨이张维为 푸단대학 초빙교수: 누가 민주를 실현하고 있는가?」, 『성균차이나브리프』, 제3집 1호, 10-19.

이희옥·추궈홍, 2015, 「파워 인터뷰: 추궈홍邱国洪 주한 중국특명전권대사: 전략적 협력 동반자 관계의 내실화」, 『성균차이나브리프』, 제3집 4호, 10-19.

임육생, 1990, 『中国意识의 危机: 五·四 期 急进的 反传统主义』, 서울: 대광.

임의부林毅夫·채방蔡昉·이주李周·한동훈韩东训 역, 이준엽李準晔 역, 2001, 『중국의 개혁과 발전 전략』, 서울: 백산서당.

장영석, 2013, 「문화대혁명, 중국정치의 아포리아인가 근대정치의 아포리아인가?」, 『경제와사회』, 367-373.

장영석, 2005, 「중국 진출 한국 대기업의 고용관계의 문제점」, 『국제노동브리프』, 제3집 8호, 47-54.

장윤미, 2011, 「중국 기업연구의 동향과 쟁점」, 『중국학연구』, 제56집 277-323.

장윤미·이종화, 2017, 「대안적 중국연구를 위한 비판적 소고小考」, 『중국학연구』, 제82집 281-319.

전병곤·홍우택·이기현·신종호, 2013, 「중국 시진핑 지도부의 구성 및 특징 연구」, 『통일연구원 기타간행물』, 1-198.

전성흥, 2013, 「기획특집: 성균관대-베이징대 국제학술회의; 중국공산당 제18차 당 대회의 특징과 의미」, 『성균차이나브리프』, 제1집 -호, 101-105.

전성흥, 2013, 「중국정치발전의 방향: "당내 다원화"의 동력과 제약」, 『성균차이나브리프』, 제1집 4호, 88-92.

전성흥, 2012, 「기로에 선 중국 모델『중국 모델의 혁신: 대중시장경제를 향하여』」, 『동아시아 브리프』, 제7집 2호, 94-95.

전성흥 편, 2010, 『체제전환의 중국정치: 중국식 정치발전모델에 대한 시론적 연구』, 서울: 에버리치홀딩스.

전성흥, 2010, 「중국의 소수민족 문제: 저항 운동의 원인과 중앙정부의 대응」, 『东亚 研究』, 제58집 -호, 151-182.

전성흥, 2008, 「"중국모델"의 부상: 배경, 특징 및 의미」, 『중소연구』, 제31집 4호, 15-54.

전성흥, 2008, 『중국모델론』, 부키.

전성흥 편, 2004, 『전환기의 중국사회』, 서울: 오름.

전성흥, 2002, 「한국의 지역연구 과제: 필요성, 정체성, 방향성 인식의 혼란 극복을 위하여」, 『국가 전략』, 제8집 2호, 29-54.

全圣兴, 1995, 「중국의 경제발전과 농민이익 간의 갈등」, 『国际政治論丛』, 제35집 1호, 201-221.

全圣兴, 1992, 「国际情势下에서 본 向后 中国의 政治路线에 대한 展望」, 『現代中国研究』, 제-집 -호, 41-57.

전성흥 편, 2004, 『전환기의 중국사회』, 서울: 오름.

전성흥全圣兴 편, 2010, 『체제전환의 중국정치: 중국식 정치발전모델에 대한 시론적 연구』, 서울: 에버리치홀딩스.

전성흥全圣兴 · 조영남, 2008, 『중국의 권력승계과 정책노선Power Transition and Policy in China : China After the 17th Congress: 17차 당 대회 이후 중국의 진로』, 파주: 나남.

전성흥, 1996, 「중국 국내정치 분야에 관한 연구의 동향과 발전방향」

전인갑, 2016, 『현대중국의 제국몽, 중화의 재보편화 100년의 실험』, 고양시: 학고방.

전인갑, 2015, 「지식 패러다임의 反转과 '帝国梦'」, 『중국근현대사연구』,

제68집 -호, 225-259.

전인갑, 2013, 「'중국몽中国梦'과 문화주의 전통」, 『철학과 현실』, 95-108.

전인갑, 2013, 「"적응담론"으로서의 문화 보수주의」, 『東洋史学研究』, 제 124집 -호, 301-335.

전인갑, 2012, 「제국帝国에서 제국성帝国性 국민국가国民国家로(1) -제국의 구조와 이념-」, 『中国学报』, 제65집 -호, 161-183.

전인갑, 2012, 「제국帝国에서 제국성帝国性 국민국가国民国家로(2) -제국의 지배전략과 근대적 재구성-」, 『中国学报』, 제66집 -호, 243-272.

전인갑, 2012, 『중국관행연구의 이론과 재구성』, 파주: 한국학술정보.

전인갑, 2009, 「『学衡』의 문화보수주의와 '계몽' 비판」, 『东洋史学研究』, 제106집 -호, 247-289.

전인갑, 2008, 「현대 중국의 지식 구조 변동과 '역사공정'」, 『역사비평』, 269-298.

전인갑, 2007, 「현대 중국의 문화 보수주의와 중국적 보편의 재구성_결과보 고서」.

전인갑, 2006, 『공자, 현대 중국을 가로지르다』, 서울: 새물결.

전형진, 2008, 겨울 「농촌 토지개혁 논의의 전망」, 『중국농업동향』, 한국농 촌경제연구원.

정재호, 2001, 「파룬공, 인터넷과 중국 내부통제의 정치」, 『한국정치학회 보』, 제35집 3호, 297-315.

정종호, 「현대 중국 사회의 연속성과 불연속성: 호구제도 개혁을 중심으로」, 김익수 외, [현대 중국의 이해] (서울: 나남출판, 2005).

조경란, 2016, 「중국의 유교 부흥과 시민정신의 발현 가능성」, 『지식의 지평』, 제-집 20호, 1-14.

조경란, 2016, 『국가, 유학, 지식인: 현대 중국의 보수주의와 민족주의』, 서울: 책세상.

조경란, 2015, 『20세기 중국 지식의 탄생: 전통·근대·혁명으로 본 라이벌

사상사』, 서울: 책세상.

조경란, 2015, 「중국 주류 지식인의 과기 대면의 방식과 문혁담론 비판」, 『사회와 철학』, 제-집 29호, 303-334.

조경란, 2015, 「중국 탈서구중심주의 담론의 아포리아中国的去西方中心主义论述的困境 - 20世纪民族国家和中华民族意识形态的两面性」, 『중국근현대사연구』, 제68집 -호, 195-223.

조경란, 2014, 「냉전시기(1950-60년대) 일본 지식인의 중국 인식」, 『사회와 철학』, 제-집 28호, 377-412.

조경란, 2013, 「사회인문학의 대화(7): "중국"을 회의하며 계몽하다 -중국문학사 연구자 첸리췬钱理群-」, 『동방학지』, 제163집 -호, 289-324.

조경란, 2013, 『현대 중국 지식인 지도: 신좌파·자유주의·신유가』, 파주: 글항아리.

조경란, 2009, 「5·4 신지식인 집단의 출현과 보수주의 -신문화 운동에 대한 보수주의의 초기적 대응」, 『중국근현대사연구』, 제44집 -호, 61-89.

조경란, 2006, 「현대 중국의 소수민족에 대한 '국민화' 이데올로기」, 『시대와 철학』, 제17집 3호, 65-85.

조경란, 1996, 「중국에서의 사회진화론 수용과 극복」, 『역사비평』, 제-집 32호, 325-338.

Joshua Cooper Ramo, 2004, "The Beijing Consensus: Notes on the New Physics of Chinese Power" The Foreign Policy Centre.

조영남, 2019, 『중국의 엘리트 정치』, 서울: 민음사.

조영남, 2015, 『용과 춤을 추자』, 서울: 민음사.

조영남, 2015, 「시진핑 '일인체제'가 등장하고 있는가?is Xi Jinping's 'One-Man-Rule System' in the Making? 『국제지역연구』, 제24집 3호, 127-153.

조영남, 2014, 「기획특집: "중국의 꿈"과 정치적 과제」, 『성균차이나브리프』, 제2집 1호, 75-79.

조영남, 2013, 「연구논문: 시진핑 시대 중국의 국가발전 전략: 사회 및 경제 정책을 중심으로China's National Development Strategy in the Xi Jinping Era」, 『韓国 政治 研究』, 제22집 2호, 303-328.

조영남, 2011, 「원자바오 총리의 정치개혁 주장: 내용과 평가」, 『동아시아 브리프』, 제6집 1호, 21-28.

조영남, 2011, 「중국의 법원개혁과 사법독립: 제 1, 2, 3차 〈법원개혁 요강〉 분석China's Court Reforms and Judicial Independence: Focusing on Three Outlines of Court Reforms」, 『国际政治論丛』, 제51집 2호, 87-110.

조영남외, 2011년, 『중국의 민주주의 공산당의 당내민주 연구』, 나남신서.

조영남, 2010, 「중국의 법치 논쟁과 정치개혁China's Debates on Rule of Law and Political Reform」, 『한국과 국제정치』, 제26집 4호, 89-118.

조영남, 2010, 「중국의 부상과 동아시아 지역질서의 변화China's Rise and the Emerging New Regional Order in East Asia」, 『중소연구』, 제34집 2호, 41-70.

조영남, 2009, 『21세기 중국이 가는길China's Road in the 21st Century』, 파주: 나남.

조영남, 2006, 『후진타오 시대의 중국정치』, 파주: 나남.

조영남, 2005, 「중국 국가-사회관계의 변화 연구: 사회단체의 지방의회 입법 참여를 중심으로」, 『한국과 국제정치』, 제21집 4호, 25-52.

조영남, 2006, 『후진타오 시대의 중국정치』, 파주: 나남.

조영남赵英男 · 안치영安致穎 · 구자선具滋善, 2011, 『중국의 민주주의: 공산당 의 당내민주 연구China's Democracy: The Intra-PartyDemocracy of the Chinese Communist Party』, 파주: 나남.

조철, 2015, 「한, 중, 일의 산업경쟁력 강화전략 비교분석과 전망」, 『[공공저 작물 연계] 경제인문사회연구회 발간자료』.

조희정, 2010, 『네트워크사회의 정치와 민주주의』, 서강대출판.

조희정, 2013, 『민주주의의 기술』, 한국학술정보.

중국인터넷 정보센터CNNIC 발표 인터넷 pdf 자료, 2019년 6월.

陈志武 저, 박혜린·남영택 역, 2011, 『중국식 모델은 없다China Model Never Exists』. 서울: 메디치미디어.

최필수, 2015, 「Aiib 설립과 동북아 개발금융」, 『한중사회과학학회』, 제13집 1호.

최빌수, 2013, 「"중진국 함정을 피해야" 사람 중심의 도시화가 핵심」, 『포스코경영연구원(구 포스코경영연구소)』, 제82집.

최필수Choi Pilsoo, 2017, 「일대일로一带一路 프로젝트의 개념적 이해 -상업성과 전략성-」, 『한중사회과학학회』, 제44집.

최필수, 2016, 「위안화 무역결제 현황과 결정 요인 분석」, 『현대중국학회』, 제17집 17집 2호.

하남석, 2016, 「슈퍼차이나, 우리는 어떻게 인식하고 있는가?」 2016/4.

하남석, 2016, 「왕후이汪晖의 정치경제학적 사유의 특징」, 『중국현대문학』, 77호, 145-172.

하남석, 2014, 「중국의 고민을 어떻게 이해할 것인가」, 『황해문화』, 제82집 386-395.

한광수·문흥호·김흥규·2016, 「트럼프의 미국과 시진핑 2기의 중국정치·외교·경제적 관계는 어떻게 변할까?」 『CHINDIA Plus』, 제120집 -호, 16-25.

한순임·김태호·이종호·김학선, 2017, 「제4차 산업혁명에서 Sns 빅데이터의 외식산업 활용 방안에 대한 연구」, 『Culinary Science & Hospitality Research』, 제23집 7호, 1-10.

황희경, 2008, 「서평: "동아시아"는 보편공동체일까 -조경란(2008), 『현대중국사상과 동아시아』, (태학사)-」 『시대와 철학』, 제19집 3호, 385-391.

胡鞍钢, 2005, 「关于中国发展模式的思考」天津社会科学 2005年第4期
Fukuyama F., 1992, 『역사의 종말』, 서울: 한마음사.

Maddison A, 2007, 『Contours of the World Economy 1-2030 AD: Essays in Macro-Economic History』, Oxford: OUP Oxford.

Nye JS, 홍수원 역, 2004, 『(외교 전문가 조지프 s. 나이의) 소프트 파워』, 서울: 세종연구원.

한국어

ㄱ

ㄴ

중국어

로마자

번호

중국, 알아야 상생한다

초판 1쇄 발행　2020년　11월 12일
초판 2쇄 인쇄　2020년　12월 10일
초판 2쇄 발행　2020년　12월 21일

지 은 이 | 나상진
펴 낸 이 | 하운근
펴 낸 곳 | 學古房

주　　소 | 경기도 고양시 덕양구 통일로 140 삼송테크노밸리 A동 B224
전　　화 | (02)353-9908 편집부(02)356-9903
팩　　스 | (02)6959-8234
홈페이지 | http://hakgobang.co.kr/
전자우편 | hakgobang@naver.com, hakgobang@chol.com
등록번호 | 제311-1994-000001호

ISBN 979-11-6586-112-4　03300

값 : 24,000원

이 도서의 국립중앙도서관 출판예정도서목록(CIP)은 서지정보유통지원시스템 홈페이지
(http://seoji.nl.go.kr)와 국가자료공동목록시스템(http://www.nl.go.kr/kolisnet)에서 이용
하실 수 있습니다. (CIP제어번호 : CIP2020046369)